中国历代治边政策研究

李大龙　主　编
刘清涛　副主编

華夏出版社
HUAXIA PUBLISHING HOUSE

图书在版编目（CIP）数据

中国历代治边政策研究 / 李大龙主编；刘清涛副主编．-- 北京：华夏出版社有限公司，2022.1

ISBN 978-7-5222-0201-3

Ⅰ. ①中… Ⅱ. ①李… ②刘… Ⅲ. ①边疆地区－行政管理－研究－中国－古代 Ⅳ. ① D691

中国版本图书馆CIP数据核字(2021)第225724号

中国历代治边政策研究

主　　编　李大龙
副 主 编　刘清涛
责任编辑　董秀娟　吕　方
责任印制　周　然

出版发行　华夏出版社有限公司
经　　销　新华书店
印　　装　三河市万龙印装有限公司
版　　次　2022年1月北京第1版
　　　　　　2022年1月北京第1次印刷
开　　本　787×1092　1/16
印　　张　24.75
字　　数　428千字
定　　价　96.00元

华夏出版社有限公司　地址：北京市东直门外香河园北里4号　邮编：100028
网址：www.hxph.com.cn　电话：（010）64663331（转）

若发现本版图书有印装质量问题，请与我社营销中心联系调换。

前言

中国边疆研究在经过“千年积累”之后，出现过三次研究高潮。第一次研究高潮出现在鸦片战争前后，列强对中国领土的蚕食鲸吞激发了爱国学人的研究热情，出现了大量著述阐述边疆问题，形成了研究热潮。第二次高潮是在二十世纪三四十年代随着日寇的侵华而兴起，亡国灭种的威胁促使一大批学界志士开展边疆研究，各种边疆研究学会、刊物及著作的大量出现，将边疆研究带到了一个新的高度，“边政学”“边疆学”的呼声即出现在这一时期。中华人民共和国成立后，尤其随着改革开放所带来的社会科学研究的繁荣和 1983 年中国社会科学院中国边疆史地研究中心的成立，中国的边疆研究逐渐走入了又一个高潮时期。如果说刘宏煊《中国疆域史》、林荣贵主编《中国古代疆域史》、吕一燃主编《中国近代边界史》及马大正总主编的《中国边疆通史丛书》（7 卷本）系列的出版代表着这一时期初期的辉煌，那么 1991 年《中国边疆史地研究》的创刊也是一个很重要的标志。2021 年是《中国边疆史地研究》创刊三十周年，而由中国边疆史地研究中心改名而来的中国边疆研究所也即将迎来四十周年所庆，但遗憾的是中国边疆学依然没有被纳入国家认定的学科行列。

“边疆”一词首见于《左传》，而“边疆学”则一般认为是提出边政学概念的吴文藻提出的，在其《边政学发凡》中即明确提出：“边疆史地的研究，本为逊清末期倡行的学问。‘九一八’以来，‘中国之边疆学’复兴。”（吴文藻：《边政学发凡》，《边政公论》第 1 卷第 5、6 合期，1942 年）但实际上早在 1933 年中国殖边社创办的《殖边月刊》第 1 卷第 12 期就有了“边疆学图书一览”之提法。尽管其间有关中国边疆和边疆研究的论著大量涌现，但对“中国边疆学”进行学科论证则是 1992 年邢玉林在《中国边疆史地研究》所刊《中国边疆学及其研究的若干问题》一文。当前，中国边疆研究吸引了来自历史学、政治学、民族学、宗教学、社会学、军事学及国际关系诸多学科学者的关注，而新世纪以来边疆问题日益凸显和“一带一路”倡议得到国际社会普遍重视也吸引着更多国人聚焦边疆，尽管有些大学开始培养硕博研究生，但“中国边疆学”依然没有出现在我国社会科学学科名录之中，有关中国边疆研究的学科体系、学术体系和话语体系建设更是任重道远。

为了积极推动“三大体系”建设，为我国边疆地区的稳定和发展服务，同时也为了纪念《中国边疆史地研究》创刊三十周年、中国边疆研究所即将迎来四十年所庆，我们从《中国边疆史地研究》已经刊出的文章中辑录了历代治边思想、历代治边政策、历代藩属和朝贡、历代边疆管理机构等专题文集，希望在学界同仁的共同努力下，推动有中国特色的中国边疆学学科建设早日完成。

主编谨识

2021 年 8 月 30 日

目录

□方　铁　黄禾雨

论中原王朝治边的文化软实力 / 1

□高福顺

民族多元互动与儒家文化认同下边疆民族区域文教举措的演进特征 / 19

□马　勇

汉武帝对匈奴政策新论 / 44

□王　伟

东汉治羌政策之检讨 / 53

□李大龙

“屯田”并非赵充国治羌政策的核心内容 / 65

□陈晓鸣

两汉北部边防若干问题之比较 / 76

□陈　燕

十六国时期氐族和鲜卑族教育政策对比研究 / 88

□白翠琴

论蜀汉“西和诸戎，南抚夷越”之策 / 97

□安介生

略论北魏时期的“上客”“第一客”与招怀政策 / 113

□方　铁

唐宋元明清的治边方略与云南通道变迁 / 126

□万永林　谷跃娟

南诏的守土措施与中国西南疆域的稳定与发展 / 148

□林文勋

宋王朝边疆民族政策的创新及其历史地位 / 156

□刘复生

宋朝西南边疆民族地区的土地赋税政策 / 174

□安国楼　史彬彬

宋朝“省地”范围的拓展及其政策 / 185

□胡小鹏

试论元代边疆民族政策 / 197

□方　铁

论羁縻治策向土官土司制度的演变 / 205

□武　沐　王素英

元代只有土官之名没有土官之制 / 223

□胡　凡

论明世宗对蒙“绝贡”政策与嘉靖年间的农牧文化冲突 / 238

□陈　文

试论明朝在交阯郡的文教政策及其影响 / 257

□侯丕勋

哈密国“三立三绝”与明朝对土鲁番的政策 / 270

□闫天灵

明清时期河西走廊的寄住民族、寄住城堡与寄住政策 / 278

□柳岳武

康乾盛世下清廷蒙古司法治理政策研究 / 298

□赵云田

清政府对蒙古、东北封禁政策的变化 / 308

□刘俊珂

清前期海疆治策之检讨 / 319

□徐　毅

文教普及与边疆秩序——清前期对广西府江流域的文教治理 / 330

□欧阳湘

清末边疆省份司法改革的特殊政策述论 / 343

□孙宏年

清朝末期达赖、班禅关系与治藏政策研究 / 357

□苏　德

试论晚清边疆、内地一体化政策 / 371

后记 / 387

论中原王朝治边的文化软实力*

方 铁 黄禾雨

一、关于中原王朝的文化软实力

一个国家的综合实力，包括硬实力与软实力[①]两个部分。硬实力是指该国的社会生产总值和基础设施等硬件拥有的程度，软实力则是指文化与制度方面的影响力，包括文化影响力、意识形态影响力、制度安排的影响力等。软实力具有内涵不易确定、外延相对模糊、内容不易量化等特点。进一步来说，软实力不仅体现在制度力量和文化力量，还包括国际认同、公共话语权、良好形象塑造能力、软实力传播途径、推动国家有序发展能力等多方面的内容，上述状况可说是“古今皆然”。中原王朝理解和施用的文化软实力，[②]与非中原王朝有所不同。由于以相对先进的农业文明为统治基础以及统治的时间较长等原因，中原王朝施用于治边的文化软实力，较之非中原王朝更为复杂，产生的影响也要大得多，乃是本文研究的对象。

中原王朝有别于非中原王朝的一个特点，是中原王朝以本朝核心区域的政治、经济和社会形态为基础，形成一套特有的统治制度、政治传统与政治理念。中原王朝的意识形态，受到典型农业社会及所衍生的政治集权制度、封建宗法制度等的深

* 本文为2012年度国家社科基金重大项目“中国土司制度史料编纂整理与研究”（批准号：12&ZD135）的阶段性研究成果。

① 已有一些论著涉及治边文化软实力的内容，如方铁主编:《西南通史》，中州古籍出版社2003年版；李云泉:《朝贡制度史论——中国古代对外关系体制研究》，新华出版社2004年版；李大龙:《汉唐藩属体制研究》，中国社会科学出版社2006年版；曹雯:《清朝对外体制研究》，社会科学文献出版社2010年版；刘建:《政治大略》，经济出版社2010年版；韩毓海:《天下：包纳四夷的中国》，九州出版社2011年版等。但集中探讨该问题的论著迄今尚未见。

② 本文所说的中原王朝，指历代的全国统一王朝，以及以黄河中下游或长江中下游为核心区域，以华夏文化为主要意识形态的东晋、两宋等局部王朝。

刻影响。进一步来说，中原王朝特有的统治制度、政治传统与政治理念，提升为以儒家文化为基础的华夏文化，并应用于国家治理方面，形成中原王朝的治边文化软实力。在特定的历史条件下，中原王朝的统治者对文化软实力的重要作用有深刻感受，对自己的文化软实力有充分自信，并以此为巩固王朝统治及扩展势力的利器。就施用的对象而言，中原王朝的文化软实力，大致包括对置于王朝统治下的各类政治势力、社会各阶层的感化力与号召力，以及施用于边疆及徼外地区的影响力与感召力两个部分。

中原王朝治边大致有两种不同的政治环境，即全国统一的时期与局部统一的时期。在全国统一时期，中原王朝治边的既定目标，是以典型农业地区为核心，有效应对边疆反侧势力的挑战，稳定和发展边疆地区；另一方面，积极抵御或反击徼外势力的进犯与干扰，形成睦邻相安的有利局面，以稳定和发展全国性的统一。在局部统一时期，中原王朝治边的主要任务，仍是以典型农业地区为核心，向外界宣示本朝秉承前朝的正统地位，削弱乃至战胜挑战自己的其他政权，争取实现对全国的统一。至于某些边患严重的统一王朝（如明朝），其治边目标则兼有局部王朝的一些特点。无论在全国统一时期还是局部统一时期，绝大多数中原王朝都有坚持华夏文化、追求全国统一的政治理想，坚信华夏文化之优越与遇敌必胜，并坚持以华夏文化感化或融合反侧的一方。从这一点来说，中原王朝之中的统一王朝与局部王朝，其治边文化软实力的内容与特点大致相同，并在上千年间形成了传统，随着时代改变与当事人认识上的深化，治边文化软实力的内容、施用方式与效用等也发生了变化。

二、治边文化软实力的基础

治边文化软实力的基础是夷夏有别观与用夏变夷观。

中原王朝认为夷、夏两者有显著区别。中原王朝的腹心是黄河流域与长江流域，这一地区是典型的农业地区，以兴盛的农业生产为基础，形成相对先进的农业文明，在意识形态上表现为华夏文化。在漫长的发展时期，农业文明在中国及周边地区一直处于领先水平。中原王朝乃具有高度的优越感，视华夏以外的文明为卑下，具体表现为夷夏有别的观念。中原王朝自称“华夏”或“夏”，以华夏以外的文明为“夷狄”或“夷”。中原王朝所称之“夷狄”或“夷”，并非指某一种类民族或某一地域范围的民族，而是包括了中原王朝边疆地区的土著民族以及同中原王朝有往来的邦交之国。[①] 清末洋务运动的提倡者提出“师夷之长技以制夷”，所言之“夷”便是指西方列强。

夷夏有别观形成于战国时期，以后又有补充和发展。汉代史学家班固对这一观念做了较全面的概括。他说：华夏居天下之中，蛮夷居华夏之外，先王为区别夷夏远近有别，乃分置九州、列五服之制。夷狄贪而好利，“人面兽心”，其习俗、服饰与华夏不同，因此先王待之如兽畜，采取“外而不内，疏而不戚”与“来则惩而御之，去则备而守之”的治策。“夷狄”若慕义来献，朝廷必待之以礼，以此羁縻不绝，若与中原王朝失睦应“使曲在彼”，此为“圣王制御蛮夷之常道”。[②] 夷夏有别观体现了中原王朝的天下观、文明观与内外关系观，成为治边文化软实力的理论基础，在数千年间产生了深远影响。

夷夏有别观大致包括以下内容：

一是华夏中心观。受地理环境的影响，亚洲东部是一个相对独立和封闭的地区。在这一地区，华夏文明较早摆脱蒙昧状态并呈现一枝独秀，华夏以外亚洲的其他文明，对华夏文明长期处于遵从、模仿和学习的地位。奉华夏民族为宗主及文明中心的观念，在很长的时期也被其他文明的所有者接受，以此为基础乃在东亚地区形成通行的天下秩序。夷夏有别观既以文明的类型为划分夷夏的标准，所谓“夷狄”包括华夏以外的其他文明，在地理分布上便形成以华夏为中心的部分相对清晰，而与“夷狄”地区毗连的区域难免模糊，同时“夷狄”的范围可向外部任意延伸的情形。表现在中原王朝的疆界和中原王朝的对外关系方面，便是边疆的范围长期含混且经常变动；而与中原王朝发生关系的“夷狄”，究竟是受中原王朝管辖的边疆民族，还是属于接受中原王朝羁縻的属国，乃至是通过朝贡途径与中原王朝交往的远方之国，有时便难确定。其中识别难度最大的是边疆民族、边疆政权与相邻属国。在中国历

① 参见方铁《中原王朝的夷夏观及其治边》，《社会科学战线》2009 年第 11 期。

② 《汉书》卷 94 下《匈奴传下·赞》：“先王度土，中立封畿，分九州，列五服，物土贡，制外内，或修刑政，或昭文德，远近之势异也。是以《春秋》内诸夏而外夷狄。夷狄之人贪而好利，被发左衽，人面兽心，其与中国殊章服，异习俗，饮食不同，言语不通，辟居北垂寒露之野，逐草随畜，射猎为生，隔以山谷，雍以沙幕，天地所以绝外内也。是故圣王禽兽畜之，不与约誓，不就攻伐；约之则费赂而见欺，攻之则劳师而招寇。其地不可耕而食也，其民不可臣而畜也，是以外而不内，疏而不戚，政教不及其人，正朔不加其国；来则惩而御之，去则备而守之。其慕义而贡献，则接之以礼让，羁靡不绝，使曲在彼，盖圣王制御蛮夷之常道也。”

史疆域形成的过程中，边疆民族、边疆政权或属国的性质不易区分，同时还有性质经常变化的情形。边疆民族、边疆政权或属国在地理上的分布，实际上是一个外延游移、较为宽阔的中间地带。夷夏有别观既是天下观、文明观与种族观，也是制定边疆治策与邦交应对原则的基础。在夷夏有别观之下"夷狄"概念的含混，为中原王朝施用治策提供了宽松的可变范围，中原王朝制定的封贡制度，因此也大体适用于不同分类的"夷狄"。由于封贡制度具有这一特点，朝廷于"夷狄"的应对即便略有差池，也不至于出太大乱子，在元代以前尤其如此。在朝廷的积极推动下，封贡制度广泛施用于各类"夷狄"，封贡制度所体现的治边文化软实力，也得以传播四方并产生了重要影响。

二是崇夏抑夷的思想。夷夏有别观推崇华夏、贬低"夷狄"，甚至认为华夏之先进与高贵、"夷狄"之落后与卑下，均属与生俱来难以改变，对"夷狄"极为蔑视和轻视，提出须严格划分华夏与"夷狄"的界限。《礼记·王制》说："中国戎夷、五方之民，皆有性也，不可推移。"《左传·成公四年》有："非我族类，其心必异。"甚至认为距离华夏之地愈远的地区，愈为荒芜及落后野蛮。《北史·高丽传》称：华夏感生地之灵天生仁义，"夷狄"感荒裔之气狠而好乱。[①] 受崇夏抑夷思想的影响，在治边方面，诸朝产生了"先事华夏而后夷狄"、[②] 重"根干"轻"枝叶"、亲华夏远"夷狄"等观念。

三是夷夏之间须保持必要的间距。这是中原王朝恪守的一项原则，也是重根干、轻枝叶策略思想的体现。主要表现是"不臣异俗"，即不以招徕远方的"夷狄"为追求目标，朝廷与远方"夷狄"交往必须掌握"度"；不招徕远方"夷狄"并非王朝之德不能及，兵威不能至，乃是因为"夷狄""兽心贪婪，难率以礼"，[③] 因此与之保持适当的距离，最终目标是实现"裔不谋夏，夷不乱华"。[④] 中原王朝治边奉行的基本原则，是"夷狄"归附则受而不拒，"夷狄"反叛则弃之不追。[⑤] 武德二年（619）唐朝的诏令说得清楚："昔王御世，怀柔远人，义在羁縻，无取臣属。"[⑥] 中原王朝提

① 参见《北史》卷94《高丽传》。
② 《旧唐书》卷80《褚遂良传》。
③ 《后汉书》卷86《南蛮传》。
④ 《魏书》卷58《杨播传》。
⑤ 参见《后汉书》卷86《南蛮传》。
⑥ （宋）宋敏求编:《唐大诏令集》卷128《镇抚夷狄诏》，中华书局2008年排印本。

出“不臣异俗”，既有重本抑末方面的原因，也体现了朝廷借此减少治边成本的考虑，即认为“夷狄”之地“不可耕而食”，“其民不可臣而畜”。[①] 以上述观念为基础，中原王朝进而形成“守在四夷”的思想。

用夏变夷观是治边文化软实力的另一基础。用夏变夷观主要源自儒家的德化观。儒家讲究以和为贵，以忠信之美，并以其道德观念来解释夷夏之间的关系。如提出信为国家之宝，若弃信背邻，遇患难将无人相助。义与信、和与仁，皆为霸王之器。多行不义必自毙。小国所以事大国，是因为体现信；大国所以保小国，是由于奉行仁。亲仁并善待邻邦，为国家之宝。与戎狄和睦，是国家之福。违背盟约不祥，欺骗大国不义。儒家还分析了德与威之间的关系，认为朝廷应对“夷狄”，实行叛而伐之、服而舍之的治策，体现了统治者的德与威。朝廷应对“夷狄”，德与威不可或缺，当“宽以待之，坚强以御之”。“叛而不讨，何以示威？服而不柔，何以示怀？非威非怀，何以示德？”但仁者不可求逞于人，兵戎不可自我始。[②] 儒家所提倡的德化观，反映了农业社会具有的和平、和睦、讲究诚信等思想，体现出中原王朝之大国风范，属于治边文化软实力的组成部分。

从德化观出发，中原王朝认为于“夷狄”广行德化，便可实现“德泽洽夷”，取得“不事遐荒”的效果。先秦人十分重视德化的作用。墨子提出若以义名立于天下，以德求诸侯者，天下敬服便倚马可待。楚庄王也说：无德而强争于诸侯，何以服众？司马错提出欲称王者务博其德，将有德、广地、富民列为称王必备的三项条件。[③] 先秦之后，历代思想家对“德泽洽夷”的内容亦有补充和拓展。汉朝大臣提出地利不如人和，武力不如文德，中原王朝的边塞能百代固守，“非以阻险，以文德也”。[④] 明臣桂彦良认为以德怀夷，是为了“使四夷之臣，各守其地”，达到“守在

① 《汉书》卷 94 下《匈奴传下》。

② 《礼记·儒行》：“礼之以和为贵，忠信之美。”《左传·僖公二十五年》：“信，国之宝也，民之所庇也。”《左传·僖公十四年》：“弃信，背邻，患孰恤之。”《礼记·经解》：“义与信，和与仁，霸王之器也。”《左传·隐公元年》：“多行不义，必自毙。”《左传·哀公七年》：“小所以事大，信也；大所以保小，仁也。”《左传·隐公六年》：“亲仁善邻，国之宝也。”《左传·襄公十一年》：“和戎狄，国之福也。”《左传·成公元年》：“背盟，不祥；欺大国，不义。”《左传·宣公十二年》：“叛而伐之，服而舍之，德、刑成矣。”《左传·成公九年》：“宽以待之，坚强以御之。”《左传·文公七年》：“叛而不讨，何以示威？服而不柔，何以示怀？非威非怀，何以示德？”《左传·昭公四年》：“求逞于人，不可。”《礼记·月令》：“兵戎不起，不可从我始。”

③ 参见《墨子·非攻下》；《左传·宣公十三年》；《战国策·秦策一》：司马错曰：“欲富国者，务广其地；欲强兵者，务富其民；欲王者，务博其德。三资者备，而王随之矣。”

④ 《太平寰宇记》卷 190。

四夷”之目的，对“夷狄”若能以德怀之，以威服之，便为中原王朝治边的上策。[①]司马光说得更明白，他称对“夷狄”“叛则讨之，服则怀之”，将其“处之四裔”，是为“不使乱礼义之邦而已”，此乃先王之良政。[②]可见中原王朝对“夷狄”推行德化政策，实现“以夏变夷”，是企望用自己的道德力量与良好形象，通过和平的手段争取“夷狄”认同，以稳定边疆地区和羁縻周边四夷，取得不战而屈人之兵的效果。

三、治边文化软实力的内容与施用目标

治边文化软实力的内容主要是彰显文化、实力和制度。

彰显文化是治边文化软实力的内容之一。中原王朝的经济基础是农业文明。农业文明在中国形成很早，较之结构相对单一的游牧文明和发展滞后的山地文明，农业文明具有明显的优势，如生产效率较高且稳定，在早期人均耕地面积甚大、自然生态环境未遭破坏的情形下，耕种一年可食数年，一部分人口乃从直接生产者剥离，从事其他方面的创造或服务，在很长的时期内，发达的农业文明使其他文明难望其项背。华夏文化是产生于农业文明的奇葩。华夏文化打上了农耕社会的深刻烙印，如安土重迁、和平和睦、尊卑有序、忍让包容等观念，便来自农耕社会。出自地理环境封闭及长期一枝独秀等原因，农业文明及所衍生的华夏文化很少受到挑战，中原王朝对自己的文化一直怀有高度自信，将之视为治边文化软实力的重要部分。

中原王朝向外传播的文化，主要内容是宣传其博大精深，传播和平、和睦、夷夏有别等价值观，同时体现尊卑有序、奉上事主、讲求诚信、宽广包容等道德观。在处理与周边“夷狄”的关系方面，中原王朝提倡守境相安与求同存异。汉、唐两代是中原王朝前半期的鼎盛时期，汉、唐均重视彰显文化及发挥文化的影响力，其共有的特点是对“夷狄”广施德化。

汉朝广施德化主要是通过纳质制度与和亲制度。通过纳质之制，边疆“夷狄”向汉朝大量遣送充为人质的贵族子弟。甘露三年（前51），匈奴呼韩邪单于至长安入觐。宣帝待以殊礼，共迎于渭桥之下的蛮夷君长王侯达数万人。[③]其中除一些是赴

---

① （明）桂彦良撰:《上太平治要十二条》,《明经世文编》卷7，中华书局1962年影印本。

② 《资治通鉴》卷56，建宁二年臣光曰。

③ 参见《汉书》卷94下《匈奴传下》。

京入觐及留居的首领外，大部分是入侍京师的质子。永初年间（107—113），鲜卑百余属部的酋长，向东汉一次遣送质子数百人；班超镇抚西域，西域五十余国皆向朝廷纳质。[①]对居住长安的质子，朝廷或编入侍卫军，享受优厚的待遇。还有一些质子则留居边疆重镇，朝廷亦待之以礼，甚至为其兴办宾馆或学校。鲜卑属部酋长向东汉纳质，朝廷为之修建南北两个“质馆”，“以受降质”。[②]汉朝还积极与边疆“夷狄”和亲。通过频繁的和亲，把汉朝的文化传播到边疆地区。

唐朝对“夷狄”施行的纳质制度与和亲制度，在内容与规模方面不让两汉，甚至有超出者。不同于两汉的是唐朝还通过向“夷狄”赏赐书籍、接收“夷狄”子弟入国学等形式，推动华夏文化向外部传播。贞观年间（627—649），唐太宗数至国子监，听担任学官的名儒讲论，并增学舍1200间，增学生至2260人。四方学者乃云集京师，“高丽、百济、新罗、高昌、吐蕃诸酋长亦遣子弟请入国学，升讲筵者至八千余人”。[③]据《旧唐书·新罗传》，太宗将自书之《温汤碑》《晋祠碑》及新成的《晋书》赐给新罗。垂拱二年（686）新罗上表，求赐《唐礼》及其他书籍，“武后赐《吉凶礼》并文词五十篇”。[④]日本多次派遣唐船到唐朝，赴长安学习唐文化的官员和学者络绎不绝。唐朝的周边地区掀起学习唐文化的高潮，为东亚地区华夏文化圈的形成奠定了基础。

由于传播德化的目的是稳定四夷，而并非征服“夷狄”，中原王朝施行德化是预置底线的。一些君王并不希望“夷狄”仿效华夏而彻底改变旧俗。大业三年（607），突厥启民可汗上表，称请依隋朝的服饰法用之制，改变如同华夏。炀帝以为不可，乃下诏：“先王建国，夷夏殊风，君子教民，不求变俗”；夷夏“衣服不同，既辨要荒之叙，庶类区别，弥见天地之情”。[⑤]明弘治十七年（1504），佥都御史刘洪奏：所属土民苗族日渐蕃盛，混处无别，请以百家姓编为字号，赐与汉姓。皇帝回答：“华夏自有定分，可随其土俗称呼，定与姓氏不必用百家姓。”[⑥]

对能否让“夷狄”掌握华夏文化的精髓，汉、晋、唐、宋等王朝亦有争议。唐

① 参见《后汉书》卷90《乌桓鲜卑列传》；卷47《班超传》。
② 《后汉书》卷90《乌桓鲜卑列传》。
③ 《资治通鉴》卷195，贞观十四年二月。
④ 《新唐书》卷220《东夷传》。
⑤ 参见《隋书》卷84《北狄·突厥传》。
⑥ 《明孝宗弘治实录》卷207，弘治十七年正月壬辰。

臣于休烈上《请不赐吐蕃书籍疏》，称典有恒制不可送人，并引东平王入朝求赐《史记》等书被汉帝拒绝的典故，说赐给吐蕃书籍，无异于赠之以兵，资其屯粮；若朝廷非赐不可，当除去《春秋》等书。[①]对朝廷规定"夷狄"纳质的制度，朝臣或有非议。天册万岁二年（696），唐臣薛谦光上疏，称"国之利器，不可示人"，晋武帝好慕化虚名，允许"夷狄"习史汉等书，皆计谋之失。突厥、吐蕃、契丹等所纳质子，得以入朝学习汉法、目睹朝章，"知经国之要，窥成败于图史"，"及归部落，鲜不称兵；边鄙罹灾，实由于此"。建议禁绝质子入朝之制，已入朝的质子不可放其归国，以防泄露机密。[②]

两宋难敌北方的辽、金与蒙古，甚至被迫向后者称臣纳贡。宋朝的"华夷之辨"意识十分明显。历代王朝与周边四夷多有和亲，唯两宋不见于记载。两宋禁止禁书、历算、术数、兵书、敕令、时务、边机、地理等类书籍出境，管理严格的程度实为少见。景德三年（1006），北宋皇帝颁诏，除九经杂书外，边民不得将其他书籍带入沿边榷场交易。天圣五年（1027），鉴于臣僚文集经河北沿边榷场流入辽地，北宋重申不许有规定内容的书籍出境的禁令。元丰元年（1078），朝廷颁布更严格的禁令，规定私卖书籍与化外之人者流徙三年，情节严重者配流千里。[③]

唐末两宋时期，东亚地区的形势逐渐改变，中原王朝的文化传播也遇到阻力。文化传播的内容及重点，因此相应发生了变化。

治边文化软实力的另一项内容是彰显实力。中原王朝的实力主要包括经济实力、人力资源与军事实力。中原王朝的大部分地区土地肥沃，粮食总产量甚高且收成较稳定，完全可以实现自给自足，无须通过对外掠夺来补充。这一优势既为中原王朝拥有雄厚的国力创造了条件，也是中原王朝关注的重心在于内部的安定与发展，而不甚在乎对外扩张的一个重要原因。在以专制和中央集权为特色的统治制度下，中原王朝握有全面掌控社会与臣民的权力，随时可调用包括人力资源在内的各类社会资源。以雄厚的社会经济和人力资源为基础，中原王朝可形成强大的军事实力。但在某些时期，中原王朝拥有的经济实力与军事实力并不对称，军事实力或明显落后于经济实力，其中既有军事制度不甚合理等方面的原因（如宋朝），同时也与农业社

---

① 参见（唐）于休烈撰:《请不赐吐蕃书籍疏》，《全唐文》卷365，中华书局1982年影印本。

② 《通典》卷200《边防十六·北狄七·盐漠念》薛谦光上疏。

③ 参见《续资治通鉴长编》卷64、105、289。

会的军队难与擅长流动作战的游牧民族相匹敌等有关。

中原王朝对自己的实力十分自信。统治者认为库存丰厚且易于获得补充，一些王朝将大量资源用于治边。除与治边有关的用兵外，中原王朝对徼外“夷狄”实行“厚往薄来”的政策，也消耗了不少资源。一些统治者为营造声势及显示国威，还耗费银两做尽表面文章。汉朝所遣使者逾葱岭，抵安息。沿途诸国皆派遣使者，随汉使赴长安觐见皇帝，汉朝“散财帛以赏赐，厚具以饶给之，以览示汉富厚焉”。汉朝又置奇戏与怪物，让使者聚观，并广行赏赐，设酒池肉林，令来者遍观府藏之丰厚，诸国使者“见汉之广大，倾骇之”。[①] 突厥被唐朝打败后，“倾国入朝”，唐廷每见一人初降，均赐物五匹、锦袍一领。凡酋长均授以大官，“禄厚位尊，理多糜费”。[②] 北宋对“夷狄”的贡品“估价酬值”，并回赐使臣以珍贵物品，如回赐高丽国王，仅绢一项便以万匹计。明清时天下形势剧变，兼之朝廷国力有限，“厚往薄来”或流于形式。明朝企望恢复汉唐盛仪，仍岁时颁赐，致使库藏为虚。而四方“夷狄”进献奇珍异宝、名禽殊兽日增，明廷因此疲惫狼狈。明人讥讽诸夷进贡方物徒有其名，贡品大都草率不堪；“而朝廷所赐缯、帛、靴帽之属尤极不堪，一着即破碎矣”。[③]

由于觐见可获中原王朝的赏赐，一些徼外商人冒称远夷朝见，亦获得丰厚的回报。永乐年间（1403—1424），明成祖欲使远方诸国无不臣服，致力于积极招徕，西域之使岁岁不绝，络绎于道路。一些商人伪称贡使，携马、驼和玉石等扬言进献；既入明朝边关，“则一切舟车水陆、晨昏饮馔之费，悉取之有司”，觐见后还可获得大量赏赐，朝野上下为此颇多抱怨。[④]

在王朝统治时代，统治者可有效调用社会资源，满足治边成本的付出。过度治边不但耗费国库，亦广泛动用社会资源，尤其是大量调用男壮劳力，对维持农业社会的持续生产造成很大威胁。由于治边的成本甚高，资源使用的效率也不尽合理，盲目拓边使中原王朝的国力乃至维持统治都面临严峻考验。历代朝臣乃将盲目营边，提高到削弱国家实力乃至动摇王朝根基的高度来认识。唐臣杜佑说：汉武帝凭借文、景两朝之富，兴师以拓边，致使全国户口减半，最后被迫下哀痛之诏。褚遂良称唐朝用兵高昌，致使供役的河西地区十室九空，五年不可恢复。朝廷又岁遣丁壮赴边

① 《资治通鉴》卷 21，元封六年。
② 《贞观政要》卷 9《议安边》，中华书局 2003 年集校本。
③ （明）谢肇淛:《五杂组》卷 4《地部二》，上海书店出版社 2009 年版。
④ 《明史》卷 332《西域四》。

疆屯戍，行程万里，去者资装均须自备，百姓为此苦不堪言，“道路死亡尚不计”。张柬之言朝廷盲目营边，“于国家无丝发之利，在百姓受终身之酷”。①

制度也是治边文化软实力的组成部分。这里所说的制度，主要是指中原王朝的国家制度与封贡制度。中原王朝对上述制度亦有充分自信。鉴于徼外政治势力之多元与边疆政局之复杂，统治者对可掌控的范围由近及远相应削弱亦有认识，因此治边多采取较灵活的国家结构形式，或可称为一国多制。② 唐末两宋，治边方面的国家结构形式也有较大变化。至于与治边密切相关的封贡制度，在诸朝统治者看来，为王朝政治一统、受封者奉上事主的象征，因此多予固守不愿变通。甚至在天下格局已明显改变的情形下，为外国使者入朝的礼仪问题，清廷还与英国等国多次发生争论。

治边文化软实力的施用目标是实现“守在四夷”。“守在四夷”堪称大多数中原王朝治边思想的核心。③ 明人桂彦良说：“驭戎狄之道，守备为先，征伐次之，开边衅、贪小利斯为下矣。故曰天子有道，守在四夷。”又说以德怀之，以威服之，使四夷之臣各守其地，此为最上之策。如汉武帝穷兵黩武，隋炀帝、唐太宗远伐高丽，均非守在四夷之道。④“守在四夷”的核心，是应对“夷狄”以防守为主，对经边、拓边均持谨慎的态度。

农业社会具有的性质和特点，决定了中原王朝治边必然守在四夷。一些大臣认为，中原地区的周边为沧海、流沙、大漠与五岭，乃上天所赐，以限夷狄而隔中外，天意不可违。⑤ 实现“守在四夷”的关键，是处理好守中与治边的关系。中原王朝追求的目标是华夏之地的安定繁荣，认为拓边、治边居于次要地位。唐臣褚遂良说：古代帝王“必先事华夏而后夷狄”。⑥ 李大亮上书言：中国百姓为天下“本根”，四夷之人犹如“枝叶”，若扰动本根而以厚枝附之，怎得久安。⑦ 中原王朝提出的治边须分轻重缓急、重本抑末等思想，可说是对历朝治边基本经验的总结。

宋代将“守在四夷”的观念发展为“欲理外，先理内”的治边原则。端拱二

---

① 《新唐书》卷221上《西域上》;《旧唐书》卷91《张柬之传》。

② 参见方铁《论封建王朝治边的历史经验》,《云南师范大学学报》2010年第2期。

③ 参见方铁《古代“守中治边”、“守在四夷”治边思想初探》,《中国边疆史地研究》2006年第4期。

④ 参见（明）桂彦良撰《上太平治要十二条》,《明经世文编》卷7。

⑤ （唐）狄仁杰撰:《请罢百姓西戍疏勒等四镇疏》,《全唐文》卷169。

⑥ 《旧唐书》卷80《褚遂良传》。

⑦ 《贞观政要》卷9《议安边》。

年（989），宋臣田锡在奏书中说："欲理外，先理内；内既理则外自安。"淳化二年（991），宋太宗对近臣说：国家若无外忧必有内患，外忧不过边事尚可预防；若奸邪演为内患，则深为可惧。[①] 为实现"守在四夷"，宋臣还认为划大渡河为界，将大理国拒于境外，使其"欲寇不能，欲臣不得"，乃御戎之上策。[②] 清代时中国的疆界基本上形成，清乾隆帝乃将"守在四夷"，表述为"开边黩武，朕所不为，而祖宗所有疆宇，不敢少亏尺寸"。[③]

因奉行"守在四夷"的原则，中原王朝制订以下的治边方略：

"不以四夷劳中国（按：指中原王朝），不以无用害有用。"[④] 即认为不应耗费大量的国力经营四夷，以免本末倒置影响华夏之地的安定。中原王朝认为治边的理想状态是"裔不谋夏，夷不乱华"，[⑤] 即华夏与"夷狄"守境相安，互不侵犯。中原王朝应对边疆"夷狄"之策，是待以礼让，羁縻不绝而已。[⑥] 可见"守在四夷"的观念是以守疆自安为总体原则，在营边和拓边方面持保守态度，甚至奉隔绝"夷狄"、不相往来为要旨。唐太宗等认为，"治安中国，而四夷自服"，并奉此为治边的上策。认为关键是处理好国内之事，国内若安定昌盛，周边"夷狄"自然臣服。[⑦] 以"守在四夷"为基础，中原王朝进而形成谨守祖业、注重维护国家统一等传统。

"谨事四夷。""谨事四夷"的含义，一是对周边"夷狄"扰边须慎重对待，若用武须考虑其必要性与可行性，绝不可草率出兵。二是讲究应对艺术，既对中原王朝的做法划定底线，同时又体现文明大国的风范，做到有理、有节、有度。关于与"夷狄"交往的底线，东汉虞诩提出"附则受而不逆，叛则弃而不追"。班固称对"夷狄"应"外而不内，疏而不戚"，"来则惩而御之，去则备而守之"。若"夷狄"慕义入朝贡献，朝廷应待以礼让，"羁靡不绝，使曲在彼"。唐臣狄仁杰指出对"夷狄""叛则伐之，降则抚之"，既体现了朝廷"推亡固存"之仁义，也可免除百姓远戍之劳役，取得彰显华夏文明与避免耗银扰民的双重效果。司马光认为"叛则讨之，

① 《续资治通鉴长编》卷 30、32。

② （宋）朱震撰：《为大理国买马事陈方略奏》，见（南宋）李心传撰《建炎以来系年要录》卷 105，绍兴六年九月癸巳，《国学基本丛书》本。

③ 《清高宗实录》卷 377。

④ 《隋书》卷 83《西域传》。

⑤ 《旧唐书》卷 196 上《吐蕃传上》。

⑥ 《隋书》卷 83《西域传》史臣曰；《魏书》卷 58《杨播传》；（北宋）富弼撰：《河北守御十三策》，（宋）赵汝适编：《宋朝诸臣奏议》卷 135，上海古籍出版社 1999 年点校本。

⑦ 《资治通鉴》卷 193。

服则舍之”是王者对付“夷狄”的基本原则，若有大汉之强却将盗贼之谋用于蛮夷，“不亦可羞哉！”[①]

以上述方略为基础，中原王朝形成远交近攻、注重全局与长远发展的治边战略观。据笔者研究，西汉经营西南夷，主要是企望开通自蜀地沿牂牁江达番禺的用兵道路，以及自蜀地经西南夷、身毒达大夏的交通线。东汉与唐朝经营今云南地区，主要动力仍是维持上述达外通道的畅通。自元代起历朝经营云南地区，重点才逐渐转移到经济开发等方面。[②]此类情形在其他边疆地区亦不少见，实为中原王朝实行远交近攻战略的反映。中原王朝治边具有注重全局与长远发展的战略观，主要表现在形成重北轻南的传统，以“裔不谋夏，夷不乱华”为治边目标，以及重视施用文化软实力、积极推广德化和发展儒学教育等方面。

“守在四夷”有其合理内核。在华夏文明独步东亚地区的时代，由“守在四夷”演变而来的治边方略堪称积极而有效。但天下形势一旦有变，“守在四夷”蕴含的保守成分便逐渐显现，进而成为中原王朝自我封闭的原因之一。在这一变化过程中，“守在四夷”的观念逐渐落伍，为实现“守在四夷”而施用的文化软实力，其效用与影响亦大不如前，治边文化软实力也相应发生某些适应性变化。

四、治边文化软实力的载体与传播机制

治边文化软实力的传播载体是封贡制度。封贡制度的基础主要是服事观。先秦时，一些侯国提出“五服”说或“九服”说。《尚书·禹贡》所言之“五服”说，[③]内容大致是统治者居于天下的中心，统治者的影响由中心向四面传播，每隔五百里依次为甸服、侯服、绥服、要服、荒服，两服之间又有若干层次，统治者的权威根据距离的远近递减，当地居民对统治者承担的义务也相应减轻。在对先秦服事观进行改造后，中原王朝将之发展为以四方“夷狄”向中原王朝进贡、中原王朝册封朝

① 《后汉书》卷86《南蛮传》;《汉书》卷94下《匈奴传下》;（唐）狄仁杰:《请罢百姓西戍疏勒等四镇疏》,《全唐文》卷169;《资治通鉴》卷23。

② 参见方铁《历代治边与云南的地缘政治关系》,《西南民族大学学报》2011年第9期。

③ 《尚书·禹贡》:“五百里甸服，百里赋纳总，二百里纳铚，三百里纳秸服，四百里粟，五百里米。五百里侯服，百里采，二百里男邦，三百里诸侯。五百里绥服，三百里揆文教，二百里奋武卫。五百里要服，三百里夷，二百里蔡。五百里荒服，三百里蛮，二百里流。”

贡者为主要内容的封贡制度。封贡制度的实质，是中原王朝通过朝贡、册封这两种基本形式，与前来朝贡的四方“夷狄”建立盟约及主从的关系，进而形成通行天下的规范。封贡制度是封建宗族制度的体现。在农业社会基础上产生的封建宗族制度，首要的特征是同胞亲族聚集于同一家族，《白虎通·宗族篇》载“合而为亲”。其次，宗族成员按照亲疏与辈分的区别，在宗族内部划分复杂等级，并通过家长的层层分封，明确自上而下的驾驭关系，所有成员均绝对服从最高家长宗主。宗族制度通过诸多形式得以体现，做到宗族共主、尊卑有序。农业社会视国家如同家庭，天子“以四海为家”，中原王朝将宗族制度施用于治边，于是形成了封贡制度。

封贡制度大致有以下特点：其一，双方关系建立的基础：朝贡“夷狄”承认对中原王朝的附庸地位，并通过朝贡、接受册封、履行朝廷规定的义务等得到体现；中原王朝通过“厚往薄来”，赐给朝贡“夷狄”以丰厚的经济回报；并通过册封，颁予朝贡“夷狄”以各类称号或官职，将其纳入以羁縻府州为基本形式的监控之下。封贡制度具有和平渐进、无须用兵等特点，《礼记·中庸》说：“朝聘以时，厚往而薄来，所以怀诸侯也。”唐臣李大亮说得明白：凡称藩附庸者，朝廷当羁縻受之，使居塞外，“盖行虚惠而收实福矣”。[①]其二，朝贡与册封均遵循自愿、不强加于人的原则，建立册封关系后，“夷狄”若有反悔随时可废除，一些朝臣将之概括为“附则受而不逆，叛则弃而不追”。[②]中原王朝还用纳质、盟誓、和亲、互市等具体形式，来巩固与“夷狄”建立的盟约关系。其三，封贡制度适用的范围甚广。封贡制度施用的对象为“夷狄”，而中原王朝所称之“夷狄”，包括华夏以外的其他文明，因此边疆“夷狄”及与中原王朝有往来的邦交之国，皆可纳入封贡制度施用的范围。另一方面，在很长的时期，中原王朝的版图尚未稳定而常有变动，接受朝廷册封的“夷狄”，属于边疆“夷狄”抑或徼外势力时常含混不清，甚至已认定的性质也会改变，因此封贡制度适用范围甚广的特点，大致能符合当时的情形。在古代其他文明发达的程度远逊于华夏文明，以及中原王朝处理与周边“夷狄”的关系，主要是采取友好相处、德化浸润等做法的情形下，封贡制度取得很大的成功。中原王朝不仅构建了以自身为中心的天下秩序，而且经常充当各类势力冲突的仲裁人乃至天下局势的平衡者，中原王朝对外的用兵不多，其中有一部分还是为了调解冲突事态。在

① 《贞观政要》卷9《议安边》。

② 《后汉书》卷86《南蛮传》。

中华礼治文化的影响下，东亚地区大致实现了上千年的和平。对东亚地区文明的进步，封贡制度也起到积极的促进作用。通过封贡制度，中原王朝的文化软实力有效显现，四方“夷狄”深受华夏文明的浸润，逐渐形成以中国为中心的东亚华夏文化圈。治边文化软实力产生的深远影响，在汉唐两代尤为明显。

封贡制度也存在明显的弱点。其一是适用的范围过于宽泛，容易造成边疆“夷狄”治策与邻邦应对政策的混同，这是一些中原王朝治边经常大起大落的一个原因。一些朝臣感叹边疆治策难以奏效。西汉时王莽的部将严尤说：匈奴为害由来已久，周、秦、汉三朝皆征之，“然皆未有得上策者也。周得中策，汉得下策，秦无策焉”。① 另外，华夏有盛衰、“夷狄”有强弱的变化，“故无必定之规，亦无长胜之法”。② 治边甚难在深层方面的缘由，应从封贡制度自身的局限去寻找。其二，封贡制度的内涵肤浅单一，在应用时也缺乏具体的针对性与必要的灵活性。除了施用范围过于宽泛外，大部分王朝治边还存在重北轻南的倾向，封贡制度主要是从应对北方游牧民族的经验演变而来，并不能全面反映周边“夷狄”的情形且能有效应对等。③ 其三，汉唐等王朝奉封贡制度为亘古不变之策，从秦汉至宋代，基本上看不出封贡制度有明显的变化，历朝的治策可说是以不变应万变，其中的原因也是多方面的。其四，封贡制度奉行“厚往薄来”的原则，朝廷看重政治上的收益而不细算经济账，因此给国库造成很大的压力。在元、明、清施用土司制度等具体治策之前，边疆驻军与边疆官吏全由朝廷派遣，由此也产生巨额的开支。此即一些君臣经常抱怨治边成本过高、收益得不偿失的主要原因。④ 唐朝大臣狄仁杰所言颇有代表性，他说朝廷经营边疆，“竭府库之实，以争硗确不毛之地，得其人不足以增赋，获其土不足以耕织”，如此必失天下之心。⑤ 在这样的情形下，奉封贡制度为基本国策的中原王朝，奉行的是自然天成、消极守拙的国际主义，一旦天下形势有变，其做法必然遭遇挑战乃至碰壁。

治边文化软实力的传播机制是文化传播。文化传播有两层含义：其一是通过文化的影响和浸润将治边文化软实力传播至周边；其二是传播的主要内容是文化。文

---

① 《汉书》卷 94 下《匈奴传下》。

② 《旧唐书》卷 139《陆贽传》。

③ 参见方铁《论中国古代治边之重北轻南倾向及其形成原因》，《云南师范大学学报》2006 年第 3 期。

④ 参见方铁《论羁縻治策向土官土司制度的演变》，《中国边疆史地研究》2011 年第 2 期。

⑤ （唐）狄仁杰：《请罢百姓西戍疏勒等四镇疏》，《全唐文》卷 169。

化的核心是价值观与道德观，文化传播注重体现华夏文化的博大精深与宽广包容。中原王朝传播文化，主要是通过广施德化、兴办儒学教育这两种方式。

中原王朝对文化的重要性有充分认识。先秦人尤其重视价值观、道德观的作用，认为道德的力量能征服天下，甚至可降服军事力量征服不了的力量。文化能凝聚人心，人心凝聚与否关系到治边的成败，“得人心者得天下，失人心者失天下”。尉缭在《尉缭子·兵令上》中提出军事力量以武为植，以文为种；以武为表，以文为里。即认为文化是军事力量的灵魂与核心。文化具有强大的感召力，宋人认为受华夏文化的影响，边疆“夷狄”近者可悦服，远者亦前来。① 文化传播是一个和缓与浸润的过程，唐朝将之形容为“润之以时雨，煦之以春阳，淳德以柔之，中孚以信之”。认为受华夏文化熏陶，“夷狄”感化如同置于蓬麻而自直，置之桑葚而怀音，距离“仁”也就不远。② 明清重视在边疆地区推行儒学教育。清人称兴办儒学教育后，土司子弟以入学为荣，竞相仿效衣冠樽俎，应贡举、成进士者接踵而起。③

中原王朝的文化传播能发挥巨大的作用，与东亚地区的形势有关。如前所述，中原王朝享有的农业文明，在中国及周边地区长期处于领先水平，统治者乃形成“内华夏、外夷狄”的观念。中原王朝以帝王所在地为中心，势力向四周延伸，控制及影响的程度依次递减。另一方面，在华夏地区与邻邦辖境之间，通常存在一个宽广且时有变动的中间地带。在争夺、竞争尚未成为东亚地区发展主旋律的时代，中原王朝倡导的礼义邦交与守土相安，在周边“夷狄”中产生了深远影响。通过“厚往薄来”与广施德化，中原王朝获得相对安定的周边环境，从而达到“守在四夷”的目的。

文化传播将华夏文化远播至周边各地。在设治、驻军及移民等治边政策的配合下，华夏地区与邻邦间的中间地带逐渐被控制，一些中间地带由量变发展到质变而隶属于中原王朝，中原王朝的疆域得以形成和巩固。在这一发展过程中，文化传播起到不可替代的作用。古代中国在统一破裂后，在或长或短的时间内能回归统一，并从低水平、低层次的统一发展到较高水平的统一，其原因是多方面的，关键是中原王朝妥善处理了中心与边缘的关系，即充分利用华夏文化的辐射作用，对四周

---

① 《旧唐书》卷 198《西戎列传·史臣曰》。
② 《放诸蕃质子各还本国敕》，《令蕃客国子监观礼教敕》，《唐大诏令集》卷 128。
③ 参见（清）王崧撰《道光云南志钞》卷 7《土司志上》，云南省图书馆藏本。

“夷狄”实现潜移默化而卓有成效的改造。事实证明:“中国民族，以同化力的伟大闻于天下。”①

文化传播取得的成效，仅在“守在四夷”的情形下有可能实现最大化。若违背华夏文化的精神，文化传播的成效便大打折扣，甚至遭受客观规律的惩罚。历朝总结了以往的经验，认识到拓边必须把握“度”，中原王朝若扩展过快，或企望由华夏天子升级为天下共主，既与华夏文化的精神相悖，力量储备也将迅速消耗殆尽。贞观四年（630），四夷君长入朝请求唐太宗为天可汗，太宗说:“我为大唐天子，又下行可汗事乎?”群臣及四夷皆称万岁。此后太宗以玺书赐西北君长，皆称“天可汗”。“(太宗)临统四夷，自此始也。”②大臣对太宗盲目拓边或持异议。贞观十四年（640），太宗欲设高昌为州县，魏徵谏曰：若以其地为州县，常须千余人镇守，数年一换，“十年之后，陇右虚耗矣。陛下终不得高昌撮粟尺帛以佐中国，所谓散有用以事无用”。太宗不听。③太宗的做法被其后诸帝继承。神功元年（697），鸾台侍郎狄仁杰上疏，说近年朝廷频繁出师、费用剧增，将撼动国家根基。武则天不理。次年蜀州刺史张柬之上疏，称姚州地处荒外绝域，朝廷置之为州，但未尝得其税收及甲兵之补，却空竭国库，建议废姚州隶之巂州，武则天未纳。④安史之乱引发唐朝暗藏的危机，唐前期在边疆设置的羁縻府州大都废弃，唐亡后甚至出现全国分裂的局面，与唐前期治边或违背了“守在四夷”的原则不无关系。

五、宋代以后治边文化软实力的变化

唐末两宋时期，治边文化软实力发生变化，并在元明清时期形成不可阻挡的潮流。元明清诸朝的情形十分复杂，进一步的剖析留待以后续文阐述，以下将宋代以后之大势略做勾勒。

唐末两宋是华夏大地剧变的时代。吕思勉提出，隋唐以后，中国历史进入一个新的阶段。⑤傅海波和崔瑞德认为，“在中国重新统一于元朝之前，东亚世界的政治

① 吕思勉:《吕思勉讲中国政治》，九州出版社2008年版，第28页。
② 《资治通鉴》卷193，贞观四年三月;《通典》卷200《边防十六·北狄七·盐漠念》。
③ 《资治通鉴》卷195，贞观十四年五月。
④ 参见《资治通鉴》，卷206，神功元年十月；卷206，圣历元年。
⑤ 吕思勉:《吕思勉讲中国政治》，第85页。

结构可以用盟约时代来形容”。五服论在遥远的过去或许有某种合理性，那时中国的周边被文化发展水平较低、政治组织结构松散而又不够完整的民族所环绕。到了唐代这种情况发生了变化，“8世纪末和9世纪初，一种新的稳定的国际形势逐渐形成”，“中国从此不再是国际关系环绕的中心”。[①] 换言之，9世纪后的天下与此前的天下已大不相同。9世纪以后中原王朝视野中的天下，大致包括中国腹地、中国边疆与远方他国三个部分，中国边疆是中国腹地与远方他国之间的中间地带。唐末两宋时期天下发生的变化，恰好证明中原王朝的治边文化软实力发生巨大作用，对四周“夷狄”产生了重要而深远的影响。宋与辽、金诸朝的对抗，并非两种文明之间的对抗，“把以宋为一方，以辽、西夏、金或蒙古为另一方的战争看作中国内战的一种特殊形式”。[②] 宋与辽、西夏、金、蒙古间的战争，既为争夺对华夏地区的控制权，同时也是不同文化之间的撞击与竞争，并由此诞生了新的天下格局。

进一步来说，由于中原王朝的积极经营和治边文化软实力的浸润，唐末两宋时期，华夏之地周边的大部分地区，已成为中国疆域不可分割的部分，中国与远方他国的邦交关系亦逐渐明确。而处于中国腹地与远方他国之间的部分，则是与中原王朝同属中国的辽、金、夏等边疆政权。唐末两宋时期天下形势发生剧变，继起的元朝则从全国统一的高度，进一步明确了全新的天下格局。明清两朝顺应宋元以后的发展趋势，使中原王朝的内涵及中原王朝与“夷狄”的关系，都出现了新的、持续演进的变化。上述改变的内容，大致是中国的边疆地区得到加强，成为拱卫国家的有力屏障；中国周边的邻邦，大都成为与中国建立新型藩属关系的属国。至于中国与远方他国的邦交关系，虽处于向对等国家关系演化的过程中，但因受历史惰性的影响及统治者仍沉溺于“万方来朝”的旧梦，进展迟缓且步履蹒跚。清末西方列强的大炮轰开帝国大门，统治者才骤然警醒，慌忙策划变革以救时急。在治边文化软实力方面，其主要内容、传播载体、施用方式等都发生了变化。

唐末两宋时期崛起的周边民族，虽有与中原王朝争正统一类的意识，但在天下观、价值观与种族观等方面，与中原王朝不甚相同，华夏中心观乃受到挑战，原有的封贡制度不能适应时代的变化，乃逐渐退出历史舞台。中原王朝向徼外传播德化的做法虽逐渐式微，在边疆地区兴办教育却蒸蒸日上。元代以前边疆虽有内地式教

① ［德］傅海波、［英］崔瑞德编：《剑桥中国辽西夏金元史》导言，中国社会科学出版社1998年版，第19、4、5页。
② ［德］傅海波、［英］崔瑞德编：《剑桥中国辽西夏金元史》导言，第13页。

育，但兴办者主要是贬居其地的士人或官吏，由官府兴办边疆教育尚未普遍成为国策。元明清时边疆成为王朝疆域不可分割的部分，朝廷在边疆推行土司制度等具体治策，积极传播儒学文化，是提高土官素质、增强国家凝聚力的客观需要。元明清尤其是明清两朝，对在边疆地区发展教育不遗余力，并收到很大的成效。发展边疆地区的教育，乃成为治边文化软实力的一个重要方面。

治边文化软实力萌芽于先秦，兴盛于汉唐，宋代以后出现了转型变化，但仍是元明清三朝治理边疆的有力武器。该问题涉及的内容甚多，情况亦较复杂，必然是绿树常青的一个话题。

原载《中国边疆史地研究》2013年第2期，
本文刊发时作者方铁为云南大学西南边疆少数民族研究中心教授、博士生导师；
黄禾雨为云南大学中国边疆学专业博士研究生。

民族多元互动与儒家文化认同下边疆民族区域文教举措的演进特征*

高福顺

儒家文化认同是保障民族间和睦共处、社会和谐发展的关键，民族多元互动则为民族间彼此文化认同提供沟通桥梁和纽带。中国古代多民族国家，如何实施边疆民族区域文教举措，正确处理中原与边疆区域的民族关系，统一多民族国家的文化认同意识，便成为历代统治者必须审慎面对而颇为棘手的问题。为此，历朝统治者均耗费大量人力、物力和财力，根据当时国力水平和治国理念，因地制宜地制定相应的边疆民族区域文教举措，在民族多元互动的演进过程中努力达成民族间的儒家文化认同，以及和谐多民族国家的政治稳定和社会发展。众所周知，主导中国古代统一多民族国家演进的主体思想是围绕儒家治国理念展开的，历朝统治者在制定治理边疆民族区域的方针、政策时，往往以儒家文化及其伦理道德行为规范为准绳。正因如此，历代统治者治理边疆民族区域的文教举措主要体现在儒家文化与边疆民族文化的冲突、交融以及边疆民族对儒家文化的认同上。秦汉以来，作为边疆民族区域治理重要组成部分的边疆民族文教举措无不受到统治者的重视，于是，在繁芜多重的历史背景下，历代边疆民族区域文教举措演进呈现出一元与多元同举、稳定与创新并存的总体特征。

* 本文为教育部哲学社会科学研究重大课题攻关项目“中国历代边疆治理研究”（项目批准号：10JZD0008）之阶段性成果。

一、华夷一统：边疆民族文教举措演进的一元性

中国古代统一多民族国家演进历程中，任何王朝在制定边疆民族文教举措的方针、政策时多遵循一定原则，具有一元性特征。所谓“一元性”，就是指无论是以中原汉族为核心建立的王朝，还是以边疆民族为核心建立的政权，在制定边疆民族文教举措时均是围绕儒家“大一统”文教思想而展开的。所谓“大一统”，《春秋公羊传》注疏曰：“统者，始也，总系之辞。夫王者，始受命改制，布政施教于天下，自公侯至于庶人，自山川至于草木昆虫，莫不一一系于正月，故云政教之始。”①也就是说，“天下有道，则礼乐征伐自天子出”，②用儒家文化中的礼乐制度去教化边疆民族，达到边疆民族对儒家文化的认同，反映在边疆民族文教举措上就是对儒家“大一统”思想的认同。

秦始皇统一天下后，为了维护“天下一统”③的局面，在边疆民族文教举措上不仅要求“书同文字”，④而且还要求边疆民族移风易俗，实现“黔首改化，远迩同度”⑤的儒家文化认同诉求，如《南郡守腾文书》云：“古者，民各有乡俗，其所利及好恶不同，或不便于民，害于邦。是以圣王作为法度，以矫端民心，去其邪避，除其恶俗。法律未足，民多诈巧，故后有间令下者。凡法律令者，以教道民，去其淫避，除其恶俗，而使之之于为善也。”⑥又《会稽山石刻》载：“皇帝休烈，平一宇内，德惠修长。……大治濯俗，天下承风，蒙被休经。皆遵度轨，和安敦勉，莫不顺令。黔首修絜，人乐同则，嘉保太平。”⑦秦朝君臣的言行显然是以达到儒家文化认同为目标的，以求华夷同风、天下共治。

汉时，以汉武帝“大一统”思想为指导，重新构建以西汉为核心的“天下”秩序，⑧于是，董仲舒、公孙弘等提出“《春秋》大一统者，天地之常经，古今之通谊

---

① 《春秋公羊传》隐公元年。
② 《论语》第十六篇《季氏》。
③ 《史记》卷87《李斯列传》。
④ 《史记》卷6《秦始皇本纪》。
⑤ 《史记》卷6《秦始皇本纪》。
⑥ 张政烺、日知编：《云梦竹简》（Ⅰ），吉林文史出版社1990年版，第33—34页。
⑦ 《史记》卷6《秦始皇本纪》。
⑧ 参见李大龙《从“天下”到“中国”：多民族国家疆域理论解构》，人民出版社2015年版，第72—89页。

也”，“道之大原出于天，天不变，道亦不变”[1]的新儒家思想，致使汉武帝罢黜百家，独尊儒术，诏谕边官“总方略，壹统类，广教化，美风俗”，并下诏曰：“夫仁行而从善，义立则俗易，意奉宪者所以导之未明与？将百姓所安殊路，而挢虔吏因乘势以侵蒸庶邪？何纷然其扰也！今遣博士大等六人分循行天下，存问鳏寡废疾，无以自振业者贷与之。谕三老孝弟以为民师，举独行之君子，征诣行在所。朕嘉贤者，乐知其人。广宣厥道，士有特招，使者之任也。”[2]由此观之，汉武帝要求边官积极推行仁（德）政，导民从善，同时还要求三老孝悌以为民师，率先垂范，树立儒家伦理道德规范，改变边疆民族区域的不良习俗，遵从儒家伦理道德行为规范的新风尚。为了达到对儒家大一统思想观念的认同，汉武帝还派遣精通儒家文化的褚大等博士循行天下，广泛宣传儒家思想，以达“仁不异远，义不辞难”[3]的目的。由于西汉不遗余力推行儒家文化，使边疆区域出现了“徽以纠墨，制以质铁，散以礼乐，风以《诗》《书》，旷以岁月，结以倚庐。天下之士，雷动云合，鱼鳞杂袭，咸营于八区，家家自以为稷契，人人自以为咎繇，戴纵垂缨而谈者皆拟于阿衡，五尺童子羞比晏婴与夷吾”[4]的儒家伦理道德新气象。

魏晋南北朝时期，以汉族为核心建立的政权在应对民族大迁徙、大融合的复杂局面时，均以“用夏变夷”[5]，亦即“远人不服，则修文德以来之。既来之，则安之”[6]的文教思想治理边疆民族区域，以实现儒家大一统的政治目标。如南朝宋武帝即位时曾诏曰：“加以殊俗慕义，重译来庭，正朔所暨，咸服声教。”[7]南朝梁武帝即皇帝位时亦告于天曰：“咸以君德驭四海，元功子万姓，故能大庇氓黎，光宅区宇。……代终之符既显，革运之期已萃，殊俗百蛮，重译献款，人神远迩，罔不和会。”[8]从上述言论不难看出，南朝政权治理边疆民族区域时，要求以儒家文化为核心，用所谓的“德政”来感化边疆民族，使之逐渐认同儒家大一统思想观念，实现民族融合，区域共治。以边疆民族为核心建立的政权往往亦主动接受儒家文化，如

① 《汉书》卷 56《董仲舒传》。
② 《汉书》卷 6《武帝纪》。
③ 《汉书》卷 6《武帝纪》。
④ 《汉书》卷 87 下《扬雄传下》。
⑤ 《孟子》卷 5《滕文公上》。
⑥ 《论语》第十六篇《季氏》。
⑦ 《宋书》卷 3《武帝纪下》。
⑧ 《梁书》卷 2《武帝纪中》。

汉（前赵）国刘渊，前燕慕容廆、慕容皝，前秦苻坚，北魏拓跋（元）宏，北周宇文泰等帝王均精通儒家经史，不约而同地采用“大一统”的文教方略，如氐人苻坚曾谕侍臣曰：“朕方混六合为一家，视夷狄为赤子。汝宜息虑，勿怀耿介。夫惟修德可以禳灾，苟能内求诸己，何惧外患乎。”①鲜卑人拓跋珪由代改魏诏书中曰：“昔朕远祖，总御幽都，控制遐国，虽践王位，未定九州。逮于朕躬，处百代之季，天下分裂，诸华乏主。民俗虽殊，抚之在德，故躬率六军，扫平中土，凶逆荡除，遐迩率服。宜仍先号，以为魏焉。”②由于边疆民族统治者强化“用夏变夷”的“大一统”治边文教理念，进一步加速了边疆民族认同儒家文化的进程，以实现边疆民族区域的治理与稳定。

隋朝在“混一戎夏”“无隔华夷”③的儒家大一统文教思想指导下，以儒家礼教引导边疆民族认同儒家文化。隋文帝曾谓侍臣曰：“浑贼风俗，特异人伦，父既不慈，子复不孝。朕以德训人，何有成其恶逆也！吾当教之以义方耳。”④又谓吐谷浑使者曰：“朕受命于天，抚育四海，望使一切生人皆以仁义相向。况父子天性，何得不相亲爱也！吐谷浑主既是嵬王之父，嵬王是吐谷浑主太子，父有不是，子须陈谏。若谏而不从，当令近臣亲戚内外讽谕。必不可，泣涕而道之。人皆有情，必当感悟。不可潜谋非法，受不孝之名。溥天之下，皆是朕臣妾，各为善事，即称朕心。嵬王既有好意，欲来投朕，朕唯教嵬王为臣子之法，不可远遣兵马，助为恶事。”⑤对待谯国夫人平定番禺人王仲宣叛乱事件，隋文帝亦降敕书曰：“夫人宜训导子孙，敦崇礼教，遵奉朝化，以副朕心。”⑥隋炀帝遵从文帝治边理念，主张对待边疆民族要求“随才任用，无隔夷夏”。⑦在统治者的努力下，隋朝达成了“膺天育物，无隔华夷，率土黔黎，莫不慕化。风行所及，日入以来，职贡皆通，无远不至”⑧的一统局面。

唐朝提出“四海如一家”“爱之如一”的大一统边疆文教思想，用以治理边疆民族区域。唐高祖曾曰：“王者视四海如一家，封域之内，皆朕赤子。”⑨太宗秉承高祖

---

① 《资治通鉴》卷103，宁康元年十一月。
② 《魏书》卷2《太祖纪》。
③ 《隋书》卷67《裴矩传》。
④ 《隋书》卷83《吐谷浑传》。
⑤ 《隋书》卷83《吐谷浑传》。
⑥ 《隋书》卷80《谯国夫人传》。
⑦ 《隋书》卷4《隋炀帝纪下》。
⑧ 《隋书》卷67《裴矩传》。
⑨ 《资治通鉴》卷192，武德九年九月丁未。

治边文教方针，主张“我今为天下主，无问中国及四夷，皆养活之。不安者，我必令安；不乐者，我必令乐”，① 致四海咸服，天下乂安。面对“绝域君长，皆来朝贡，九夷重译，相望于道”，② “四夷大小君长争遣使入献见，道路不绝，每元正朝贺，常数百千人”③ 的诣阙朝拜盛世景象，唐太宗发出了“自古皆贵中华，贱夷、狄，朕独爱之如一，故其种落皆依朕如父母”④ 的慨叹。唐玄宗亦发出“蛮夷戎狄，殊方异类，重译而至者，日月于阙廷”⑤ 的慨叹。

辽金在与两宋的和战过程中，国家治理上的多元互动仍表现出一致的儒家化趋向。辽太祖建国伊始，召开御前会议讨论治国主体思想：“时太祖问侍臣曰：‘受命之君，当事天敬神。有大功德者，朕欲祀之，何先？’皆以佛对。太祖曰：‘佛非中国教。’倍曰：‘孔子大圣，万世所尊，宜先。’太祖大悦，即建孔子庙，诏皇太子春秋释奠。”⑥ 经辽朝统治者的不懈努力，许多契丹人皆精通经史，有文集行于世，至道宗时“华夷同风”⑦ 局面已然形成，甚至道宗发出“吾修文物，彬彬不异于中华”⑧ 的惊呼。金朝在儒家文化熏陶下，金太祖于天辅七年（1123）提出了“天下一家”⑨ 的大一统边疆文教思想。后继者熙宗亦曾曰：“四海之内，皆朕臣子，若分别待之，岂能致一。”⑩ 海陵王亦尝曰：“朕以天下为家，固无远迩之异，生民为子，岂有亲疏之殊”，⑪ “天下一家，然后可以为正统”。治国理念仍是“以一天下”⑫ 的儒家大一统思想。

元朝入主中原后，仍以“天下一家”作为治理边疆民族区域的指导思想，世祖在中统建元诏中曰：“建元表岁，示人君万世之传；纪时书王，见天下一家之义。法《春秋》之正始，体大《易》之乾元。炳焕皇猷，权舆治道。”⑬ 至元八年（1271），

① （宋）王钦若等：《册府元龟》卷170《帝王部·来远》。
② 《旧唐书》卷71《魏徵传》。
③ 《资治通鉴》卷198，贞观二十二年。
④ 《资治通鉴》卷198，贞观二十一年五月庚辰。
⑤ 《旧唐书》卷23《礼仪志三》。
⑥ 《辽史》卷72《义宗倍传》。
⑦ 《辽史》卷21《道宗本纪》。
⑧ （宋）叶隆礼：《契丹国志》卷9。
⑨ 《金史》卷2《太祖本纪》。
⑩ 《金史》卷4《熙宗本纪》。
⑪ （宋）李心传：《建炎以来系年要录》卷164，绍兴二十三年三月癸丑。
⑫ 《金史》卷129《佞幸·李通传》。
⑬ 《元史》卷4《世祖本纪一》。

世祖在建“大元”国号诏中又曰：“诞膺景命，奄四海以宅尊；必有美名，绍百王而纪统。……我太祖圣武皇帝，握乾符而起朔土，以神武而膺帝图，四震天声，大恢土宇，舆图之广，历古所无。顷者，耆宿诣庭，奏章申请，谓既成于大业，宜早定于鸿名。在古制以当然，于朕心乎何有。可建国号曰大元，盖取《易经》‘乾元’之义。”①元世祖儒家大一统治边思想跃然纸上。后继者元武宗亦诏曰：“仰惟祖宗应天抚运，肇启疆宇，华夏一统，罔不率从。……朕命惟允，庶事克谐，乐与率土之民，共享治安之化，迩宁远肃，顾不韪欤。”②上述言论表明，元朝仍秉承传统的儒家大一统治边文教思想。

明朝建立后，仍以“天下一统”“华夷一家”治边文教思想为基础治理边疆民族区域。明太祖曰：“朕既为天下主，华夷无间，姓氏虽异，抚字如一。”③成祖亦曰：“华夷本一家，朕奉天命为天子，天之所覆，地之所载，皆朕赤子，岂有彼此？”④“夫天下一统，华夷一家，何有彼此之间？”⑤英宗亦云：“苗民亦吾赤子，可坐视其饥窘耶？”⑥在具体实践中，明朝君主坚定不移地执行既定的治边文教思想，明太祖诏谕广西左、右两江溪峒官民曰：“朕惟武功以定天下，文德以化远人，此古先哲王威德并施，遐迩咸服者也。”⑦“府、州、县学校，宜加兴举，本处有司选保民间儒士堪为师范者，举充学官，教养子弟，使知礼义，以美风俗。”⑧贵州田仁智入朝岁修职贡时，成祖则谕之曰：“天下守土之臣，皆朝廷命吏，人民皆朝廷赤子，汝归善抚之，使各安其生，则汝可长享富贵。夫礼莫大于敬上，德莫盛于爱下，能敬能爱，人臣之道也。”⑨可见，明朝已把儒家大一统的治边观念作为明朝边疆民族文教的主体理念，“设学校，置教官，教民子弟，变其夷俗”。⑩

奠定中华民族多元一体格局的清朝，在维护满洲“乃国家根本”⑪的前提下，以

---

① 《元史》卷7《世祖本纪四》。
② 《元史》卷22《武宗本纪一》。
③ 《明太祖实录》卷53，洪武三年六月丁丑。
④ 《明太宗实录》卷264，永乐二十一年十月己巳。
⑤ 《明太宗实录》卷30，永乐二年四月。
⑥ 《明英宗实录》卷117，正统九年六月壬午。
⑦ 《明史》卷318《广西土司传二》。
⑧ 张纨编：《云南机务钞黄》。
⑨ 《明史》卷316《贵州土司传》。
⑩ 《明太宗实录》卷147，永乐十二年正月戊戌。
⑪ 《清圣祖实录》卷44，康熙十二年十一月辛丑。

“遐迩同仁，无分中外”①的治边理念把儒家大一统治边文教思想发挥到了极致。世祖宣称：“天下一统，满、汉无分别”，②“满汉官民，俱为一家”。③世宗则谕内阁曰：“我朝肇基东海之滨，统一诸国，君临天下。所承之统，尧舜以来中外一家之统也。所用之人，大小文武，中外一家之人也。所行之政，礼乐征伐，中外一家之政也。”“帝王之承天御宇，中外一家，上下一体。君父臣子之分定于天，尊亲忠孝之情根于性，未闻臣子之于君父，合体同心，犹可以丝毫形迹相岐（歧）视者也。”④上述言论已将清朝的治边文教理念表述得淋漓尽致。

总结历代王朝治边文教思想，无论用“用夏变夷”“混一戎夏”“从俗从宜”，还是用“四海如一家”“天下一家”“华夷一家”“满汉一家”等来阐述其治边文教要义，本质特征别无二致，均基于儒家大一统观念而提出并实践之，故此，边疆民族文教举措演进的一元性特征彰显无遗。通过历代王朝统治者的不懈努力，儒家大一统思想不断完善，促成了中国古代历史上多次民族大融合，至清代，中华民族“多元一体”格局最终形成。

二、承前启后：边疆民族文教举措演进的稳定性

历代王朝在实践边疆民族文教举措时具有明显的前后相承的稳定性特征。所谓“稳定性”就是指历代王朝或政权在制定、推行边疆民族文教举措时均认真总结前朝的成败得失，以往实践效果比较显著的文教举措得以继承与发展，致使历代王朝边疆民族区域文教举措具有长时段的稳定性。在历代王朝的实践过程中，统治者认识到儒家经史教授等边疆民族文教举措对边疆民族认同儒家大一统思想与文化具有较为显著的成效，故历代王朝纷纷推广和效仿。在具体实践过程中，历代王朝就是将教授儒家经史为核心的地方官学、私学推向遐远的边疆民族区域，使之知礼教易风俗，实现儒家文化认同意识。对此，历代统治者有比较一致的认识，不约而同地将儒家经史教育推广至边疆民族区域，以实现边疆民族区域的有效治理与社会安定。

儒家经史教育肇始于春秋战国时代，至汉时得以发扬光大。西汉初赵佗于南疆

① 《清圣祖实录》卷103，康熙二十一年七月乙卯。
② 《清史稿》卷245《冯铨传》。
③ 《清世祖实录》卷15，顺治二年四月辛巳。
④ 《清世宗实录》卷130，雍正十一年四月己卯。

自立为南越国王时便采取“和集百越”① 的策略，“稍以诗礼化其民”。② 西汉重视边疆民族区域的儒家经史教授，蜀郡太守文翁，“见蜀地辟陋有蛮夷风，文翁欲诱进之，乃选郡县小吏开敏有材者张叔等十余人亲自饬厉，遣诣京师，受业博士，或学律令。……数岁，蜀生皆成就还归”，经文翁的努力，“蜀地学于京师者比齐鲁焉”，以至于武帝谕令“天下郡国皆立学校官”，③ 将此儒家经史教授模式推广至广大边疆民族区域。文翁之举影响深远，后代文人政客还常常提及“蜀得文翁立学，始变邹鲁之俗”，④ 文翁“仁爱化民”，⑤ 文翁“兴学校”。⑥ 西汉末，“（锡）光治交阯，任延治九真，建立学校，遵仁依义”，⑦ 将官学教育推广至中南半岛北部。东汉时，杨仁任益州什邡令时，“劝课掾史弟子，悉令就学”，“由是义学大兴”。⑧ 肃宗（章帝）元和中，王追任蜀郡太守时，政化尤异，“始兴起学校，渐迁其俗”。⑨ 桓帝时，牂牁郡人尹珍，“自以生于荒裔，不知礼义，乃从汝南许慎、应奉受经书图纬，学成，还乡里教授，于是南域始有学焉”。⑩ 由于汉代官学、私学在西南边疆民族区域推广普及，致使儒家经史教授在西南边疆民族区域很兴盛，以致清朝广西巡抚谢启昆作《祀汉经师陈君记》时发出了“汉时陈君父子崛起苍梧，传左氏绝学。南方州郡，经学之盛，未有先于粤西者”⑪ 的赞叹。

魏晋时，边疆民族区域的“游学之士，教授之声，不绝”。⑫ 曹魏时代的国渊“师事郑玄”，避居辽东时，“常讲学于山岩，士人多推慕之”。⑬ 西晋惠帝永宁初，张轨出为护羌校尉、凉州刺史，在宋配、阴充等人辅佐下，“征九郡胄子五百人，立学校，始置崇文祭酒，位视别驾，春秋行乡射之礼”。⑭ 西晋末年，成都王李雄据

---

① 《史记》卷113《南越列传》。
② ［越］黎崱撰，武尚清点校：《安南志略》卷14《学校》。
③ 《汉书》卷89《循吏 · 文翁传》。
④ 《全元文》卷1305《长兴州重修学宫记》。
⑤ 《明太祖实录》卷158，洪武十六年十一月壬子。
⑥ 《清仁宗实录》卷289，嘉庆十九年四月壬午。
⑦ ［越］黎崱撰，武尚清点校：《安南志略》卷14《学校》。
⑧ 《后汉书》卷79下《儒林 · 杨仁传》。
⑨ 《后汉书》卷86《南蛮西南夷列传》。
⑩ 《后汉书》卷86《南蛮西南夷列传》。
⑪ （清）谢启昆修，胡虔纂：《广西通志》卷133《建置略八 · 学校一 · 桂林府一》。
⑫ 《三国志》卷11《魏书 · 邴原传》。
⑬ 《三国志》卷11《魏书 · 国渊传》。
⑭ 《晋书》卷86《张轨传》。

蜀时，“兴学校，置史官”，① 大力倡导儒学。东晋穆帝永和年间，征西将军庾亮镇守武昌时，开置学官，“参佐大将子弟，悉令入学，吾家子弟，亦令受业”，并教之曰：“近临川、临贺二郡，并求修复学校，可下听之。”② 魏晋虽处动乱年代，但边疆民族区域的儒家经史教授仍维系而施之，足见儒家经史教育对儒家文化认同有多么大的推动作用。

隋唐实现统一后，边疆民族区域的儒家经史教授与边疆民族人才培养出现了新高潮。在隋文帝“诏天下劝学行礼”③ 的推动下，令狐熙总管桂州十七州诸军事时曾为隶属州县“建城邑，开设学校，华夷感敬，称为大化”。④ 炀帝大业十三年（617）在广西创办的灌阳县学就是隋朝于边疆民族区域崇尚儒术、倡导兴学的余绪。⑤ 唐时，高祖制《兴学敕》曰：“自古为政，莫不以学为先，学则仁、义、礼、智、信五者俱备，故能为利深博。朕今欲敦本息末，崇尚儒宗，开后生之耳目，行先王之典训。”⑥ 于是，边疆民族诵经习儒之声高起，“选群蛮子弟聚之成都，教以书数，欲以慰悦羁縻之，业成则去，复以他子弟继之。”⑦ 同时，唐朝还准许“四方学者云集京师，乃至高丽、百济、新罗、高昌、吐蕃诸酋长亦遣子弟请入国学”，⑧ 习读儒家经史。推动唐朝边疆民族崇儒向学的另一关键因素就是初创于隋朝的科举制。科举的施行，激发了边疆民族诵经习儒的积极性，以致“金汝、盐丰、福建、黔府、桂府、岭南、安南、邕容等道”选送“进士”“明经”于廷。⑨《旧唐书》所载“江岭间为进士者，不远数千里皆随宗元师法；凡经其门，必为名士”，⑩ 就是边疆民族区域文教繁荣的真实写照。

大唐帝国土崩瓦解后，以契丹、党项、女真等边疆民族为核心建立的辽、西夏、金等政权，在保持民族特色的基础上积极汲取儒家文化之营养，以赢得抗衡宋朝的主动权。辽太祖“变家为国”⑪ 后，立即主持召开群臣会议，正式确立尊孔崇儒的文

① 《晋书》卷 121《李雄载记》。
② 《宋书》卷 14《礼志一》。
③ 《隋书》卷 1《高祖本纪上》。
④ 《隋书》卷 56《令狐熙传》。
⑤ （清）谢启昆修，胡虔纂：《广西通志》卷 133《建置略九 · 学校二 · 桂林府二》。
⑥ （宋）宋敏求：《唐大诏令集》卷 105《崇儒 · 兴学敕》。
⑦ 《资治通鉴》卷 249，大中十三年十二月丁酉。
⑧ 《资治通鉴》卷 195，贞观十四年二月丁丑。
⑨ （五代）王定保：《唐摭言》卷 1《会昌五年举格节文》。
⑩ 《旧唐书》卷 160《柳宗元传》。
⑪ （宋）叶隆礼：《契丹国志》卷 23《族姓原始》。

教政策。在此文教政策指导下，辽朝建立起了“国子学”[①]“五京学”[②]及地方府、州、县学等完整的教育体系，在北方草原游牧地区广泛传播儒家文化，努力促进“华夷同风”局面的形成。金代辽后，继续推行尊孔崇儒的文教政策。熙宗曾“亲祭孔子庙”，并谓侍臣曰：“孔子虽无位，其道可尊，使万世景仰。大凡为善，不可不勉。”[③]世宗面对译经所进所译《易》《书》《论语》《孟子》《老子》《扬子》《文中子》《刘子》及《新唐书》时，谓宰臣曰：“朕所以令译《五经》者，正欲女直人知仁义道德所在耳”，命颁行之。[④]偏居西陲的西夏亦是“尊行儒教，崇尚《诗》《书》”，[⑤]乾顺时，于蕃学之外“始建国学，设弟子员三百，立养贤务以廪食之”。[⑥]仁孝时，“始建学校于国中，立小学于禁中，亲为训导”。[⑦]与辽金形成对峙局面的宋朝，在“兴文教，抑武事”的文教政策指导下，为达边疆民族区域的儒家文化认同与社会长治久安，更加重视边疆民族区域文教方针的制定与实践。在西北，宋朝创设“蕃学”，晓谕“蕃官子弟入学”，[⑧]甚至朝廷出资兴办，“知河州鲜于师中乞置蕃学，教蕃酋子弟，赐田十顷，岁给钱千缗，增解进士二人，从之”。[⑨]在西南，地方文教规模也粲然可观，柳州学于大观年间（1107—1110）“士之弦诵者至三百人，为岭南诸州之最”，[⑩]宜州“为岭右偏垒，僻在西陲。然而声教之所暨，文轸之所薄，每举应书之士，不下五六百人”，[⑪]宋朝边疆民族区域文教之兴盛可见一斑。

元朝重儒兴学之风虽逊唐宋，但元朝君臣均重视儒化教育，确立程朱理学之传统地位，将四书、五经等儒学经典译成蒙文作为蒙古族士子必读书籍。在世祖“勉励学校，宣明教化”[⑫]以及成宗“诏中外崇奉孔子”[⑬]的号召下，元朝边疆民族区域的文教举措就是于“遵用汉法”[⑭]的基础上，设学助教，传播儒家思想与文化。世祖中

---

① 《辽史》卷47《百官志三》。
② 《辽史》卷48《百官志四》。
③ 《金史》卷4《熙宗本纪》。
④ 《金史》卷8《世宗本纪下》。
⑤ （清）吴广成撰，龚世俊等校证：《西夏书事校证》卷31。
⑥ 《宋史》卷486《外国二・夏国传下》。
⑦ 《宋史》卷486《外国二・夏国传下》。
⑧ 《续资治通鉴长编》卷18，太平兴国二年丁丑；卷248，熙宁六年癸丑。
⑨ 《宋史》卷15《神宗本纪二》。
⑩ 《粤西文载》卷25《柳州修学记》。
⑪ 《粤西文载》卷25《庆远府学建阁记》。
⑫ 《元典章》卷31《礼部四・学校一》。
⑬ 《元史》卷18《成宗本纪一》。
⑭ 《元史》卷125《高智耀传》。

统四年（1263），临洮人赵重喜任职临洮府达鲁花赤时，“劝农兴学，省刑敦教，以善治闻”。① 仁宗延祐二年（1315），宣慰使着思吉巴等在河州“拨田僋学，育养人才”。② 在西南边疆民族区域，“黔之学，自元始。元有顺元路儒学，有蔺州儒学”。③ 赛典赤赡思丁任职云南行省时，“创建孔子庙、明伦堂，购经史，授学田，由是文风稍兴”。④ 其子忽辛任云南行省右丞时，针对赡思丁所拨五顷学田为大德寺所有的情况，“按庙学旧籍夺归之。乃复下诸郡邑遍立庙学，选文学之士为之教官，文风大兴”。⑤ 对于元朝边疆民族文教之规模，苏天爵曾赞叹道：“我朝自太宗皇帝，投戈讲艺，建学于燕，四方诸侯，相继兴学……（世祖）以道建极，文轨混同，内设胄监，外设提举官，以领郡县学校之事。于是遐陬绝漠，先王声教之所未暨者，皆有学焉。”⑥ 元朝统治者虽以蒙古人为核心，然边疆文教之声色却不亚于汉唐。

明朝立国后，颇重视儒家经史教育。洪武二年（1369），太祖谕中书省臣曰：“朕惟治国以教化为先，教化以学校为本。京师虽有太学，而天下学校未兴。宜令郡县皆立学校，延师儒，授生徒，讲论圣道，使人日渐月化，以复先王之旧。”⑦ 就边疆民族区域人才培养而言，太祖谕礼部曰：“边夷土官，皆世袭其职，鲜知礼义，治之则激，纵之则玩，不预教之，何由能化。其云南、四川边夷土官，皆设儒学，选其子孙弟侄之俊秀者以教之，使之知君臣父子之义，而无悖礼争斗之事。亦安边之道也。”⑧ 他又敕国子监官曰：“移风善俗，礼为之本。敷训导民，教为之先。故礼教明于朝廷而后风化达于四海。今西南夷土官各遣子弟来朝，求入太学，因其慕义，特允其请，尔等善为训教，俾有成就，庶不负远人慕学之心”，⑨ 鼓励边疆民族子弟入学国子监，“使知君臣父子之道，礼乐教化之事，他日学成而归，可以变其土俗，同于中国”。⑩ 明朝自官学外，又有社学，“延师以教民间子弟”，⑪ 保证了边疆民族区域非贵族子弟皆能习儒向化。同时，边疆民族士人举进士亦相当踊跃，清人曾云：

① 《元史》卷123《赵重喜传》。
② （明）吴祯：《河州志》卷2《学校志·庙学》。
③ （明）郭子章：《黔记》卷16《学校志上》。
④ 《元史》卷125《赛典赤赡思丁传》。
⑤ 《元史》卷125《忽辛传》。
⑥ （元）苏天爵：《元文类》卷41《杂著·礼典·学校》。
⑦ 《明史》卷69《选举志一》。
⑧ 《明太祖实录》卷239，洪武二十八年六月壬申。
⑨ 《明太祖实录》卷202，洪武二十三年五月己酉。
⑩ 《明太祖实录》卷150，洪武十五年十一月甲戌。
⑪ 《明史》卷69《选举志一》。

“贵州设科，前此未有也。明洪熙元年，始令贵州生儒就试湖广。宣德元年，诏云贵合试。”[①] 在明朝统治者的重视下，明朝域内“盖无地而不设之学，无人而不纳之教。庠声序音，重规叠矩，无间于下邑荒徼，山陬海涯。此明代学校之盛，唐、宋以来所不及也”。[②]

清朝统治者更加重视儒家经史教育，置学设官，“一沿明制，二百余年，虽有以他途进者，终不得与科第出身者相比”。[③] 顺治九年（1652），“世祖首视学。先期行取衍圣公、《五经》博士率孔氏暨先贤各氏族裔赴京观礼。帝释奠毕，诣彝伦堂御讲幄。祭酒讲四书，司业讲经。宣制勉太学诸生。越日，赐衍圣公冠服，国子监官赏赉有差。各氏后裔送监读书。嗣是历代举行以为常。”世祖对临雍视学典礼綦重，是清朝统治者对儒家经史教育重视的直接反映。对此，高宗于乾隆四十八年（1783）谕：“稽古国学之制，天子曰辟雍，所以行礼乐、宣德化、昭文明而流教泽，典至钜也。国学为人文荟萃之地，规制宜隆。辟雍之立，元、明以来，典尚阙如，应增建以臻美备。”[④] 正因如此，清朝特别优待边疆民族子弟，世宗曾谕礼部：“今滇黔楚粤等省，苗民向化，新增土司入学额数，为学臣者，尤宜加意禁饬，毋使不肖士子，冒其籍贯，阻土民读书上进之路”，[⑤] 诏令“滇省土官子弟就近各学，立课教诲”。[⑥] 在边疆民族区域还广设义学、社学，“教孤寒生童，或苗、蛮、黎、瑶子弟秀异者”。[⑦] 在此背景下，清朝在边疆民族区域设置官学、私学更为普遍，如康熙统一台湾后，在台湾府设官学，在凤山等县置义学，在崇文、白沙等地置书院，允许台湾土著子弟应福建乡试。允许乡试正是清朝统治者注重边疆民族士人赴试科举的缩影，其目的就是鼓励和引导边疆民族诵经习儒的新风尚，以达成边疆民族对儒家文化的认同，实现天下一统局面的形成。

通过历代王朝对边疆民族区域的儒家经史教授的考察，无论是大一统时期的帝国还是对峙时期的政权，无论是以汉族为核心建立的多民族国家，还是以边疆民族为核心建立的盛世帝国，在治理边疆民族区域时所施行的文教举措无不以官学、私

① （清）田雯：《黔书》卷1《设科》。
② 《明史》卷69《选举志一》。
③ 《清史稿》卷106《选举志一》。
④ 《清史稿》卷106《选举志一》。
⑤ 《清世宗实录》卷66，雍正六年二月壬寅。
⑥ 《清朝文献通考》卷69《学校七》。
⑦ 《清史稿》卷106《选举志一》。

学为核心而展开。这充分表明通过官学、私学方式推行儒家经史教育以达成边疆民族的儒家文化认同，是任何边疆民族区域文教举措中最为便捷、最为有效的途径，故此，边疆民族文教举措演进具有明显的稳定性特征。

三、异曲同工：边疆民族文教举措演进的多元性

历代王朝在实践边疆民族文教举措时，面对边疆民族区域发展不平衡的实态，均重视从边疆民族区域差异出发，制定因地制宜的边疆民族文教举措，致使历代王朝的边疆民族文教举措呈现出多元性特征。所谓“多元性”，是指任何一个王朝在儒家“大一统”观念指导下制定和实践边疆民族文教举措时，不仅贯彻执行效果显著的儒学教育等文教举措，而且还要制定和实践能改变边疆民族儒家大一统认同意识的其他文教举措。通过各种途径和方式潜移默化地改变边疆民族对儒家思想统治的认可程度，稳定边疆民族，维护天下一统。于是，历代王朝针对国家实力和边疆民族区域不平衡的实态，制定与历代王朝国力相适应的边疆民族文教举措，如设置官学私学、科举取士以达儒家文化认同，羁縻而治、尊俗重教（宗教）以达和睦相处，华夷杂处、和亲通好以达文化交流，等等，目的就是使儒家思想与文化得以在边疆民族区域广泛传播，寄望民族文化与儒家文化合而为一，同时使以儒家思想为核心的统治方略得到边疆民族的高度认同，形成“华夷同风”的局面。

西汉王朝根据不同边疆民族区域的特点差异，在儒家“大一统”文教思想统领下，除加强官学设置与私学自由发展外，还相应地采取羁縻、怀柔、和亲、移民等具有文教意义的治边政策，用以治理边疆民族区域。西汉王朝适时地建立不同于内地的道、属国和边郡，这种“不改其本国之俗而属于汉”，[①]“以其故俗治”[②] 的羁縻政策既有利于边疆民族区域多民族多元文化的交融，又减少了汉朝与边疆民族的矛盾，目的在于边疆民族与西汉王朝互动交流的过程中使之循序渐进地接受儒家“大一统”思想观念。这种尊重边疆民族风俗习惯的文教理念，确实收到了“和集百越”的良好效果。西汉前期还把“和亲”提升到新的政治层面，使汉匈“两国之民若一家

① 《汉书》卷 55《霍去病传》颜师古注。
② 《汉书》卷 24 下《食货志下》。

子”，[①] 实现中原民族与边疆民族的多元互动，十分有利于将儒家思想与文化推向遐远的边疆民族区域。西汉王朝所采取怀柔绥靖政策达成了“西域思汉威德，咸乐内属”[②] 的局面，致使多元文化具有一个凝聚和向往的核心。西汉的移民实边、边民移入内地以及“谪民”“徙死罪”等政策，客观达成了边疆区域民族杂居局面的形成，起到了中原民族与边疆民族互动与交融的作用。建元三年（前 138），“东瓯请举国徙中国，乃悉举众来，处江淮之间”，[③] 实现了汉越的杂处。元朔二年（前 127），汉取河南地后，“募民徙朔方十万口”，[④] 实现了汉匈的杂居。总体言之，西汉王朝通过多元化的民族政策向边疆民族区域施加政教，加速了边疆民族的儒化倾向，推动了统一多民族国家的形成。

唐朝边疆民族文教举措内容更加丰富，唐朝在“以文德绥海内”[⑤] 文教方针指导下采取多元化的边疆民族政策，成功实现了中原民族与边疆民族的多元互动。表现在具体的边疆民族文教上，除前述的唐朝实行边疆民族子弟儒学教育、允许边疆民族子弟参加科举考试外，唐朝还推行羁縻府州、重用边疆民族人才、和亲、尊俗重教、移民等具有文教意义的民族政策。羁縻府州政策是唐朝处理中原民族与边疆民族友好关系的典范。据统计，唐朝先后在东北、北方、西南、南方设置羁縻府州 856 个。[⑥] 唐朝的这一政治措施，不仅维护了儒家大一统之要义，而且还将唐朝的“声威”与“教化”传播到边疆民族区域，有利于边疆民族区域政治、经济和文化的发展，进而实现天下共治的宏伟目标。寄寓东北的渤海，“遣使求写《唐礼》及《三国志》《晋书》《三十六国春秋》。许之”，[⑦] 并“于其国内设文籍院，以储图书；设胄子监，以教诸子弟。稽古右文，颇极一时之盛”，以致“寖染唐风，习礼仪之节，重衣冠之制，而故俗不能尽保矣”。[⑧] 唐朝十分重用边疆民族人才，仅任用蕃将人数就多达 2536 人，[⑨] 以致贞观七年（633），高祖于故汉未央宫宴请突厥颉利可汗、南蛮

---

① 《汉书》卷 94 上《匈奴传上》。
② 《汉书》卷 96 下《西域传下》。
③ 《史记》卷 114《东越列传》。
④ 《汉书》卷 6《武帝纪》。
⑤ 《唐会要》卷 33《雅乐下 · 破阵乐》。
⑥ 参见徐杰舜、韦日科主编《中国民族政策史鉴》，广西人民出版社 1992 年版，第 186 页。
⑦ 《唐会要》卷 36《蕃夷请经史》。
⑧ 金毓黻:《渤海国志长编（下编）》卷 16《族俗考 · 礼俗》，社会科学战线杂志社 1982 年版。
⑨ 章群:《唐代蕃将研究》，联经出版事业公司 1986 年版，第 37 页。

酋长冯智戴等四方来宾时，发出“胡、越一家，自古未有也”[①]之感慨，足见边疆民族对唐朝“大一统”治边观念与政策的高度认同，表明唐朝边疆民族政策的文教作用取得了相当显著的效果，得到了边疆民族的高度认同。唐代中原儒家文化对边疆民族区域产生重要影响的途径还有和亲政策的推动。贞观十五年（641）文成公主嫁吐蕃赞普后，既缓和了唐朝与吐蕃间的紧张关系，又为吐蕃带来了唐朝先进文明，其文教意义相当深远。景龙四年（710）金城公主嫁吐蕃赞普后，唐赐“公主请《毛诗》《礼记》《左传》《文选》各一部”，[②]目的是期冀吐蕃“渐陶声教，混一车书，文轨大同”。[③]唐蕃间的文化互动收到了良好效果，唐代岭南诗人陈陶诗云“自从贵主和亲后，一半胡风似汉家”，[④]便是吐蕃移风易俗的生动写照。唐朝与回鹘和亲后，振武城的回纥人亦“皆衣朱碧，类华人”。[⑤]唐朝怀柔政策对边疆民族区域的文教作用亦颇见成效。在吐鲁番出土的唐代文物中，有诸多儒家经典与史书，如《千字文》、《开蒙要训》、《孝经》、郑玄注《论语》、孔安国传《尚书》、郑玄注《礼记》、何晏《论语集解》等，[⑥]说明唐朝怀柔西域后，儒家文化在西域较前代传播得更加广泛。唐代在边疆民族区域所施行的多元化文教举措，使唐朝边疆民族区域均被声教，宰相贾耽上《海内华夷图》及《古今郡国县道四夷述》时所云“殷、周以降，封略益明，承历数者八家，浑区宇者五姓，声教所及，惟唐为大”，[⑦]就是唐朝远播儒家思想与文化的真实写照。

以边疆民族满族为核心建立的清朝在总结历代王朝制定与实施边疆民族文教政策的成败得失后，在“无分中外”“满洲根本”“从宜从俗”的原则指导下，根据统治区域内错综复杂的民族关系之特点，因地制宜地制定与实施了多元化的民族文教政策。东北边疆是满族的发祥地，是国家根本，以“国语骑射”为方针，高宗于乾隆二十三年（1758）谕：“以后满洲、蒙古、现任三品以上大臣之子孙，及亲兄弟子侄，有应试者，俱令自行奏闻，必国语骑射，皆有可观，方准入场考试，并照乡试

① 《资治通鉴》卷194，贞观七年十二月戊午。
② 《旧唐书》卷196上《吐蕃传上》。
③ 《唐会要》卷36《蕃夷请经史》。
④ 《全唐诗》卷746《陇西行》。
⑤ 《资治通鉴》卷247，武宗会昌三年正月。
⑥ 参见姚崇新《唐代西州的私学与教材——唐代西州的教育之二》，《西域研究》2005年第1期。
⑦ 《旧唐书》卷138《贾耽传》。

之例，请派监试御史，及监场都统各员，前往弹压。”[①]仁宗于嘉庆五年（1800）继续强调：“我满洲根本，骑射为先。若八旗子弟专以读书应试为能，轻视弓马，怠荒武备，殊失国家设立驻防之意。嗣后各省驻防官弁子弟，不得因有就近考试之例，遂荒本业。”[②]故此，清朝所建立的满族教育体系如皇室子孙的宗学、觉罗学、景山官学、咸安宫官学，八旗子弟的八旗官学、八旗义学等必以骑射为先。对待汉族，清朝以“满汉一家”为文教方针，以强行思想控制与怀柔笼络为主导，对不同区域的汉族采取不同的文教举措。世祖于顺治七年（1650）谕礼部：“帝王敷治，文教为先。臣子致君，经术为本。自明末扰乱，日寻干戈，学问之道，阙焉未讲。今天下渐定，朕将兴文教，崇经术，以开太平。尔部传谕直省学臣，训督士子，凡理学、道德、经济、典故诸书，务研求淹贯。明体则为真儒，达用则为良吏。果有实学，朕必不次简拔，重加任用。”[③]为了笼络汉族士人，组织编纂大型图书，史载：“世祖入定中原，命冯铨等议修《明史》，复诏求遗书。圣祖继统，诏举博学鸿儒，修经史，纂图书，稽古右文，润色鸿业，海内彬彬向风焉。高宗继试鸿词，博采遗籍，特命辑修《四库全书》，以皇子永瑢、大学士于敏中等为总裁，纪昀、陆锡熊等为总纂，与其事者三百余人，皆极一时之选，历二十年始告成。”[④]对待边疆民族，以“从俗从宜，各安其习”[⑤]为文教方针，其目的便是“儒教日兴，而悍俗渐变”，[⑥]更有利于中华民族“大一统”的形成。在北方蒙古区域，以满蒙联姻为主导，蒙古族享有同等的文教政策，广设学校，兴学施教，如蒙古义学、蒙古官学等。[⑦]在南方边疆民族区域设置府、州、县、卫等官学，招收边疆土司贵族子弟，入学名额优惠，同时置社学、义学、井学以收苗、黎、瑶等边疆民族贫寒子弟入学，[⑧]并准许边疆民族区域子弟参加科举考试。清朝统一台湾后，知府蒋毓英于康熙二十二年（1683）“始设社学二所于东安坊，以教童蒙，亦曰义塾。其后各县增设。二十三年，新建台、凤两县儒学。翌年，巡道周昌、知府蒋毓英就文庙故址扩而大之，旁置府学，由省派

---

① 《清高宗实录》卷 557，乾隆二十三年二月庚辰。
② 《清史稿》卷 106《选举志一》。
③ 《清史稿》卷 106《选举志一》。
④ 《清史稿》卷 145《艺文志一》。
⑤ 《清世宗实录》卷 80，雍正七年四月辛巳。
⑥ 《清史稿》卷 273《赵廷臣传》。
⑦ 参见张力均《清代八旗蒙古汉化初探》，《内蒙古大学学报》2006 年第 6 期。
⑧ 参见齐红深《满族的教育文化》，辽宁大学出版社 1993 年版，第 157 页。

驻教授一员，以理学务”。[1]同时置海东、崇文、南湖、奎楼、白沙等二十三个书院以广儒学，允许台湾士人应福建乡试、省试及至殿试。台湾府之儒学遍全岛。

西汉、唐朝、清朝的边疆多元文教实践证明，历代王朝的边疆民族文教举措在儒学教育之外，具有文教功能的民族政策相当多，如羁縻、怀柔、和亲、移民等，虽然不能像官学、私学那样直接教授儒家经史，向边疆民族灌输儒家思想与文化，但通过这些民族政策的实施，边疆民族有更多的机会与中原民族接触，在接触的过程中，边疆民族便会主动或被动地、潜移默化地接受儒家大一统思想观念，实现边疆民族与中原民族的大融合，实现中华民族的和睦共处，自觉地维护中国古代统一多民族国家的和谐演进。

四、华夷之辨：边疆民族文教举措演进的局限性

总结历代边疆民族文教举措的总体演进过程，可以肯定的是，作为边疆治理举措之一的“文教”在历朝治理边疆民族区域的过程中发挥了重要作用，收到了较为显著的成效，多民族文化交流与儒家文化认同成为中国古代统一多民族国家和谐演进的主旋律，中华民族“多元一体格局”的形成是中国古代统一多民族国家历史演进的必然结果。当然，在历朝对边疆民族区域广施文教的过程中，由于统治者对治边观念，如“大一统”“华夷之辨”“羁縻而治”等的认识与实践存在偏差，也出现了一些失误或“施行不到位”的实际问题，严重地阻碍了边疆民族区域文教举措的施行，民族多元互动与儒家文化认同受到严峻挑战，进而影响了中国古代统一多民族国家形成的进程和中华民族“多元一体”的和谐演进。

“华夷之辨”“夷夏有别”“夷夏之防”等观念自春秋战国时代形成后，始终掣肘着中国古代统一多民族国家发展进程，对边疆民族文教政策的制定与实践则产生更加深远的影响。秦时，在“夷夏之防”民族观念指导下，始皇帝北击匈奴后便筑长城以界之，人为地阻断了中原民族与北疆民族的正常交往，导致儒家文化在北疆民族区域传播的延缓。汉时，在“大一统”边疆文教方针指导下，积极与边疆民族互动，确实收到了“以诗礼化其民”的良好成效，儒家文化渐入边疆民族之心中，然

① 连横：《台湾通史》卷11《教育志》。

“夷夏有别”思潮仍然流行，武帝时淮南王刘安曾上疏云：“……臣窃闻之，与中国异。限以高山，人迹所绝，车道不通，天地所以隔外内也。”[①]他认为自然地理条件将华夏与百越区隔开来，表明夷夏有别。同时，还有人谓“夷狄譬如禽兽”，[②]将匈奴“禽兽畜之，不属为人”，[③]骆越之人“与禽兽无异”。[④]尤其是王莽篡汉后实行严格的“夷夏有别”民族歧视政策，认为“天无二日，土无二王，百王不易之道也。汉氏诸侯或称王，至于四夷亦如之，违于古典，缪于一统。其定诸侯王之号皆称公，及四夷僭号称王者皆更为侯”，[⑤]片面地将“华夷之辨”民族观念应用于治理边疆民族区域之中，强调华夷对立，致使“三边蛮夷愁扰尽反”，[⑥]“西域自此绝”，“东北与西南夷皆乱云”，[⑦]严重影响了汉代民族之和睦关系。

魏晋时期，入主中原或欲入主中原的诸政权皆以“华夏正统”自居，强调华夷有别。曹操曾告诫部将：“羌、胡欲与中国通，自当遣人来，慎勿遣人往。善人难得，必将教羌、胡妄有所请求，因欲以自利；不从便为失异俗意，从之则无益事。”[⑧]华夷有别观念溢于言表，以致部将邓艾在征伐西南边疆民族区域时诬称边疆民族是：“戎狄兽心，不以义亲，强则侵暴，弱则内附……胡虏不可不深备也。”[⑨]东吴政权对岭南边疆民族的认识也是如此，尚书仆射薛综强调越人是“藜蓧稂莠”“魑魅魍魉”，称之为“遗寇”“残奸”“凶慝”，数其罪状曰：“山越恃阻，不宾历世，缓则首鼠，急则狼顾。”[⑩]晋时，“夷夏之防”民族观念更是甚嚣尘上，江统“深惟四夷乱华……乃作《徙戎论》”，其辞曰：“其性气贪婪，凶悍不仁，四夷之中，戎狄为甚。弱则畏服，强则侵叛。虽有贤圣之世，大德之君，咸未能以通化率导，而以恩德柔怀也。”江统基于这种认识而提出如下设想：“夫为邦者，患不在贫而在不均，忧不在寡而在不安。以四海之广，士庶之富，岂须夷虏在内，然后取足哉！此等皆可申谕发遣，还其本域，慰彼羁旅怀土之思，释我华夏纤介之忧。”[⑪]五胡十六国虽然多数政权均以

① 《汉书》卷64上《严助传》。
② 《资治通鉴》卷12，惠帝三年春。
③ 《史记》卷112《平津侯主父列传》。
④ 《资治通鉴》卷28，元帝初元二年初。
⑤ 《汉书》卷99中《王莽传中》。
⑥ 《汉书》卷95《西南夷两粤朝鲜传》。
⑦ 《汉书》卷99中《王莽传中》。
⑧ 《三国志》卷1《魏书·武帝纪》。
⑨ 《三国志》卷28《魏书·邓艾传》。
⑩ 《三国志》卷64《吴书·诸葛恪传》。
⑪ 《晋书》卷56《江统传》。

边疆民族为核心建立，但统治者均接受了“华夷之辨”民族观念的影响，仍存在轻视其他边疆民族的倾向。前秦主苻坚曾嘱吕光曰：“西戎荒俗，非礼义之邦。羁縻之道，服而赦之，示以中国之威，导以王化之法，勿极武穷兵，过深残掠。”其季弟苻融亦曾曰：“鲜卑、羌、羯攒聚如林，此皆国之贼也，我之仇也。”①南北朝时期，“华夷之辨”民族观念并未消减，以拓跋鲜卑为核心建立的北魏仍存在轻视其他边疆民族的倾向，太武帝拓跋焘攻盱眙时，与宋将臧质书曰：“吾今所遣斗兵，尽非我国人，城东北是丁零与胡，南是三秦、氐、羌。设使丁零死者，正可减常山、赵郡贼；胡死，正减并州贼。氐、羌死，正减关中贼。卿若杀丁零、胡，无不利。”②北魏统治者不仅对其治域下的边疆民族有轻侮之意，就是对以汉族为核心建立的偏居东南的东晋以及南朝宋、齐、梁、陈诸政权亦谓之为“岛夷”“海夷”，③是“僭晋”。④当然，南朝亦谓北朝统治者为“虏主”，⑤谓其民为“虏”“索虏”。⑥无论南朝还是北朝，“华夷之辨”民族观念严重影响了边疆民族对儒家大一统治边观念的遵行。对此乱象，清雍正皇帝曾评论曰：“盖从来华夷之说，乃在晋宋六朝偏安之时，彼此地丑德齐，莫能相尚，是以北人诋南为岛夷，南人指北为索虏。”⑦魏晋南北朝时期的众多边疆民族进入中原与汉族杂居，促进了民族的大迁徙、大融合，客观上使移入内地的边疆民族很快就接受了儒家思想与文化的熏陶，融入汉族当中。

隋唐一统，尤其是唐朝以“四海如一家”的文教方针治理边疆民族区域，民族多元互动与儒家文化认同成效显著，天下乂安，举国一统。贞观中，“有突厥史行昌直玄武门，食而舍肉”，人问其故，曰：“归以奉母。”太宗闻而叹曰：“仁孝之性，岂隔华夷？”⑧这不能不说是唐朝的边疆民族文教举措取得了显著成效，然也不乏“华夷之辨”之音。太宗谓侍臣曰：“中国，根干也；四夷，枝叶也；割根干以奉枝叶，木安得滋荣！”⑨贞观年间，夏州都督窦静议论曰：“戎狄之性，有如禽兽，不可以刑法威，不可以仁义教，况彼首丘之情，未易忘也。”魏徵亦议论曰：“夫戎狄人面兽

① 《晋书》卷114《苻坚载记下》。
② 《宋书》卷74《藏质传》。
③ 《魏书》卷97《桓玄传》《冯跋传》《刘裕传》；《魏书》卷98《萧道成传》《萧衍传》。
④ 《魏书》卷96《司马叡传》。
⑤ 《南齐书》卷1《高帝本纪》。
⑥ 《宋书》卷5《文帝本纪》。
⑦ （清）爱新觉罗·胤禛：《大义觉迷录》。
⑧ （唐）吴兢：《贞观政要》卷5《孝友》。
⑨ 《资治通鉴》卷195，贞观十三年七月庚戌。

心，弱则请服，强则叛乱，固其常性。”[①] 给事中杜楚客亦云：“北狄人面兽心，难以德怀，易以威服。”凉州都督李大亮亦上疏曰：“中国百姓，天下根本，四夷之人，犹于枝叶，扰其根本以厚枝叶，而求久安，未之有也。自古明王，化中国以信，驭夷狄以权。”[②] 谏议大夫褚遂良上疏则给出了“圣王为治，先华夏而后夷狄”[③] 的治理次序。上述议论表明唐朝的“华夷之辨”民族观念与魏晋南北朝时期一脉相承，并未销声匿迹。不过，唐朝前期的这种非主流民族观念在“安史之乱”后却发生了明显变化，如唐肃宗定性“安史之乱”为“乃者羯胡乱常”，[④] 德宗则强调“蕃寇虽退，疆理犹虞”，[⑤] 甚至用“戎狄豺狼也”[⑥] 来形容吐蕃。在唐朝后期的皇帝看来，“夷夏之防”任重而道远。与此相对应，唐朝群臣亦纷纷上疏，各抒己见。史馆修撰李翱建议唐宪宗“厚边兵以息蕃戎侵掠之患”。[⑦] 山南西道节度使李绛论曰：“自古及今，戎狄与中国并，虽代有衰盛强弱，然常须边境备拟，烽候精明，虽系颈屈膝而亭障未尝一日弛其备也。何者？夷狄无亲，见利则进，不知仁义，惟务侵盗。故强则寇掠，弱则卑伏，此其天性也。”[⑧] 左仆射李德裕进状曰：“犬戎历代为患，国之仇雠，南蛮自经负恩，常怀反侧”，[⑨] 上奏“请置备边库”。[⑩] 这与唐朝前期“治安中国，而四夷自服”[⑪] 的盛世景象形成了鲜明对照。

宋辽金时期，虽然辽金与宋南北对峙，但民族多元互动与儒家文化认同却得到多元发展。宋朝地处儒家文化的核心区，面对中华民族大分裂的时势，“正统观”思潮遍于大江南北，以儒家之“礼乐”区别华夷，如太祖谓近臣曰：“石晋割幽燕诸郡以归契丹。朕悯八州之民久陷夷虏，俟所蓄满五百万缗，遣使遗北虏赎之山后诸郡。”[⑫] 翰林学士李昉等《上太宗谏北征》奏议云：“臣等窃以北虏微妖，自古为寇，

---

① 《资治通鉴》卷 193，贞观四年三月戊戌。
② （唐）吴兢：《贞观政要》卷 9《安边》。
③ 《资治通鉴》卷 196，贞观十六年九月癸酉。
④ 《旧唐书》卷 10《肃宗本纪》。
⑤ 《旧唐书》卷 12《德宗本纪上》。
⑥ 《资治通鉴》卷 233，德宗贞元三年九月丁巳。
⑦ 《全唐文》卷 634《论事疏表》。
⑧ 《全唐文》卷 645《延英论边事》。
⑨ 《全唐文》卷 703《进西南备边录状》。
⑩ 《资治通鉴》卷 248，武宗会昌五年九月。
⑪ 《资治通鉴》卷 193，太宗贞观三年十二月壬午。
⑫ （宋）江少虞编纂：《宋朝事实类苑》卷 1《祖宗圣训・太祖皇帝》。

乘时犯塞，往往有之。”[①] 右正言吴育上奏曰：“圣人统御之策，夷夏不同，虽有远方君长，向化宾服，终待以外臣之礼，羁縻勿绝而已。或一有背叛，亦来则备御，去则勿追，盖异俗殊方，声教迥隔，不足责也。”[②] 殿中侍御史上官均言：“夷狄天性桀骜，恃远负险，中国弱则先叛，强则后服，专以恩养则倔强难制，其势使然也。”[③] 正因宋朝君臣均以正统自居，在宋人的著述中经常出现谓契丹帝王为“虏主”，[④] 谓契丹人为“北蕃”[⑤]“北虏”“北戎”，[⑥] 谓西夏为“西蕃”[⑦]“西戎”[⑧] 等词语。宋朝对待南疆民族，亦常以“刚夷恶獠”“为虺为豺”[⑨]“去禽兽无几”“禽兽畜之”[⑩] 之语予以议论。对待吐蕃，太宗曾谓宰相曰：“吐蕃言语不通，衣服异制，朕常以禽兽畜之。”[⑪] 总体说来，宋朝君臣以正统自居处处皆有体现，以致左拾遗张齐贤上书太宗曰：“圣人先本而后末，安内以养外。人民本也，戎狄末也。中夏内也，夷狄外也。”[⑫] 建议治理国家的次序是先内地而后边疆民族区域。在上述治边理念影响下，宋朝对边疆民族区域控制较为松弛，“务在羁縻，不深治也”。[⑬] 在此背景下，宋朝尽管在边疆民族区域积极推行以儒家文化为核心的文教举措，置官学以教化边民，但收效甚微，难复唐威。与宋朝相反，辽金政权为了确立华夏正统地位，主动接收儒家思想与文化，并使之成为治国安邦的主体思想，制定“尊孔崇儒”基本国策。经过辽、金两代的发展，北疆与东北边疆的儒家思想与文化渐已成熟，“华夷同风”已然形成，“典章文物粲然成一代治规”，[⑭] 以致元世祖发出“金以儒亡”[⑮] 的疑问。

继辽金而起的元朝，承辽金之遗风，“遵用汉法”，“绍百王而纪统”，[⑯] 很快确

---

① （宋）赵汝愚编：《宋朝诸臣奏议》卷 129。

② 《续资治通鉴长编》卷 123，仁宗宝元二年三月丙午。

③ 《续资治通鉴长编》卷 443，哲宗元祐五年六月辛丑。

④ 赵与时《宾退录》卷 6、何薳《春渚纪闻》卷 9《跃鱼见木石中》、江少虞《宋朝事实类苑》卷 39、路振《乘轺录》、陆游《老学庵笔记》、《欧阳修全集》卷 111 等。

⑤ （宋）江少虞：《宋朝事实类苑》卷 78《安边御寇·契丹》；（宋）魏泰：《东轩笔录》卷 15。

⑥ （宋）赵汝愚：《宋朝诸臣奏议》卷 130，《上真宗答诏论边事》。

⑦ （宋）赵汝愚：《宋朝诸臣奏议》卷 130，《上真宗答诏论边事》。

⑧ 《宋史》卷 275《安守忠传》。

⑨ 《宋史》卷 496《蛮夷传四》。

⑩ 《宋史》卷 495《蛮夷传三》。

⑪ 《宋史》卷 492《吐蕃传》。

⑫ （宋）赵汝愚：《宋朝诸臣奏议》卷 129，《上太宗论幽燕未下当先固根本》。

⑬ 《宋史》卷 495《蛮夷传三》。

⑭ 《金史》卷 12《章宗本纪四》。

⑮ 《元史》卷 163《张德辉传》。

⑯ 《元史》卷 125《高智耀传》、卷 7《世祖本纪四》。

立了程朱理学的官学地位，边疆民族区域儒学之教育相当普及。元代与辽金一样，虽未经受“华夷之辨”的巨大冲击，但也存在明显的缺陷和不足。对此，诸多元朝士大夫均给予尖锐批评：“国制，有司主学，风纪励其怠，而天下主者视为切己，一弊必修，一坠必举者有几？蔑教典，习故常，身虽至而目不一顾者，众矣！”①“自国家有宋，民不知兵者五十余载，又有好文之君继出，而学校之教阴而不兴，仁义之政尼而不行，养生者不得尽其欢，丧死者不得究其礼，此非上之过，长史之责也。”②“今夫郡县之吏，急于簿书期会，有不暇于为治，而况教乎？”③上述议论虽有严苛之嫌，然亦并非无道理，以致明太祖对元朝的文教政策给予相当鄙视的评价：“初元氏以戎狄入主中国，大抵多用夷法，典章疏阔，上下无等，政柄执于权臣，任官重于部族，断狱迷于财贿，黜陟混于贤愚，奢而僭上者无罪，奸而犯伦者不问，辫发左衽，将率而为夷。至元天历之时，虽称富庶，而先王之制荡然矣。至顺帝荒淫昏弱，纪纲益废，内之奸臣乱政，外之强将跋扈，典兵者崇空名，牧民者无善政，仕进者尚阿附而轻廉耻，读书者重浮华而乏节行，庶绩不凝，四民失序，加以舞文之吏玩法于上，豪强之家兼并于下，事无统纪，民无定志，一遇凶荒，而乱者四起，由法制不明而彝之道坏也。”明太祖甚至发出“华风沦没，彝道倾颓”④之感慨。元朝边疆民族区域的文教举措并非如元朝皇帝之期许，振而未兴，成效并不如意。

明时，在“华夷一家”“天下一统”边疆民族文教方针指导下，不仅在边疆民族区域开设儒学，而且还提倡贡举，目的就是教化边民，一统天下，期望收到“大化夷俗”的效果。不过，明朝在秉承儒家大一统边疆民族文教理念的同时，也承继了周秦以来“内中华外夷狄”的民族理念。太祖讨元檄文曰：“自古帝王临御天下，中国居内以制夷狄，夷狄居外以奉中国，未闻以夷狄居中国治天下者也。”⑤太祖遣使赍敕书犒赏大将军永昌侯蓝玉等时又曰：“周秦御胡，上策无闻。汉唐征伐，功多卫李。及宋遭辽金之窘，将士疲于锋镝，黎庶困于漕运，以致终宋之世，神器弄于夷狄之手，腥膻之风污浊九州，遂使彝伦攸斁，衣冠礼乐，日就陵夷。”⑥明朝统治者

---

①《至正集》卷37《彰德路儒学营修记》。
②《全元文》卷923《舒城县龙眠书院记》。
③《全元文》卷843《舒城县学明伦堂记》。
④《明太祖实录》卷176，洪武十八年十月己丑。
⑤《明太祖实录》卷26，吴元年十月丙寅。
⑥《明太祖实录》卷190，洪武二十一年四月甲午。

不仅歧视蒙古人，就是其他边疆民族也不例外，如太祖遣使敕谕总兵官辰州卫指挥杨仲名讨破叛蛮时曰："三苗不仁，自古帝王多抚之，而终不遵化，是以累世为良民患。"① 谓边疆民族为"夷狄禽兽"②"夷狄豺狼"，③ 臣僚上疏时也有"臣闻《易》之为书也，贵阳贱阴。《春秋》之法，内中国而外夷狄。盖中国者，阳也。夷狄者，阴也"④ 的议论。由于明朝君臣有"非我族类，其心必异"⑤ 以及"非我族类，故其心叛服不常，防闲之道，不可不谨"⑥ 的民族关系理念，常常导致明朝与边疆民族关系紧张，致使明朝期许的边疆文教举措难以深入贯彻，时兴时弛。

清时，统治者基于儒家大一统的理念，为了维护边疆民族区域的稳定与发展，于边疆民族区域设置官学、义学、社学等，目的是缩小边疆民族区域与中原儒家思想与文化的差异，以利于清朝统治。就其实践结果言之，效果还是较为显著的。不过，清朝施行的边疆民族文教举措仍存在自相矛盾之处，类如辽金元，虽未受"华夷之辨"的强力冲击，但其思想控制政策和民族间封禁政策亦产生了较大的负面影响。面对内地汉族士大夫不认同清朝统治、大论"华夷之辨"时，清世宗曾谕："夫我朝既仰承天命，为中外臣民之主，则所以蒙抚绥爱育者，何得以华夷而有更殊视？而中外臣民，既共奉我朝以为君，则所以归诚效顺，尽臣民之道者，尤不得以华夷而有异心。"⑦ 雍正皇帝《大义觉迷录》中的表态为"华夷之辨"之争论定下了基调，康熙至乾隆时的"文字狱"之兴亦就不足为奇。为了达到天下认同其统治的目的，清朝还篡改、销毁不利于其统治之书论。圣祖曾谕礼部："朕惟治天下，以人心风俗为本，欲正人心，厚风俗，必崇尚经学，而严绝非圣之书，此不易之理也。近见坊间，多卖小说淫辞，荒唐俚鄙，殊非正理，不但诱惑愚民，即缙绅士子，未免游目而蛊心焉。所关于风俗者非细，应即行严禁。其书作何销毁，市卖者作何问罪？著九卿詹事科道，会议具奏。"⑧ 高宗亦谕军机大臣等："乃各省进到书籍，不下万余种，并不见奏及稍有忌讳之书。岂有裒集如许遗书，竟无一违碍字迹之理？况

① 《明太祖实录》卷121，洪武十一年十一月庚午。
② 《明太宗实录》卷160，永乐十三年正月丁未。
③ 《明太宗实录》卷140，永乐十一年五月己酉。
④ 《明太祖实录》卷109，洪武元年九月丙午。
⑤ 《明太祖实录》卷41，洪武二年四月丁丑。
⑥ 《明宣宗实录》卷38，宣德三年二月。
⑦ （清）爱新觉罗·胤禛：《大义觉迷录》。
⑧ 《清圣祖实录》卷258，康熙五十三年四月乙亥。

明季末，造野史者甚多，其间毁誉任意，传闻异词必有诋触本朝之语。正当及此一番查办，尽行销毁，杜遏邪言，以正人心而厚风俗。断不宜置之不办。”[1]经过如此大规模的控制思想、搜括禁书活动，无数具有价值的文献典籍被付之一炬，或被篡改得面目皆非，可谓传统文化之祸甚于他朝。清朝为达思想控制之目的，还禁止汉族与边疆民族的互动往来。作为“龙兴之地”的东北，顺治年间始，“辽东皆插柳条为边，高者三四尺，低者一二尺，若中土之竹篱，而掘壕于其外”，[2]目的就是“柳条结边画内外”，[3]“插篱为边，以限内外”。[4]圣祖于顺治十八年（1661）十二月谕兵部：“盛京边外居住庄村，俱著移居边内，其锦州以内，山海关以外，应展边界。”[5]柳条边禁甚严，关内汉民不得私自入边，“有私越者，必置重典”。[6]而在其他边疆民族区域，清朝亦严格限制汉族与其他边疆民族互动往来，湖广总督郭世隆于康熙四十七年（1708）奏：在盛华哨到镇溪所红苗地区，“旧日苗来内地生事，民往苗丛被劫。今以塘汛为界址，苗除纳粮买卖外，不得擅入塘汛之内，民亦不得私出塘汛之外，违者各照例治罪，并将地方官员处分。”[7]雍正三年（1725）又规定：“凡湖广沿边苗民，俱以塘汛为界。民人责令有司详查，苗人责令游巡官员详查。民人无故擅入苗地，照私越冒度关津律，杖一百，徒三年。苗人无故擅入民地，亦照民律充徒。”[8]乾隆二十四年（1759），“定番界、苗疆禁例。凡台湾民、番不许结亲，违者离异。各省民人无故擅入苗地，及苗人无故擅入民地，均照例治罪”。[9]清朝对汉族、边疆民族的封禁政策客观上延缓了中原儒家思想与文化向边疆民族区域的传播，清朝在边疆民族区域所施行的文教举措深受此局限。

五、结论

对边疆民族区域文教举措演进特征的总体分析可得出如下结论：儒家文化认同

① 《清高宗实录》卷964，乾隆三十九年八月丙戌。
② （清）杨宾：《柳边纪略》卷1。
③ （清）长顺、李桂林：《吉林通志》卷6《天章志》。
④ 《开原县志》卷上。
⑤ 《清圣祖实录》卷5，顺治十八年十二月壬申。
⑥ （清）高士奇：《扈从东巡日录》卷下。
⑦ 《清圣祖实录》卷235，康熙四十七年十二月己未。
⑧ 《钦定大清会典事例》卷774《刑部·兵律关津》“私越冒度关津”。
⑨ 《清史稿》卷120《食货志一》。

是中国古代统一多民族国家多元一体发展的前提，而中国古代多民族国家多元一体发展是儒家文化认同的终极目标，故此，民族多元互动与儒家文化认同成为中国古代统一多民族国家演进的主旋律。历代王朝不仅将儒家思想作为治国安邦的统治思想基础，而且也千方百计地在边疆民族区域传播儒家思想与文化、移风易俗，以达天下儒家文化认同，促成华夷同风的局面，实现统治者的政治诉求——天下一统。不过，统治古代中国社会的主体民族（包括汉族、边疆民族）常以正统自居，鄙视边疆民族，区隔彼此，导致历代王朝所施行的边疆民族文教举措大受限制，再加之边疆官吏实践上的“不到位”，常常达不到统治者所期许的理想效果，致使历代王朝边疆民族区域文教举措受到局限。

原载《中国边疆史地研究》2016 年第 1 期，

本文刊发时作者为历史学博士，吉林大学文学院中国史系教授、博士生导师。

汉武帝对匈奴政策新论

马 勇

一

西汉前期，西汉王朝通过对匈奴推行和亲政策，暂时缓和了汉匈矛盾，为自己赢得了相对和平的经济建设环境。《史记·平准书》载：西汉王朝在经过七十余年的休养生息后，至汉武帝即位数岁，“国家无事，非遇水旱之灾，民则人给家足，都鄙廪庾皆满，而府库余货财。京师之钱累巨万，贯朽而不可校。太仓之粟陈陈相因，充溢露积于外，至腐败不可食。众庶街巷有马，阡陌之间成群，而乘字牝者傧而不得聚会。守闾阎者食粱肉，为吏者长子孙，居官者以为姓号”。西汉王朝的经济实力空前增强了。当然，不可否认的是，由于西汉王朝的和亲政策是一种渐进性的经济文化渗透政策，[①]它虽然在一定程度上缓和了汉匈矛盾，并给匈奴社会带来了相当的影响，但毕竟难以在短期内奏效，达到让匈奴臣服的目的，且这一政策中的“岁奉”表现得过分迁就匈奴，致使匈奴要求日增，在汉匈和亲的同时仍然“侵盗无已，边境被害”。[②]因此，在汉匈实力对比发生变化的情况下，汉武帝不得不下决心改变自汉高祖以来对匈奴奉行不辍的和亲政策，试图通过战争手段去征服匈奴，彻底解决汉匈矛盾。元光二年（前133），汉武帝采纳主战派王恢的意见，遣兵三十万于马邑伏击匈奴，由此揭开了大规模汉匈战争的序幕。

汉武帝对匈奴的武力征伐，由于前后的战略目标不同，加之在战争过程中汉匈双方政治、经济状况的变化，前后征伐的效果也有所不同，因而大致可以分为汉武

① 参见李大龙《西汉前期和亲政策新论》，《民族研究》1993年第4期。

② 《汉书》卷6《武帝纪》。

帝前期、后期及休战期三个不同的阶段。

元光二年（前133）至元狩四年（前119），是汉武帝武力征伐匈奴的前一个阶段。在这一阶段中，汉武帝的战略目标是夺取河南地、河西走廊，并寻求同匈奴主力决战，以摧毁对方的军事力量。其具有决定性意义的战役是：之一，元朔二年（前127），车骑将军卫青领兵出云中，西至陇西，击败匈奴楼烦王和白羊王，虏获牛羊百余万，收复了秦时的河南地。随后，西汉王朝在此设朔方、五原二郡，筑朔方城，徙民屯戍，使之成为进可攻、退可守的战略要地。之二，元狩二年（前121）春，骠骑将军霍去病率万骑出陇西，“过焉支山千有余里，合短兵，杀折兰王，斩卢胡王，诛全甲，执浑邪王子及相国、都尉，首虏八千余级，收休屠祭天金人”。[①]同年夏，霍去病与合骑侯公孙敖再次领兵出北地，“逾居延，遂过小月氏，攻祁连山，得酋涂王，以众降者二千五百人，斩首虏三万二百级，获五王，五王母，单于阏氏、王子五十九人，相国、将军、当户、都尉六十三人”。[②]霍去病领兵两出河西，不仅直接导致了匈奴浑邪王率其部众降汉，而且使西汉王朝完全控制了河西走廊。从此“金城、河西西并南山至盐泽空无匈奴”，[③]西汉王朝先后在此设置武威、酒泉、张掖、敦煌四郡，切断了匈奴与氐羌的联系，打通了前往西域的道路。之三，元狩四年（前119）春，大将军卫青和骠骑将军霍去病各率骑兵五万人，步兵、辎重兵等数十万人，分道深入漠北，寻找匈奴主力决战。卫青出定襄塞外千余里，与匈奴单于接战，大败单于主力，斩捕首虏一万九千级，“至寘颜山赵信城，得匈奴积粟食军。军留一日而还，悉烧其城余粟以归”。[④]霍去病出代郡二千余里，同匈奴左贤王接战，斩获首虏七万余级，“封于狼居胥山，禅姑衍，临翰海而还”。[⑤]是役，匈奴士卒损失近十万之众，实力大减，远遁漠北，“幕南无王庭”。汉武帝在经过以上三次重大战役之后，虽然实现了既定的战略目标，但也为此付出了极大的代价，仅元狩四年的漠北战役，“汉士卒物故亦数万，汉马死者十余万”，[⑥]无力再大规模出兵匈奴了。从此，汉匈战争暂告一段落，双方转入了以政治谈判为主的休战阶段。

---

① 《史记》卷111《卫将军骠骑列传》。
② 《史记》卷111《卫将军骠骑列传》。
③ 《史记》卷123《大宛列传》。
④ 《史记》卷111《卫将军骠骑列传》。
⑤ 《史记》卷110《匈奴列传》。
⑥ 《史记》卷110《匈奴列传》。

元狩五年（前 118）至太初元年（前 104），是汉匈双方以政治谈判为主的休战阶段。在这一阶段中，匈奴单于用赵信计，不断“遣使好辞请和亲”，[①] 试图恢复战前的和亲关系；而汉武帝则认为“匈奴新困，宜使为外臣，朝请于边”，[②] 也不断遣使前往匈奴进行劝降。双方使者你来我往，“每汉使入匈奴，匈奴辄报偿。汉留匈奴使，匈奴亦留汉使，必得当乃肯止”，[③] 斗争十分激烈。元封六年（前 105），双方政治谈判未果，乌维单于死，子詹师庐立，号儿单于，“汉使两使，一人吊单于，一人吊右贤王，欲以乖其国”，[④] 但事泄，汉使为匈奴所扣留。太初元年（前 104），匈奴左大都尉欲杀单于降汉，汉筑受降城以待之。次年，左大都尉谋反，事泄被杀，前去接应的赵破奴军二万人也被匈奴围而歼之，汉匈战争由此再起。

太初二年（前 103）至征和三年（前 90），为汉武帝武力征伐匈奴的后一个阶段，其战略目标是继续以武力打击匈奴，以求最终征服匈奴。这一阶段规模较大的战役是：之一，天汉二年（前 99），贰师将军李广利领兵三万出酒泉，击右贤王于天山，得首虏万余级，但“汉兵物故什六七”；[⑤] 因杅将军公孙敖、强弩都尉路博德出西河，皆不战而返；骑都尉李陵率步兵五千人出居延北，遇匈奴单于军，兵败被俘。之二，天汉四年（前 97），贰师将军李广利率骑兵六万、步兵七万出朔方，强弩都尉路博德率步兵万余人与贰师会，因杅将军公孙敖率骑兵一万、步兵三万出雁门，游击将军韩说率步兵三万出五原，大举北征，皆“不利，引归”。[⑥] 之三，征和三年（前 90），贰师将军李广利领兵七万出五原，御史大夫商丘成领兵二万出西河，重合侯马通领兵四万骑出酒泉，分路北征匈奴，结果以李广利败降匈奴而告终。自是之后，汉武帝由于长年用兵匈奴，致使国内财力虚耗，危机四伏，加之“新失大将军、士卒数万人，不复出兵”，[⑦] 未能实现以武力征服匈奴的战略目标。

---

① 《汉书》卷 94 上《匈奴传上》。
② 《汉书》卷 94 上《匈奴传上》。
③ 《史记》卷 110《匈奴列传》。
④ 《汉书》卷 94 上《匈奴传上》。
⑤ 《汉书》卷 94 上《匈奴传上》。
⑥ 《汉书》卷 94 上《匈奴传上》。
⑦ 《汉书》卷 94 上《匈奴传上》。

二

汉武帝在大规模用兵匈奴的同时，还利用设置于沿边郡县、安置匈奴降众的属国来“与单于争其民”，对匈奴进行经济文化渗透以笼络、分化、瓦解匈奴。

早在汉文帝时期，为解决匈奴问题，贾谊就曾向汉文帝提出过置属国、建三表、施五饵以主匈奴的建议。他说：“臣窃料匈奴之众不过汉一大县，以天下之大困于一县之众，甚为执事者羞之。陛下何不试以臣为属国之官以主匈奴？行臣之计，请必系单于之颈而制其命，伏中行说而笞其背，举匈奴之众唯上之令。”[①]“将为陛下以耀蝉之术振之，为此立一官、置一吏以主匈奴……令千家而为一国，列处之塞外，自陇西延至辽东，各有分地以卫边，使备月氏、灌窳之变，皆属之置郡……臣为陛下建三表，设五饵，以此与单于争其民，则下匈奴犹振槁也。”[②]按：贾谊所谓“耀蝉之术”，出自《荀子·致士》所云“夫耀蝉者，务在明其火，振其树而已”，即利用蝉的“趋光性”来捉蝉的一种巧妙方法；所谓“三表”，即汉族的价值观念仁、义、信，这是属国之官要向匈奴降众宣传、灌输的内容；所谓“五饵”，即汉地的“盛服车乘”“盛食珍味”“音乐妇人”“高堂邃宇府库奴婢”及汉朝天子对匈奴降众的“召幸”，[③]亦即汉朝统治阶级的物质、精神生活方式，这是属国之官吸引匈奴民众前来降汉的诱饵。贾谊以火喻属国，以蝉喻匈奴，建议汉文帝设置属国，实际上是要在汉匈边地树立起一个汉族文明的样板，以便用汉族的价值观念、生活方式去侵蚀、同化匈奴，通过经济文化渗透的方式最终实现“举匈奴之众唯上之令”的目的。另外，晁错也曾上书汉文帝说：“今降胡义渠蛮夷之属来归谊者，其众数千，饮食长技与匈奴同，可赐之坚甲絮衣，劲弓利矢，益以边郡之良骑。令明将能知其习俗和辑其心者，以陛下之明约将之。即有险阻，以此当之；平地通道，则以轻车材官制之。两军相为表里，各用其长技，衡加之以众，此万全之术也。”[④]即建议汉文帝利用降胡善于骑射的长技，在边郡组织骑射部队对付匈奴。从史籍记载来看，贾谊、晁错的建议在文景时期并没有完全被派上用场，直至西汉中期，随着汉武帝大规模用兵匈

① 《汉书》卷48《贾谊传》。
② 贾谊:《新书》卷4《匈奴》。
③ 《汉书》卷48《贾谊传》颜师古注。
④ 《汉书》卷49《晁错传》。

奴、大批匈奴降众的到来，才有了付诸实施的机会。

《史记·卫将军骠骑列传》载：武帝元狩二年（前 121）秋，匈奴浑邪王率其众降汉，“居顷之，乃分徙降者边五郡故塞外，而皆在河南，因其故俗为属国”。此事《汉书·武帝纪》及《霍去病传》均有记载，且明确说浑邪王率来降汉的部众有“四万余人”，汉武帝“置五属国以处之”。按：张守节《正义》说：“五郡谓陇西、北地、上郡、朔方、云中，并是故塞外，又在北海西南。”又说：“以降来之民徙置五郡，各依本国之俗而属于汉，故言‘属国’也。”由上可知，五属国的分布地在边五郡，即陇西、北地、上郡、朔方、云中；浑邪王的四万多部众在被汉武帝分徙到边五郡安置后，其政区不称郡而称属国。又据《汉书·宣帝纪》载：宣帝五凤二年（前 56），匈奴左大将乌厉屈与父呼遬累乌厉温敦率其众五万余人降汉，汉宣帝“置西河、北地属国以处匈奴降者”。依此例，汉武帝所设五属国应称为陇西属国、北地属国、上郡属国、朔方属国、云中属国。所谓“各依本国之俗而属于汉”，是指西汉王朝虽然对匈奴降众拥有领属权，却不改变他们原有的生活习俗。那么，西汉王朝的这种领属权体现在哪里呢？不改变其原有习俗的标志又是什么？

《汉书·百官公卿表上》载：“典属国，秦官，掌蛮夷降者。武帝元狩三年（应为元狩二年）昆邪王降，复增属国，置都尉、丞、候、千人。属官，九译令。成帝河平元年省并大鸿胪。”又《后汉书·百官志五》载：“（武帝）又置属国都尉，主蛮夷降者。”综合以上两条记载可知，西汉王朝建立后，曾因袭秦朝制度在中央设置“典属国”一官，以掌管前来降附的蛮夷人众，其属官为“九译令”；武帝元狩二年（前 121），因匈奴昆（浑）邪王率众降汉，又于典属国之外增设“属国”，并置都尉、丞、候、千人等官以“主蛮夷降者”；成帝河平元年（前 28），设置于中央的“典属国”被并入了“大鸿胪”之中。《百官公卿表上》虽然没有说此次增设的属国在何处，不过它既然是针对浑邪王降众增设的，显然是指设于陇西、北地、上郡、朔方、云中郡的五属国。属国都尉、丞、候等官的设置，乃是西汉王朝对属国拥有领属权的体现。

属国建立后，不仅吸收了不少匈奴原来的官员到属国机构中担任各种武官职务，而且还保留了他们原有的官号。《史记·建元以来侯者年表》载：武帝元鼎五年（前 112），渠复累“以属国大且渠击匈奴”，被封为“昆侯”。又《汉书·匈奴传上》载：昭帝元凤三年（前 78），匈奴单于“使犁汙王窥边……张掖太守、属国都尉（郭忠）

发兵击，大破之，得脱者数百人。属国千长义渠王骑士射杀犁汙王，赐黄金二百斤，马二百匹，因封为犁汙王”。按：“属国千长”，即《汉书·百官公卿表上》所载之属国都尉属官“千人”。又《汉书·宣帝纪》载：宣帝本始元年（前73），益封“杜侯屠耆堂”。颜师古《注》引苏林曰：“姓复陆，其祖父复陆支本匈奴胡也，归义为属国王，从骠骑有功，乃更封也。”按：据《汉书·景武昭宣元成功臣表》载，复陆支于武帝元狩二年（前121）归义为属国王，至元狩四年（前119），因“从骠骑击（匈奴）左王，以少破多，捕虏三千一百”，更封为“杜侯”。复陆支卒后其孙屠耆堂袭爵，至宣帝本始元年（前73）又得益封。由上引史料可知，属国建立后，属国都尉等上层官职虽由汉人担任，但下层官职却吸收了不少匈奴原来的官员充当；不仅匈奴原来的官员被吸收在属国机构中担任各种武官职务，而且他们原有的官号也得到了保留，如“属国大且渠”“属国千长义渠王”“属国王”等。这表明匈奴降众的部落组织、生活习俗并没有因为属国的设置而改变，属国乃是一种土流合治的地方政权。

显然，从属国都尉主管属国事务、属国名称与相邻边郡的名称相同、属国拥有武装力量“属国骑”①等情况来看，汉武帝是以贾谊、晁错的建议为蓝本设置属国的。

汉武帝设置属国的直接目的，固然是为了安置、管理匈奴降众，并利用“属国骑”来对付匈奴，但他既然是以贾谊、晁错的建议为蓝本设置属国的，恐怕还有利用属国来笼络、分化、瓦解匈奴的深层用意，亦即贾谊所说的“将为陛下以耀蝉之术振之……建三表，设五饵，以此与单于争其民，则下匈奴犹振槁也”。《史记·卫将军骠骑列传》载：武帝元狩二年（前121）秋，匈奴浑邪王率众降汉，“既至长安，天子所以赏赐者数十巨万。封浑邪王万户，为漯阴侯。封其裨王呼毒尼为下摩侯，鹰庇为煇渠侯，禽梨为河綦侯，大当户铜离为常乐侯”。按：《汉书·景武昭宣元成功臣表》载：呼毒尼作“嘑毒尼”，封七百户；鹰庇作“应疕”，封户不详；禽粲作“乌黎”，封六百户；铜离作“稠雕”，封五百七十户。又《史记·汲郑列传》载：“匈奴浑邪王率众来降，汉发车二万乘。县官无钱，从民贳马。民或匿马，马不具。上怒，欲斩长安令。（汲）黯曰：‘长安令无罪，独斩黯，民乃肯出马。且匈奴畔其主而降汉，汉徐以县次传之，何至令天下骚动，罢弊中国而以事夷狄之人乎？’

① 按：《汉书·西域传上》载：武帝元封三年（前108），“遣从票侯赵破奴将属国骑及郡兵数万击姑师”。王先谦《汉书补注·西域传》引徐松注，谓属国骑乃指元狩二年置五属国以处昆邪、休屠降众之部骑。

上默然。及浑邪至，贾人与市者，坐当死者五百余人。黯请间，见高门，曰：'夫匈奴攻当路塞，绝和亲，中国兴兵诛之，死伤者不可胜计，而费以巨万百数。臣愚以为陛下得胡人，皆以为奴婢以赐从军死事者家；所卤获，因予之，以谢天下之苦，塞百姓之心。今纵不能，浑邪率数万之众来降，虚府库赏赐，发良民侍养，譬若奉骄子。愚民安知市买长安中物而文吏绳以为阑出财物于边关乎？陛下纵不能得匈奴之资以谢天下，又以微文杀无知者五百余人，是所谓'庇其叶而伤其枝'者也，臣窃为陛下不取也。'上默然，不许。"汉武帝之所以不顾汲黯的再三反对，厚待匈奴降众，对其上层人物宠以爵位，赐以重金，并吸收他们中的部分成员到属国机构中担任各种武官职务；对其普通民众则以属国安置之，并允许他们保留原有的部落组织，生活习俗不变，拥有较大的自主权，显然是要以此来鼓励后继"与单于争其民"。从这一意义上说，属国既是汉武帝设置于缘边郡县以安置、管理匈奴降众的土流合治的地方政权，又是汉武帝树立在汉匈边地的汉族文明的样板，是对匈奴进行经济文化渗透以笼络、分化、瓦解匈奴的重要手段。如果说贾谊向汉文帝提出的置属国、建三表、施五饵以主匈奴的建议尚属理论构想的话，那么，汉武帝则将这一理论构想变成了具体的实践，并对昭宣时期乃至东汉时期产生了广泛的影响。①

汉武帝利用属国来"与单于争其民"的做法，至宣帝时期收到了相当的成效，如神爵二年（前60），匈奴内乱，日逐王先贤掸率其众万余人降汉，汉封他为归德侯，食邑二千二百五十户；五凤二年（前56），左大将乌厉屈与父呼遬累乌厉温敦率其众五万人降汉，汉封乌厉屈为新城侯，食邑一千六百户，封乌厉温敦为义阳侯，食邑一千五百户，②并置西河、北地属国以处其众，即是例证。

三

在从元光二年（前133）至征和三年（前90）的四十四年中，汉武帝通过大规模用兵匈奴，先后占据和控制了河套、河西等战略要地，摧毁了匈奴的军事力量，

---

① 西汉王朝为安置匈奴降众而设置的属国，计有武帝时期的陇西属国、北地属国、上郡属国、朔方属国、云中属国，宣帝时期的西河属国、北地属国。另据《汉书·匈奴传》昭帝元凤三年（前78）所载，尚有张掖属国，唯其始置年代已不可考。东汉时期，属国略有变动，有史籍可考的，计有安定属国、西河属国、上郡属国、张掖属国和张掖居延属国。由于本文主要论述武帝时期的匈奴政策，故于东汉时期的属国不作具体讨论。

② 参见《汉书》卷17《景武昭宣元成功臣表》。

如仅元狩二年（前 121）的河西战役和元狩四年（前 119）的漠北战役，卫青、霍去病就斩获匈奴士卒达十三万之众，严重削弱了匈奴的军事实力，直接动摇了匈奴的统治基础，基本解除了匈奴对西汉王朝的威胁，虽然未能直接实现征服匈奴的目的，但却为最终实现这一目的奠定了坚实的基础。汉武帝在大规模用兵匈奴的同时，还辅之以经济文化渗透的手段，利用属国来笼络、分化、瓦解匈奴，促使匈奴内部发生裂变，并收到了相当的成效。若将宣帝时期属国所安置的匈奴降众计算在内，则至宣帝五凤二年（前 56）为止，前来降汉的匈奴民众就达十余万之众。正是在汉武帝以武力征伐为主、以经济文化渗透为辅的对匈奴政策的作用下，至宣帝甘露三年（前 51），呼韩邪单于最终走上了奉藩称臣的道路。

需要指出的是，汉武帝之所以在大规模用兵匈奴的同时并没有放弃对匈奴进行经济文化渗透，显然与先秦儒家民族思想的影响分不开。以民族（夷夏）可以互变为核心内容的先秦儒家民族思想认为，华夏和夷狄都是王（天子）的臣民，但华夏是有礼仪的先进民族，夷狄是无礼仪的落后民族，因而主张“用夏变夷”而反对用夷变夏；“用夏变夷”的方法是“修文德以来之”，即用以“周礼”为代表的华夏文化去吸引、同化夷狄民族，而当夷狄民族“谋夏”“乱华”甚至“交侵中国”时，则要采取“救中国而攘夷狄”或“尊王攘夷”的立场和态度对待之。[①] 通观汉武帝解决匈奴问题的过程，既可以看到其在匈奴侵掠不已、汉族文明受到威胁时奋起抗击、“救中国而攘夷狄”的一面，也可以看到其试图通过经济文化渗透的方式去笼络、分化、瓦解匈奴的一面。如果说西汉前期西汉王朝对匈奴采取的和亲政策是一种直接的经济文化渗透政策的话，那么西汉中期汉武帝利用属国来“与单于争其民”的政策就是一种间接的经济文化渗透政策，只不过前者的目的是为了直接使匈奴臣服，后者的目的是为了分化、瓦解匈奴罢了（最终也是为使匈奴臣服服务的）。因此，汉武帝解决匈奴问题的过程，实际上就是在先秦儒家民族思想影响下“用夏变夷”进而力图实现汉匈一统的过程。

在汉武帝上述一武一文的对匈奴政策中，西汉王朝虽然通过武力征伐基本解除了匈奴的威胁，并为最终降伏匈奴奠定了坚实的基础，但也为此付出了极大的代价，甚至出现了“海内虚耗，户口减半”[②] 的严重局面，而且就武力征伐本身而言，即使

① 参见徐兴祥《中国古代民族思想与羁縻政策研究》，云南民族出版社 1999 年版，第 2—3 页。

② 《汉书》卷 7《昭帝纪》。

能直接征服匈奴，这种征服可能也是短暂而不稳固的，其作用对于真正实现汉匈一统是有局限的。而利用属国来“与单于争其民”的做法，虽然是在武力征伐之下进行的，但它在实现汉匈一统过程中所具有的潜移默化作用，却是武力征伐难以比拟的。明乎此，也就不难理解呼韩邪单于在匈奴内讧、政局动荡的情况下入朝事汉绝非历史的偶然了。

原载《中国边疆史地研究》2004 年第 3 期，

本文刊发时作者为云南大学人文学院中国民族史专业博士生，

云南民族大学人文学院副教授。

东汉治羌政策之检讨

王　伟

东汉一代，一方面羌族势力浸盛，常常劫掠边陲，进犯中原；另一方面，汉王朝本着“大一统”的思想，着力加强对羌人的控制，致使羌汉矛盾日益加深，羌汉战争频频爆发。双方战争自建武十年（34）先零羌入寇开始，到中平元年（184）融入黄巾大起义的洪流之中，持续一百五十余年。东汉王朝被弄得“五州残破，六郡削迹。周回千里，野无孑遗”，① 最终导致了“惜哉寇敌略定矣，而汉祚亦衰焉”② 局面的出现。基于此，处理羌族事务成为关乎国家治乱兴衰的头等大事，史学界将研究的目光也集中在东汉羌族问题上。

一、史学界关于东汉治羌政策研究

（一）东汉治羌政策专论

对东汉治羌政策，与羌族相关的论著多有涉及。王钟翰先生主编《中国民族史》一书认为：“东汉对羌人，一方面实行镇压政策；另一方面强迫迁徙，以分散其力量。”③ 此外，江应梁先生主编的《中国民族史》、④ 翁独健主编的《中国民族关系史纲要》、⑤ 木芹《两汉民族关系史》、⑥ 杨建新和马曼丽共同主编的《西北民族关系史》、⑦

① 王符：《潜夫论·实边》。

② 《后汉书》卷 87《西羌传》。

③ 王钟翰主编：《中国民族史》，中国社会科学出版社 1994 年版，第 277 页。

④ 民族出版社 1990 年版。

⑤ 中国社会科学出版社 2001 年版。

⑥ 四川民族出版社 1988 年版。

⑦ 民族出版社 1990 年版。

马长寿先生遗著《氐与羌》、[1]冉光荣等著《羌族史》、[2]黄烈《中国古代民族史研究》[3]等论著都直接或间接地就东汉治羌政策做了归纳和总结。鉴于东汉治羌政策的实施，直接引发羌汉战争或加剧了这场战争对东汉统治的影响这一事实的存在，诸先生于东汉治羌政策多持否定态度。

此外，还有学者就东汉治羌政策发表了专题论文。如杨秀清《论东汉对羌族的政策》[4]一文，就东汉的治羌族政策做了系统研究，归纳出六条：(1) 设护羌校尉领护西羌；(2) 依郡县体制以处置羌；(3) 强制迁徙以分其势；(4) 占据羌人生存空间，以逼群羌；(5) 以夷制夷，坐收渔人之利；(6) 对羌民起义残酷镇压。杨秀清认为这种政策的推行要为东汉的衰亡负责。高荣《论两汉对羌民族政策与东汉羌族起义》[5]对两汉治羌政策做了总结和比较，指出东汉政府在继承西汉对羌族地区的郡国属县与护羌校尉并行的双轨制统治的同时，还实行了强制迁徙、羌胡相攻、以夷伐夷的政策。高荣认为东汉一代羌族起义之所以连绵不断，原因就在于东汉治羌政策是错误的。

(二) 东汉治羌政策分论

1. 护羌校尉问题

关于护羌校尉问题，相关论著多有论及。冉光荣等著《羌族史》对两汉的护羌校尉做了详细考述，指出护羌校尉是统治西羌最重要的人物。他们除了以武力进行威慑外，对羌人多施以离间、分化的手段。马长寿认为，“护羌校尉”这一名称，从表面上看非常迷人，但实质却是一个镇压羌民起义和直接危害羌民利益的机构。[6]

边章《两汉的护羌校尉》[7]对护羌校尉做了一番全面考述。他认为护羌校尉的设置是秦汉以来中原王朝不断向西开疆拓土的必然结果，其一项重要的职责就是保护河西道的畅通。护羌校尉治所令居塞，是陇西通往河西大道的屏障，常设重兵。东汉永初年间，在羌人起义的压力下，护羌校尉营被迫放弃令居迁往张掖，河西道遂告断绝。后护羌校尉营迁回令居塞，河西道才得以开通，可见护羌校尉营在护卫丝

---

① 上海人民出版社 1984 年版。
② 四川民族出版社 1985 年版。
③ 人民出版社 1987 年版。
④《青海社会科学》1995 年第 5 期。
⑤《广东社会科学》1998 年第 3 期。
⑥ 参见马长寿《氐与羌》，第 101 页。
⑦《西北师范大学学报》1991 第 1 期。

绸之路方面起着重要的作用。

李大龙《东汉王朝护羌校尉考述》[①]通过对东汉护羌校尉的专门考述，归纳出护羌校尉选拔的以下特点：一是郡太守居多；二是熟悉西羌情况者居多；三是有管理边疆民族事务经验者居多。东汉政府于护羌校尉的管理：一是律条较多，处罚严厉；二是奖赏较轻，升迁者少；三是任免频繁。进而指出这些特点的存在是西羌屡平屡叛的原因之一，也是东汉王朝西羌政策失败的主要原因。

2. 羌人内徙问题研究

关于羌人内徙的问题，马长寿、黄烈、杨永俊都有论及。马先生《氐与羌》认为，两汉时期，西羌主动和被动地向内地迁徙，其迁徙的政治原因多过经济原因。东汉的西羌入徙，是在击败西羌以后，把降羌移置内地，分而制之，既可削弱西羌起义的力量，又可利用内地的羌民对外作战。前、后汉时的西羌有六次大的迁徙，以至到了后汉安、顺两帝时，出现了东、西羌的区分。

黄烈《中国古代民族史研究》通过对羌人内徙事件的统计和分类分析，指出羌人内徙在两汉均有发生，但主要发生在东汉，达二十九次，其中尤以汉政府强迫内徙居多。杨永俊《对东汉“羌祸”的重新审视》[②]指出：“徙羌入内”或让羌众内属，是两汉时期内地政权治羌政策的重要内容。直接的经济剥削与政治压迫之所以能促成“羌祸”，是以“众羌内徙”为前提条件，“众羌内徙”恰是架设在汉统治阶级与羌民之间的桥梁，没有它，经济剥削与政治压迫则无由施加于羌民身上。不适时宜、地宜的“众羌内徙”强化了激成东汉“羌祸”的经济剥削与政治压迫，造成“羌祸”“烈”的特点。

综观已有成果，学术界对东汉治羌政策的研究，主要做了三件事：一是归纳总结出东汉具体的治羌政策；二是分析了治羌政策的实施是引发和加剧羌汉战争的原因；三是基于以上两方面的研究得出东汉施行了错误的治羌政策的结论。然而大家似乎忽略了这样一个问题，即东汉出于什么原因实行这样的治羌政策？

① 《民族研究》1996 年第 2 期。

② 《西北史地》1999 年第 1 期。

二、东汉治羌政策之检讨

（一）东汉治羌政策中的问题

总体而言，学界多认为东汉治羌政策大体包含以下四项：（1）侵占了羌人的生存空间；（2）强迫降羌内徙，对他们实行郡县与护羌校尉并行的统治；（3）以夷制夷，坐收渔人之利；（4）对起义羌人进行残酷镇压。

1. 侵占羌人生存空间的问题

侵夺羌人生存空间的事早在秦和西汉时就存在了，东汉不存在对羌人生存空间的侵夺。《史记·秦始皇本纪》载秦之疆域说："地东至海暨朝鲜，西至临洮、羌中，南至北向户，北据河为塞，并阴山至辽东。"《正义》引《括地志》云："临洮郡即今洮州，亦古西羌之地，在京西千五百五十一里羌中。从临洮西南芳州扶松府以西，并古诸羌地也。"所谓"临洮""羌中"者，即秦所置之陇西郡地。《汉书·地理志下》载："陇西郡，秦置。莽曰厌戎。"其属县十一：曰狄道，曰上邽，曰安故，曰氐道，曰首阳，曰予道，曰大夏，曰羌道，曰襄武，曰临洮，曰西。又《秦本纪》秦穆公三十七年（前623），"秦用由余谋伐戎王，益国十二，开地千里，遂霸西戎"。《正义》曰："陇西、北地郡是也。"则侵夺羌人生存空间的事，早在秦穆公三十七年（前623）就开始了。《后汉书·西羌传》说："秦既兼天下，使蒙恬将兵略地，西逐诸戎，北却众狄，筑长城以界之。"又说："及武帝征伐四夷，开地广境，北却匈奴，西逐诸羌，乃度河湟，筑令居塞（在今兰州西北之永登县境）。"《汉书·地理志下》金城郡："昭帝始元六年置。莽曰西海。县十三：允吾，浩亹，令居，枝阳，金城，榆中，枹罕，白石，河关，破羌，安夷，允街，临羌。"金城郡虽说是新设，但是其所领的这十三个县中，枹罕、白石、金城、榆中、枝阳等五县为秦之陇西郡地，而令居、破羌、临羌三县为武帝所置，昭帝新置者仅五县。但是，不管如何分割，西汉金城郡所辖地区原来都是羌人的生存空间。元鼎五年（前112），"先零羌与封养牢姐种解仇结盟，与匈奴通，合兵十万余，共攻令居、安故，遂围枹罕"。[①] 在羌人和匈奴的这次入侵被汉将李息和徐自为击败后，汉朝设置"护

① 《后汉书》卷87《西羌传》。

羌校尉”，对他们进行“持节统领”。宣帝元康三年（前63），当先零羌“背叛犯塞”，并进入金城郡所辖湟水以北，“攻城邑，杀长吏”时，西汉王朝立即派赵充国率兵六万前去驱逐阻击。事平后，他又留兵万余，缮乡亭、浚沟渠，修道桥七十余所，实行军事屯田。这是汉朝在湟水流域设金城郡后，为维护该地区统治而采取的第一次大规模军事行动。据此可知，侵占羌人生存空间的事情早在东汉以前就开始并且已经完成了。不仅如此，西汉在羌人居地设金城郡以后，还为维护它对金城郡的领属权而同“背叛犯塞”的羌人打了一战。

后汉光武帝以天下初定，未遑外事，大量省并郡县。据《后汉书·郡国志》记载，东汉金城郡领十县，即允吾、浩亹、令居、金城、榆中、枝阳、破羌、安夷、允街、临羌，都是西汉金城郡所领之县。而陇西郡领县十一，即狄道、安故、氐道、首阳、大夏、襄武、临洮、枹罕（原注：故属金城）、白石（原注：故属金城）、鄣、河关（原注：故属金城）。据此可知，原属西汉金城郡的枹罕、白石、河关三县，东汉时被划归陇西郡管辖了。此外还要指出的是，东汉与羌地接壤的还有陇西郡和武都郡，但其辖境都没有超出西汉时的范围。据此可知，东汉王朝根本不存在对羌族生存空间进行侵夺的事，它在金城、陇西等地区同羌人发生的冲突，只是为了维护它从西汉那里继承下来的统治区域。

2. 以夷制夷及残酷镇压羌人起义问题

根据史籍记载，“以夷制夷”及残酷镇压政策的使用，不仅限于东汉一代，也不仅于羌一族。《后汉书》中多处记载有乌桓人被东汉政府用来镇压匈奴及鲜卑之事。以夷制夷、“羌胡相攻”这些政策同样被用于匈奴、乌桓、鲜卑。这一政策在匈奴问题上则表现得尤为突出，汉曾大量使用“胡越骑”“属国骑”进行征战，东汉王朝还利用南匈奴抗御北匈奴并最终使北匈奴远遁。再则，以夷制夷、“羌胡相攻”之策也非肇始于东汉。早在西汉文帝时，晁错就提出“以蛮夷攻蛮夷”的观点，认为这样可“不烦华夏之兵，使其同类自相攻击也”。[①] 即要让边疆少数民族互相牵制，从而达到乱夷安汉的目的。

如前所述，就残酷镇压起义羌人而言，自先秦时期开始到西汉，历代都在侵占羌人的生存空间，此间也就伴随着对羌人的残酷镇压。而且历朝历代对已被纳入其

① 《汉书》卷49《晁错传》颜师古注。

领土范围内的人民起义的镇压是不分民族的，例如西汉王朝对益州郡西南夷起义就进行过多次镇压；对南郡、武陵郡南蛮起义也同样镇压；对主要由汉人发起的黄巾起义也一样毫不留情地予以镇压。因此，不能把它镇压起义羌人的事当作特例看待。

（二）东汉治羌政策具有合理性和可行性

1. 立足于羌人自身特点

关于羌人自身特点，从史籍可知，主要有四：

一是分布广。今之甘肃、青海、四川西部、西藏和新疆昆仑山区，都是西羌的分布区域。史载，商周时期，羌人属于中原王朝的“要服”“荒服”之列。秦始皇一统天下，定其西界至临洮、羌中，划定了一条秦与西羌的界限。秦时的临洮，当今甘肃岷县，羌中指陇西郡塞外的黄河与湟水流域。黄河与湟水汇流后进入陇西郡地，界限是很清楚的。汉武帝时，遣将军李息讨西羌，于其地设县，属陇西郡，逼西羌退出了湟水流域。昭帝始元六年（前 81）从陇西郡分出金城郡，领有青海湖以东的河湟地区。但西汉的控制并不牢固，这一地区仍有很多羌人。从西汉以来，汉朝把降附或俘虏的羌人，分别安置于郡县，不仅安定、北地等郡有，金城、陇西等郡也有。以后，随着羌人不断内迁，到了东汉时期，内徙地区从沿边郡县深入到上郡，甚至三辅地区和河东。

二是种类多。据统计，西羌共有一百五十多个支系（种），其中比较强大和与汉朝关系密切的支系就有二十六个（即：研、旄牛、白马、参狼、先零、鸟吾、封养、牢姐、罕、幵、煎巩、黄羝、烧当、烧何、勒姐、吾良、当煎、当阗、发羌、唐旄、钟、虔人、沈氏、且冻、傅难、巩唐）。羌族种系这样繁多，分布的地域又如此之广，表明其政治的不统一和力量的分散。《后汉书·西羌传》说羌人“不立君臣，无相长一”，正是这一情况的真实写照。

三是羌族各支系之间互相械斗和争夺的情况比较严重。《后汉书·西羌传》说：“强则分种为酋豪，弱则为人附落，更相抄暴，以力为雄”。羌人“以战死为吉利，病终为不祥”的道德规范，其形成虽然也与其他民族的斗争有联系，但主要还是在本民族支系间的械斗过程中形成的。例如，世居大允谷的烧当羌，由于“种小人贫”，居住在大小榆谷的先零、卑湳羌“数侵犯之”，于是烧当羌“集会附落及诸杂种……大破之，杀三千人，掠取财物，夺居其地”。汉将赵充国也说：“羌人所以易制者，以其种自有豪，数相攻击，势不一也。”颜师古注云：“羌人无大君长，而诸种豪递相杀伐，故每有仇雠，往来相报。”羌族各支系间的争斗仇杀，从他们为了联合起来对付共同的敌人时必先“解仇结盟”的情况也看得出来。汉武帝初开河西，列置四郡以阻隔羌、胡时，“先零羌与封养牢姐种解仇结盟”，与匈奴联合进攻令居、安故等地。东汉章帝章和元年（87），汉将张纡毒杀羌人酋豪八百余，斩杀迷吾等人，“迷吾子迷唐及其种人向塞号哭，与烧何、当煎、当阗等相结，以子女及金银娉纳诸种，解仇交质，将五千人寇陇西塞”。[①]但是，当他们的共同利益一旦消失或发生了变化，联盟关系就随之消失或瓦解。最明显的例子，是在反抗汉朝的斗争中，只要对方在军事压力之下略施离间之计，羌族各支的联盟往往就分裂、瓦解，甚至他们之间又争斗起来。汉和帝永元五年（93），“居延都尉贯友代为校尉，友以迷唐难用德怀，终于叛乱，乃遣驿使构离诸种，诱以财货，由是瓦解”。[②]赵充国与羌人作战，更立赏罚，鼓动羌人互相残杀，每“斩大豪有罪者一人，赐钱四十万，中豪十五万，下豪二万，大男三千，女子及老小千钱，又以其所捕妻子财物尽与之”，结果羌人降者 31200 人。[③]

四是西羌虽然以产畜为业，但是农业也有相当规模。史载，爰剑曾教河湟诸羌“田畜”，这里的“田”指的就是农耕。爰剑曾孙忍与秦献公同时，说明羌人习农耕的时代至迟在公元前 5 世纪。西汉宣帝时赵充国率兵进至先零、罕、幵等羌族地区时，“令军毋燔聚落，刍牧田中”。这里的“田”也是农田。赵充国说，在临羌（今青海湟源）东至浩亹（今青海民和）的湟水流域，有“羌虏故田及公田”二千顷以上，“羌虏故田”即羌人所耕种之田，这些田与公田、未垦之田加起来超过二千顷，可见也不在少数。东汉和帝年间，护羌校尉贯友击烧当羌于大小榆谷（地在河曲南岸）时，亦“收麦数万斛”[④]。此间，还大量出现了“以广田畜”“居山田畜”“羌人获麦”以及“复欲归故地，就田业”[⑤]等记载，这些均说明，居住在河湟地区的羌人既聚落又有田，而且田的数量还不少。

东汉一代，羌人还是以畜牧为主，然而农业已粗具规模。《后汉书》每每出现类似“叛羌怀其恩化，并来降附，乃开广屯田，列置四十余营”[⑥]的记载，故羌汉战争

① 《后汉书》卷 87《西羌传》。
② 《后汉书》卷 87《西羌传》。
③ 《汉书》卷 69《赵充国传》。
④ 《后汉书》卷 87《西羌传》。
⑤ 《后汉书》卷 16《邓训传》。
⑥ 《后汉书》卷 58《傅燮传》。

中汉王朝军队在羌人地区不仅能够“收羌禾稼”[①]，而且一次达“数万斛”之巨。羌人的这些特点（特别是亦农亦牧的特点），是同一时期南匈奴、乌桓、鲜卑等北方民族所没有的。由于他们居地分散，政治上不统一，所以极易被汉朝分化瓦解，各个击破，这是东汉极力对其镇压的主要原因之一；而他们“亦农亦牧”的经济生活方式，则是被东汉政府强迫迁徙内地与汉民杂居，并对他们实行郡县统治的主要原因。实际上，早在西汉时就已经这样做了。

2. 不违背东汉民族思想

历代民族政策都是在相应的民族思想指导下制定的，东汉时期也不例外。根据徐兴祥的研究，东汉王朝的民族思想以“大一统”和“民族可以变化”的思想为主导。[②]故而东汉王朝主张用华夏（汉）的文化、礼仪、习俗等去影响直至改变少数民族，使其接受华夏（汉）族的文化、礼仪、习俗等，而融入华夏（汉）族中，实现“用夏变夷”。在这种思想的指导下，东汉王朝必然要通过各种手段，实现其用汉变羌的目的，此其一。

其二，马长寿《氐与羌》一书指出：“讲汉羌关系史，有一个重要的前提，就是汉代的西羌地区已经划入当时中国政治疆域之内，西羌和东羌人民早已成为中华民族的主要组成部分。”[③]而将羌人居地纳入中央王朝统治范围内，在东汉以前就完成了。“两汉疆域之广狭，大略亦复相同，惟对外之开扩东汉较有逊色。”[④]因此，东汉王朝治羌政策的实施，只是对前代于羌人统治的恢复。

东汉王朝要用汉人的文化、礼仪、习俗等去影响直至改变少数民族，使其接受汉人的文化、礼仪、习俗等，而融入汉人中，实现“用汉变羌”，最直接和有效的办法就是使羌人杂处于汉人中间，即所谓耳濡目染。要达到这种效果有两种途径：一是将大量汉人移入羌人聚居区，这样做就存在所谓对羌人生存空间的侵夺问题；一是将羌人内徙，为数众多的羌人杂处于汉人之间。据此，东汉对羌人实行郡县与护羌校尉并行的统治政策顺理成章。由于言语不通、习俗各异而受到汉人歧视，加之“为吏人豪右所徭役，积以愁怨”，“小吏黠人所见侵夺”，[⑤]生性好斗的羌人起来反抗

① 《后汉书》卷87《西羌传》。
② 参见徐兴祥《中国古代民族思想与羁縻政策研究》，云南民族出版社1999年版，第83—101页。
③ 马长寿：《氐与羌》，第91页。
④ 顾颉刚、史念海：《中国疆域沿革史》，商务印书馆1999年版，第89页。
⑤ 《后汉书》卷87《西羌传》。

自然不可避免。

总之，就东汉治羌政策的实施对象羌人而言，各项政策均是根据其自身特点制定的，是可行的。就东汉治羌政策的制定者东汉统治阶级而言，各项治羌政策都符合当时统治者的民族思想，是合理的。

（三）别无选择的选择

强迫降羌内徙，对他们实行郡县与护羌校尉并行的统治，贴近羌人自身特点，也符合东汉的民族思想，具有合理性和可行性。倘若不用这些政策，是否还有更好的政策可供选择？

1. 羌汉隔绝不可能

《后汉书·西羌传》载："秦既兼天下，使蒙恬将兵略地，西逐诸戎，北却众狄，筑长城以界之，众羌不复南度。"又："及武帝征伐四夷，开地广境，北却匈奴，西逐诸羌，乃度河、湟，筑令居塞；初开河西，列置四郡，通道玉门，隔绝羌胡，使南北不得交关。于是障塞亭燧出长城外数千里。……羌乃去湟中，依西海、盐池左右。"同书《南匈奴传》亦载，建武二十四年（48）春，匈奴分为南北二部。南匈奴成为汉王朝统治下的少数民族，"南单于既居西河，亦列置诸部王，助为扞戍。使韩氏骨都侯屯北地，右贤王屯朔方，当于骨都侯屯五原，呼衍骨都侯屯云中……皆领部众为郡县侦罗耳目"，共同抗击北匈奴，此后再无北匈奴侵入塞内之记载。由此可见，在东汉及其前代都曾经成功用长城将少数民族与汉王朝阻隔开来。当然这里所说的"长城"既有用砖石砌成之长城，也包括用人力筑成之血肉长城。两种类型的长城都一度成功地将羌人或匈奴阻挡在外。

时至东汉，东汉政府不但没有这样做，反还将羌人大量内迁，置于郡县统治之下。究其原因，有以下两点：

其一，诸多史实表明，"长城"已然挡不住羌人。《后汉书·西羌传》载："至宣帝时……其先零种豪言：'愿得度湟水，逐人所不田处以为畜牧。'安国以事奏闻，后将军赵充国以为不可听。后因缘前言，遂度湟水，郡县不能禁。"汉武帝开创的局面已经不复存在，长城与郡县官兵均挡不住羌人。东汉初立，忙于巩固其统治，未遑外事，也曾对羌人采取阻挡的办法，然而不但没有能挡住羌人，而且还节节退守。史载，由于西羌侵边，光武帝下令于建武十一年（35）省并西北边地的朔方牧。次年，又“省金城郡属陇西”，还“诏边吏力不足战则守，追虏料敌不拘以逗留法”。[①]最后干脆将羌人大量徙入塞内。不难看出，早在西汉宣帝时起，阻隔羌、汉之法已不能起到阻挡羌人的作用，而且东汉政府曾试图采用此法，但是由于各种原因，还是没有挡住，其中也可能有东汉王朝不尽力加以阻挡的原因在里面。但是，“挡不住”这一事实，就是最终东汉政府没有极力阻挡羌人的客观原因。

其二，羌汉隔绝有悖于当时的民族思想。这是此法不可行的主观原因，也是最重要的原因。到了东汉，儒家思想经过多年的发展，其统治地位更为巩固。这一时期的羌人及其居住地区自然也被东汉统治者视为自己的臣民与领土。如若将羌人用“长城”阻于塞外，羌人的居地就不能成为东汉领土，羌人也就不能称作东汉统治下之臣民，这与“大一统”的思想是完全背道而驰的，更不可能实现“用夏变夷”。事实上，自建武十一年（35）起，东汉政府就陆续将羌人徙入塞内，中逢内徙羌人多次起义反抗却不改初衷，其目的表面上似乎在于分散羌人的势力，更多的还是因为东汉王朝想通过将羌人散处于汉人之间，最终实现“用汉变羌”，将羌人稳固地纳入东汉王朝统治之下。就东汉而言，虽事与愿违，但我们也不能否认其存在。而且事实证明，羌人最终还是大部分融入了汉族和其他民族当中。

2. 羁縻而治行不通

羁縻政策是历代中央王朝惯用的民族政策。根据史籍记载，这一政策西汉武帝曾对周边少数民族推行过，东汉时期也曾广泛运用。光武帝就曾对西域诸国及东夷、南蛮、匈奴、乌桓、鲜卑等进行过羁縻。以西域为例，《汉书·西域传赞》说：“自建武以来，西域思汉威德，咸乐内属……其大国莎车、于阗之属，数遣使置质于汉，愿请属都护。圣上远览古今，因时之宜，羁縻不绝，辞而未许。”这就是说，光武帝曾经对西域的莎车、于阗等国实行过羁縻之治。同时，当时也有人极力倡导对羌人实行羁縻政策。《后汉书·南蛮西南夷列传》载，永和元年（136），蛮夷入贡，尚书令虞诩认为，“自古圣王不臣异俗，非德不能及，威不能加，知其兽心贪婪，难率以礼。是故羁縻而绥抚之”，上不从。同书《鲁恭传》载，鲁恭《上疏谏击匈奴》曰：“夫戎狄者，四方之异气也。蹲夷踞肆，与鸟兽无别。若杂居中国，则错乱天气，污辱善人，是以圣王之制，羁縻不绝而已。”在这种情况下，缘何东汉政府始终

---

① 《后汉书》卷1下《光武帝纪下》。

不对羌人采取羁縻之治，就连具有“从其俗而治”性质的金城属国，到了东汉亦不见于记载？对此，结合羁縻政策本身和羌人特点加以分析，便可找到答案。

关于羁縻，《史记·司马相如列传》索隐谓：“羁，马络头也；縻，牛缰也。《汉官仪》：马云羁，牛云縻，言制四夷如马牛之受羁縻也。”颜师古也说：“羁，马络头也；縻，牛纼也。言牵制之，故取喻也。”徐兴祥先生将其进一步解释为：不使用暴力手段去改变“四夷”民族的社会结构、生产、生活方式和风俗习惯，即派流官到羁縻地区进行实地监理，仍然任用土长，且得世袭，也不向土著人民履亩征税（这就叫“从其俗而治”），只要是在这条界线之内的，都可以称为羁縻。[①] 据此可知，羁縻政策的实施至少要具备两个必要条件：一是中原王朝要愿意放弃“履亩征税”之利；二是实施对象要有较大的土长为中原王朝所用。而就东汉政府与当时羌人来讲，都不具备这两项条件。首先，羌人早在东汉以前就已经掌握了农耕技术，并且其农业生产已粗具规模，东汉封建统治阶级不可能放弃对羌人实施“履亩征税”，而行羁縻之治。也正是出于这样的考虑，东汉王朝才将羌人大量内徙，置于郡县统治之下，并强化了对羌人的经济削弱与政治压迫；但因此最终引发羌人此起彼伏的起义斗争，则完全出乎东汉统治者的意料。其次，汉代羌人多达百余种，又“不立君臣，无相长一，强则分种为酋豪，弱则为人附落，更相抄暴，以力为雄”。[②] 对于这样一个缺乏凝聚力和向心力，力量分散的民族，一方面其不会给东汉统治者造成多大威胁；另一方面，他们没有统一政权或较大且有威望的头目，汉政府若想对他们行羁縻之治，却也是无首可络，无鼻可穿。

东汉政府能不能扶植羌人中的一支，进而利用其统一其余各支，再通过这一支的头目行羁縻之治呢？这种做法在中国历史上也有成功的例子。公元 7 世纪初，松赞干布统一青藏高原各部，建立强大的吐蕃王朝，给当时的李唐王朝造成极大的威胁。而在吐蕃与唐这两个政权之间的洱海地区，有六个较大的部落（蒙嶲诏、越析诏、浪穹诏、邆赕诏、施浪诏、蒙舍诏亦称南诏）。双方都想控制这一地区，借此抗御对方。唐王朝抢先一步扶植南诏，统一六诏，于 738 年册封其首领皮逻阁为“云南王”，将该地区纳入了唐王朝统治之下，实现了唐王朝大一统的愿望。但这对于东汉来说是后话，在当时还没有这样的先例，此其一。

① 参见徐兴祥《中国古代民族思想与羁縻政策研究》，第 12 页。

② 《后汉书》卷 87《西羌传》。

其二，羌人有“强则分种为酋豪……更相抄暴”的习性，一旦被扶植的羌人强大起来，必然要反叛，东汉王朝不可能不有所顾忌。

其三，整个东汉时期的民族关系不容乐观，北有匈奴，东北有乌桓、鲜卑、朝鲜，西南有百越、西南夷，实力均不容小视。特别到了东汉后期，西北地区的民族格局发生了新的变化。随着匈奴政权的衰落和北匈奴的西迁，游牧于东北地区的鲜卑族开始向西及西南迁徙，与漠北地区留下的匈奴部落逐渐融合。桓、灵期间，鲜卑大人檀石槐统一漠北，分其地为中、西、东三部，“从上谷以西至敦煌、乌孙二十余邑为西部”。[①] 鲜卑势力开始进入西北地区。檀石槐率部南抄汉边，北拒丁零，东却夫馀，西击乌孙，成为东汉北部边郡的严重威胁，如桓帝延熹九年（166），“鲜卑复率八九千骑入塞，诱引东羌与共盟诅。于是上郡沈氐、安定先零诸种共寇武威、张掖，缘边大被其毒。朝廷以为忧”。[②] 令东汉政府担忧的是，一旦羌、匈奴、鲜卑等联成一体，共同对抗东汉政府，那么东汉政府就更无法应付。在这种情况下，东汉政府不可能将力量分散的羌人各支统一起来。

综观东汉时期的情势，在处理羌汉关系的问题上，始终找不到更为可行、更为妥当之办法，换言之，东汉之所以强迫羌人内徙，并对其实行郡县统治，实属别无选择之选择。然而东汉的这一民族政策，穿越历史的时空，却从一个侧面昭示了各民族之间“和则互利，战则俱伤”的真谛，这是值得深入探讨的。

原载《中国边疆史地研究》2008 年第 1 期，
本文刊发时作者为大理学院民族文化研究所研究实习员。

① 《后汉书》卷 90《鲜卑传》。
② 《后汉书》卷 65《张奂传》。

“屯田”并非赵充国治羌政策的核心内容

李大龙

赵充国（前137—前52），字翁孙，陇西上邽（今甘肃天水）人，后移居金城令居（今甘肃永登），是西汉时期以治边闻名的官吏。赵充国在西汉时期由于顺利平息了西羌的反抗而闻名，但更让赵充国留名青史的是在平息西羌动乱的过程中他提出了“留田便宜十二事”，得到了后代各朝及学者的大力推崇，举凡历朝各代推行屯田以及研究屯田的论著或多或少都要提及赵充国其人。但是，综合分析西汉时期西汉和西羌的关系，以及史书关于赵充国屯田上奏的记载，笔者认为屯田并不是“留田便宜十二事”的核心内容。现略陈管见，以求证于学界同仁。

一

西羌是我国的古老民族，《后汉书·西羌传》将其族源追溯到了传说中的三苗，并载其活动地域，“滨于赐支，至乎河首，绵地千里。赐支者，《禹贡》所谓析支者也。南接蜀、汉徼外蛮夷，西北接鄯善、车师诸国。所居无常，依随水草。地少五谷，以产牧为业”。“不立君臣，无相长一，强则分种为酋豪，弱则为人附落，更相抄暴，以力为雄。杀人偿死，无它禁令。”据此可知，以游牧为主的生活方式，是导致西羌“所居无常，依随水草”的主要原因，而“不立君臣，无相长一”的记载则表明西羌尚未实现民族的统一，没有形成统一的政权，处于分散的状态。进入春秋战国时期以后，西羌出现了一个名叫无弋爰剑的人，尽管围绕该人及其后代形成了一些地方政权，但依然没有实现统一。无弋爰剑初为秦国的奴隶，后逃亡至一山洞中，并摆脱了秦兵的火烧，羌人以为神，“推以为豪”。无弋爰剑之后，其子孙虽然

“世世为豪”，但“子孙分别，各自为种，任随所之。或为牦牛种，越巂羌是也；或为白马种，广汉羌是也；或为参狼种，武都羌是也”。[①]西羌依然处于四分五裂的状态。

秦国和西羌地接，故是最早和西羌发生政治关系的中原政权。至秦孝公时期，秦国国力强盛，西羌各部多依附之，“孝公使太子驷率戎狄九十二国朝周显王”，显示出众多的西羌各部已经成为秦国的藩属。秦始皇时期，由于秦国专力于中原地区的统一，放松了对西羌的控制，西羌各部势力得以恢复和发展。公元前221年秦统一中原后，秦始皇在派遣蒙恬北逐匈奴的同时，也派兵对西羌各部进行了征讨，史书称：“蒙恬将三十万众北逐戎狄，收河南。筑长城，因地形，用制险塞，起临洮，至辽东，延袤万余里。于是渡河，据阳山，逶蛇而北。暴师于外十余年。”[②]《后汉书·西羌传》则记载为：“秦既兼天下，使蒙恬将兵略地，西逐诸戎，北却众狄，筑长城以界之，众羌不复南度。”由此看，秦朝的治羌政策是以武力进攻和重兵防御下的隔离政策为主要特征。

进入汉代之后，西汉和西羌的关系出现了一些新的特点。《后汉书·西羌传》载：“至于汉兴，匈奴冒顿兵强，破东胡，走月氏，威震百蛮，臣服诸羌。景帝时，研种留何率种人求守陇西塞，于是徙留何等于狄道、安故，至临洮、氐道、羌道县。及武帝征伐四夷，开地广境，北却匈奴，西逐诸羌，乃度河、湟，筑令居塞；初开河西，列置四郡，通道玉门，隔绝羌胡，使南北不得交关。于是障塞亭燧出长城外数千里。时先零羌与封养牢姐种解仇结盟，与匈奴通，合兵十余万，共攻令居、安故，遂围枹罕。汉遣将军李息、郎中令徐自为将兵十万人击平之。始置护羌校尉，持节统领焉。羌乃去湟中，依西海、盐池左右。汉遂因山为塞，河西地空，稍徙人以实之。”由此，西羌和西汉的关系在汉初基本上是分为两种不同的情况：绝大部分西羌是臣服于匈奴的，只有研种留何等部依附于西汉，而西汉设置护羌校尉管理降伏的西羌则是在武帝时期以后。汉遣将军李息、郎中令徐自为领军进攻西羌的行动，也见于《汉书·武帝纪》，时间是元鼎六年（前111）冬十月。西汉之所以对西羌采取讨伐政策，一方面是在元鼎五年（前112）九月，臣服于西汉的羌众发生了反叛，“攻故安（安故——引者），围枹罕”；另一方面是西羌“与匈奴通使”，而为配合

① 《后汉书》卷87《西羌传》。以下未注明出处者均引于此。

② 《史记》卷88《蒙恬列传》。

西羌的反叛，“匈奴入五原，杀太守”，对西汉的边疆形成夹击之势。也正因为如此，汉武帝在武力进攻匈奴的同时，也将西羌纳入了进攻的范围内，目的是实现“隔绝羌胡”，以断绝西羌和匈奴的联系。

令居，位于今甘肃永登西部，令居塞的修筑见于《汉书·食货志下》：“明年，南粤反，西羌侵边。天子为山东不澹，赦天下囚，因南方楼船士二十余万人击粤，发三河以西骑击羌，又数万人渡河筑令居。初置张掖、酒泉郡。”南越反叛的时间是在元鼎五年（前112）。据此，则令居塞的始筑时间应该在此年。而河西四郡的设置时间，据《汉书·武帝纪》，武威郡、酒泉郡的设置是在元狩二年（前121）匈奴浑邪王降汉后，分置张掖郡、敦煌郡的时间则是在元鼎六年（前111）。将军李息、郎中令徐自为对西羌的进攻，见于《汉书·武帝纪》：元鼎六年（前111）冬十月“发陇西、天水、安定骑士及中尉，河南、河内卒十万人，遣将军李息、郎中令徐自为征西羌，平之”。据此，护羌校尉的设置时间应该在此年。也就是说，迄至元鼎六年西汉王朝已经完成了“隔绝羌胡”的计划，并设置护羌校尉负责管理西羌。

西汉虽然设置了专门管理西羌的护羌校尉，但由于西羌种姓繁多，分布较广，和西汉的关系也有亲疏之不同，所以西汉对西羌的管理分为三种不同的形式。

第一种方式是由护羌校尉管辖。护羌校尉是主管西羌事务的主要机构。关于它的职责，东汉时期的司徒掾班彪在建议光武帝设置护羌校尉时说：“今凉州部皆有降羌，羌胡被发左衽，而与汉人杂处，习俗既异，言语不通，数为小吏黠人所见侵夺，穷恚无聊，故致反叛。夫蛮夷寇乱，皆为此也。旧制益州部置蛮夷骑都尉，幽州部置领乌桓校尉，凉州部置护羌校尉，皆持节领护，理其怨结，岁时循行，问所疾苦。又数遣使驿通动静，使塞外羌夷为吏耳目，州郡因此可得儆备。今宜复如旧，以明威防。”[①]这一记载中的“持节领护，理其怨结，岁时循行，问所疾苦。又数遣使驿通动静，使塞外羌夷为吏耳目，州郡因此可得儆备”，可以说基本上概括了护羌校尉的具体职能。

第二种方式是设置属国都尉进行管理。属国是西汉为安置降服的边疆民族，尤其是匈奴部落而设置的地方机构。《汉书·武帝纪》下所引颜师古注曰：“凡言属国者，存其国号而属汉朝，故曰属国。”即属国是在部落整体内徙的基础上设置的管理

① 《后汉书》卷87《西羌传》。

机构，其长官为属国都尉。在西汉设置的属国中也有由西羌降众组建的属国，西汉设置的管理西羌降众的属国明确见于史书记载的有北地属国、金城属国等。北地属国，西汉王朝先后设置过两个北地属国。第二次设置的北地属国见于上引《汉书·武帝纪》所载，是为安置匈奴降众而设置，第一次设置的北地属国治所在安定郡三水县。据《汉书·地理志》载："安定郡，武帝元鼎三年置。"乃由北地郡分置。其属县有三水，"属国都尉治。有盐官。莽曰广延亭"。据此，该地应该是武帝时期所设置北地属国之所在。另《后汉书·卢芳传》有"王莽末，乃与三水属国羌胡起兵"的记载，则表明安定属国又称为"三水属国"，其建制一直延续到王莽新朝时期，所安置的是匈奴和西羌降众。金城属国，见于《汉书·宣帝纪》：神爵二年（前60），"夏五月，羌虏降服，斩其首恶大豪杨玉、酋非首。置金城属国以处降羌"。同书《赵充国传》也载"初置金城属国以处降羌"。由此可知，金城属国是主要安置降羌的。

第三种方式是设置道一级的管理机构进行管理。西汉在西部边郡内设置的道一级单位的主要职责即是管理西羌等边疆民族。设置道一级机构管理边疆民族是秦王朝采取的政策，是县的特殊形态。《汉书·百官公卿表上》云："县，大率方百里，其民稠则减，稀则旷，乡亭亦如之，皆秦制也。列侯所食县曰国（侯国），皇太后、皇后、公主所食曰邑，有蛮夷曰道。凡县、道、国、邑千五百八十七。"《后汉书·百官志五》亦云："凡县主蛮夷曰道……皆秦制也。"又云："每县、邑、道，大者置令一人，千石；其次置长，四百石；小者置长，三百石；侯国之相，秩次亦如之。"可知，道一级机构的官吏设置与县相同。西汉在边郡设置过多少管理西羌的道，史书不见明确记载，但至少在陇西郡下即设置有羌道。

护羌校尉、属国都尉、道虽然都有管理西羌的职责，但也存在差异，主要表现在管理的对象不同。护羌校尉是管理西羌本部的机构，辖下西羌部众多分布在原居地；属国都尉管辖的西羌应该是以部落为基础的内徙降众；道则是管理郡县区域内羌汉杂居地区的羌众。西汉对西羌的管理就是主要由上述这三类机构进行的。

从史书的记载看，西汉对西羌地区的治理基本上是以因俗而治和移民实边为主要特点，而且卓有成效，但大规模的移民实边也严重影响了西汉和西羌的关系，其中农牧之间的矛盾是一个主要因素，并最终导致了宣帝时期西羌的大规模反抗。

本始年间（前73—前70），汉宣帝派遣光禄大夫义渠安国巡视诸羌。由于大部分羌众在武帝时期离开湟中迁徙到了西海、盐池周围地区，因而西羌先零豪等请求安国允许他们“渡湟水北，逐民所不田处畜牧。安国以闻”，但遭到了赵充国的极力反对。后，西羌“旁缘前言，抵冒渡湟水，郡县不能禁”。[①]西羌民众不顾郡县的禁令大规模迁徙，对西汉边疆的安定构成了威胁，而西羌各种之间解仇结盟更是使西汉感到了更大威胁。赵充国曾经反对西羌迁徙到湟水北，因而得到西羌结仇结盟的消息后，宣帝问计于赵充国，赵充国认为应该是匈奴联合西羌的征兆：“狼何小月氏种在阳关西南，势不能独造此计，疑匈奴使已至羌中，先零、罕、开乃解仇作约。到秋马肥，变必起矣。宜遣使者行边兵豫为备，敕视诸羌，毋令解仇，以发觉其谋。”[②]赵充国的分析合情合理，得到了宣帝的高度重视，神爵元年（前61），西汉再次派遣义渠安国“行视诸羌，分别善恶”，[③]但义渠安国抵达西羌后，在并没有完全了解西羌动向的情况下，“召先零诸豪三十余人，以尤桀黠，皆斩之。纵兵击其种人，斩首千余级。于是诸降羌及归义羌侯杨玉等恐怒，亡所信乡，遂劫略小种，背畔犯塞，攻城邑，杀长吏。安国以骑都尉将骑三千屯备羌，至浩亹，为虏所击，失亡车重兵器甚众。安国引还，至令居，以闻”。[④]义渠安国的肆意杀戮终于引起了西羌大规模的反抗，动摇了西汉对西羌的统治。

二

西羌的反抗直接威胁着西汉西部边郡的安全，因而出兵对西羌的反抗进行镇压成为西汉必然采取的政策。神爵元年（前61），年过七十的赵充国被委任为西征的主帅，西汉大军云集金城，西汉和西羌的关系进入了战争状态。

作为多次参加对匈奴战争的一员老将，同时又对西羌的情况十分了解，[⑤]赵充国采取了稳扎稳打，招降为主、分化瓦解，屯田以供军需的政策，顺利平息了西羌反叛。

稳扎稳打的方略主要体现在赵充国不以兵多而轻敌，“常以远斥候为务，行必为

---

① 《汉书》卷69《赵充国传》。

② 《汉书》卷69《赵充国传》。

③ 《汉书》卷69《赵充国传》。

④ 《汉书》卷69《赵充国传》。

⑤ 赵充国祖籍陇西郡，地接西羌，加之多年来参加西汉的边疆战争，所以对西羌的情况十分了解，这也是宣帝多次向赵充国咨询治羌策略的原因。

战备，止必坚营壁，尤能持重，爱士卒，先计而后战”。[①] 这一方略在初次渡河西进时表现最为明显。《汉书·赵充国传》载：“充国至金城，须兵满万骑，欲渡河，恐为虏所遮，即夜遣三校衔枚先渡，渡辄营陈，会明，毕，遂以次尽渡。虏数十百骑来，出入军傍。充国曰：‘吾士马新倦，不可驰逐。此皆骁骑难制，又恐其为诱兵也。击虏以殄灭为期，小利不足贪。’令军勿击。遣骑候四望陿中，亡虏。夜引兵上至落都。”步步谨慎，不为小利诱惑，而是以平息反叛这一最终目的为目标，显示出赵充国有着过人的军事素质，这也是其能够成功的关键。

招降为主、分化瓦解的政策，是赵充国在充分了解西羌政治情况的基础上提出的方略。在得知西羌先零与其他诸种“解仇交质盟诅”的消息时，赵充国即认为“羌人所以易制者，以其种自有豪，数相攻击，势不壹也”，所以将征讨的目标集中在先零种羌身上，而对罕、开等种羌则采取了招降为主的政策，其目的在于瓦解西羌联盟。《汉书·赵充国传》载：“初，罕、开豪靡当儿使弟雕库来告都尉曰先零欲反，后数日果反。雕库种人颇在先零中，都尉即留雕库为质。充国以为亡罪，乃遣归告种豪：‘大兵诛有罪者，明白自别，毋取并灭。天子告诸羌人，犯法者能相捕斩，除罪。斩大豪有罪者一人，赐钱四十万，中豪十五万，下豪二万，大男三千，女子及老小千钱，又以其所捕妻子财物尽与之。’充国计欲以威信招降罕、开及劫略者，解散虏谋，徼极乃击之。”先零是此次动乱的发起者，同时势力也较大，招降罕、开等种羌不仅可以削弱反叛势力，辅之以悬赏等措施，也可以诱惑罕、开等种羌反攻先零，进而实现平息动乱的目的。为了贯彻自己的方略，赵充国还和其他官员用上书的方式有过一场争论。争论的发起者是酒泉太守辛武贤。辛武贤见征讨动乱的军队已经有六万余人，即上书宣帝请求出兵进攻，宣帝将其书发给了赵充国，“令与校尉以下吏士知羌事者博议”，但遭到了赵充国的反对。他认为：“武贤欲轻引万骑，分为两道出张掖，回远千里。以一马自佗负三十日食，为米二斛四斗，麦八斛，又有衣装兵器，难以追逐。勤劳而至，虏必商军进退，稍引去，逐水草，入山林。随而深入，虏即据前险，守后阨，以绝粮道，必有伤危之忧，为夷狄笑，千载不可复。而武贤以为可夺其畜产，虏其妻子，此殆空言非至计也……故臣愚册，欲捐罕、开暗昧之过，隐而勿章，先行先零之诛以震动之，宜悔过反善，因赦其罪，

① 《资治通鉴》卷 26，宣帝神爵元年六月条。

选择良吏知其俗者抚循和辑，此全师保胜安边之册。”尽管宣帝本意试图先破罕、开等种，之后再击先零，但最终为赵充国说服，赵充国也得以顺利实施自己的策略。赵充国领军至先零种羌居地，先零种羌由于汉军长时间不进攻而防御松懈，突见汉军至，仓皇渡过湟水，随之汉军进入罕种羌居地。赵充国约束诸军，“毋燔聚落刍牧田中”，“罕竟不烦兵而下”。①

屯田是赵充国采取的又一项治羌策略。赵充国一直认为只要府库粮备充足，西羌就不敢反叛，但此时的金城、湟中府库粮草不足军用，谷价高涨，而西羌动乱的平息及西疆的安定是快速用兵难以达到的，因而提出了屯田的主张，这就是闻名于史的“不出兵留田便宜十二事”：“步兵九校，吏士万人，留屯以为武备，因田致谷，威德并行，一也。又因排折羌虏，令不得归肥饶之坠，贫破其众，以成羌虏相畔之渐，二也。居民得并田作，不失农业，三也。军马一月之食，度支田士一岁，罢骑兵以省大费，四也。至春省甲士卒，循河湟漕谷至临羌，以示羌虏，扬威武，传世折冲之具，五也。以闲暇时下所伐材，缮治邮亭，充入金城，六也。兵出，乘危徼幸，不出，令反畔之虏窜于风寒之地，离霜露疾疫瘃墯之患，坐得必胜之道，七也。亡经阻远追死伤之害，八也。内不损威武之重，外不令虏得乘间之势，九也。又亡惊动河南大开、小开，使生它变之忧，十也。治湟陿中道桥，令可至鲜水，以制西域，信威千里，从枕席上过师，十一也。大费既省，徭役豫息，以戒不虞，十二也。”②所谓“留田便宜十二事”实际上是赵充国平息羌乱的整体方略，并不仅仅限于解决大军的后勤补给问题，其目的是希望通过留屯坚守来促成西羌经济的衰败、内部矛盾激化，最终实现西部边疆的长治久安。应该说，赵充国的屯田建议不失为一个良策，但是如此一来必然会使战事久拖不决，会影响到国家的稳定，所以宣帝采取了一个更加积极的政策：“上以破羌、强弩将军数言当击，又用充国屯田处离散，恐虏犯之，于是两从其计，诏两将军与中郎将卬出击。强弩出，降四千余人，破羌斩首二千级，中郎将卬斩首降者亦二千余级，而充国所降复得五千余人。诏罢兵，独充国留屯田。”③

西汉在西部边疆地区大规模屯田，一方面解决了军队的后勤补给问题，另一方

① 《汉书》卷69《赵充国传》。
② 《汉书》卷69《赵充国传》。
③ 《汉书》卷69《赵充国传》。

面占据了土地肥沃的地区并保持着对西羌的威慑力量，这无疑对西羌形成了巨大军事和经济压力，同时汉军的不断出击更使西羌处于被动挨打的地位，重新接受西汉的统治是其唯一的选择了。神爵二年（前60）五月，赵充国认为西羌原有五万军队，为汉军消灭已经有七千六百人，投降三万一千余人，因饥饿等死者五六千人，坚持与汉为敌的不过四千人，已经对西部边疆安定不再构成威胁，建议撤罢屯兵。赵充国的建议很快得到了宣帝的同意，而在该年秋天，“羌若零、离留、且种、兒库共斩先零大豪犹非、杨玉首，及诸豪弟泽、阳雕、良兒、靡忘皆帅煎巩、黄羝之属四千余人降汉”。①结果西汉军队没有受到多大损失且赵充国的屯田也并没有获得一个收获季节就顺利平息了动乱。

三

从总体而言，西汉对西羌的治理是成功的，见于史书记载的有规模的反抗只有两次，除上述这次反抗外还有元帝时期彡姐等七种羌对陇西郡的寇扰，但也为右将军冯奉世领军顺利解决了，史书称：“自彡姐羌降之后数十年，四夷宾服，边塞无事。”②西汉对西羌的治理之所以能够取得这样的效果，得益于拥有像赵充国这样的良臣。

关于赵充国的屯田建议，在古代即有众多的政治家、军事家给予关注，现代学者对此进行研究的也大有人在。但观已有的研究成果，人们的目光多集中在屯田方面，少有对其进行全面分析者。细读《汉书·赵充国传》的有关记载，实际上赵充国的屯田行动并没有得到农业方面的收益，其中最主要的理由就是屯田并没有完成一个收获过程即结束了。③既然没有获得收益，赵充国的屯田何以得到人们的赞赏？这是一个颇为值得关注的问题。仔细分析赵充国的屯田建议，笔者认为屯田并不是“不出兵留田便宜十二事”的核心内容，④而是针对西羌治理提出的一项综合性政策，

---

① 《汉书》卷69《赵充国传》。

② 《后汉书》卷87《西羌传》。

③ 参见刘光华《汉代西北屯田研究》，兰州大学出版社1988年版。

④ 宋人赵彦卫《云麓漫钞》卷10曾经对赵充国屯田有如下分析：“羌人见其设施出于所料之外，实不可久留，故输款而退，赵亦奏凯而还。在边不过自冬徂夏，元不曾收得一粒谷，想亦不曾下种；不然，五月谷将穗，那肯留以遗羌邪？学者不以时月考之，每语屯田，必为称首，可笑！”

这是其最主要的特点，也是和西汉在其他地区屯田不同的地方。在赵充国的“不出兵留田便宜十二事”中，实施屯田的大前提是“不出兵”，而屯田的实施围绕两个目的展开，其一是“以为武备”，即让屯田士卒成为西羌的威慑力量；其二是占有“肥饶之坠”，迫使西羌陷入“贫破”境地，拖垮西羌。同时，整顿防务，不仅要使“居民得并田作，不失农业”，也要“缮治邮亭”，整修桥梁、道路，从而达到“兵出，乘危徼幸，不出，令反畔之虏窜于风寒之地，离霜露疾疫瘃墯之患”的目的。应该说，赵充国希望通过屯田而“坐得必胜之道”，此和我国古代军事家极力推崇的“不战而屈人之兵”具有相同的性质，这也是赵充国平息西羌反叛时所极力追求的。他认为“帝王之兵，以全取胜，是以贵谋而贱战。战而百胜，非善之善者也，故先为不可胜以待敌之可胜”。由史书的记载看，尽管赵充国是西征的主帅，统有数万兵马，但自始至终他所统率的军队并没有和西羌展开大规模的对抗。之所以如此，一方面是赵充国不希望进一步激化西羌和西汉的矛盾，因为他一直认为造成西羌动乱的原因之一是西汉用人不当，即“往者举可先行羌者，吾举辛武贤，丞相御史复白遣义渠安国，竟沮败羌”；另一方面认为“虏马肥，粮食方饶，击之恐不能伤害”，但用计则可以“先诛先零已，则罕、开之属不烦兵而服矣”。[①] 事情的发展也确如赵充国所预想，西羌内部矛盾激化，罕、开等种羌不战而降，而先零种羌的大酋犹非、杨玉被其他种羌所杀，最终实现了赵充国“坐得必胜之道”的愿望。

也正是因为西汉对西羌没有采取残酷的镇压政策，所以西羌和西汉的关系是相对缓和的，而东汉时期则不同，反叛——镇压——再反叛——再镇压，武力对抗构成了东汉王朝和西羌关系的重要内容。

据《后汉书·西羌传》的记载，东汉王朝和西羌发生关系是在建武九年（33）隗嚣割据政权灭亡之后：“司徒掾班彪上言：‘今凉州部皆有降羌，羌胡被发左衽，而与汉人杂处，习俗既异，言语不通，数为小吏黠人所见侵夺，穷恚无聊，故致反叛。夫蛮夷寇乱，皆为此也。旧制益州部置蛮夷骑都尉，幽州部置领乌桓校尉，凉州部置护羌校尉，皆持节领护，理其怨结，岁时循行，问所疾苦。又数遣使驿通动静，使塞外羌夷为吏耳目，州郡因此可得儆备。今宜复如旧，以明威防。’光武从之，即以牛邯为护羌校尉，持节如旧。”班彪建议设置护羌校尉后，东汉王朝委派牛邯为护

① 《汉书》卷69《赵充国传》。

羌校尉，但此时护羌校尉所管辖的仅仅是凉州各郡的降羌，并非西羌整个或大部分，且此时隗嚣割据势力的残余尚在，因而其主要使命似乎是帮助来歙招降西羌。《后汉书·隗嚣传》载"牛邯字孺卿，狄道人。有勇力才气，雄于边陲。及降，大司徒司直杜林、太中大夫马援并荐之，以为护羌校尉，与来歙平陇右"可以作为证据。或许是牛邯对西羌的招降没有取得明显效果，而降附的西羌部众又分布在各郡，护羌校尉难以实施有效管理，所以建武九年牛邯死后直至永平元年（58），东汉王朝再没有设置护羌校尉。东汉王朝和西羌真正建立起藩属关系是在永平二年（59），以西羌大酋滇吾的降附为标志。在东汉王朝初期，烧当羌势力最为强盛，其首领是滇良。滇良在王莽时期起兵反叛，后依附隗嚣，隗嚣灭亡后一直和东汉王朝武力对抗，并不断寇扰附近郡县。中元元年（56），滇良死，其子滇吾继承了首领之位，继续奉行与东汉王朝武力对抗的政策。据《后汉书·西羌传》载："时滇吾附落转盛，常雄诸羌，每欲侵边者，滇吾转教以方略，为其渠帅。（中元）二年秋，烧当羌滇吾与弟滇岸率步骑五千寇陇西塞，刘盱遣兵于枹罕击之，不能克，又战于允街，为羌所败，杀五百余人。于是守塞诸羌皆复相率为寇。遣谒者张鸿领诸郡兵击之，战于允吾、唐谷，军败，鸿及陇西长史田飒皆没。又天水兵为牢姐种所败于白石，死者千余人。"这种状况一直持续到永平元年。该年，东汉王朝派遣中郎将窦固、捕虏将军马武领军进攻滇吾，在西邯大败之，滇吾领众远遁，依附滇吾的其他各部纷纷降汉，东汉王朝得以恢复了护羌校尉的建制，谒者窦林出任护羌校尉。翌年，滇吾降汉，"诣阙献见"，[①] 东汉王朝此时才真正和西羌建立起藩属关系。

护羌校尉的设置既是东汉将西羌纳入直接管辖之内，同时也标志着时断时续、长达一百多年镇压与反抗的开始。依据《后汉书·西羌传》的记载，西羌和东汉之间发生过三次大规模的战争：第一次是从建初元年（76）到永元十二年（100）；第二次是从永初元年（107）至元初五年（118）；第三次是从永和四年（139）至永憙（嘉）元年（145）。[②] 第一次西羌反抗的原因是安夷县吏掠夺羌人妇女，为其夫所杀，安夷县长宗延不仅不安抚羌众，反而捕杀羌人，结果招致羌人的大规模反抗。面对羌人的反抗，东汉采取了残酷的镇压政策，如陇西太守张纡为了给战死的护羌校尉傅育报仇，一次诛杀了羌酋八百余人，战争持续了近三十年才平息。面对西羌的反

① 《后汉书》卷 87《西羌传》。

② 参见李大龙《两汉时期的边政与边吏》，黑龙江教育出版社 1996 年版，第 84—88 页。

抗，东汉的个别官吏也认为不应该对西羌施政过于苛刻，如大将军梁商即对并州刺史来机说：“戎狄荒服，蛮夷要服，言其荒忽无常。而统领之道，亦无常法，临事制宜，略依其俗……其务安羌胡，防其大故，忍其小过。”① 但可惜的是能够认识到这一点的地方官吏并不多，相反热衷于残酷镇压的官吏则比比皆是，段颎即是其中较有代表性的一位。段颎，字纪明，武威姑臧人，两度出任护羌校尉，《后汉书·段颎传》载其“凡破西羌，斩首二万三千级，获生口数万人，马牛羊八百万头，降者万余落，封颎都乡侯，邑五百户”。段颎之所以对西羌采取残酷的镇压政策，是因为他认为西羌“狼子野心，难以恩纳，势穷虽服，兵去复动。唯当长矛挟胁，白刃加颈耳”；“今傍郡户口单少，数为羌所创毒，而欲令降徒与之杂居，是犹种枳棘于良田，养虺蛇于室内也。故臣奉大汉之威，建长久之策，欲绝其本根，不使能殖。”② 不过，段颎并没有认识到西羌的屡平屡叛尽管原因很多，但边吏的残暴和残酷的镇压是重要原因之一。曾经担任过护羌校尉的皇甫规即认为：“夫羌戎溃叛，不由承平，皆因边将失于绥御，乘常守安则加侵暴，苟竞小利则致大害，微胜则虚张首级，军败则隐匿不言。军士劳怨，困于猾吏，进不得快战以徼功，退不得温饱以全命，饿死沟渠，暴骨中原，徒见王师之出，不闻振旅之声。”③

总之，赵充国的“不出兵留田便宜十二事”之核心并不在于屯田，而是以“威服”为特点的综合性治羌政策，这一政策的成功实施是西汉能够较为正确地处理与西羌关系的重要表现，相反，东汉对西羌动乱的处理则过于依赖武力征服，少有“绥御”，这或许是促成西羌屡平屡叛的主要原因之一。

原载《中国边疆史地研究》2010 年第 4 期，

本文刊发时作者为中国社会科学院中国边疆史地研究中心编审。

① 《后汉书》卷 87《西羌传》。
② 《后汉书》卷 65《段颎传》。
③ 《资治通鉴》卷 52，顺帝永和六年三月条。

两汉北部边防若干问题之比较

陈晓鸣

两汉在北部地区的边防政策、边防武装力量建设以及边疆经济开发等方面，相沿者多，更异者亦不少。对这些问题进行比较研究，不仅有助于我们了解两汉边防的源流演变，理清其发展脉络，而且也有助于我们认识其特点，探求它的发展规律。

一、边防政策

两汉王朝和北方游牧民族的斗争最为持久。《后汉书·乌桓鲜卑列传》云:“四夷之暴，其势互强矣。匈奴炽于隆汉，西羌猛于中兴，而灵献之间，二虏（指乌桓、鲜卑——笔者）迭盛。……其陵跨中国，结患生人者，靡世而宁焉。”因此，两汉边防重心在北方，“北边自敦煌至辽东万一千五百余里，乘塞列隧”，[①]构成两汉时期的重要防线。

由于边防形势不同以及国内政治、经济形势的发展变化，两汉王朝相应地采取了不同的边防政策。

西汉经历了和亲防御到积极进攻的转变。

早在汉高祖践祚之初，就曾有图匈奴之举。汉高祖亲率三十二万大军北伐匈奴，但因准备不足，被困平城白登山，损失惨重。由此，刘邦不得不采纳娄敬的建议:“天下初定，士卒罢于兵革，未可以武服也”，[②]对边防采取防守政策。史称“坚边设候，结和通使”。[③]

① 《汉书》卷69《赵充国传》。
② 《汉书》卷43《娄敬传》。
③ 《史记》卷25《律书》。

“坚边设候”：就是在边境地区设立关卡，建烽燧，布置边防力量，加强防御能力。如高祖二年（前205）“兴关中卒乘边塞”；[①]文帝时实行削藩、收边郡措施，在北方边胡之燕、代国更置缘边郡，“燕、代虽有旧名，皆亡南北边矣”；[②]并令军分屯于飞狐、句注、上郡、北地以及长安附近之棘门、霸上与细柳“以备胡”；同时，采纳晁错的建议，徙民塞下，充实边境人口。

“结和通使”：就是与匈奴和亲。高祖九年（前198）取家人子为公主妻于单于，使娄敬往结和亲约；惠帝三年（前192）以宗室女为公主嫁匈奴单于；景帝元年（前156）遣陶青至代下与匈奴和亲，希望通过和亲来减缓匈奴入寇频率。

汉初这种政策，在一定程度上避免了和周边民族的大规模军事冲突，对医治战争创伤、稳定政治局势、恢复和发展生产起了积极作用。然而，匈奴游牧经济的不稳定性，“宽则随畜田猎禽兽为生业，急则人习战攻以侵伐”，[③]使其一直没有放弃对边地的掠夺。《汉书·晁错传》云：“汉兴以来，胡虏数入边地，小入则小利，大入则大利。”自吕后六年（前182）至武帝元朔五年（前124）卫青败匈奴右贤王于河套以北止，共五十八年，匈奴入寇约有二十九次之多，平均每两年就有一次大规模入寇。其入寇兵力每次由三四万骑至二十万骑不等；其入寇地区，或专掠一郡，或分掠数郡；杀戮边地人民，自太守、都尉以下，每次都是数千乃至数万。其入寇地点，涉及狄道、陇西、朝那、朔方、云中、定襄、雁门、代郡、上谷、渔阳、右北平、辽西、辽东，几乎包括汉朝北疆数千里，成一方大患。

汉武帝时期，经过汉初七十年的休养生息，国家经济实力空前雄厚，“民则人给家足，都鄙廪庾皆满，而府库余货财”；[④]加上国内诸侯王问题已得到解决，专制主义中央集权大大加强，使汉王朝与北方民族关系的优势转到西汉一方。边防政策也由汉初之防守转为积极进攻。武帝曾对卫青说：“汉家庶事草创，加四夷侵陵中国，朕不变更制度，后世无法；不出师征伐，天下不安；为此者不得不劳民。”[⑤]自武帝元光二年（前133）“王恢设谋马邑，匈奴绝和亲”[⑥]，开始了大规模战略进攻，对北部进行了积极经营。

---

① 《汉书》卷1《高帝纪》。
② 《汉书》卷14《诸侯王表》。
③ 《汉书》卷94《匈奴传》。
④ 《史记》卷30《平准书》。
⑤ 《资治通鉴》卷22，征和二年闰月条。
⑥ 《史记》卷30《平准书》。

元朔二年（前127），卫青、李息出云中，至高阙，败白羊、楼烦二王，“收河南地”，而置朔方、五原郡。

元狩二年（前121），霍去病出陇西，进攻河西走廊，大破匈奴，以其地为武威、酒泉郡，后乃分武威、酒泉地置张掖、敦煌郡，“徙民以实之”。[①]

元狩四年（前119），卫青、霍去病率十万精骑，“私负从马凡一十四万匹”，出征漠北。击溃匈奴单于及左贤王，匈奴远遁，“幕南无王庭”，由是，“汉渡河自朔方以西至令居，往往通渠置田官，吏卒五六万人，稍蚕食，地接匈奴以北”，[②]并于“河南”地沿边五郡塞外置五属国以处匈奴降者。

汉武帝实行积极拓展的边防政策，取得了“斥地远境”[③]的作用。但由于连年大规模攻伐，亦使“海内虚耗，户口减半”。[④]《汉书·郑当时传》云:“汉（武帝时）征匈奴，招四夷，天下费多，财用益屈。”武帝晚年“悔征伐之事”，下轮台诏与民休息。

昭、宣之世，边防政策也由汉武之时的积极拓展而转为相机攻伐。如宣帝时，匈奴遭天灾，丁零攻其北，乌桓入其东，乌孙击其西，汉也于本始二年（前72）和地节二年（前68）两度出兵攻击匈奴。其后，匈奴内乱，五单于分立，互相攻击，来降者前后踵继。汉王朝对来降归义者实行招抚。甘露元年（前53），呼韩邪单于遣子入侍，自是以后“单于守藩”，“北边晏然，靡有兵革之事”，[⑤]使得边境安宁六十余年。

东汉边防大体经历了消极防御到“以夷制夷”政策的转变。

东汉之初，经过长期战乱，“海内人民，可得而数，裁什二三。边垂萧条，靡有孑遗”，[⑥]“城郭皆为丘墟，生人转于沟壑，今其存者，非锋刃之余，则流亡之孤，迄今伤痍之体未愈，哭泣之声尚闻”。[⑦]东汉政权出于“长治久安”的政治需要，采取了恢复生产、安定社会秩序的措施。在边防指导思想上也以“保境安民”为宗旨，主守而不主攻，即所谓“闭玉门以谢西域之质，卑词币以礼匈奴之使”，[⑧]实行收缩

① 《汉书》卷6《武帝纪》。
② 《汉书》卷94《匈奴传》。
③ 《汉书》卷73《韦贤传》。
④ 《汉书》卷24《食货志》。
⑤ 《汉书》卷8《宣帝纪》。
⑥ 应劭:《汉官仪》。
⑦ 《后汉书》卷23《窦融列传》。
⑧ 《后汉书》卷18《臧宫列传》。

边防的政策，主要表现在：

其一，罢亭侯吏卒。光武针对“边陲萧条，靡有孑遗，鄣塞破坏，亭燧绝灭”的局面，于建武二十二年（46）“诏罢诸边郡亭候吏卒”。①

其二，内迁边民。因河东地区屡遭匈奴袭扰，“中国未安，米谷荒贵，民或流散”，刘秀被迫内迁边民。建武十五年（39），大司马吴汉迁徙雁门、代郡、上谷三郡吏民六万余人，置常山关、居庸关以东“以避胡寇”。②

其三，放弃西域。建武期间，西域诸国“皆遣使求内属，愿请都护”，光武“以天下初定，未遑外事，竟不许之”，同时表示，“如诸国力不从心，东西南北自在也”。③

其四，引匈奴、乌桓入居边塞。建武二十四年（48），南匈奴归降，设匈奴中郎将，“自后以为常，及悉复缘边八郡……皆领部众为郡县侦罗耳目”；④建武二十五年（49）设乌桓校尉，“封其渠帅为侯王君长者八十一人，皆居塞内，布于缘边诸郡，令招来种人，给其衣食，遂为汉侦候，助击匈奴、鲜卑”。⑤

光武帝的边防举措，奠定了东汉一代边防政策的基础。明、章之际，随着社会经济的恢复，“天下安平，人无徭役，岁比登稔，百姓殷富，粟斛三十，牛羊被野”，⑥曾一度伺机出击北匈奴，而取伊吾庐地，同时复置西域都护。但这种积极进攻政策并未维持多久。自和帝以后，尤其是安、顺以降，外戚、宦官交替掌权，吏治腐败，国家无暇边防建设，遇有寇掠，只得引用夷兵，以夷制夷。所谓“夷虏相攻，无损汉兵者也”，⑦“以夷伐夷，国家之利”。⑧

综观两汉时期，西汉边防表现得更为积极。西汉对边防局势的把握，显得游刃有余，开边拓土，扩大疆域，奠定了我国疆域的基础。当然，这与西汉社会经济的发展和中央集权的不断加强有密切关系。相形之下，东汉边防则显得比较消极。其放弃对边防之积极经营；“以夷制夷”在执行过程中往往又失去对少数民族的羁縻控

---

① 《后汉书》卷113《郡国志五》、卷1《光武帝纪》。
② 《续汉书·天文志》。
③ 《后汉书》卷88《西域传》。
④ 《后汉书》卷89《南匈奴列传》。
⑤ 《后汉书》卷90《乌桓鲜卑列传》。
⑥ 《后汉书》卷2《明帝纪》。
⑦ 《后汉书》卷41《宋均列传》。
⑧ 《后汉书》卷89《南匈奴列传》。

制，并有意无意地制造民族混乱；加上入居边塞之边疆民族不时挑起民族纷争，相互攻伐，酿成长期边患。据粗略统计，自安帝至东汉末季，匈奴大规模犯边有二十余次，羌人犯边近四十次，乌桓、鲜卑犯边达三十余次。东汉衰亡，祸起于边。

二、边防武装力量建设

由于边防政策不同，两汉在边防武装力量建设上也经历了一个调整和变化过程。西汉王朝根据边防形势的发展，相应地建立起一套完整的边防武装力量体系。主要包括：

1. 边郡兵

西汉极为重视北部边郡的军事力量建设。“二千石治之，咸以兵马为务”，[①] 军事优先于民政，因此，西汉边郡拥有一支具有相当实力的常备军。卫宏《汉旧仪》称：“边郡太守各将万骑，行障塞烽火，追虏。”由于边郡地域辽阔，交通不便，战争又比较频繁，因而边郡除太守设置幕府，以长史佐辅领兵外，在各要塞，往往置若干部都尉，具体负责各屯区的军事安全。《汉书·冯奉世传》注引如淳《汉注》云：“边郡置都尉及千人、司马，皆不治民。”经查《汉书·地理志》等有关资料，西汉北部边郡共设有 55 个部都尉，平均每郡 2.5 个，为内郡之 2.5 倍。

2. 将屯兵

西汉边郡兵虽然较为完善，但其单独抵御游击性很强的游牧民族尚有一定难度。作为佐辅力量，西汉在边郡又置“将屯兵”，即由中央派将率领，屯驻于边郡的防御作战部队。它作为中央派驻军，虽然驻扎在边郡，但和边郡太守所辖的边郡兵属于不同的统属系统。[②] 如《汉书·赵充国传》记载，宣帝时，匈奴发十万骑欲入为寇，汉廷“遣充国将四万骑屯缘边九郡”。师古注：“九郡者，五原、朔方、云中、代郡、雁门、定襄、北平、上谷、渔阳也。四万骑分屯之。而充国总统领之。”就是针对缘边九郡力量较弱，中央增派赵充国率领将屯兵加强防务。西汉将屯兵没有固定屯期和屯戍点，是因时因势而设，事迄则罢。然而，由于边防形势动荡不定，西汉将屯兵始终存在，是边防武装力量不可或缺的重要组成部分。

---

① 《汉书》卷 28《地理志》。

② 参见陈晓鸣《汉代“将屯”考略》，《秦汉史论丛》第 6 辑。

3. 屯田兵

屯田兵，又称“田卒”或“戍田卒”，是指“以兵营田”，且耕且守的武装力量。

屯田之设，始自武帝。《汉书·百官公卿表》云：“农都尉、属国都尉，皆武帝初置。”

武帝时，经过几次和匈奴大规模战争，占有“河南地”、河西走廊，而且也占领了漠南地区。“汉度河自朔方以西至令居，往往通渠置田，官吏卒五六万人。”[①]自此以后，西汉军屯得以推广，北部的朔方、五原、北地郡有军屯；河西走廊之令居、番和、居延、敦煌、酒泉、武威有军屯；西域之轮台、渠犁、伊循、车师、赤谷有军屯；河湟、陇西等地也有军屯。所谓：“边郡置农都尉，主屯田殖谷。”[②]屯田兵不仅分布地区广，而且规模很大，极盛时曾达“六十万人”。[③]

4. 属国兵

西汉置属国的设想始自晁错和贾谊。贾谊曾云：“将必以匈奴之众为汉臣民，制之令千家而为一国，列处之塞外，自陇西延至辽东，各有分地以卫边，使备月氏、灌窳之变。”[④]其战略思想到汉武帝时得以实施。《史记·卫将军骠骑列传》载：元狩二年秋，浑邪王来降，“乃分徙降者边五郡故塞外，而皆在河南，因其故俗为属国。”西汉从元狩二年始，至昭帝时期，至少设置了安定、天水、上郡、西河、五原、张掖、金城等七个属国。《盐铁论·诛秦篇》载：“置五属国以距胡，则长城之内，河山之外，罕被寇”，说明属国兵在西汉边防上有重要作用。

东汉，由于边防政策趋于保守，其对边防武装力量结构亦做了适度的调整。主要体现在：

1. 削弱边郡兵的力量

鉴于新莽之乱、太守拥兵割据之局面，光武帝于建武六年（30）“罢郡国都尉官”，[⑤]削弱郡级武装力量。这项举措，同样行之边郡。以后，尽管在陇西、金城、辽东、乐浪、居延等地偶有都尉之复置，然皆时置时废，它已非西汉之通行之制。时人应劭说：“每有剧贼，郡临时置都尉，事讫罢之。”[⑥]经查《续汉书·郡国志》，北

---

① 《史记》卷110《匈奴列传》。

② 《续汉书·百官志》。

③ 《史记》卷30《平准书》。

④ 贾谊：《新书》卷4《匈奴》。

⑤ 《后汉书》卷1《光武帝纪》。

⑥ 《续汉书·百官志》注引应劭曰。

部边郡确已鲜有部都尉之设，亦无部都尉之治所的记载，足见“罢郡国都尉官”亦行之北部边郡。

削弱边郡兵的另一项举措，是“罢边郡亭候吏卒”，即罢省了西汉以来的边郡候望系统，以南匈奴、乌桓、鲜卑为侦候耳目而已。

东汉对边郡部都尉和候望系统的罢省，大大削弱了边郡武装的力量，使其单独抵御寇乱的能力大为下降。

2. 对屯田兵的压缩

由于边郡兵被削弱，其后勤供应相对减缓。对且耕且守之屯田兵也进行了压缩。这不仅表现为戍耕点远不及西汉之多，屯田兵数量也较西汉为少，一般一地仅数百人，多者亦不过千人左右；同时，就领导体制而言，无单独完整的管理系统，大致仅为营、部一类的组织，如玄菟郡有屯田“六部”，金城郡有屯田“三十四部”。组织上远不及西汉完整。

3. 对将屯兵的调整

东汉对将屯兵的调整突出在两个方面：首先，针对不同的边防对象，增设将屯兵。马端临《文献通考·兵考》云：“于是北胡有变，则置度辽营……羌犯王辅，则置长安、雍二尉；鲜卑寇居庸，则置渔阳营……置屯多矣。”其次，东汉将屯兵由西汉的临时性设置逐渐变为边境上的长期屯兵。如光武帝时设黎阳营，明帝时设度辽营，安帝时置长安营、雍营、渔阳营等，都变成了边郡“屯列坐食之兵”。[①]

4. 增强民族兵在边防中的地位

东汉时边防武装力量最大的调整是增强民族兵在边防中的地位。

首先表现在增设属国。西汉原有的一些属国，如定安属国、西河属国、上郡属国、金城属国、张掖属国等仍然继续存在或复置。且自安帝以后，在北部边郡还增设了广汉、辽东、酒泉、涿郡、辽西等新的属国。[②]属国不仅增设多，而且其权限也较西汉属国为大。在西汉，属国“分郡离远县置之，如郡差小，置本郡名”，[③]地位似乎比一般边郡太守要低；而东汉则“稍有分县，治民比郡”，[④]地位等同边郡太守。

此外，扩大了民族兵的使用范围。使护匈奴中郎将、护羌校尉、护乌桓校尉等

---

① 《后汉书》卷65《皇甫规列传》。

② 分别见《续汉书·郡国志》，《后汉书》卷88《西域传》，《后汉书》卷85《东夷列传》。

③ 《续汉书·百官志》。

④ 《续汉书·百官志》。

已成为东汉王朝在边境的封疆大吏，在边防作战中发挥重要的作用。“以夷制夷”，成为东汉边防战略的重要措施之一。民族兵，亦在东汉边防武装力量中占有突出地位。

总之，两汉边防武装力量构成大体相同，但其侧重点则不甚一致。西汉以边郡兵作为边防主体，辅之以屯田兵、属国兵，彼此之间不相统属，各司其职，对小的寇掠作防御性应付；而遇有大的寇掠，则临时增派将屯兵，或协助边郡太守、农都尉、属国都尉屯边戍守，或辖领他们出击作战，边防各武装力量平衡发展，体制较为健全。东汉，由于边郡兵力削弱，地位下降；屯田兵戍耕范围缩小，人数减少；在边防上则多倚重将屯兵和民族兵。而将屯兵由于防区限制，运转颇不灵便，民族兵又骄横难制、羁縻失当、叛附无常。故此，东汉一代，边防武装力量虽然贯彻了“居重驭轻”的建设方针，但是对边防作战、兵员调动却是捉襟见肘。因此，从边防整体实力而言，东汉远不及西汉之盛。

三、边疆经济开发

西汉由于采取了积极进取的边防政策，在边疆经济建设上亦花费了巨大的人力、物力和财力。概括起来主要有如下几点。

1. 大规模徙民实边和军事屯垦

实边、屯垦在汉武帝时表现得尤为突出。考诸史实者有：

元朔二年（前 127），“募民徙朔方十万口”。①

元狩二年（前 121），“徙关东贫民处所夺匈奴河南地新秦中以实之”。②

元狩四年（前 119），“徙贫民于关以西及充朔方以南新秦中，七十余万口”。③

元狩五年（前 118），“徙天下奸猾吏民于边”。④

元鼎六年（前 111），“分武威、酒泉地置张掖、敦煌郡，徙民以实之”。⑤

① 《汉书》卷 6《武帝纪》。
② 《汉书》卷 94《匈奴传》。
③ 《史记》卷 30《平准书》。
④ 《汉书》卷 6《武帝纪》。
⑤ 《汉书》卷 6《武帝纪》。

元封三年（前108），“武都氐人反，分徙酒泉郡”。[①]

至于军事屯田，规模巨大，已如前所述。

2. 加强边郡城防和道路建设

汉武帝在新拓展的边郡地区，进行了大量的工程建设。《史记·平准书》载：元鼎六年“又数万人度河筑令居”。《后汉书·西羌传》：“初（汉武帝时）开河西，列置四郡，通道玉门，隔绝羌胡，使南北不得交关。于是障塞亭燧出长城外数千里。”又《史记·匈奴列传》云：“汉使光禄徐自为出五原塞数百里，远者千余里，筑城障列亭至庐朐……使强弩都尉路博德筑居延泽上。”据陈梦家先生考证：“汉武帝由于防御匈奴与西羌，开发西域，在河套以西，用了短短十二年时间，兴建了规模巨大的三四千里障塞亭燧”；[②]同时还修筑了固阳道，沟通天山南北与中原的联系；修“回中道”，北出萧关，初步完善了北部长城沿线及其以外的交通体系。

3. 加强马政建设

为适应对北方游牧民族作战的需要，西汉大力组建骑兵，加强马政建设。早在文帝时，采用免役的办法鼓励民间养马。至景帝时，开始在北部畜牧业区开设牧马苑，“益造苑马以广用”。[③]据《汉仪补注》云：“太仆牧师诸苑三十六所，分布北边、西边，以郎为苑监，官奴婢三万人，养马三十万匹。”武帝即位以后，“为伐胡，盛养马”。[④]在景帝马政基础上，又“令民得畜边县，官假马母，三岁而归，及息什一”。[⑤]马匹数量大增。《玉海》卷148引魏王朗云：“雄卫霍张皇之师，勒兵塞上，厩马有四十万匹。”汉武帝时期，大力发展骑兵与马政建设互为促进，二者均达到了当时所能达到的高度。其时养马、用马规模之大和范围之广都是空前的。

西汉为巩固边防而进行的大规模突发式经济开发，产生了明显的效果。

首先，徙民实边、军事屯垦，不但增加了北方边郡地区的人口，使农耕经济不断北移，中原先进的生产工具和生产技术也随之传入北方游牧区，而且政府鼓励性的组织管理形式也为边郡地区经济形式的转换奠定了必要的基础。同时，屯田本身

① 《汉书》卷6《武帝纪》。
② 陈梦家：《汉武边塞考略》，《汉简缀述》，中华书局1980年版，第219页。
③ 《史记》卷30《平准书》。
④ 《史记》卷30《平准书》。
⑤ 《汉书》卷24《食货志》。

也取得了“内有亡费之利，外有守御之备”[①]的功效。

其次，马政建设，亦使长城沿线出现过畜牧业繁盛之局面。《盐铁论·西域篇》载：“长城以南，滨塞之郡，马牛放纵，蓄积布野。”《汉书·地理志》也载：河西地区“地广民稀，水草宜畜牧，故凉州之畜为天下饶”。

复次，边郡城防体系的建立和交通之开凿，加强了中原与边郡以及中外经济文化的交流。所谓“通关市，饶给之”，“往来长城下”；[②]“商胡贩客，日款于塞下”，“殊方异物，四面而至”；[③]“西北外国使，更来更去”，[④]充分体现了当时经济、文化交流的盛况。

当然，西汉边疆经济开发成果的取得，是以国家巨大的财政支出为基础的。史谓“边郡诸官请调度者，皆为报给，损多益寡，取相给足”。[⑤]如徙民实边“衣食皆仰给县官。数岁，假予产业，使者分部护之，冠盖相望。其费以亿计，不可胜数。于是县官大空”；[⑥]屯田卒的生产工具、耕牛诸项也由国家供给。应劭说“武帝始开三边，徙民、屯田皆与犁牛”。[⑦]故陈直先生认为：屯田“不是裕财，而是消费”。[⑧]至于城防工事及交通的建设更是如此，仅筑朔方城“费数十百巨万”[⑨]，而汉武所筑三四千里障塞亭燧，其费用之巨是可想而知了。故此，汉武帝大规模开发边疆之措施并未持续多久，因“财用益屈”[⑩]而下轮台诏与民休息。

东汉采取收缩边防的政策。相应地，放弃了对北部边疆的经济开发，主要表现在：

1. 内徙边民

东汉内徙边民较为频繁。考诸史册者有：建武十年（34）徙定襄。[⑪]建武十五年（39）“徙雁门、代郡、上谷三郡民，置常山关、居庸关以东”。[⑫]元初五年（118），

① 《汉书》卷69《赵充国传》。
② 《史记》卷110《匈奴列传》。
③ 《汉书》卷96《西域传》。
④ 《史记》卷123《大宛列传》。
⑤ 《续汉书·百官志》。
⑥ 《史记》卷30《平准书》。
⑦ 《玉海》卷177《食货·屯田》。
⑧ 陈直：《两汉经济史料论丛》，陕西人民出版社1958年版，第74页。
⑨ 《史记》卷30《平准书》。
⑩ 《汉书》卷50《郑当时传》。
⑪ 《后汉书》卷1《光武帝纪》。
⑫ 《后汉书》卷1《光武帝纪》。

羌人寇河东、河内，“百姓相惊，皆奔南度河。……遂移陇西徙襄武，安定徙美阳，北地徙池阳，上郡徙衙”。[①] 永和五年（140），“徙西河郡居离石，上郡居夏阳，朔方居五原”。[②]

如此大规模徙民于内郡，使北部边郡显得意外萧条；同时，民间自发的、零散的、渐进式的移民内郡，更使得边郡人口锐减。把《汉书·地理志》所记西汉平帝元始二年（2）户口统计与《续汉书·郡国志》所记顺帝永和五年（140）户口统计作一比较，可以看出其耗减量十分惊人。

平帝元始二年，西汉北部边郡有 1151828 户，而到东汉顺帝永和五年锐减至 320469 户，仅为西汉平帝时户数的 27.82%；西汉平帝时北部边郡有 5114887 口，而东汉时有 1399131 口，仅为西汉口数的 27.35%。

在农业社会，人口是衡量社会生产力发展的重要标志之一。人口锐减，其经济衰退之程度是不言而喻的。

2. 少数民族大量入居塞内

伴随着徙民于内郡的，则是少数民族大量入居塞内。建武十三年（37）“匈奴左部遂复转居塞内”；建武二十四年（48）南匈奴内附，“南单于既居西河，亦列置诸部王，助为扞戍。使韩氏骨都侯屯北地，右贤王屯朔方，当于骨都侯屯五原，呼衍骨都侯屯云中，郎氏骨都侯屯定襄，左南将军屯雁门，栗籍骨都侯屯代郡”；北匈奴亦“款五原塞降”，后来又战事不断，而“诣云中、五原、朔方、北地降”，遂“以分处北边诸郡”。[③] 此外，又有窜逃入塞者络绎不绝，而乌桓、鲜卑亦相继入塞，交错分布于边郡。

少数民族入居边郡，固然有助于加强民族融合，但对东汉王朝边防而言，也产生了一定的影响。首先，原来的牧马区或多或少地变成了战场，政府无法在宜牧区牧养马匹，而使东汉王朝逐渐放弃了北部边郡的苑马牧养。如和帝永元五年（93），“诏有司省减内外厩及凉州诸苑马”。[④] 其次，使屯戍区大为缩小。原来两汉常置的屯田机构亦日渐废去，使戍耕点越来越少，游牧区不断南移。复次，使政府负担不断增加。《后汉书·袁安列传》载袁安言：“且汉故事，供给南单于费直岁一亿九十

① 《后汉书》卷 87《西羌传》。
② 《后汉书》卷 6《顺帝纪》。
③ 《后汉书》卷 89《南匈奴列传》。
④ 《后汉书》卷 4《和帝纪》。

余万，西域岁七千四百八十万。”《后汉书·乌桓鲜卑列传》也载：“于是鲜卑大人皆来归附，并诣辽东受赏赐，青徐二州给钱岁二亿七千万为常”，同时对乌桓也“给其衣食”。

综上所述，西汉由于不惜成本地大力从事边疆经济开发，使北部地区的经济得到迅速发展，从而有相当的经济实力支撑强大的边防武装力量之存在，边防也相对巩固，有效地保证了中原地区人民的和平生产与生活。而东汉，由于对边疆经济开发不力，使边疆地区经济极度衰落而缺乏足够的经济实力去维持强大的边防武装力量，导致“边郡守御之兵不精”，[1]边防军事实力不强，而寇乱迭起，“岁无宁日”。其结果却是筹边之费增加，动辄“八十余亿”甚至“二百四十余亿”，[2]以致“官负人责数十亿万”，[3]加重了国家财政负担，这是严重的历史教训。

原载《中国边疆史地研究》2002年第3期，

本文刊发时作者为江西师范大学历史系副教授，上海师范大学在读博士生。

① 陈傅良：《历代兵制·东汉》。

② 《后汉书》卷87《西羌传》。

③ 《后汉书》卷51《庞参列传》。

十六国时期氐族和鲜卑族教育政策对比研究

陈 燕

氐族和鲜卑[1]中的慕容鲜卑是十六国时期活跃于我国西北和东北边陲的两个北方少数民族。在西晋结束了对中原短暂的统治之后，我国北方进入了战乱的十六国时期。在这一时期，由氐族建立的政权有前秦；慕容鲜卑建立了前燕、后燕和南燕三个政权。众所周知，氐族和慕容鲜卑在进入中原之前，其社会文化水平和经济状况远远落后于中原，进入中原之后，其统治者为了适应中原发达的封建经济和文化，无论是在政权建立之初，还是在政权进一步加强和完善的过程中，都不同程度地实行了一系列的政治、经济等政策。学术界目前为止对氐族和慕容鲜卑族的研究，大多侧重于对其政治、经济、社会风俗及汉化的研究，并取得了一些可喜的成果，但对氐族和慕容鲜卑教育却没有给予应有的重视，只有《中国魏晋南北朝教育史》[2]有一章对氐族和慕容鲜卑族的教育状况进行了简单介绍。而有关这一个时期少数民族教育状况的研究论文，目前我也只看到罗若群先生著《魏晋南北朝各民族教育》一文。[3]鉴于此，本文试图对氐族和鲜卑族的教育状况进行探讨，同时对两族所实行的教育政策进行比较，从而进一步揭示氐族和鲜卑族教育政策的不同以及造成这种不同的原因，以求教于学界同仁。

① 本文所论及的氐族不包括在蜀建立成汉政权的李氏和建立后凉政权的吕氏两部族。鲜卑则不包括河西鲜卑、陇西鲜卑和拓跋鲜卑。

② 卜宪群：《中国魏晋南北朝教育史》，人民出版社 1994 年版。

③ 罗若群：《魏晋南北朝各民族教育》，《湖北教育学院学报》1995 年第 2 期。

一

前燕是慕容鲜卑最初建立的一个少数民族政权，从慕容氏在棘城建国到永嘉初，慕容鲜卑一直对晋称臣，由于受晋政治和文化的影响，到了慕容廆当权之时，慕容鲜卑族已进入了“教以农桑，法制同于上国”的较开明时期。西晋灭亡之后，慕容廆更加速了其进入中原的步伐。据史载：“二京倾覆，幽冀沦陷，廆刑政修明，虚怀引纳，流亡士庶多襁负归之。廆乃立郡以统流人。”从廆的建国[①]到暐失国，前燕虽只经四世，但前燕的统治者充分认识到了教育对缩短本民族与汉族之间差距，尽快适应中原的经济和文化以及对加速发展步伐的重要作用，因此，各最高统治者在其统治期间均积极吸引汉族士族及儒学之士加入其政权，并建立起学校教育。据史载：廆将“儒学该通”的平原人刘赞“引为东庠祭酒”，并令“其世子皝率国胄束脩受业焉”。[②]由此可知，在廆统治时期，前燕就已经有了自己的学校。到了从小就受儒学教育熏陶的慕容皝统治时期，学校教育更加得到重视。据史载：“立东庠于旧宫，以行乡射之礼”，学校发挥着其应该承担的社会功能。这个时期的学校教育由于受统治者的重视，其规模和制度也得到了更进一步的完善。皝为了表示对教育的重视，“每月临观，考试优劣”，并且“赐其大臣子弟为官学生者号高门生”。这里所说的“官学”指的应该是与魏晋太学相当的中央官掌。而赐大臣子弟“高门生”称号一事，可以判断在慕容鲜卑统治者的思想里，最起码是将大臣子弟与其他受教育者分别对待的。虽然由于史料的有限，我们不能更详细地知道这种“高门生”称号的具体含意，但只从字面上来看的话，可以推测这里的“门”恐怕应该是包含有魏晋门阀士族制度中“门第”的含义。另外，更值得一提的是，皝自身“雅好文籍，勤于讲授，学徒甚盛，至千余人”，并且皝“亲造《太上章》以代《急就》，又著《典诫》十五篇，以教胄子”。[③]皝死后，其子儁继位。儁从小“博观图书”，在继承父辈事业的同时，也没有放松发展学校教育。据史料载：“儁立小学于显贤里以教胄子”；“雅好

① 前燕的正式称号按《晋书·慕容皝载记》的记载应该始于皝。史载：“封弈等以皝任重位轻，宜称燕王，皝于是以咸康三年僭即王位，赦其境内。……（庾冰）以其绝远，非所能制，遂与何充等奏听皝称燕王。”但史学界一般提到前燕时也包括廆的统治时期。

② 以上史料均引自《晋书》卷108《慕容廆载记》。

③ 以上史料均引自《晋书》卷109《慕容皝载记》。

文籍，自初即位至末年，讲论不倦，览政之暇，唯与侍臣错综义理，凡所著述四十余篇”。[①]学校教育自前燕初期代代延续，从未间断过。前燕到了暐统治时期已开始走向衰退，即使如此，暐仍然立国子祭酒、国子博士专司学校教育，本人也极其热衷于对儒学经典的研学。[②]暐当政不久，前燕即被前秦所灭，我国北方进入了短暂的统一时期。

皝子垂乘淝水之战前秦实力被大大削弱之际，伺机反叛，建立和恢复了其祖辈的燕政权，史称后燕。后燕建立的时间非常短暂，但在这短暂的时期内慕容鲜卑的子孙们也没有忘记对教育的提倡。史载垂的四子宝“砥砺自修，敦崇儒学”。[③]继后燕之后，皝的小儿子德又在山东建立起了南燕。德“博观群书，性清甚慎，多才艺”。建立政权不久，即“建立学官，简公卿已下子弟及二品士门二百人为太学生”。参照前面的史料，我们可以推断，慕容鲜卑的学校教育基本上遵循了我国秦汉以来已经形成的学校组织体系，设立有小学和太学。德为了吸引更多的中原士族加入其统治阶层，“大集诸生，亲临策试”。[④]在南燕统治时期，已设立有专司教育的博士制度，并且博士在其政治决策中起着非常重要的作用。例如：在慕容超统治时期，就“令博士已上，参考旧事，依《吕刑》及汉、魏、晋律令，消息增损，议成燕律”。[⑤]可见，从前燕到南燕，慕容鲜卑的统治者基本上都有很高的儒学造诣。除慕容廆之外，《晋书》里对皝、儁、暐、宝、德及超的儒学水平都有很高的评价。虽然史书对廆本人是否接受过儒学教育缺乏记载，但他很英明地让其子跟精通儒学的汉人学习儒学，并使研习儒学经典成了慕容鲜卑皇族的一种传统。当权者普遍具有如此高的儒学水平，这在我国少数民族历史中是极少见的。不可否认较高的儒学水平帮助慕容鲜卑加快了其发展和进步的步伐。

氐族是由西北地区发展起来的少数民族。其建立的政权是前秦，主要控制西北的关中地区。前秦的建立者苻健，在政权初建之时，便“起灵台于杜门。与百姓约法三章，薄赋卑宫，垂心政事，优礼耆老，修尚儒学，而关右称来苏焉”。[⑥]前秦在

---

① 以上史料均引自《晋书》卷110《慕容儁载记》。
② 《晋书》卷111《慕容暐载记》。
③ 《晋书》卷124《慕容宝载记》。
④ 以上史料均引自《晋书》卷127《慕容德载记》。
⑤ 《晋书》卷128《慕容超载记》。
⑥ 《晋书》卷112《苻健载记》。

经历了苻健、苻生两朝后，已粗具规模。到了苻坚统治时期，由于祖辈随后赵石季龙南征北战被封为西平郡公，父雄为当朝丞相，故家庭经济状况极好。坚在八岁时就向祖父要求“请师就家学”。其祖洪虽然对其曰：“汝戎狄异类，世知饮酒，今乃求学邪”，但最终还是欣然答应了他想读书的要求。坚于东晋升平元年（357）正式即位，僭称大秦天王。为了加强统治，苻坚“于是修废职，继绝世，礼神祇，课农桑，立学校”；为了扩大儒学教育，在其继位五年后，坚又“广修学官，召郡国学生通一经以上充之，公卿已下子孙并遣受业。其有学为通儒、才堪干事、清修廉直、孝悌力田者，皆旌表之”。又“亲临太学，考学生经义优劣，品而第之”。① 坚为了显示其对教育的重视，曾就皇帝每月应亲临太学的次数之事征求博士王定的意见，最后决定“每月一临太学”。② 据《晋书·苻坚载记》记载，坚每月亲临太学，对太学生亲自考问经典，“坚临太学，考学生经义，上第擢叙者八十三人”。西晋王朝灭亡之后“庠序无闻”的社会风气在“及坚之僭，颇留心儒学”的影响下开始转变，加之大臣王猛“整齐风俗，整理称举”的有力辅佐，“学校渐兴”。《晋书》的作者是这样评价前秦的：“人思劝励，号称多士，盗贼止息，请托路绝，田畴修辟，帑藏充盈，典章法物靡不悉备。”当时老百姓中间也流传着这样的歌谣：“长安大街，夹树杨槐。下走朱轮，上有鸾栖。英彦云集，诲我萌黎”，一幅歌舞升平、繁荣盛世的景象。苻坚的教育思想中是极其崇尚儒学的，“禁《老》、《庄》、图谶之学”，③ 在他所创立的学校里，教习内容主要是儒学的五经；④ 在教育制度上也仍然与魏晋相同，设立博士与祭酒专司教育。坚不仅注重通过学校教育来促使氐族人接受儒学文化的熏陶，更快地适应关中汉人发达的社会经济和文化，而且也认识到如果能使自己身边的近臣具有一定的儒学修养将更有利于其各项政策的推广与执行。因此他对军队的长官和后宫的近臣也进行儒学教育。史载：“中外四禁、二卫、四军长上将士，皆令修学。课后宫，置典学，立内司，以授于掖庭，选阉人及女隶有聪识者署博士以授经。”苻坚也极其相信儒学教育的作用，这一点通过他送漠北败将涉翼犍进太学接受儒学教育的记载可以得以证实。史载：“坚以翼犍荒俗，未参仁义，令入太学习

① 以上史料均引自《晋书》卷113《苻坚载记上》。

② 要瑞芬在《试论后赵、前燕、前秦统治政策汉化成分之差异及其原因》（《中央民族学院学报》1992年第2期）一文中认为苻坚“每日一临太学”，应属笔误。

③ 据《晋书》的记载，苻坚到了晚年开始崇佛。

④ 据《晋书》卷113《苻坚载记上》载：“问难五经，博士多不能对。”

礼”，“坚尝之太学，召涉翼犍问曰：‘中国以学养性，而人寿考，漠北啖牛羊而人不寿，何也？’翼犍不能答。又问：‘卿种人有堪将者，可以召为国家用。’对曰：‘漠北人能捕六畜，善驰走，逐水草而已，何堪为将。’又问：‘好学否？’对曰：‘若不好学，陛下用教臣何为？’”[①] 经过前秦君臣的共同努力，实行招揽四方英杰、以夺天下的政策，前秦的势力不断加强，最终完成了统一北方的大业。

二

通过以上对氐族和慕容鲜卑族教育状况的叙述，我们可以看出单从教育政策的制定和实施上来说氐族与慕容鲜卑应该不相上下。有两点可以说它们是一致的：第一，它们都认识到了教育在巩固统治中的重要作用，在建国之初就开始兴办学校教育；第二，最高统治者本人都具有一定的儒学知识。[②] 但是，如果仔细分析，我们会发现其实它们所实行的教育政策是截然不同的。慕容鲜卑族的最高统治者都具有较高的儒学水平，其教育政策的宗旨是重上而轻下，因而就有了在推行学校教育时“赐其大臣子弟为官学生者号高门生”及“简公卿已下子弟及二品士门二百为太学生”政策的出台。这种政策带有极浓的门阀士族制度的气息。笔者在《后汉、魏晋的教育与门阀士族的形成》[③] 一文中曾就后汉至魏晋时期的教育与门阀士族的形成进行了分析和论述，认为：在后汉至魏晋时期，受门阀士族制度的影响，为了“殊其士庶”，统治者在太学之外为“国之贵游子弟”设立了国子学，到了惠帝时期更清楚地规定“官品第五以上得入国学”。[④] 慕容鲜卑族的最高统治者与魏晋统治者一样，采取了将大臣子弟与其他一般的受教育者分别对待的政策，即他们认为官僚大臣的子弟应该享有比其他阶层的子弟优先接受教育的权利。

与慕容鲜卑族的做法正好相反，氐族的统治者在推广儒学、实行学校教育的过程中，采取的是重视儒学教育的社会普及性，因而才有“广修学官，召郡国学生通一经以上充之，公卿已下子孙并遣受业”的政策。结合慕容鲜卑族采取的“简公卿已下子弟及二品士门二百为太学生”的政策，可以清楚地看出氐族和慕容鲜卑族实

① 以上史料引自《晋书》卷113《苻坚载记上》。

② 从《晋书》的记载来看慕容鲜卑所拥有的儒学水平应高于苻氏氐族。

③ 日本《历史研究》1999年3月第36号。

④ 《南齐书》卷9《礼志》。

行教育的出发点是不同的。首先两者学校学生的来源不同。氐族学校的学生主要有两个来源：一是郡国通一经者；二是“公卿已下子孙”。在氐族学校教育里官僚大臣的子孙并没有享有特殊的优待，而慕容鲜卑族学校里的学生是“公卿已下”及二品士门之子。[①]另外，从“召郡国学生通一经以上充之”的记载看，在苻坚统治时期氐族即已有郡国学校。虽然由于史载的匮乏，其郡国学校的规模和教学状况我们不得而知，但郡国学校的存在本身就可以说明其教育具有社会普及性，这一点恰恰是慕容鲜卑的学校教育所没有的。其次措施不同。氐族统治者实行的是“广修学官”，而慕容鲜卑统治者实行的则是“立东庠于旧宫”或“立小学校于显贤里”。这种做法的不同其实是代表了两族统治者所具有的不同的教育指导思想。即慕容鲜卑的教育指导思想是重上轻下，反映出受到来自魏晋门阀士族制度很深的影响。相反，氐族的教育却重在普及，只要是积极向上者都能进入学校学习，“通一经”者或“有聪识者”都有接受教育的资格，不管他是宦官还是女奴，[②]门阀士族制的影子在氐族所实行的教育政策里是看不到的。

三

同样是儒学教育，为什么氐族和慕容鲜卑族却采取了两种截然不同的教育政策呢？笔者认为主要原因有三个。

首先，氐族和慕容鲜卑所处的社会环境大不相同。经过“八王之乱”，氐族所在的关中地区社会矛盾、民族矛盾和阶级矛盾错综复杂，极其尖锐。战争的影响使生产力受到了极大破坏，同时旧有的政治制度和官僚机构也崩溃了。大量的士族为了躲避战争，逃亡江南或河西走廊，[③]门阀士族制度在战争后荡然无存。因此，苻氏进驻关中之后，其所处的社会环境中门阀士族的影响很小。慕容鲜卑则不然，慕容鲜卑所处的地区由于远离“八王之乱”的战争中心地，一些汉族的世家大族为了躲避战争来到这里，如魏郡斥丘人黄泓、平原宋该、河东大族裴嶷等都是这一时期先后来到这里的。他们不仅带来了许多先进的生产技术和先进的文化，而且也为慕容鲜

① 《晋书》的作者在陈述鲜卑族学校教育所面向的对象时，所使用的尽是“国胄”“胄子”及“公卿已下子弟及二品士门”等词语，说明在鲜卑族学校里学习的应该主要是公卿和官僚的子弟。

② 《晋书》卷113《苻坚载记上》载：“选阉人及女隶有聪识者署博士以授经。”

③ 唐长孺：《魏晋南北朝史论丛》，武汉大学出版社1986年版。

卑带来了门阀士族制度的观念和魏晋的统治经验，这些经验很快就被慕容鲜卑统治者所接受。史载：慕容宝统治时期“遵垂遗令，校阅户口，罢诸军营分属郡县，定士族旧籍，明其官仪”。[①] 而且，为了吸引汉族士族的到来，在政权初建之时，慕容鲜卑统治者就几次设立侨置郡县。在慕容廆时期：“廆乃立郡以统流人，冀州人为冀阳郡，豫州人为成周郡，青州人为营丘郡，并州人为唐国郡。于是推举贤才，委以庶政。”[②] 到了慕容皝时期，又“罢成周、冀阳、营丘等郡。以勃海人为兴集县，河间人为宁集县，广平、魏郡人为兴平县，东莱、北海人为育黎县，吴人为吴县，悉隶燕国”。[③] 因此在慕容鲜卑的统治地区，有一个有着浓厚的门阀士族气氛的社会环境。

其次，进入氐族和慕容鲜卑统治中枢的汉人的社会背景大不相同。慕容鲜卑统治中枢的汉人多为世家大族，而氐族政权统治中枢的汉人以寒素居多。据唐长孺先生研究，在慕容廆时期，被“委以庶政”的 17 人都为中原大姓。[④] 李交发先生对慕容皝时期中央统治机构中的中原大族与慕容鲜卑族的比例进行了统计，[⑤] 认为慕容皝时期列卿将相的 15 人全是汉人；而慕容儁时期的 13 位将相大臣中，慕容鲜卑族只有 5 人，汉族士人占 60%。这些掌握着慕容鲜卑政治命脉的汉族士族大都是在魏晋门阀士族制度中拥有一定社会地位的士族高门。如：在慕容廆时期，掌握着其政权要职的是魏晋门阀士族中的河东闻喜裴氏的裴嶷、安定皇甫氏的皇甫岌及渤海封氏的封抽。裴嶷的父亲昶为晋的司隶校尉，嶷本人也“累迁至中书侍郎，转给事黄门郎，荥阳太守”，时逢中原大乱，嶷乃将其兄子开投奔了慕容廆，廆“以嶷为长史，委以军国之谋”。由于河东裴氏的名望，嶷的加入又无形中影响和带动了其他士族的加入，正如《晋书·慕容廆载记》所载：“嶷首定名分，为群士启行。”到了慕容皝时期受到重用的仍然是魏晋士族名门的封裕，皝在封裕的建议之下，依“魏晋旧法”制定了土地政策，为慕容鲜卑打下了坚实的经济基础。皇甫氏一族从廆到儁的统治时期也一直处于显要地位。这些世家大族帮助慕容鲜卑在政治上、经济上施行侨置郡县、田租制等“魏晋旧法”，在教育政策上也摆脱不了“魏晋旧法”的桎梏，自然会制定出一套门阀士族式的教育政策。

---

① 《晋书》卷 124《慕容宝载记》。

② 《晋书》卷 108《慕容廆载记》。

③ 《晋书》卷 109《慕容皝载记》。

④ 唐长孺:《魏晋南北朝史论丛》，武汉大学出版社 1986 年版。

⑤ 《试论前秦前燕对峙中的人才擢用——兼析前秦败亡原因之一》，《湘潭大学学报》1985 年第 2 期。

氐族统治者在对待汉族知识分子时没有什么士庶之分。氐族统治者在用人政策上不像慕容鲜卑那样只重用从中原来的门阀大族。据李交发先生前文中的统计，氐族苻健时期的14位将相大臣中，氐和羌人6人，汉人7人，1人难辨族属。汉人所占比例为50%，首先在人员构成上与慕容鲜卑有着量的差别。而质的区别是在苻氏政权之中得到重用的汉人不是来自中原的门阀士族高门，而是出身寒微的王猛等人。王猛在当时并不得志，“以鬻畚为业”，“浮华之士咸轻而笑之”。自从受到苻坚赏识之后，被封为中书侍郎，猛在辅佐苻坚政权之时，政治上“明法峻刑，澄察善恶，禁勒豪强……宰政公平，流放尸素，拔幽滞”；经济上“劝课农桑”；教育和用人上“显贤才……内崇儒学”，“教以廉耻，无罪而不刑，无才而不任”。因此，《晋书》的作者对王猛做出了“兵强国富，垂及升平，猛之力也”[①]的肯定评价。同样在氐族政权的官僚机构中任职的房旷、崔逞、梁安等也都是一些名不见经传的人物，更没有出现像慕容鲜卑官僚机构中门阀士族高门一族连续几代把持朝中大权的现象。[②]这些寒素出身的汉人自然不会积极主动地实行门阀士族式的政治、经济及教育政策。

最后，氐族和慕容鲜卑统治者的儒学水平相差悬殊，两族所处地域的社会安定程度不同也是造成这种差异的原因之一。正如有学者指出：少数民族统治者的文化素质越高，越容易接受吸收汉族统治阶级的统治经验。这对于他们采取什么样的政策，起着决定性的作用。[③]慕容鲜卑统治者的儒学水平很高，据《晋书》载慕容鲜卑的最高统治者多“雅好文籍，勤于讲授”。慕容皝“亲造《太上章》以代《急就》，又著《典诫》十五篇”；慕容儁“讲论不倦，览政之暇，唯与侍臣错综义理，凡所著述四十余篇”。这使他们容易和汉族上层儒士沟通，接受汉族上层儒士进入其统治中枢。而在这个时期，上层儒士基本上就是门阀士族。虽然氐族的统治者也重视儒学教育，其统治者“广修学官”，“亲临太学，考学生经义优劣”，但能对儒学经典有自己的理解并能著书立说、编纂教育课本者却没有一人。这必定会妨碍氐族统治者与当时的汉族上层知识分子即士族的沟通，进而妨碍氐族统治者吸收门阀士族式的诸种制度。

慕容鲜卑统治者自身具有较高儒学水平，加之社会相对的稳定，故而他们较易

① 以上史料均引自《晋书》卷114《苻坚载记下》。

② 在慕容鲜卑统治政权中存在着门阀士族一旦被重用便几世不衰把持朝政的现象，如渤海的封氏及安定的皇甫氏均是如此。

③ 要瑞芬:《试论后赵、前燕、前秦统治政策汉化成分之差异及其原因》，《中央民族学院学报》1992年第2期。

于去模仿和吸收门阀士族的观念，并将这种观念延伸并实行到教育政策之上。与此相反，氐族的统治者因不具备慕容鲜卑统治者那样的儒学水平，而且所处之地自西晋末以来就一直是各政治势力必争的中心，经济、社会遭到极大破坏，其统治者只有根据自身的具体情况，实行一些切实可行的政策，在用人和育人上也不得不实行一种“不拘一格降人才”的政策。

原载《中国边疆史地研究》2001 年第 2 期，
本文刊发时作者为日本大阪市立大学在读博士生。

论蜀汉“西和诸戎，南抚夷越”之策

白翠琴

关于蜀汉的民族政策，笔者在《魏晋南北朝民族政策概论》及《立向斜阳说孔明》等论著中皆有所涉及，[①]但由于种种原因，有的问题未能进一步展开讨论。本文拟在往昔研究的基础上，从“西和诸戎，南抚夷越”之策提出的历史背景、具体内容、实施情况及得失等方面加以论述，以期对蜀汉的民族政策有更深入的探究。

一、诸葛亮“西和诸戎，南抚夷越”政策之提出

东汉建安十九年（214），刘备（161—223）入蜀据有成都，蜀汉章武元年（221）称帝，国号为汉，史称蜀汉，与曹魏、孙吴成三国鼎立之势。蜀汉地处西南，包括今陕西南部、四川、云南及贵州西部。其北部与曹魏相接，交界处陇右有氐、羌等族；东与孙吴毗邻，交界处有武陵蛮，荆州以南的交州有越人。境内除汉人外，还有南中诸族，如青羌、叟、巂、僚、濮、昆明等族。

当时，孙权和曹操各在西南或西北与刘备争取南中及西北诸族的支持。而这些地区的少数民族首领，也往往视二方势力强弱变化而附叛无定。如何统治境内诸族及争取周边少数民族，这是蜀汉政权面临的严峻问题。早在建安十二年（207），刘备三顾茅庐向诸葛亮（181—234）问计时，诸葛亮在著名的《隆中对》内就提出：“益州险塞，沃野千里”，“若跨有荆、益，保其岩阻，西和诸戎，南抚夷越，外结好孙权，内修政理”，“诚如是，则霸业可成，汉室可兴矣”。[②]也就是以强大武力

① 参见《中国历代民族政策研究》，青海人民出版社1993年版；《诸葛亮躬耕地新考》，社会科学文献出版社1992年版。
② 《三国志》卷35《蜀书·诸葛亮传》。

为后盾，用抚和办法来争取凉州（今甘肃、青海一部分）等地氐、羌、鲜卑、匈奴及南中地区（今贵州西部、四川西南部和云南大部分地区）的昆明、叟、濮、傣等族。在诸葛亮看来，“西和诸戎，南抚夷越”，是刘备保荆、益，成霸业，兴汉室的前提条件之一，并认识到周边及境内少数民族是一股不可忽视的重要力量，夷戎的向背直接影响到刘氏统治的安危，必须采取镇、抚两手加以笼络和控制，以增强实力。刘备在即位诏中，也特别提道：“询于庶民，外及蛮夷君长，佥曰‘天命不可以不答，祖业不可以久替，四海不可以无主’。”① 这一方面是为了在三国鼎立中，争取人心，使自己的地位合法化；另一方面也是以华夏正统来吸引四夷，并通过盟誓、和亲、互市、封爵等进行羁縻，“以夏变夷”，乃至同化。

因此，诸葛亮在辅佐刘备、刘禅父子的过程中，为蜀汉制定了一系列以抚和为主，兼以武功的民族政策。当时，在蜀汉朝廷设有大鸿胪卿，掌管四方及夷狄来朝之事，史书可考者有三人，② 并通过地方行政系统的州、郡、县，军事与边防系统的都督、总管，边境镇抚系统的校尉、郎将诸官，来管辖少数民族事务，详见后述。

二、“南抚夷越”之策的主要内容及其具体执行

蜀汉“南抚夷越”的政策，主要突出地表现在诸葛亮平定南中的策略及前前后后所采取的措施上。

（一）诸葛亮平定南中的策略

蜀汉建国之初，北与曹操争汉中，东和孙吴争荆州。诸葛亮为了贯彻“北定中原……兴复汉室，还于旧都”的基本国策，③ 就必须先安定南中。正如顾祖禹在《读史方舆纪要·陕西纪要》中指出的“定南中，然后可以固巴蜀，固巴蜀，然后可以图关中”。而当时孙吴也在西进，觊觎南中，南中成为蜀吴必争之地。

在三国鼎立的形势下，迫使南中诸族大姓在归属问题上不得不做出选择，形成亲吴和亲蜀两派。刘备入蜀后，就着手恢复原益州刺史对南中各郡的统治，派邓方

① 《三国志》卷 32《蜀书·先主传第二》。
② 参见洪饴孙《三国职官表上》，中华书局 1985 年版。
③ 《诸葛亮集》卷 1《前出师表》。

为朱提太守、庲降都督经略南中。[1]庲降都督为南中诸郡最高军政机关官吏。据《华阳国志·南中志》云："蜀之南中诸郡，庲降都督治也。"即负责管辖整个南中地区。有的人认为"庲降"者，取"招徕""降服"之意。庲降与江州、永安、汉中四都督，均为军政长官，不治民。南中诸郡民政仍属益州刺史（其下设有部南中诸郡从事史）。由于当时有的南中大姓拥兵自重，邓方只能进驻南昌县（治今云南镇雄），而无法深入滇境。章武二年（222年，一说元年即221年），邓方死后，由李恢继任。[2]这时孙权也通过交趾太守士燮拉拢与吴"使命往返"的雍闿。雍闿先杀益州太守正昂，继之又将刘备续遣的太守张裔缚送于孙权。孙权遥署雍闿为永昌郡太守，并使故刘璋子刘阐为益州刺史，[3]与李恢针锋相对。雍闿反蜀通吴，引起南中各族人民的反感，"益州夷复不从闿"。雍闿又指使建宁孟获对夷叟进行煽动，说汉官要向他们征收胸前尽黑的乌狗三百头，玛瑙三斗，长三丈的斫木三千根。声称蜀汉要征收这些根本不可能得到的东西，以此蛊惑夷众，"夷以为然，皆从闿"。[4]

章武三年（223），刘备去世前后，南中大姓和夷帅纷纷反蜀割据。继雍之后，越嶲叟帅高定元杀郡将焦璜，"举郡称王以叛"。[5]朱提大姓牂牁太守朱褒也拥郡反蜀，只有永昌郡功曹吕凯和郡丞王伉等拒雍闿固守属蜀。[6]

面临南中危机，在丧失荆州，"主少国疑"，"以新遭大丧，故未便加兵"的情况下，[7]诸葛亮是采取先礼后兵、慎重稳妥的方针。他首先稳定内部，"务农殖谷，闭关息民"。[8]并派邓芝使吴，"因结和亲"，恢复蜀吴联盟。蜀、魏也暂相安无事。于是，诸葛亮集中精力安定南中。他采纳马谡"攻心为上，攻城为下，心战为上，兵

① 据《三国志》卷45《蜀书·杨戏传》附《季汉辅臣赞》赞邓孔山曰："孔山名方，南郡人也。以荆州从事随先主入蜀。蜀既定，为犍为属国都尉，因易郡名，为朱提太守，选为安远将军、庲降都督，住南昌县。章武二年卒。"一说卒于章武元年（221）。

② 《三国志》卷43《蜀书·李恢传》提到，李恢为建宁俞元人，"章武元年，庲降都督邓方卒……遂以恢为庲降都督，使持节领交州刺史，住平夷县"。

③ 据《三国志》卷1《蜀书·刘璋传》说，刘璋降刘备后，刘备迁之于荆州，其子阐从。后孙权取荆州，以璋为益州牧，驻秭归。璋死后，雍闿附于吴，孙权以阐为益州刺史，"处交、益界首"。诸葛亮平南中后，阐还吴，为御史中丞。

④ 《华阳国志》卷4《南中志》。

⑤ 《华阳国志》卷4《南中志》。

⑥ 《三国志》卷43《蜀书·吕凯传》载诸葛亮于南中上表云："永昌郡吏吕凯、府丞王伉等，执忠绝域，十有余年。"

⑦ 《三国志》卷35《蜀书·诸葛亮传》。

⑧ 《三国志》卷33《蜀书·后主传》。

战为下”的建议，[①]采取先抚后攻、宽猛并济的手段，先是抚而不讨，继之讨抚结合，其目的都在于争取南中的长治久安，为北伐建立一个坚强的后方。在招抚雍闿、朱褒、高定元失败后，才诉诸武力。如让做过犍为太守的李严致书雍闿，“解喻利害”，吕凯也写信规劝雍闿要“翻然改图”。在这样情势下，当建兴三年（225）雍闿、高定元即将进逼永昌郡东北，而曹魏再伐吴无暇西顾之机，诸葛亮断然决定大举南征。

春三月，蜀汉兵分三路：东路派马忠为牂牁太守，率军由僰道（四川宜宾西南）趋牂牁，经川南入贵州境，直取朱褒。中路派庲降都督李恢由平夷（贵州毕节），径往建宁（曲靖地区），包抄雍闿、孟获后方。而诸葛亮亲率西路军，由成都出发，经安上（四川屏山），然后由水路入越巂。高定元在旄牛（四川汉源）、定筰（四川盐源）、卑水（四川宁南附近，一说昭觉附近）一带筑垒设防。[②]诸葛亮由安上进攻卑水，攻克高定元的根据地，使高定元“失其窟穴”，并“获其妻子”。诸葛亮欲以此迫使高定元“归首以取生”。[③]但高定元纠集残部二千余人，杀人盟誓，要与亮死战。这时，雍闿、孟获也从滇东渡江驰援高定元并准备由越巂进据永昌。诸葛亮欲等其集合后，一并歼之。在决战关头，高定元的叟兵发现受雍闿之骗，袭杀雍闿。孟获代闿为主，继续相抗。诸葛亮趁机攻下越巂，斩杀高定元，旋跟踪追击孟获。孟获率领雍闿部众，回渡泸水（金沙江），一说由堂琅（今会泽、巧家一带）向建宁撤退。五月，诸葛亮渡泸，招徕永昌、白崖，并追击孟获。[④]

与此同时，东、中路军也先后告捷。向建宁进军的李恢在昆明突围后，“追奔逐北，南至盘江，东接牂牁”。[⑤]而此时，孟获前遇李恢迎战，后有诸葛亮追兵，被包围于盘江中上游的曲靖、沾益一带（有的学者认为是滇池附近或弄栋一带）。在军事胜利的形势下，诸葛亮对孟获以攻心为上，晓之以理，示之以信，连战连胜，使其降服，也就是后来史书和通俗演义所说的“七擒七纵”。该年秋，诸葛亮平定南

---

① 《三国志》卷39《蜀书·马良传》附《马谡传》注引《襄阳记》提道：“建兴三年，亮征南中，谡送之数十里……曰：‘南中恃其险远，不服久矣，虽今日破之，明日复反耳。今公方倾国北伐以事强贼，彼知官势内虚，其叛亦速。若殄尽遗类以除后患，既非仁者之情，且又不可仓卒也。夫用兵之道，攻心为上，攻城为下，心战为上，兵战为下，愿公服其心而已。’亮纳其策，赦孟获以服南方。故终亮之世，南方不敢复反。”

② 一说诸葛亮从成都出发，循岷江而下，经武阳至僰道，然后分兵三路而进。

③ 《北堂书钞》卷158引诸葛亮《南征表》：“初谓高定失其窟穴，获其妻子，道穷计尽，当归首取生。”

④ 关于诸葛亮渡金沙江地点及以后进军路线，历来说法不一，有东路说、西路说。西路说：即由邛都（会昌）、会无（会理）、三绛（黎溪）渡泸水（金沙江）至晴蛉（太姚），然后至益州弄栋县（姚安），再由此向西至叶榆（大理）或东至滇池（晋宁）。东路说：由会无东渡泸水入朱提郡之堂琅县，再南入益州县（今曲靖）至滇池。主西路说并认为孟获不可能由堂琅走味县，而应是在西路抵御蜀汉大军。

⑤ 《三国志》卷43《蜀书·李恢传》。

中四郡；冬，班师，过汉阳（今威宁），招徕罗甸，其夷帅济火因协助破孟获、供应军粮有功，被封为“罗甸国王，世长其土”，“黔人祀武侯，必塑济火之像侍立于旁”。明朝时，贵阳武侯祠里，就有济火的塑像在诸葛亮像旁。济火为贵州彝族先民势力最强者。《贵州通志·土司志》提道：“济火，汉牂牁郡帅，黑卢水西安氏远祖也。深目长身，黧面白齿，以青布帛为囊宠，发其中，若角状，习战斗，尚信义，善抚其众，诸蛮戴之。”“闻诸葛武侯南征，积粮通道以迎师，遂佐武侯平西南夷，擒孟获。”另外，世居昆弥川（云南洱海地区）的龙佑那也被封为酋长，赐姓张。[1]后来，张嶷为越嶲太守，又表奏捉马部帅魏狼为“邑侯”，旄牛部首领狼路为“旄牛 㽛毗王”。[2]

关于“七纵七擒”孟获的故事，在西南传播很广。究竟历史上有无孟获其人及七擒七纵之事，历来说法不一。孟获一说是南中大姓，[3]即汉族大姓移居南中，长期与夷人错居杂处及互相通婚，已逐渐夷化者。一说为蛮王或夷人祖先。[4]有的学者则认为无孟获此人，更无“七擒七纵”之事，其理由为陈寿《三国志》所载南中人物之抗蜀者有雍闿、高定（高定元）、朱褒等，而无孟获。[5]其实，在历史上是有孟获其人的。《益梁宁三州先汉以来士女目录》就有建宁人士御史中丞孟获之记载。[6]《太平御览》卷322引晋习凿齿《汉晋春秋》说：“诸葛亮至南中，所向克捷，闻孟获者，为夷汉所服，图生致之，使观于营阵之间，而问之曰：‘此军何如？’曰：‘向者不知虚实，是以致耳；知之，定易胜也。’亮乃纵使更战，七纵七擒。”《三国志·蜀书·诸葛亮传》刘宋裴松之注引《汉晋春秋》较详：“亮至南中，所在战捷。闻孟获者，为夷汉所服，募生致之。既得，使观于营阵之间，问曰：‘此军何如？’获对曰：‘向者不知虚实，故败。今蒙赐观看营阵，若只如此，即定易胜耳。’亮笑，纵使更战，七纵七擒，而亮犹遣获。获止不去。曰：‘公，天威也，南人不复反矣。’”常璩《华阳国志》卷4《南中志》也有所载。后来史书多有涉及。罗贯中《三国演义》更大为铺张，进行绘声绘色的描写。如第八十七回，“征南寇丞相大兴师，抗天兵蛮王

① 参见《诸葛亮集·遗书篇》所引《滇载记》《述异录》。

② 《三国志》卷43《蜀书·张嶷传》。

③ 参见《华阳国志》卷4《南中志》。

④ 参见元代张道宗《纪古滇说集》，明代诸葛元声《滇史》，清代赵震《开化府志》、冯苏《滇考》，元末明初罗贯中《三国演义》等。

⑤ 参见张华澜《孟获辩》，刊于《南强杂志》。

⑥ 参见《华阳国志》卷12《益梁宁三州先汉以来士女目录》。

初受执"；第八十八回，"渡泸水再缚番王，识诈降三擒孟获"；第八十九回，"武乡侯四番用计，南蛮王五次遭擒"；第九十回，"驱巨兽六破蛮兵，烧藤甲七擒孟获"等。清代冯苏《滇考·武乡侯南征》条目指出七擒地名及经过。依史载分析，确有孟获其人，但七擒七纵却不符合诸葛亮一贯谨慎用兵的策略和风格。实际上，是亮平定越巂，渡泸水追去，孟获屡败退，亮一方面在军事上连续加以打击，另一方面利用攻心战术，使其诚服。至于演绎出七擒七纵之故事，其缘由错综复杂，后面进行分析。

（二）安定南中之措施及影响

一个带着军队对南中进行平定的统帅，留给当地少数民族的应当是反感和仇恨，但问题却恰恰相反。据《三国志·蜀书·诸葛亮传》及裴松之注引《襄阳记》等说，在其死后，"黎庶追思，以为口实"，"百姓巷祭，戎夷野祀"。而数十年后，"梁、益之民，咨述亮者，言犹在耳"。虽然，这是出于封建史学家手笔，不无溢美之嫌，不过，长期以来，诸葛亮确实在西南少数民族中被广为歌颂，享有相当高的声誉，其遗迹遍及各地。四川成都市南郊的武侯祠，最初就是西晋末年十六国成（汉）賨人李雄为纪念诸葛亮而建。诸葛亮像前，有铜鼓三面，称诸葛鼓，铸于公元6世纪前。其他如唐代樊绰《蛮书》也曾提道："永昌城，古哀牢地……隔候雪山，西边大洞川，亦有诸葛武侯城，城中有神庙，土俗咸共敬畏，祷祝不厥。蛮夷骑马，遥望庙即下马趋走。"①元、明、清时期，有关的记载就更多，仅据明代《滇略》所录，诸葛亮在云南的遗迹，有地点、名称可稽者即达三四十处，西"诸蛮皆畏之如天地，爱之若祖考"。②

究其原因，笔者认为主要有三点，一是后来封建统治阶级为加强对西南控制大加宣扬；二是深受三国故事、演义小说的影响；第三也是最根本的一点是诸葛亮在南征中采取安抚政策，其后又采取一些促进南中社会经济发展与缓和民族矛盾、调整民族关系的措施，取信于西南诸族。

关于第一点，众所周知，由于诸葛亮忠于刘氏父子，所以历代封建统治者对他几乎无不备加推崇，借此为封建社会树立一个忠臣的典范。晋朝习凿齿著《汉晋春秋》，以蜀汉为正统。后来南宋偏安江南，朱熹撰《通鉴纲目》，尊蜀汉以宣扬正统，

---

① 樊绰:《蛮书》，云南城镇第六。

② 《滇略》卷5《绩略》。

诸葛亮的地位更被抬高，逐渐由人变成神。在封建社会中，统治阶级的思想往往影响着劳动人民，西南诸族当然也不例外。元代，征服云南灭大理政权后，当地少数民族的反抗斗争此起彼伏。明代在该地区设置大量土司土官，以史为鉴，封建王朝感到要巩固对西南地区的统治，历史上曾进行南征的诸葛亮倒是一个大可利用的人物。因此，西南少数民族地区的武侯祠，大多是明代官方倡议修建的。而其中诸葛亮对孟获的“七擒七纵”，更是作为统治者的一项“仁政”来加以宣扬，为加强其在云南地区的统治服务。

第二点，西南诸族之所以对诸葛亮崇敬，还由于深受三国故事、演义小说的影响，这方面的例子也是很多的。明代时曾有这样一首描述三国故事在西南少数民族中流传的诗：

> 孟获生擒雍闿平，永昌南下一屯营；
> 僰人也解前朝事，立向斜阳说孔明。①

另外，在戏曲方面，壮族、傣族等都曾将汉文《三国演义》或三国戏，翻译、改编成壮剧、傣剧《三国》连台本戏上演。连台本戏《三国演义》是云南富宁壮剧十八大本之一，其中，《三气周瑜》《诸葛亮智取三城》《失街亭》《空城计》等壮剧孔明戏还经常作为单折戏或单本戏演出。云南白族吹吹腔传统剧目中，也有很多孔明的故事剧，兹不一一列举。通过三国故事、戏曲等影响，人们把诸葛亮当作智慧、坚贞的典型来喜爱和传颂，这就更增添了西南诸族对他的敬仰之情。

第三点，和抚政策深得人心。任何事物都是外因通过内因起作用的。诸葛亮之所以备受推崇，最主要的还是，他在经营南中的过程中，从蜀国实情（兵少、地狭、主少等）出发，以其政治家恢宏的胸怀、锐炯的眼光、灵活的手法和仁厚的风采，用强大武力为后盾，采取以和抚为主、兼施武功的民族政策。七擒七纵孟获，不一定完全符合历史事实，但也说明诸葛亮在南征中采取“攻心为上”的策略，通过争取为“夷汉所服”的孟获，达到“夷汉亦思反善”的目的。这也是诸葛亮率兵南征迅速取得胜利的原因之一。此举与两汉时期王莽等对西南诸族反抗的镇压，动辄斩首捕虏数万，掠夺大量牲畜财物相比，要明智、温和得多。与同时代的魏、吴比较，

① （明万历）李元阳:《云南通志·地理志》永昌军民府“古迹”条录曹迁《咏诸葛亮营》诗。

也略胜一筹。孙吴将帅贺齐等三十余人，先后率军进行征战，大量擒获山越生口，以充家兵、佃客和奴隶，引起山越人民的不断反抗，孙吴又出兵镇压，如此往复，使孙吴内部处于不稳定状态，在三国争夺中，只能采取“保江东，观成败”的防守策略。

在这方面，成都武侯祠中所保存的清赵藩所题对联做了高度概括，上联：“能攻心则反侧自消，从古知兵非好战”；下联：“不审势即宽严皆误，后来治蜀要深思”。

安定南中后，诸葛亮根据蜀国兵少，不能在南中长期驻兵，而南中新平，当地夷汉人民与蜀汉政权隔阂仍很深的实际出发，继续采取和抚政策，突出一个“信”字，即相信南中大多方土大姓及夷帅是拥蜀的，并且竭力在南中树立信誉，尽量消除对立情绪。其核心仍是沿袭汉武帝以来依其“故俗治”的政策，[①] 具体做法是以夷治夷、分而治之，笼络夷帅和方土大姓，赐以王侯爵印，使其归附等。

第一，调整郡县设置，分而治之。汉武帝“开西南夷”，始在此设郡。三国时，“丞相亮南征四郡”，[②] 即越巂、牂牁、永昌、益州四郡。实际当时已有五郡，“蜀章武元年（221）……犍为属国为朱提郡”。[③] 南征后，诸葛亮即“改益州郡为建宁郡”；分建宁（应为越巂）、永昌郡为云南郡；又分建宁、牂牁为兴古郡。[④] 在原有五郡基础上增设云南、兴古二郡，是为“南中七郡”，以分其势，并于建宁复设庲降都督以统之，使南中地区进一步郡县化，加强蜀汉对南中的统治。

第二，“即其渠率（帅）而用之”。蜀汉袭用秦汉分封“蛮夷邑君侯王”之策，尽量少留汉官兵，利用当地夷帅或方土大姓进行统治。南中“夷人大种曰昆，小种曰叟”，“夷中有桀黠能言议屈服种人者，谓之‘耆老’，便为主”。[⑤] 其种落无数，“往往邑居，散在溪谷”，[⑥] 邑落首领称为邑君。诸葛亮南征后，其氏族部落组织并未被打破，仍由“耆老”“邑君”等渠帅统领，如越巂郡的苏祁邑郡冬逢、定莋“率豪”狼岑、汉嘉郡“旄牛夷”率狼路军。蜀汉政权主要占据了州郡所在的少数据点，对县以下的基层则并未能马上加以有效统治。因此，蜀汉政权只能承认现实，夷叟

---

① 参见《史记》卷30《平准书》。

② 《三国志》卷33《蜀书·后主传》。

③ 《晋书》卷14《地理志上》。

④ 《三国志》卷33《蜀书·后主传》。

⑤ 《华阳国志》卷4《南中志》。

⑥ 《华阳国志》卷4《南中志》。

大多仍由其渠帅统领，不过，郡县要地则派当地大姓及外地汉人进行管辖，据史称，当有人建议派汉官治理南中时，诸葛亮说：“若留外人，则当留兵，兵留则无所食，一不易也；加夷新伤破，父兄死丧，留外人而无兵者，必成祸患，二不易也；又夷累有废杀之罪，自嫌衅重，若留外人，终不相信，三不易也；今吾欲使不留兵，不运粮，而纲纪粗定，夷、汉粗安故耳。”①

关于诸葛亮平定南中后是否留兵及派汉官治理，学术界有不同看法。笔者认为实际情况是，由于蜀汉国小兵寡，其时诸葛亮“方倾国北伐以事强贼”，②因而不能留下太多军队于南中，但也不能不留兵以守之，以免南中得而复失。庲降都督本身就是南中地区最高军政长官，其主要职守即为统辖该地区军事，故蜀汉政权历届庲降都督均加“将军”头衔，得以利用手中掌握之军队，随时镇压少数民族的反抗。郡守亦领有军队，如张嶷为越巂太守时，原有“四部斯臾及七营军”，后又“置赤甲、北军二牙门，及斯臾督军中坚，卫夷徼”。③平定南中后，诸葛亮重用的基本上是逐渐夷化之拥蜀大姓和平叛有功将领，同时还派一些汉官担任南中郡守及庲降都督要职，如张嶷、马忠等。所以说，不留兵、不留外人固不符合历史事实，但鉴于当时形势，蜀汉确是尽量少留汉官和汉兵，依靠拥蜀南中大姓和平定有功将军对郡县进行统治，利用夷帅对夷叟从事基层管理。

第三，扶植南中大姓，削弱夷帅在当地势力，加强蜀汉对南中的控制。蜀汉政权一方面“移南中劲卒青羌万余家于蜀，分五部，所当无前，号为飞军”，以增强蜀国战备；另一方面，“分其羸弱配大姓焦、雍、娄、爨、孟、量、毛、李为部曲”，并鼓励大姓出金帛，“聘策恶夷为家部曲”，④组成夷汉部曲。而 1963 年在云南昭通后海子中寨发现东晋霍承嗣墓之壁画，形象地反映了夷汉部曲组成的情况。该墓中西壁下层有一幅壁画，第一排为汉族装束，手持环骨铁刀的 13 人；第二、三排梳有“天菩萨”（头顶挽髻的一种发型），披毡赤足，装束为“夷”的 27 人，与今凉山彝族的装束相似，可能就是彝族先民。由上可知，蜀汉将雍闿、高定元等所控制的劲卒青羌迁至成都，编为五趼国，而将夷帅统治下的奴隶及依附民，则配隶给拥蜀的

① 《三国志》卷 35《蜀书·诸葛亮传》裴注引《汉晋春秋》。

② 《三国志》卷 39《蜀书·马谡传》注补《襄阳记》。

③ 《华阳国志》卷 3《蜀志》。

④ 《华阳国志》卷 4《南中志》提道：“以夷多刚狠，不宾大姓富豪，乃劝令出金帛，聘策恶夷为家部曲，得多者奕世袭官。于是夷人贪货物，以渐服属于汉，成夷、汉部曲。”

南中大姓，并让大姓用钱帛买夷人为其私家部曲，使夷汉部曲合法化。这种部曲对大姓的人身依附关系已有所减弱，使封建生产关系在南中得以发展。

第四，吸收方土大姓到蜀汉政权任官。史称诸葛亮"收其俊杰建宁爨习、朱提孟琰及获为官属，习官至领军，琰辅汉将军，获御史中丞"。[①] 爨习为益州"方土大姓"，原任建伶县令，平南中后官至领军及行参军偏将军，[②] 领军掌禁卫军。孟获为建宁大姓，平南中后官至御史中丞，御史中丞掌监察、执法，秩千石。这样，既起到调虎离山之作用，又对从政治上笼络南中大姓，加强蜀汉与南中地区的联系，扩大蜀汉政权的统治基础，以及减少在南中推行郡县的阻力等，皆有一定的积极意义。

第五，选用循吏和抚夷人，先后任庲降都督的李恢、马忠、霍弋及越嶲太守张嶷等都能采取一些和抚措施。例如李恢，治理南中，颇有政绩，赋税大增。继任马忠曾长期任丞相府门下督，其"处事能断，威恩并立"，"蛮夷畏而爱之"。[③] 霍弋也能"抚和异俗"，做到"立法施教轻重允当，夷晋安之"。[④] 又如越嶲太守张嶷，"讨叛鄙，降夷人，安种落，蛮夷率服"，[⑤] 既能较为妥善处理民族矛盾，又能率夷汉开发盐铁和生漆等资源，并主持修复邛都经旄牛至成都的百余年断绝之旧道，方便商旅往来，加强蜀汉与西南之联系，因而在离任时，"民夷恋慕，抚毂泣涕"。[⑥] 凡此等等，不一而足。

第六，因俗而治，加强思想控制。鉴于昆明、叟等族"征巫鬼，好诅盟"之俗，为夷作图谱，"先画天地、日月、君长、城府；次画神龙，龙生夷及牛马羊；后画部主吏乘马幡盖，巡行安恤；又画夷牵牛负酒，赍金宝诣之之象，以赐夷，夷甚重之。许致生口直，又与瑞锦、铁券，今皆存。每刺史、校尉至，赍以呈诣，动亦如之"。[⑦] 夷民看到这种象征和平的图谱，甚为高兴，争先拿回家供奉，以期上佑友善局面。又偿还收买"夷人"部曲的费用，并用瑞锦、铁券等法律形式确认夷帅的权力及对蜀汉的从属关系，令其向本族人民征收贡赋上交蜀汉官吏，使蜀汉从南中地区获得金、银、战马及劲卒，增添以后北伐的人力、物力。同时，诸葛亮还令下属官吏常

---

① 《华阳国志》卷4《南中志·总叙》。
② 参见《三国志》卷43《蜀书·李恢传》；卷40《蜀书·李严传》注引。
③ 《三国志》卷43《蜀书·马忠传》。
④ 《华阳国志》卷4《南中志》。
⑤ 《华阳国志》卷3《蜀志》。
⑥ 《三国志》卷43《蜀书·张嶷传》。
⑦ 参见《华阳国志》卷4《南中志》;《太平御览》卷751。

与夷民“投石结草”，拜为兄弟，互示友好。有的学者认为凡此种种皆是欺骗行为，这恐不能一概而论。诚然，诸葛亮的所作所为是为巩固和加强蜀汉政权服务，是以居高临下的姿态来对待西南夷，但尊重当地风俗，取信于民，安定人心，稳定政局，也是符合社会经济发展需要，符合人民要求安居乐业的愿望的。

第七，大兴屯田，发展生产。如李恢为建宁太守期间，曾把永昌地区的“濮民数千落”迁到建宁、云南二郡界境，[①] 开垦田地，把他们编为负担赋税兵役的齐民。在建宁郡治的味县（今云南曲靖西）设置五部都尉管理屯田事务，任命大姓为五部都尉，利用政府配隶的部曲和他们领有的夷汉部曲从事屯田，有事则出兵作战，平时从事耕种。史称“置五部都尉，号‘五子’，故南人言‘四姓五子’也”。[②] 使曲靖地区继滇池地区之后成为南中政治、经济和文化的中心。

第八，通过当地方土大姓及夷帅向少数民族征调赋役，以补充蜀汉兵员和军资给养。除移南中劲卒青羌万余家为飞军等外，还“出其金银、丹、漆、耕牛、战马给军国之用”。[③] 自平南中后，“军资所出，国以富饶”，[④] “于时费用不乏”。[⑤] 其征敛的方式主要有三：一是通过少数民族首领进行攫取，如张嶷征服捉马豪帅魏狼后，“表拜狼为邑侯，种落三千余户皆安土供职”，即通过豪帅赋敛夷民。二是直接取夺夷帅所经营的有关产业，如“定莋、台登、卑水三县去郡三百余里，旧出盐铁及漆，而夷徼久自固食”。越巂太守张嶷“率所领夺取，署长吏焉”。通过武力征服，派遣蜀汉官员从夷帅手中夺取盐、铁、漆等管理权，“遂获盐铁，器用周赡”。三是指派徭役，例如张嶷“以郡郛宇颓坏，更筑小坞。在官三年，徙还故郡，缮治城郭，夷种男女莫不致力”。[⑥]

由于诸葛亮等采取上述一系列措施，使南中一度出现了“纲纪粗定，夷汉粗安”的局面，[⑦] 巩固了巴蜀的后方，以达到“定南中”“固巴蜀”的目的，并使蜀汉能进一步与曹魏争夺氐、羌等，以巩固汉中。

---

① 《华阳国志》卷 4《南中志》。
② 《华阳国志》卷 4《南中志》。
③ 《华阳国志》卷 4《南中志》。
④ 《三国志》卷 35《蜀书 · 诸葛亮传》。
⑤ 《三国志》卷 43《蜀书 · 李恢传》。
⑥ 《三国志》卷 43《蜀书 · 张嶷传》。
⑦ 《三国志》卷 35《蜀书 · 诸葛亮传》注引《汉晋春秋》。

三、“西和诸戎”政策的贯彻

在蜀汉的西部、西北部的武都、阴平、汶山、汉嘉等郡，即今甘肃、陕西及川西地区，分布着氐、羌、匈奴、鲜卑等一些支系，通常统称之为“诸戎”。据《华阳国志·汉中志》所载，武都郡有“氐叟，多羌戎之民”，阴平郡“多氐叟，有黑、白水羌、紫羌”；①《蜀志》则称汶山郡“有六夷、羌胡、羌虏、白兰峒、九种之戎”。②

早在刘备三顾茅庐时，诸葛亮就提出了“西和诸戎”的主张，以稳定西北境域。在三国争战中，蜀汉非常注意争取勇悍善战的氐、羌等族，采取镇抚两手，加以笼络利用。

首先，使用招降或攻城略地的办法使氐、羌等族归附。如建安十八、十九年（213—214），氐王杨千万响应马超反对曹操，失败后，就与马超入蜀投奔刘备，受到优抚。二十三年（218），刘备遣将军雷同（一作铜）、吴兰攻击氐、羌等聚居的武都郡，为魏将曹洪所破杀。次年，刘备占领汉中后，遣张飞、马超率军进迫下辩（或作下辨，治今甘肃成县西），氐师雷定等七部万余落响应之。章武元年（221），刘备派“信著北土，威武并昭”的马超为凉州牧，③利用他与西边羌戎的关系，使“西和诸戎”的方针得以逐步实现。当蜀后主建兴六年（228）诸葛亮第一次出师伐魏时，西北氐羌分布地区的南安、天水、安定三郡叛魏应亮，“关中响震”。诸葛亮围祁山过程中，还远结鲜卑轲比能，促其引军“故北地石城，与相首尾”，④以扰魏北境，牵制曹魏军队。后曹魏邓艾也曾“使鲜卑数万”，使居雍、梁二州⑤以防蜀汉。双方皆欲交结鲜卑而利用之。建兴七年（229），诸葛亮又派护军陈式攻武都、阴平，“降集氐羌，兴复二郡”，⑥将氐羌等聚居的地区控制在蜀汉手中，以利于与曹魏的对抗。在此前后，有不少氐人投奔蜀汉，如建兴十四年（236），武都氐王苻健附蜀。延

---

① 《华阳国志》卷2《汉中志》，氐叟，即氐人。

② 《华阳国志》卷3《蜀志》。据《资治通鉴》卷89，胡三省注说“六夷”即胡、羯、鲜卑、氐、羌、巴蛮（或乌丸）。魏晋之际，习惯称匈奴及其别部为“胡”。羌胡，一说指匈奴及其别部羌化者。

③ 《三国志》卷36《蜀书·马超传》载：“迁骠骑将军，领凉州牧，进封斄乡侯。”

④ 《三国志》卷26《魏书·牵招传》。《三国志》卷35《蜀书·诸葛亮传》注引《汉晋春秋》曰：“亮围祁山，招鲜卑轲比能，比能等至故北地石城以应亮。”

⑤ 参见《晋书》卷47《傅玄传》。

⑥ 《华阳国志》卷7《刘后主志》。《三国志》卷35《蜀书·诸葛亮传》亦有“降集氐羌，兴复二郡”。

熙十年（247），雍、凉诸羌及胡王治无戴等举部附蜀反魏，姜维将兵出陇右以应之，联合攻魏城邑，与魏雍州刺史郭淮、讨蜀护军夏侯霸战于洮阳。姜维退后，魏军斩杀羌胡起事首领，“降服者万余落”[①]。以上所举部分史实，说明地处魏蜀争夺地的氐羌诸戎，备受其苦，蜀汉所谓“西和诸戎”政策，也往往是以统治者的根本利益为出发点。

第二，增设郡县，强制迁徙；征调赋役，扩充兵源。蜀汉时为加强对氐、羌等族的控制，在羌人聚居的汶山郡增设平康县、白马县、都安县、升迁县，[②]并沿袭曹魏，改置广汉属国为阴平郡，增立广武县。[③]还在汶山郡边缘地带建汶山、龙鹤、冉龙、白马、匡用五围，修屯牙门，增强对羌人地区的置守。同时，蜀汉及曹魏皆纷纷对氐、羌等族强制迁徙，大量征调为兵和服各种徭役。诸葛亮指挥的精锐部队即包括“賨叟、青羌散骑、武骑一千余人”。[④]无论是曹魏或蜀汉皆从氐、羌聚居地区征取粮食及战马等军资。例如，魏将邓艾论魏蜀洮西战后蜀将姜维必再出的根据之一就是蜀兵可“从南安、陇西，因食羌谷”。[⑤]后来姜维被邓艾打败，不敢回成都，也求种麦于沓中（在今甘肃舟曲县以西，岷县西南一带）。[⑥]

第三，恩威兼施，出兵镇压。蜀汉对降服的氐、羌等族采取招抚怀柔政策，而对敢于反抗的诸戎，则进行军事征战。例如。建兴九年（231），汶山羌暴动，蜀汉遣安南将军马忠、将军张嶷讨伐，遭到他里羌人等扼险抵抗，后改用招降而破他里，使其余各部羌人出降或奔窜山谷。之后，蜀汉大将军姜维又多次西征，于延熙四年（241）、九年（246）、十年（247）、十二年（249），讨伐汶山郡的诸戎，掠夺大量财富，以致蜀汉与西戎诸部关系日益紧张。

总之，与“南抚夷越”相比，蜀汉“西和诸戎”政策的贯彻，要逊色得多。和戎的目的在于固巴蜀，抗曹魏，其手段不外乎政治招纳与军事征伐相结合，在与曹魏激烈争夺氐、羌等族的交锋中，未能取得预期的效果。尽管如此，蜀汉的和抚政策还是有其特色和成功之处的。

---

① 《三国志》卷26《魏书·郭淮传》。

② 汶山郡，西汉元鼎六年（前111）置，治所在汶江县（今四川茂县北）。地节三年（前67），并入蜀郡。东汉建安末，刘备分蜀郡北部又置，治所在绵虒道（今四川汶川县西南绵虒镇）。辖绵虒、汶江、湔氐、蚕陵、广柔、都安、白马、平康八县。西晋沿袭，但改绵虒为汶山，汶江为广汉，湔氐为升迁，白马为兴乐，治汶山。

③ 阴平郡，建安二十年（215）曹操平汉中时置，蜀汉因之。东汉广汉属国属县三：阴平道、刚氐道、甸氐道，蜀汉增立广武县。

④ 《三国志》卷35《蜀书·诸葛亮传》注引《汉晋春秋》。

⑤ 《三国志》卷28《魏书·邓艾传》。

⑥ 参见《华阳国志》卷7《刘后主志》。

四、以和抚为主，兼以武功之政策实施效果

和抚政策的实施，使蜀汉基本上统一了西南夷和氐、羌等族分布活动的陇、蜀、滇地区，同时也使蜀汉得到兵员补充和军资给养。蜀汉统治南中期间，“赋出叟、濮耕牛战马金银犀革，充继军资，于时费用不乏”。① 史称“亮率众南征，其秋悉平。军资所出，国以富饶，乃治戎讲武，以俟大举”。②南中地区又是补充蜀汉军员的重要来源，伐魏军中就有“賨叟、青羌”之精锐主力。南中大姓孟琰、爨习所领部曲，王平所统五部军等，均征自南中。孟琰曾率南中万余部曲入蜀，随诸葛亮北伐，官至虎步监。

诸葛亮和抚政策的实行，有利于西南地区民族融合和社会经济发展。而南中与内地的联系进一步密切，则有助于汉族移民的迁入，加强彼此接触，促进交流和西南地区的开发。诸葛亮除了在南中实行屯田外，还大力推广汉族地区先进耕作技术，如“命人教打牛，以代力耕，彝众感悦”。③ 此外还重视兴修水利，据说在云南少数民族中普遍流传着诸葛亮这方面的很多传说。如云南景颇族传说诸葛亮是南中各种制度的创造者；佤族传说稻种也是孔明给的；基诺族传说诸葛亮赐给他们茶籽，使基诺山成为普洱茶六大茶山之一。基诺族男子衣背正中间往往刺绣圆形图案，基诺人称之为“孔明印”，或说是孔明的“八卦”，祭祀神鬼时还呼喊孔明先生，并传说基诺族的族源与孔明南征部队有关。④ 清道光年间所修的《云南通志》中还说基诺等族男子头发“留左、中、右三撮，以武侯曾至其地，中为武侯留，左为阿爹留，右为阿嫫留”。⑤ 四川凉山彝族地区和贵州、湖南的部分苗族，也传说诸葛亮曾教给他们各种先进生产技术。

西南地区许多民族衣食住行各方面的不少东西都和诸葛孔明的名字有关，诸如孔明灯、孔明印、诸葛菜、⑥ 孔明塔等等，还有孔明营、孔明山、祭风台、祭锣洞等

---

① 《三国志》卷43《蜀书·李恢传》。

② 《三国志》卷35《蜀书·诸葛亮传》。

③ 《滇考》。

④ 传说基诺族的祖先是孔明南征部队的一部分，因途中贪睡而被丢落（基诺族过去汉文译作“攸乐”，一说“攸乐”为“丢落”之谐音）。后来这些人虽追上了孔明，但不再被收留。为了这些落伍者的生存，孔明赐以茶籽，命其好好种茶，于是基诺山成为著名的普洱茶六大茶山之一。当然，关于基诺族的起源还有其他种种传说。

⑤ 道光时修《云南通志》卷187《宁洱县采访》。

⑥ 云南人往往将蔓菁（芜菁）称为诸葛菜。《太平御览》卷980引《云南记》说：“嶲州像山谷间有菜，大叶粗茎，名曰诸葛菜。云是武侯南征时，（种）此菜于山中以济军食。”一说指葸菜。

有关古迹，据说傣家的竹楼，也是按诸葛亮的帽子样式盖的。傣族民间传说诸葛亮率兵南征到澜沧江，杀死贪婪的汉官，送来谷种，教他们打谷舂米，用牛耕地，临走时，还把自己的帽子赠送傣人先祖。后来，傣人遇到可怕的瘴气，便遵照诸葛亮在所赠帽子绸条上写的嘱咐（“想命长，水冲凉；草棚矮，住高房”），盖起了形似诸葛亮帽子的傣家竹楼，[①]并用凉水洗澡，终于驱逐了瘴气。为了表示对诸葛亮的崇敬，每年傣历十二月十五日（约当夏历九月中旬）开门节时，要放孔明灯。传说西南少数民族其他一些风俗习惯也与诸葛亮有关，如南宋人周去非在《岭外代答》一书中提道：“西南夷大率椎髻跣足……其髻以白纸缚之，云犹为诸葛武侯制服也。”明代人陆次云在《峒溪纤志》中说：“苗祀神，多书孔明天子之位。”

这些传说，到底有多少真实性呢？其实，景颇（当时的“裸濮”）、佤族（当时的“闽濮”）种谷子和傣族（当时的“鸠僚”）盖房子的技术及基诺先民种茶树，并不可能是诸葛亮亲自传授的。因为当时诸葛亮本人只亲临越嶲郡和益州郡及永昌郡东部，乃近代彝族、白族等地区，而不曾深入边疆永昌郡西部、南部的近代景颇、佤、傣、基诺等族地区。传说并不等于历史，但从中却可以反映出诸葛亮对南中诸族和他们生产发展的影响。这些传说的实质是：在诸葛亮所采取比较开明的和抚政策影响之下，南中各民族能够有更多的机会与汉族接触，从汉族人民那里学会种植稻谷、茶树和盖房等生产技术，这从一个侧面反映了汉族和西南少数民族在经济文化交流和杂居共处中所建立的情谊。

由于南中地区水利兴修，生产发展，使住在深山密林中的“上方夷”，“渐去山林，徙居平地，建城邑，务农桑”，[②]成为“下方夷”。同时手工业和商业也有所发展，征收盐井和矿山为官有，设置盐府校尉和司金中郎将，管理煮盐炼铁。还派人教授织锦技术等，南中土特产铜、锡、黄金、阑干细布、麝香等也进一步采集和生产，销往内地。永昌郡的特产橦华布，大量畅销成都。蜀锦远销北方和东南，旄牛道（从四川雅安至西昌的古道）和沿途驿亭的修复，便于商旅往来，促进了经济文化交流。史家称誉：“亮之治蜀，田畴辟，仓廪实，器械利，蓄积饶。”[③]此中应包括对南中治理的结果。

---

① 傣家竹楼属于干栏式建筑。通常分上下两层，搭有竹梯或木梯。上层住人，有走廊、晒台、内外屋；楼下不住人，四周有栏杆，用来搁置家具、生产用具和圈养牲畜。

② 杨慎：《滇载记》。

③《三国志》卷35《蜀书·诸葛亮传》裴注引《袁子》。

诸葛亮等蜀汉统治者“西和诸戎，南抚夷越”的民族政策对祖国统一、西南地区的开发、促进夷汉之间的关系等都起到了一定的作用。但诸葛亮等毕竟是封建地主阶级的政治家，其和抚政策之实质只是为了加强控制西北和南中，稳定巴蜀的后方，攫取其财富和兵源，巩固蜀汉政权。这些地区的少数民族所受压迫和剥削仍然很严重。南中“供出官赋，取以给兵，以为愁怨”。①蜀汉政府对南中“无岁不征”，南中各族人民莫不“苦其役调”，②纷纷奋起反抗。如建宁郡“南夷复叛，杀害守将”，李恢率军镇压后，“徙其豪帅于成都”。③云南郡太守吕凯“为叛夷所害”。④越嶲郡“自丞相亮讨高定之后，叟夷数反，杀太守龚禄、焦璜，是后太守不敢之郡，只住安定县，去郡八百余里，其郡徒有名而已”。后来张嶷为太守，“将所领往之郡，诱以恩信。蛮夷皆服，颇来降附”。但“北徼捉马最骁劲，不承节度，（张）嶷乃往讨，生缚其帅魏狼，又解纵告喻，使招怀余类。表拜狼为邑侯，种落三千余户皆安土供职”。而对于不肯降服之渠帅，则加以剿杀，如越嶲郡“苏祁邑君冬逢、逢弟隗渠等，已降复反。嶷诛逢”。隗渠“逃入西徼”，张嶷又设计重赏渠之亲信，“使为反间”，而诛隗渠。⑤牂牁、兴古二郡“獠种复反”，“（马）忠令（张）嶷领诸营往讨，嶷内招降得二千人，悉传诣汉中”。⑥其中尤以建兴十一年（233），南夷豪帅刘胄的反抗规模最大，“扰乱诸郡”，⑦后永昌郡夷僚以及汶山羌也恃险数叛，史称“永昌郡夷獠恃险不宾，数为寇害，乃以（霍）弋领永昌太守，率偏军讨之，遂斩其豪帅，破坏邑落，郡界宁静”。⑧到了蜀汉末期，郡守贪赃腐败，反抗斗争更是此起彼伏。这就为西晋时宁州大姓和夷帅的反晋斗争及联合成汉反晋埋下了伏笔。因此，对蜀汉的民族政策，既要肯定其较为成功的一面，但也不能过高估计，其局限性是非常明显的。

原载《中国边疆史地研究》2002年第4期，
本文刊发时作者为中国社会科学院民族研究所研究员。

---

① 《三国志》卷42《蜀书·谯周传》。
② 《三国志》卷35《蜀书·诸葛亮传》注引张俨《默记·述佐篇》。
③ 《三国志》卷43《蜀书·李恢传》。
④ 《三国志》卷43《蜀书·吕凯传》。
⑤ 《三国志》卷43《蜀书·张嶷传》。
⑥ 《三国志》卷43《蜀书·张嶷传》注引《益都耆旧传》。
⑦ 《三国志》卷43《蜀书·马忠传》。
⑧ 《三国志》卷41《蜀书·霍弋传》。

略论北魏时期的“上客”“第一客”与招怀政策

安介生

作为由北方民族创立的重要王朝，北魏政治、文化建设方面的成就与经验具有重要的研究价值。如为了招徕、安抚来自周边政权与民族的人士，北魏实施了一套以优遇宾客为主要方式的招怀政策，为那些具有特殊背景与作用的外来人士提供了优厚的待遇和相应的职位。这种招怀政策构成了北魏对外政策的重要组成部分，为北魏政治发展、文化进步及民族融合发挥了积极的作用。其中不少“上客”“第一客”①为北魏的建设与发展做出了重要贡献。可以说，研究招怀政策，对于探讨和总结北魏政治建设成就与经验是必不可少的。②

本文从文献中出现的“上客”“第一客”的政治与民族背景出发，试图从一个侧面勾勒北魏招怀政策的总体特征与核心原则，拾遗补阙，以就教于学界同仁。

一、“上客”“第一客”的出现与民族背景分析

在古文献中，“上客”之名出现甚早。“上客”原本是一个并不具备多少特定含义的词语，通常是对客人的尊称，或特指宾客中享受高等及特殊礼遇的人员。如战

① 以往研究者对于文献中所谓“客”的研究，往往释之为“佃客”或田客，即雇佣劳作者，参见唐长孺《魏晋南北朝时期的客和部曲》，《魏晋南北朝史论拾遗》，中华书局1983年版；严耀中:《魏晋南北朝佃客辨》，《中国史研究》1984年第3期；魏向阳:《宾客不为宾：论魏晋南北朝的宾客的身份与地位》，《学术月刊》1990年第3期等。笔者在本文中的探讨限于礼仪意义上的宾客，与以往研究者的取向有很大的差异。

② 学术界很早就关注北魏外来人士安置政策的研究，近年来，不少文章更集中于南北朝时期“政治流亡人士”或“南人北迁”的考察，这些研究成果都涉及招怀政策的探讨，然而招怀政策所涉及的内容相当广泛，对于这一政策的形成、总体特征及适用对象的全面探讨似乎尚有不少需要进一步论证之处。参见周士龙《论北魏前期对各族降附者的政策》，《民族研究》1989年第1期；肖锋《南北朝的政治流亡者》，《汉中师范学院学报》1995年第5期；王永平《北魏时期之南朝流亡人士行迹考述》，《临沂师范学院学报》2002年第1期等。

国时期的著名说客苏秦、张仪就常常被尊称为"上客"。[①] 战国时期，孟尝君、春申君等著名公子竞相礼聘大批宾客，作为扩张势力的羽翼。这些宾客又大致分为"上客""中客"与"下客"，他们之间的待遇有着明显的差异。如《列士传》载："孟尝君食客三千人，上客食肉，中客食鱼，下客食菜。"[②] 这种为增强个人或家族势力而广纳宾客的做法在南北朝时期并没有绝迹，但与笔者所指王朝招怀政策有着根本的不同。

在有关北魏历史的文献中出现不少"上客"与"第一客"的记载。这些人士大多来自周边政权或其他民族集团，有着较为特殊的政治与民族背景，他们进入北魏后享受到了相当优厚的待遇。这些"上客""第一客"可谓北魏招怀政策实施的重点对象与最大的受惠者。文献记载中的"上客"与"第一客"最早出现于北魏道武帝拓跋珪在位时期。当时出现的"上客"与"第一客"有薛达头、宇文活拨等人。薛达头为薛野腊之父，《魏书·薛野腊传》载："薛野腊，代人也，父达头，自姚苌时率部落归国。太祖嘉之，赐爵聊城侯，散员大夫，待以'上客'之礼，赐妻郑氏。"薛野腊之子为薛虎子。《北史·薛彪子传》载称："薛彪子（即薛虎子，避唐讳改——引者，下同），代人也。祖达头，自姚苌时率部落归魏。道武赐爵聊城侯，待以上客礼。""代人"是北魏创始时期迁居于代都附近的各个族群的统称。《魏书·官氏志》云："叱干氏，后改为薛氏。"叱干，本为部落名称，又称为"薛干"，原聚居于"三城之间"（在今陕西延安市东南）。在拓跋珪平定刘卫辰之后，薛干部帅太悉伏归附于拓跋珪，后因袒护赫连勃勃而与北魏反目，拓跋珪曾亲统大军征讨其部。[③] 姚薇元先生据此推测，达头或即曾归附于拓跋珪的薛干部帅太悉伏（或称他斗伏）。[④] 作为"上客之礼"的具体表现，薛达头享受的待遇分别有赐爵（聊城侯）、授官（散员大夫）以及赐妻（郑氏）等。

"第一客"的称号似乎为北魏首创。《魏书·宇文福传》载："宇文福，河南洛阳人。其先南单于之远属，世为拥部大人。祖活拨，仕慕容垂，为唐郡内史、辽东公。太祖之平慕容宝，活拨入国，为第一客。"[⑤] 关于宇文氏的由来，《魏书·官氏志》称：

---

① 参见《史记》卷69《苏秦列传》与卷70《张仪列传》。

② 《太平御览》卷695引。

③ 参见《魏书》卷103《高车传附薛干部》。

④ 参见姚薇元《北朝胡姓考》，科学出版社1958年版，第206—207页。

⑤ 《北史》卷25《宇文福传》所记相同。

"东方宇文氏、慕容氏，即宣帝时东部，此二部最为强盛，别自有传。"①《册府元龟》将薛达头、宇文活拨归附北魏的时间定为道武帝皇始二年（397）："是岁……以（慕容）宝唐郡内史、辽东公子文括（即活拨）弟（应为'第'字之误）一客。是时，代人薛达显（即薛达头）自姚苌率部落归国，帝嘉其忠款，赐爵聊城侯，散员大夫，待以上客之礼。"②北魏前期，归附拓跋鲜卑政权的宇文鲜卑人士远不止宇文活拨一家，如《魏书·宇文忠之传》又称："宇文忠之，河南洛阳人也。其先南单于之远属，世据东部，后入居代都。"较为著名的宇文氏家族还有北周创立者宇文泰家族，其先祖宇文陵在慕容宝失败后归魏，官拜都牧主，赐爵安定侯，显然也享受了"上客"或"第一客"的待遇。③

与"上客"同义的词语有"上宾"。如《魏书·闾大肥传》："闾大肥，蠕蠕人也。太祖时，与其弟大泥倍颐率宗族归国。太祖善之，尚华阴公主，赐爵其思子。与其弟并为上宾，入八议。"④蠕蠕是北魏对柔然人的蔑称，而来自柔然部落的闾大肥与闾大泥兄弟却受到了极为优厚的待遇，包括赐爵、赏官、尚公主等。闾氏即为郁久闾氏所改。⑤值得强调的是，所谓"八议"为中国古代刑律史上为保护贵族官僚利益而制定的一种特殊适用原则。《礼记》称："刑不上大夫。"郑注云："不与贤者犯法，其犯法则在八议，轻重不在刑书。"《汉书·刑法志》释云："八议，一曰议亲，二曰议故，三曰议贤，四曰议能，五曰议功，六曰议贵，七曰议勤，八曰议宾。"即上述八类人士触犯律条之时，可以考虑进行一定程度的减免，即"有罪可杀而八议而生之"。⑥显然，闾大肥属于"议宾"之列。太宗及世祖在位时期，闾大肥的爵位屡有升迁，卒后追赠中山王。他的爵位由弟闾豨与闾凤所承袭。⑦北魏前期，柔然部落联盟强盛，在相当长的时间里对北魏北部边疆的安危构成巨大的威胁，双方战事频繁。但是，在反击柔然人侵迫的同时，北魏对于柔然族归附者的优

① 据研究者的考订与归类，宇文氏属于东部鲜卑的重要一支，为鲜卑族部落联盟中与匈奴族关系最为密切的部分，如《魏书·宇文莫槐传》就径称其为"匈奴宇文莫槐"。关于宇文氏的研究成果，参见周一良《论宇文周之种族》，《周一良学术论著自选集》，首都师范大学出版社1995年版，第214—269页；姚薇元《北朝胡姓考》"宇文氏"条，科学出版社1958年版，第166—170页；马长寿《乌桓与鲜卑》，上海人民出版社1962年版，等等。

② 《册府元龟》卷163《帝王部·招怀》。

③ 参见《周书》卷1《文帝纪上》。

④ 《北史》卷20《闾大肥传》所记相同。

⑤ 据姚薇元先生的考证，闾大肥正是柔然可汗社仑从弟悦伐大那，《宋书·索虏传》作"悦勃大肥"，闾氏兄弟投奔北魏的时间为天赐元年（404）。参见姚薇元《北朝胡姓考》"闾氏"条，第260—268页。

⑥ （清）李钟伦撰：《周礼纂训》卷19，文渊阁四库全书本。

⑦ 参见《魏书》卷30《闾大肥传》。

抚措施还是相当优越的，除闾氏兄弟之外，北魏时期来自柔然部落的归降者为数不少，如北魏名臣崔浩就曾明确指出："蠕蠕子弟来降，贵者尚公主，贱者将军、大夫，居满朝列。"①这些位列朝堂的柔然族人士显然都受到了"上客"或"第一客"的良好待遇。

北魏太宗拓跋嗣在位时期，有一批南朝汉族人士投附北魏，他们之中也有不少人被尊为"上客"。这些汉族人士有司马休之、司马文思、韩延之、王慧龙、刁雍、刁宝惠、袁式等。作为东晋皇族后裔及其追随者，司马休之等人迫于刘裕的威逼，先逃往姚氏后秦政权，泰常二年（417），刘裕率军攻灭姚泓，司马休之、桓谧、刁雍、袁式等数百人被迫投奔北魏。因司马休之不久即卒于军中，似乎未获"上客"的待遇。而其子司马文思官任廷尉卿、征南大将军、怀朔镇将，赐爵郁林公，后又晋爵谯王。②刁雍为"勃海饶安"（今河北盐山县西南）人，后南迁至京口（今江苏镇江市）。因刁氏族人受到刘裕猜忌诛杀，刁雍被迫逃往姚氏后秦政权，刘裕攻灭后秦后，刁雍便与司马休之等人归附北魏。《魏书·刁雍传》称："泰常二年，姚泓灭，与司马休之等同归国。"又云："初，雍与从弟宝惠俱入国。宝惠，字道明，太祖（应为太宗之误）以为上客。"据此可知，刁氏兄弟等人受到了"上客"之礼遇。刁雍后成为北魏著名将领，曾官任青州刺史、徐州刺史以及薄骨律镇将等，先后赐爵东光侯、东安公等。③与司马休之一同归附的袁式为陈郡阳夏（今河南太康县）人。《魏书·袁式传》载："泰常二年，归国，为上客，赐爵阳夏子。"泰常末年，又有司马楚之、严稜等人归降，也同享"上客"之礼。严稜为冯翊临晋（今陕西大荔县东）人，遇乱避地河南，刘裕以为广威将军、陈留太守，戍守于仓垣（今河南开封市东北）。《魏书·严稜传》称："泰常中，山阳公奚斤南讨，军至颍川，稜率文武五百人诣斤降……随驾南讨，还为上客。"其后，世祖在位期间，严稜曾官任中山太守之职。

北魏太武帝拓跋焘在位时期，来自西域的唐和与其侄唐玄达受到太武帝特别礼遇，也有"上客"之称。唐和本为晋昌冥安（今属甘肃酒泉）人。晋末丧乱之时，其父唐繇率众拥戴李暠自立于敦煌，建立西凉政权。西凉后为沮渠蒙逊所灭，唐和

① 《魏书》卷35《崔浩传》载崔浩对世祖之语。关于北魏朝中柔然人安置的较全面论述，参见黄泽纯《浅议降附北魏的柔然人》，《求索》2004年第4期。

② 参见《魏书》卷37《司马休之传附司马文思传》。

③ 参见《魏书》卷38《刁雍传》及中华书局校勘记。《北史·刁雍传》称其曾被赐爵东光伯。

等人便逃至伊吾（今新疆哈密市西），归附于柔然，其兄唐契被封为伊吾王。其后，唐契、唐和等人有意归附北魏，受到柔然的强烈阻挠。为此，唐和等人被迫辗转于西域各国。北魏军队远征西域，唐和等人积极协助。可以说，在北魏与柔然争夺西域的过程中，唐和等人的投附对于北魏实际控制西域地区发挥了至关重要的作用，故《魏书·唐和传》称："西域克平，和有力也。"正鉴于此，"正平元年，和诣阙，世祖优宠之，待以上客。高宗以和归诚先朝，拜镇南将军、酒泉公。太安中，出为济州刺史。"①与唐和一起进京，并享受"上客"之礼的还有其兄唐契之子唐玄达，唐玄达官授安西将军，赐爵晋昌公，后又出任华州刺史之职。②世祖在位时期，来自西北地区的人士还有段晖、段承根等人。段承根为武威姑臧（今甘肃武威市）人。其父段晖师事著名学者欧阳汤，曾为西秦国主乞伏炽磐封为辅国大将军、凉州刺史及御史大夫等职。西秦末年政事混乱，段氏父子便又投奔吐谷浑主暮璝。太武帝在位时，吐谷浑暮璝遣使奉表，投附北魏，段氏父子也由此进入代都。《魏书·段承根传》称："世祖素闻其名，颇重之，以为上客。"③

北魏授予"上客"与"第一客"的爵位大都可以由其子孙所承袭，因此，优厚的待遇往往能够惠及数代，从而造就了不少显赫一时的大家族，杨播家族便是其中之一。④杨播高祖杨结曾入仕慕容燕政权，曾祖杨珍于北魏道武帝拓跋珪在位时归附北魏，曾任上谷太守。关于当时杨氏先祖入朝时享受的"上客"待遇，可以从杨播之弟杨椿所作《诫子孙书》中窥得一斑，他说："我家入魏之始，即为上客，给田宅，赐奴婢、马牛羊，遂成富室。自尔至今（百）二十年，二千石、方伯不绝，禄恤甚多。"⑤所谓"入魏之始"，即指杨珍归附北魏之初。当时杨氏一家作为"上客"享受的待遇有：拜任官职，赏赐田地与宅院，赏赐奴婢，最后还有马、牛、羊等财物。由于杨播兄弟谨言慎行，深得北魏皇族宠任，家族势力也逐渐显赫起来，杨椿

① 《册府元龟》卷999《外臣部·入觐》载："正平元年，伊吾王唐和诣阙，太武优宠之，待以上客。和兄契子元达，性果毅，有父风，与叔父和归阙，俱为上客。拜安西将军，晋昌公。"

② 《册府元龟》卷170《帝王部·来远》称："献文时，伊吾王唐契子玄达，性果毅，有父风，与叔父唐和归阙，俱为'上客'，拜安西将军、晋昌公。"笔者按：此处疑误，献文帝拓跋弘于466年即位，距正平元年（451）已有十五年之差。

③ 《魏书》卷52《段承根传》。

④ 《魏书·杨播传》载杨氏籍贯时称"自云弘农华阴人"，显然有质疑之意。后杨播、杨津曾接连任华州刺史，"前后皆牧本州，当时荣之"。可见，杨氏祖籍华州是没有多少疑义的。唐长孺先生曾对杨播家族籍贯一事进行了考证，认为杨氏为弘农华阴人无误，《魏书》加"自云"二字，有曲笔之嫌。参见《〈魏书·杨播传〉'自云弘农华阴人'辨》，《魏晋南北朝隋唐史资料》第5辑，第14—15页。

⑤ 《魏书》卷58《杨播传》。舒朋认为：杨珍入魏不应晚于天赐六年（408），即道武帝在位的最后一年，见《杨椿〈诫子孙书〉脱文》，《首都师范大学学报》2002年第9期。

本人也不无得意地自述："汝家仕皇魏以来，高祖以下乃有七郡太守、三十二州刺史，内外显职，时流少比。"又《杨播传》还曾特别说明："其家贵显，诸子弱冠，咸縻王爵。"与杨氏可以媲美的外来宾客家族还有外戚高肇一家。高氏之族归附北魏是在孝文帝在位期间。《魏书·高肇传》载："自云本勃海蓨人，五世祖顾，晋永嘉中避乱入高丽。父飏，字法修。高祖初，与弟乘信及其乡人韩内、冀富等入国，拜厉威将军、河间子，乘信明威将军，俱待以客礼，赐奴婢牛马彩帛。"此处虽未明指高飏等人为"上客"，但他们显然享受了"上客"与"第一客"等级的待遇，所谓"客礼"实为"上客之礼"的简称。尽管高氏自称原籍渤海蓨县（治今河北景县南），但自五世祖高顾在"永嘉之乱"中逃入高句丽，数世相传，可以说已为高句丽民族同化了。"肇出自夷土，时望轻之。"[①] 然而，高飏之女被孝文帝迎聘入宫，后又立为文昭皇后，为世宗生母，这为日后高氏一门的显达创造了良好条件。世宗即位后，高氏一门一时显赫无比。

北魏官府对于来自南方政权的投附人士非常重视，这一点特别体现在对那些皇族人员的优遇上。除上述提到的司马休之、司马楚之等人外，刘宋时期的刘昶、萧齐时期的萧宝夤与萧综等人也都在北魏朝中平步青云，极享尊荣。如最突出的一点，上述诸位均被封王，即北魏爵位中最高的一级。[②] 刘昶为刘宋文帝刘义隆之子，因惧怕刘子业迫害，遂于和平六年（465）北奔。《魏书·刘昶传》虽未明指其为"上客"，然就其所享受待遇而言，实可谓"上客"中的"上客"。他先后赐受的官爵有侍中、征南大将军、丹阳王、外都坐大官、齐郡开国公等。"魏人爱重昶，凡三尚公主。"[③] 这三位公主分别为武邑公主、建兴长公主、平阳长公主。萧宝夤为南齐明帝萧鸾之子，东昏侯萧宝卷之弟。梁武帝萧衍推翻南齐政权后，萧宝夤被迫北逃，于景明二年（501）至寿春，受到北魏任城王元澄的欢迎，"澄待以客礼"。"世宗礼之甚重"，他尚南阳长公主，先后赐受的官爵有东扬州刺史、丹阳郡开国公、齐王等。"事从丰厚，犹不及刘昶之优隆也。"不过，萧宝夤在北魏晚期军事上的作为与职位则远非刘昶可比。梁武帝萧衍之子萧综（后改名萧赞）疑为萧宝卷之遗腹子，故与萧宝夤叔侄相称。萧综于孝昌元年（525）也逃至洛阳，同样受到高规格款待，"朝

① 《魏书》卷83下《外戚高肇传》。

② 据《魏书·官氏志》，北魏原有爵位王、公、侯、伯、子、男等数种，至天赐元年除去伯、男二种爵号，仅有王、公、侯、子四种。王封大郡，公封小郡，侯封大县，子封小县。王第一品，公第二品，侯第三品，子第四品。

③ 《资治通鉴》卷132，泰始三年。

廷赏赐丰渥，礼遇隆厚，授司空，封高平郡开国公、丹阳王，食邑七千户。”[①]《北齐书·徐之才传》也称：“（萧）综入魏旬月，位至司空。”萧综也曾尚寿阳长公主，若无皇族出身背景，恐怕不会得到如此优厚的待遇。

从上述分析可知，“上客”与“第一客”群体的出现，是北魏时期实施招怀政策最典型的体现，从道武帝至孝文帝、肃宗时期，招怀政策的实施几乎贯穿了北魏王朝的始终，成为北魏对外政策的重要组成部分。为谨慎起见，笔者所考察的对象主要集中于文献所明确记载的“上客”与“第一客”，其实，北魏招怀政策礼遇的对象远不止于此，这些人士来自不同的民族与周边政权，大都具备特殊的政治身份或民族背景，并不仅限于来自南朝的所谓“政治流亡者”。

二、北魏招怀政策的总体特征与核心原则

所谓“上客”“第一客”是所有宾客中享受待遇最高的阶层，不过只是全体宾客中的一部分而已，而对北魏招怀政策的研究，理应扩展为对整个宾客群体的分析。笔者以为，北魏招怀政策主要外在特征与核心内容体现在以下几个方面：

第一，招怀政策在实施过程中表现出突出的等级化待遇特征，不同等级的宾客享受不同待遇。如全体宾客至少分为上客、次客与下客三个等级，而等级区分的依据是宾客对于北魏政治建设的功绩与忠诚程度。换言之，外在的等级化特征反映出北魏招怀政策功利性或赏罚性的内在特点。如和平六年（465），刘宋政权发生宫廷政变，刘彧攻杀刘子业自立，是为宋明帝，而刘子业任命的徐州刺史薛安都与青州刺史沈文秀、冀州刺史崔道固、司州刺史常珍奇等人举兵对抗。刘骏派遣张永率领重兵前往镇压，薛安都等人遂向北魏请降求救。北魏君臣认为此为开拓疆界的“千载一会”，立即派遣尉元等人统率重兵前往接管。然而，不少南朝官员在兵临城下之际却犹豫不决，甚至闭门坚守。北魏军队一方面击溃了刘骏派遣的镇压军队，另一方面又利用威逼及利诱等各种方式围攻青齐各个重镇，最终取得重大胜利，占

① 《魏书》卷59《萧宝夤传》。《梁书》卷55《豫章王（萧）综传》对其所受赏赐记载更为详尽，如“魏以为侍中、太尉、高平公、丹阳王，邑七千户，钱三百万，布绢三千匹，杂彩千匹，马五十匹，羊五百口，奴婢一百人”。

领了淮北四州之地。[①] 然而，这些投附人士因为各自的表现被区别对待，差异相当明显。

徐州刺史薛安都与兖州刺史毕众敬两个家族受到的礼遇最为优厚。当尉元等率军占据彭城后，薛安都开城迎接，并被封为河东公及徐州刺史等。皇兴二年（468），“与毕众敬朝于京师，大见礼重，子侄群从并处上客，皆封侯，至于门生无不收叙焉。又为起第宅，馆宇崇丽，资给甚厚”。薛道标之弟薛道异“亦以勋为第一客”。薛安都从弟薛真度“从安都来降，为上客。太和初，赐爵河北侯，加安远将军，为镇远将军、平州刺史、假阳平公”。[②] 毕众敬也以城归降，赐爵东平公，“（皇兴）二年，与薛安都朝于京师，因留之，赐甲第一区”。毕众敬之子毕元宾“及至京师，俱为上客，赐爵须昌侯，加平远将军”。毕众敬之弟毕众爱因“随兄归国，以勋为第一客，赐爵钜平侯”。[③] 冀州刺史房法寿与东徐州刺史张谠等人享受的待遇稍微次于薛、毕二人，但也都可纳入“上客”之列。北魏朝廷“以（房）法寿为上客，（房）崇吉为次客，崔（道固）、刘（休宾）为下客。法寿供给，亚于安都等。以功赐爵壮武侯，加平远将军，给以田宅、奴婢”。并州刺史房崇吉在北魏军队到来之时，坚闭固守数月，这也就是他待遇较低的主要原因。“及立平齐郡，以历城民为归安县，崇吉为县令。”[④] 这与房法寿等人的反差还是相当悬殊的。而北魏军队占据徐、兖等地后，张谠主动归附，就受到高度礼遇。“后至京师，礼遇亚于薛、毕，以勋赐爵平陆侯，加平远将军。”张谠之子张敬伯“以随父归国之功，赐爵昌安侯，出为乐陵太守”。[⑤]

与薛、毕等人形成鲜明对比，沈文秀、崔道固、刘休宾等人受到的待遇就显得非常差了。青州刺史沈文秀在发现北魏军队进入青齐地区后有掳掠行径时，萌生悔意，闭门坚守，时间长达三年，可谓是青齐地区抵抗最为顽强的一部。[⑥] 据载，北魏朝廷对他这种忠义行为虽不无赞赏之意，但这也直接影响到他进入代都后的待遇。

---

① 关于当时疆域的开拓，有“淮北四州”与“五州”的不同说法。如《魏书·高祐传》称：“显祖初，刘义隆子义阳王昶来奔，薛安都等以五州降附。”《宋书·明帝纪》载：泰始二年十二月，“薛安都要引索虏，张永、沈攸之大败，于是遂失淮北四州及豫州淮西地”。胡三省注云：“淮北四州，青、冀、徐、兖。豫州淮西，汝南、新蔡、谯、梁、陈、南顿、颍川、汝南、汝阴诸郡也。”（《资治通鉴》卷 132，泰始三年春正月胡注）。

② 《魏书》卷 61《薛安都传》。

③ 《魏书》卷 61《毕众敬传》。

④ 《魏书》卷 43《房法寿传附房崇吉传》。

⑤ 《魏书》卷 61《张谠传》。

⑥ 《资治通鉴》卷 132，泰始五年载：“沈文秀守东阳，魏人围之三年。”

"宥死，待为下客，给以粗衣、蔬食。"[1] 这种情形与战国时期"下客食菜"的待遇如出一辙。冀州刺史崔道固的经历与沈文秀较为相似，先向北魏求援，后又反悔，闭门坚守。只是在城破之际，面缚请降。进入代都后，也得到显祖的宽宥，建置平齐郡时，崔道固被任命为太守，并赐爵临淄子，加宁朔将军。[2] 应该说，所受待遇还在沈文秀之上。刘休宾本为刘彧所宠任的官员，先后为幽州刺史与兖州刺史，镇于梁邹城（今山东邹平县东北）。北魏军队先是俘获其妻与子，逼迫其投降，刘休宾虽有意投降，却在部下强烈反对下难以如愿，也坚守城池数月之久。进入代都后，北魏以梁邹民置怀宁县，以刘休宾为县令。[3] 刘休宾所得到的待遇也算是较低的。

第二，"客例"与"对等酬赏"原则。这一部分是对等级化待遇现象的理论性总结与分析，从而也成为北魏招怀政策的核心内容。通常，几乎所有的宾客都要经历一个"乘驿赴台，蒙为客例"[4] 的过程。来自周边或敌对政权的归降之人，要想享受"上客"之礼，"归阙（即进入京师，朝见皇帝）"往往是一个必要前提与程序，尽管这一程序并非出自这些"客人"的主观愿望。这一点并不难理解，招怀政策实施对象非常复杂，对于那些被迫归降的人士，进京便是割断其乡土后援并加以控制的最有效方式，青齐人士的内迁便是极好的例证。还必须指出的是，北魏前期，与严刑厉法的总体特征相对应，北魏官府对于宾客的管理及惩罚措施是相当严厉的，即便是国内荐举的人员也不能随意离开京师，否则就有"私归之咎"。[5] 同样，在外任之前，入朝的宾客也是不能随意离开京师及躲避朝廷监管的。如段承根之父段晖本是凉州地区有名的学者与世族人物，进入代都为客后，段晖曾随世祖南征，因被人告发于马鞯中藏金为南奔做准备，结果勘察为实，惨罹杀身之祸。[6] 可见，宾客进入代都之始，到外任之时，实质上要经历一个监管或考察时期，即使被尊为"上客"也不例外。

在被纳入宾客之列后，要想"转客为主"，得到应得的奖掖与待遇，需要遵照"客例"或"客礼"之规定。文献中反复出现的所谓"客礼"与"客例"，应是北魏招怀政策的核心部分，是北魏招怀政策制度化与常规化的重要体现。北朝文献中有

① 《魏书》卷 61《沈文秀传》。
② 参见《魏书》卷 24《崔玄伯传附崔道固传》。
③ 参见《魏书》卷 43《刘休宾传》。
④ 《魏书》卷 43《刘休宾传》载刘文晔讲述之语。
⑤ 如《魏书》卷 90《逸士传》载眭夸事迹云："时朝法甚峻，（眭）夸既私还，将有私归之咎。"
⑥ 参见《魏书》卷 52《段承根传》。

关“客礼”或“客例”的记载相当多。如崔道固之从子崔僧祐“在客数载，赐爵层城侯”。[①]张说兄子张安世“正始中，自梁汉同夏侯道迁归款。为客积年，出为东河间太守，卒官”。[②]淳于诞于景明年间自汉中归降北魏，到达京师洛阳后，“诞不愿先受荣爵，乃固让实官，止参戎号”。故延昌年间大举南征时，淳于诞仅为骁骑将军。回师之后“以客例，起家除羽林监”。[③]李苗于延昌年间归降，进入洛阳，也曾参与南征，“后以客例，除员外散骑侍郎，加襄威将军”。[④]可以推测，这些在文献中频繁出现的“客例”，不会仅限于君臣临时或随机的口头约定，而应该是已成文的制度规定，其基本内容大致规定了不同宾客所应享受的不同待遇。

结合第一部分内容的分析，我们可以推知，为了安抚归附人士，赏赐与其原有官爵及影响相匹配的官爵与待遇，应是北魏制定“客例”时所贯彻的最基本也是最核心的原则之一，或可称为“对等酬赏”原则。当然，“对等酬赏”原则在实际应用中也不会是盲目的，需要针对不同情况区别对待，这也就不可避免地出现了等级化待遇的现象。如根据“对等酬赏”原则，南朝前来投附的皇族后裔进入北魏后，动辄封王，前文所列刘昶、萧宝夤、萧综等人皆是如此。不过也有例外，如拥有皇族血统及清显官位的萧衍养子萧正德进入北魏朝中，并没有受到高规格的待遇，相反，与其有家国之仇的萧宝夤甚至上表痛斥其“遗君忽父，狼子是心，既不亲亲，安能亲人”，请求诛之以儆天下。横遭冷遇的萧正德最终无奈地重返江南。[⑤]从这件事的结果来看，一方面可以说萧正德的投诚及其政治价值没有得到北魏朝野的信任与认可，而另一方面宾客之间的利害冲突也起到了重要影响。

北魏后期，作为招怀政策较为成熟的标志，宾客的后裔甚至有权依据“客例”要求相应的待遇。在这一方面，刘休宾之子刘文晔的事迹极具典型性。太和年间，刘文晔趁孝文帝巡幸方山之时，拦路申冤。他指出：其父刘休宾身任南朝兖州刺史，与薛安都、毕众敬等人同为方面大员，且所守梁邹城也十分险要，“拥众一万，以城降款”，然而在归降之后，薛安都、毕众敬等人都荣蒙“茅土之爵”，而刘休宾仅为怀宁县令，并无爵位之赏。为此，他感到十分不公平。在申辩中，他还引述张谠父

① 《魏书》卷24《崔玄伯传后附崔道固传》。
② 《魏书》卷61《张谠传》。
③ 《魏书》卷71《淳于诞传》。
④ 《魏书》卷71《李苗传》。
⑤ 参见《魏书》卷59《萧宝夤传》。萧正德之事又见《梁书》卷55《萧正德传》。

子以及崔僧祐之事例进行对比。东徐州刺史张谠所领仅二郡，且所据团城地位根本无法与梁邹相比，同时，张谠父子也有反复固守的举措，但是归附之后，张谠所受官爵与待遇仅次于薛、毕两人。崔僧祐本为救援其叔父崔道固而来，见败局已定才无奈降附，并无尺寸之功可言，也被赐爵荣城侯，位居三品。相比之下，刘休宾更显得冤屈。刘文晔的申诉最终打动了孝文帝，孝文帝甚至还提出了“赏从重，罚从轻”的处置原则。不久，刘文晔便被赐爵都昌子，后历任协律中郎、羽林监及高阳太守等职。他的申诉得到了较为满意的结果。[①]不能否认，孝文帝的过人雅量也是刘文晔申诉成功的重要因素。

第三，作为招怀政策制度化与成熟化的标志，北魏官府不仅设置了专门接纳外来宾客的机构与负责官员，如主客郎、主客令及主客给事中等，还为外来宾客建造了特殊的“客邸”。如献文帝在位时期，李安世曾任主客令，后又迁为主客给事中。他在接待南方使臣时，曾明确辨正其职位之历史渊源：“周谓掌客，秦改典客，汉名鸿胪，今曰主客。”[②]又如孝文帝在位期间，裴宣曾就任尚书主客郎，负责接待南朝使者。[③]除接待南朝使者外，这些官员还负责前来投附的宾客的甄别与待遇问题，具有较重要的发言权。如北魏后期，随着招怀政策的推行和南来宾客数量的增加，关于宾客待遇的争议也一再引起北魏朝野的关注。“时朝廷方欲招怀荒远，待吴儿甚厚，褰裳渡于江者，皆居不次之位。”[④]这种优惠政策不免使一些人产生投机心理。如源子恭曾任尚书主客郎中，主管南主客事。当时，有来自南朝萧衍政权的“投化人”许周与许团兄弟二人，其中许周自称曾任萧衍朝中的给事黄门侍郎，官位荣显，赢得了不少北魏朝臣的信任与尊敬。然而，源子恭对于许氏兄弟的自述表示出极大的怀疑，他在上奏中逐条指出了其中的破绽及可疑之处，请求朝廷认真调查核实。结果不出源子恭所料，许氏兄弟本为避罪而北奔，在南朝时并没有显赫的官位，其投机行径最终败露无遗。[⑤]在建都平城时，北魏在京城内已建有专门招待宾客的“客邸”。[⑥]迁都洛阳后，招怀政策得到更好的推行，并为此在京都洛阳城内专门建设了

① 参见《魏书》卷 43《刘休宾传附刘文晔传》。

② 《魏书》卷 53《李孝伯传附李安世传》。

③ 参见《魏书》卷 45《裴骏传附裴宣传》。

④ 杨衒之著，范祥雍校注:《洛阳伽蓝记校注》卷 2《城东》，上海古籍出版社 1978 年版，第 117 页。

⑤ 参见《魏书》卷 41《源贺传附源子恭传》。

⑥ 《魏书》卷 24《崔玄伯传附崔道固传》载:“初，道固之在客邸，与薛安都、毕众敬邻馆，时以朝集相见。”可见，当时青齐人士进入代都之始，均居住于“客邸”之中。

所谓“投化人”安置专区，即“四馆”与“四里”，如“吴人投国者处金陵馆，三年已后，赐宅归正里”；“北夷来附者处燕然馆，三年已后，赐宅归德里”；“东夷来附者处扶桑馆，赐宅慕化里；西夷来附者处崦嵫馆，赐宅慕义里”。[①] 这早已为史学界所熟知，兹不赘述。[②]

余　论

北魏实施的“兼容并包”的用人方针，早已为研究者所关注。[③] 政权建设以人为本，就北魏政治与文化建设而言，拓跋鲜卑本族人士根本无法满足需求。特别是在民族与政权交争竞存的割据时期，北魏对政治与文化人才的需求更趋迫切，更为甚者，政治、文化人才的取向与贡献直接关系到割据政权兴衰存亡。可以说，没有外来人才的加入与贡献，北魏的政治与文化进步是难以想象的。这也就是北魏招怀政策出台并长期维持的历史背景。事实证明，北魏招怀政策的实施取得了非常可观的成绩，大量来自周边政权与民族的官僚、士大夫由此进入了北魏各级政治机构，进而成为北魏政治与文化建设的骨干力量。而这种政策的长期实施，在某种程度上确实显示了北魏统治阶层的气度与勇气。北魏时期柔然人士爵位荣显，列满朝堂，与唐代前朝突厥族大臣几占朝臣之半的情形颇有几分相似之处，北魏后期洛阳的繁盛与唐代的长安也有遥相呼应之势。[④] 尽管唐朝“胡越一家”的盛况远非北魏可以比拟，但我们又无法完全否认北魏招怀政策做出的重要贡献与历史影响。

北魏招怀政策在实施过程中，也曾遭受过不少挫折与教训，如道武帝曾因世族人士崔逞出言不逊与傲慢而怀恨在心，后寻机将其处死，立即引发了相当恶劣的反响，司马休之等人原本想投奔北魏，闻听崔逞遭遇后，因惧怕遭到迫害而改投后秦及南燕政权。此事使拓跋珪懊悔不已，“自是士人有过者，多见优容”。[⑤] 另外，北魏招怀政策主要是针对周边民族或对立政权中富有影响的上层人士，并没有惠及各个阶层的归附之人，这也可以说是北魏招怀政策的局限性与狭隘性所在。如北魏军

① 《洛阳伽蓝记校注》卷3《城南》，第160—161页。

② 参见王静《北魏四夷馆论考》，《民族研究》1999年第4期。

③ 参见周一良《北魏用人兼容并包》，《魏晋南北朝史札记》，中华书局1985年版。

④ 关于唐朝优待突厥族人士的情况，参见《贞观政要》（上海古籍出版社1978年版）卷九的相关记述。

⑤ 《魏书》卷32《崔逞传》。

队占据梁邹城之后，“（慕容）白曜送（刘）休宾及宿有名望者十余人，俱入代都为客”。[①] 即一城之中，仅有十余人入朝为客，即使是当地大部分士大夫也不可能尽数享受宾客的待遇，更不用说在战争中惨遭涂炭的普通百姓了。

原载《中国边疆史地研究》2007 年第 1 期，

本文刊发时作者为历史学博士，上海复旦大学历史地理研究中心研究员。

① 《魏书》卷 43《刘休宾传》。

唐宋元明清的治边方略与云南通道变迁

方　铁

唐宋元明清时期云南的交通得到很大发展，同时表现出不同于秦汉蜀晋南朝时期的一些特点。[①]关于唐宋元明清的治边方略与云南通道开发问题，迄今未见专文研究，因试为考述。

一、隋唐

隋朝统一不久，文帝在云南地区先后设南宁州总管府、西宁州、恭州、协州与昆州，分别以韦冲为南宁州总管，梁毗为西宁州刺史，并任命一些当地首领为诸州官吏。[②]开皇十七年（597），当地首领昆州刺史爨玩起兵反叛，波及滇东、滇中和洱海地区。隋以史万岁为行军总管率兵击之。诸夷献明珠请降，史万岁乃释爨玩而还。次年爨玩复反，文帝遣大将军刘哙等再讨爨玩。爨玩惧而入朝，文帝诛之，不久舍弃其地。[③]

隋朝经营云南地区约十余年。设治仅限于灵关道、五尺道所经之今川西南、滇东北与滇东地区。史万岁率兵击爨玩，亦达灵关道以南之弄栋（今云南姚安）、小勃弄、大勃弄（在今云南祥云至弥渡一带）至西洱河（今洱海）。可见隋朝继承了前代经营云南地区的方略，即以蜀地为基地，以始自蜀地的灵关道、五尺道为联系云南的要道。

晋朝一度在今云贵地区设宁州，以之为中央直辖的大行政区。但唐朝的情形

① 参见方铁《秦汉蜀晋南朝的治边方略与云南通道开发》，《云南师范大学学报》2007 年第 6 期。

② 参见《隋书》卷 47《韦世康传》附《韦冲传》；《隋书》卷 62《梁毗传》。

③ 参见《隋书》卷 53《史万岁传》；《新唐书》卷 222 下《南蛮传下·两爨蛮》。

不同。贞观元年（627）唐分天下为十道，西南地区归剑南道、岭南道管辖。开元二十一年（733）又分全国为十五道，西南部有剑南、黔中、岭南等三道。总观之，唐以位于今成都的剑南道统领云南地区。可见唐朝放弃晋朝操之过急的做法，恢复了秦汉以蜀地管辖今云南地区的治策。

以安史之乱为界，唐朝对云南的经营大致可分为前期与后期。唐太宗的治边思想及其方略，深刻地影响了唐前期对云南的经营。唐太宗的治边思想有如下几个特点。其一，“视四海如一家，封域之内，皆朕赤子”。[①]为实现“四海如一家”，必“多事四夷”，积极致力于边疆的经营与扩展。如神功元年（697）鸾台侍郎狄仁杰上书所言：“天生四夷，皆在先王封略之外，故东拒沧海，西阻流沙，北横大漠，南阻五岭，此天所以限夷狄而隔中外也。自典籍所纪，声教所及，三代不能至者，国家尽兼之矣。”[②]由于一味追求拓境为大，又不知获取边疆资源作为补充，拓疆之难以后继势不可免。可以说安史之乱后唐朝治边迅速内收，实则在太宗施政时已埋下种子。其二，“夷狄亦人耳，其情与中夏不殊”，若施德泽于夷狄，则“四夷可使如一家”。[③]认为夷狄与华夏可为一家，体现了唐太宗宝贵的华夷平等思想。但另一方面，也易走入另一途，如朝廷为遍施德泽，体现“四海如一家”，经营边疆的浩大费用全由国家承担，且取用无度，忽视回报和收益，如南诏清平官郑回所言“中国（按：指唐朝）尚礼义，以惠养为务，无所求取”，[④]致使相关的政策难以为继。

以上述治边思想为指导，唐前期经营云南地区颇为积极，有效控制的区域从前代之今川西南、滇东北与滇东，发展到今滇西、滇南、滇西北与黔西北地区。为统治以上区域，唐朝先后置戎州、嶲州、姚州、黔州等都督府与安南都护府，所统辖的羁縻州多达数百处。为加强对今滇西和滇西北的控制，唐朝多次对今滇西的诸蛮用兵，并于麟德元年（664）置姚州都督府（治今云南姚安），统辖五十七处羁縻州。由于经营边疆费用浩大，而唐朝基本上不在边疆征赋税，致使经营边疆的困难日增。神功元年（697），蜀州刺史张柬之上书请罢姚州，理由是“（姚州）今盐布之税不供，珍奇之贡不入，戈戟之用不实于戎行，宝货之资不输于大国，而空竭府库，驱

① 《资治通鉴》卷 192，武德九年九月丁未条。

② 《资治通鉴》卷 206，神功元年闰十月甲寅条。

③ 《资治通鉴》卷 197，贞观十八年。

④ 《旧唐书》卷 197《南诏蛮传》。

率平人，受役蛮夷”，[1]深刻反映了这一方面的情形。

天宝九年（750），位于滇西的南诏突袭并攻下姚州。唐朝三次出兵征讨失败，随即发生安史之乱，唐廷自顾不暇，云南地区遂被南诏割据。南诏极盛时的辖地，大致包括今云南省、贵州省西部、四川省西南部及中南半岛北部的一部分。贞元十年（794），南诏因不堪吐蕃欺压而归唐，受德宗赐“贞元册南诏印”。但归唐之后的南诏不再是唐朝统治下的地方势力，而是与唐确定宗藩关系的地方政权。因此，唐朝对云南地区的直接统治，仅限于天宝战争之前的百余年。

初唐朝廷奉行唐太宗的治边方略，积极经营云南地区的交通。唐代蜀地联系云南的交通命脉，为秦汉开通的灵关道与五尺道。

灵关道在唐代称“清溪关道”，走向是由成都经今汉源、西昌、姚安等地至大理。根据《蛮书·云南界内途程》，自成都达南诏阳苴咩城（在今云南大理）有二千七百二十里，其中由成都至嶲州（治今四川西昌）俄准岭有三十驿，为唐西川节度管辖地界。俄准岭以南至阳苴咩城为南诏辖界，共设菁口等十九驿。《蛮书》记载的是异牟寻与唐再度修好时的情形。唐初至天宝战争唐诏失和，清溪关道是内地联系云南的主要交通线。天宝间鲜于仲通、李密两次率唐军征讨南诏，清溪关道均为首选。南诏击败唐军，进而攻取越嶲、逼降会同；唐军与南诏在大渡河两岸对峙，清溪关道碍阻数十年。贞元十年南诏与唐重归旧好，西川节度使韦皋复开清溪关道，约五十年间南诏数千子弟经清溪关道赴成都求学。异牟寻死后不久，南诏与唐朝再度交恶，清溪关道长期阻隔。

五尺道在唐代称“石门关道”。走向是从戎州（今四川宜宾）经滇东北至拓东城（在今昆明）。南诏称进西川以清溪关道为南路，石门关道为北路。在戎州以南之石门，现仍存隋开皇五年（585）刊刻通道的摩崖，唐人说石门安梁石孔为隋朝所凿，证明隋朝对石门关道有过一次大规模的整修。[2]天宝十年（751），鲜于仲通率兵进攻南诏，除走清溪关道、交州道两路兵马外，鲜于仲通自率一军从石门关道入。贞元九年（793），异牟寻谋求归唐，遣使从戎州、黔州、交州分三路赴唐，戎州、黔州两路皆达成都。次年，唐廷拟遣使册封异牟寻，传言吐蕃将阻断清溪关道，西

① 《旧唐书》卷91《张柬之传》。
② 参见（唐）樊绰《蛮书》卷1《云南界内途程》。

川节度使韦皋乃整修石门关路，并于沿途设置一些驿馆。[1]以后唐使袁滋至南诏册封，即经由石门关道。

据《蛮书·云南界内途程》，由戎州南下第九程至马龙县制长馆，“始有门阁廨宇迎候供养之礼，皆类汉地”。若由滇中安宁西行至阳苴咩城，沿途有龙和、沙雌馆、曲馆、沙却、求赠、波大、白崖、龙尾诸处驿馆。而清溪关道亦有约五十处驿馆。迄今未见南诏在辖地置驿的记载，除贞元十年（794）韦皋在石门关道增置的驿馆外，上述记载所提到的驿馆，大部分应为唐初所建。唐建驿馆沿前代旧制，通常三十里置一驿，若地势险阻或须依水草止宿，亦可变通设置。云南诸道驿馆间的距离多为三十里，也与唐制相符。[2]

除清溪关道与石门关道外，唐朝还十分重视西洱河至天竺道与交州至安宁故城道的建设。

贞观二十二年（648），唐朝遣梁建方率兵平定松外蛮，以复通西洱河至天竺道。永徽二年（651）今昆明至大理一带的白水蛮反，唐遣赵孝祖率兵征讨，次年大破之。南诏实现割据后，在西洱河至天竺道所经之永昌（今云南保山）驻扎精兵的三分之一。[3]可见其道路之重要，亦映射初唐积极经营这条国际通道之余辉。交州至安宁故城道的北端连接西洱河至天竺道，全程遂称“安南通天竺道”。唐贞元宰相贾耽以之为入四夷七要道之一，述其走向为：从交州北至古涌步（在今云南河口），又经禄索州（在今云南屏边）、傥迟顿（在今云南蒙自）、南亭（今云南建水）、通海、晋宁至拓东城，经安宁故城西行抵阳苴咩城，再经永昌达诸葛亮城（在今云南腾冲东南）分二道，一道经乐城、骠国达东天竺迦摩波国（在今印度阿萨姆邦西部），另一路从诸葛亮城西至丽水城（在今缅甸密支那以南），渡丽水至安西城（今缅甸孟拱），经大秦婆罗门国达个没卢国（在今印度阿萨姆邦西部）。[4]贾耽所说安南通天竺道之详情，为贞元十年唐诏和好后的情形。[5]《蛮书》叙述沿途所经更为详细，并记载云南境内每日宿营地点，可见安南通天竺道转运之盛。

---

① 参见《资治通鉴》卷234，贞元九年；《蛮书》卷1《云南界内途程》。

② 据《蛮书·云南界内途程》：由交州至滇南贾勇步为水路，以后乃改陆行。贾勇步至阳苴咩城共二十一驿，行一日即抵歇一驿馆。云南早期山路难行，驮马通常一日行三十里。

③ 参见《蛮书》卷6《云南城镇》。

④ 参见《新唐书》卷43《地理七下》。

⑤ 贾耽言由晋宁驿行八十里至拓东城，又行八十里至安宁故城。拓东城为南诏割据后所建。贾耽既详述安南通天竺道全程，又言拓东城，可知所言为贞元十年（794）畅通后的情形。所述安宁故城，与天宝四年（745）所建之安宁新城相区别。

唐初经营云南，凭借戎州、嶲州、姚州等都督府与安南都护府形成犄角之势。自汉代以后，交州即为重要的国际贸易港口，“朝贡必由交趾之道”。[①] 交州又负有钳制其地及滇南诸蛮之责。调露元年（679），唐以交州改置安南都护府，统辖今越南北部、中部以及滇东南的诸羁縻州。唐军若沿交州至安宁故城道北上，则与清溪关道、石门关道对云南形成合围之势。天宝九年（750）爆发姚州事件，唐军三次进攻南诏，均有岭南兵马由交州入云南。十年（751），唐令剑南节度使鲜于仲通与安南都护王知进领兵征南诏，以兵败告终。十二年（753），玄宗诏大将何履光率岭南五府兵讨南诏。[②] 次年唐又令侍御史李宓率兵七万击南诏。[③] 交州的战略位置十分重要，仅靠海路难以支撑，唐廷因此早有连通交州至西川道路的打算。贞观十三年（639），渝州人侯弘仁一行在唐军护送下自牂牁开道，经西赵出邕州，“以通交、桂；蛮、俚降者二万八千余户”。[④] 其道的走向，为从今重庆南经贵州的黄平、望漠和广西田林过南宁达越南北部。可能因路途艰险，其道终未成为官道。天宝四年（745），唐朝拟开通自安南都护府北经步头（今云南建水）、安宁达戎州都督府的步头路，剑南节度使章仇兼琼遣越嶲都督竹灵倩先至安宁筑城。此举引起滇东爨氏白蛮的猜疑，爨归王率众杀竹灵倩并毁安宁城。[⑤] 玄宗诏南诏进讨。南诏随后占据滇东地区，云南政局更趋复杂，拟建步头路之举亦无疾而终。

安史之乱后，内忧外患接踵而至，唐廷穷于应付。唐朝后期治边的一个特点，是在边疆的有效设治纷纷丧失，处理边疆事务多就事论事。另一方面，天宝战争以后云南地区被南诏控制，唐朝后期亦无可能插手云南的交通建设。即便是贞元十年（794）西川节度使韦皋整修石门关道，并设置一些驿馆，也仅限于唐军据有的区域，不可能染指南诏控制的地区。南诏与唐朝决裂后转与吐蕃结盟，势力抵大渡河南岸。唐朝为防范南诏进攻西川，亦阻断云南北上的道路。其间虽有贞元十年唐诏重归于好，清溪关道亦获开放，但在姚州事件至唐朝终结的一百五十余年里，异牟寻归唐的时间毕竟仅占三分之一。

---

① 《旧唐书》卷41《地理志四》。

② 参见《资治通鉴》卷216，天宝十二年五月壬辰条。

③ 参见《资治通鉴》卷217，天宝十三年六月条。

④ 《资治通鉴》卷195，贞观十三年六月条，所述“渝州”即今重庆，“牂牁”指唐之牂州（治今贵州黄平西北），“西赵”在明州（治今贵州望漠东北）。

⑤ 据《南诏德化碑》，爨归王为南宁州（治今曲靖）都督，随同爨归王杀竹灵倩者，还有昆州（治今昆明）刺史爨日进、黎州（治今华宁）刺史爨祺、求州（治今玉溪）爨守懿、南宁州大鬼主爨崇道等。以上诸爨为滇东、滇东北羁縻州土官，可见步头路将北经滇东、滇东北，引起当地诸爨不安。

二、宋朝

宋朝享国三百二十年。两宋时期云南地区为大理国所统治。大理国的辖地大致包括今云南省、川西南与缅甸的东北部、老挝北部等地。

两宋的治边方略有共性和连续性，但论在西南部的治边方略，两宋也有明显差别。

赵匡胤于乾德三年（965）遣大将王全斌率军攻成都，亡后蜀。大理国数次遣使经清溪关道至蜀地递交文书，希望与宋通好。[①] 但北宋认为“唐亡于黄巢，而祸基于桂林”，[②] 对南诏的后继者大理国持有戒备之心。乾德三年王全斌以相关地图进献，“欲乘势取云南”，“帝（赵匡胤）鉴唐天宝之祸起于南诏，以玉斧画大渡河以西曰：‘此外非吾有也。’”[③] 确定与大理国划大渡河为界分治的方略，并为以后诸帝所遵循。南宋绍兴六年（1136），翰林学士朱震言：大理国本唐代南诏，太祖皇帝鉴唐之祸，乃弃越巂诸郡以大渡河为界，使大理国“欲寇不能，欲臣不得，最得御戎之上策”。[④] 二十六年（1156），高宗对辅臣说：“蛮夷桀黠，从古而然。唐以前屡被侵扰入川，属自太祖兵威抚定，以大渡河为界，由是不敢猖獗。”[⑤] 在北方民族重兵压境、国事纷杂的情况下，两宋以大渡河为界疏远大理国，虽不失为两害相衡取其轻之举，但由于放弃对云南及其以远地区的经营，使这一区域的地缘政治发生了深刻变化，尤其严重影响了云南与内地的联系。

为解决战马不足的问题，熙宁六年（1073）后，北宋在黎州（治今四川汉源北）、雅州（治今四川雅安）等地设置马匹博易场，向西南诸蛮买马。大理国与黎州等地官府的马匹交易一度达到较大规模。庆历四年（1044），因黎州所购马匹优劣相杂，仁宗诏“择不任战者却之”，四川官府奏百姓或因失业酿成动乱，于是“卒如旧制”。[⑥] 在大理国的一再请求下，政和七年（1117），北宋封大理国王段和

① 参见（宋）李焘《续资治通鉴长编》卷10，开宝二年六月条引《续锦里耆旧传》。

② 《新唐书》卷222中《南蛮中·南诏传赞》。

③ （清）毕沅:《续资治通鉴》卷4，乾德三年正月丁酉条。

④ 《建炎以来系年要录》卷105引朱震《为大理国买马事陈方略奏》。

⑤ 《宋会要辑稿》195册《方域二〇之二一·诸堡》。

⑥ 《续资治通鉴长编》卷153，庆历四年十一月条。

誉为云南节度使、大理国王，赠金紫光禄大夫等衔，双方建立宗藩关系。宣和二年（1120），宋约金攻辽，北方战事偏紧，广州观察使黄璘又因引荐大理国入觐被罗织罪名，北宋遂有意冷淡与大理国的关系，“自是大理复不通于中国（按：指北宋），间一至黎州互市”。[①]

宋廷南渡后，沿袭前朝疏远大理国的治策，甚至不愿继续北宋与大理国建立的宗藩关系。绍兴三年（1133），广西官府奏大理国求入贡，高宗“谕大臣止令卖马，不许其进贡”；[②] 亦明令退回大理国所贡象征藩属关系的白象。南宋还封闭经过黎州的清溪关道。自淳熙三年（1176）至十二年（1185），《宋史·孝宗本纪》有“黎州蛮犯边”“黎州蛮投附”和加强黎州边防内容的记载约十项。另据《宋史·礼志二十二》，南宋规定诸国朝贡答礼，宜州、黎州“诸国”与交趾相同，均可证明南宋视黎州及其以南地区为徼外。绍定四年（1231），大理国请求南宋复开清溪关道以利入贡，南宋官吏孟珙以“大理自通邕广，不宜取道川蜀”为由拒绝。[③]

因战马紧缺，南宋仍向西南诸蛮购马，但把交易地点从黎州等地改为桂东北，并在邕州（治今广西南宁）设买马提举司。由于南宋对卖马有诸多限制，同时道路遥远且难行，大理国马队赴邕州卖马的记载渐稀。而位于黔西一带的自杞、罗殿诸部落“皆贩马于大理”，[④] 转而成为与南宋交易的主要客商。南宋后期与云南地区的往来乃渐趋断绝。咸淳（1265—1274）间，马塈为邕州知州，在职期间“大理不敢越善阐（在今昆明），安南不敢入永平”。[⑤]

南宋在今广西横山寨（在今广西田东）设博易场，向大理国及西南诸蛮买马，由善阐经自杞或罗殿达邕州的道路因此兴盛。这条被称为“邕州道”的道路，由邕州达横山寨后有三种走法：其一是自横山寨经归乐州（今广西百色北）、睢殿州、泗城州（今广西凌云）、磨巨、自杞国（中心在今贵州兴义）达善阐府。其二是由横山寨至七源州分道，经马乐县、顺唐府等地过罗殿国（在今贵州西部）抵善阐府。其三为由横山寨经安德州、特磨道（今云南广南）、最宁府（今云南开远）抵善阐。[⑥]

---

① 《宋史》卷 488《外国四·大理国传》。

② 《宋史》卷 186《食货志下》。

③ 《宋史》卷 412《孟珙传》。

④ 《岭外代答》卷 5《宜州买马》。

⑤ 《宋史》卷 451《马塈传》。

⑥ 参见《岭外代答》卷 3《通道外夷》。

大理国向南宋进贡，则由善阐经自杞或罗殿、特磨道达横山寨进抵邕州，再经桂州东达南宋都城临安。

经由邕州道的马匹交易，一段时间还形成很大的规模。如绍兴二十一年（1151）在横山寨交易的马达一千五百匹，南宋支付之马值包括黄金五十镒、白金三百斤、绢绝布四千匹及廉州盐二百万斤。[①] 亦有不少商人随同西南诸蛮马队，携带大批货物至横山寨交易。[②] 宋人周去非说："朝廷南方马政，专在邕；边方珍异，多聚邕矣。"[③] 因行经此道的马队、商旅或至摩肩接踵，时人谓："中国（按：指南宋）通道南蛮，必由邕州横山寨。"[④] 南宋又在邕州至桂州的道路设十八处驿馆。[⑤] 在桂州至荆州的道路设水递铺夫数千户，因运输繁忙常致不堪。[⑥]

宋廷南移后，将向大理国购马的地点改在广西，致使经黎州入蜀的清溪关道逐渐废弃，邕州道遂成为云南联系内地的主要通道。这一变化削弱了云南与蜀地的传统联系，为以后元朝设立脱离四川管辖的云南行省埋下伏笔。在与南海诸国交往方面，两宋以大渡河为界疏远大理国，使云南徼外诸邦通过云南赴中原朝贡极为困难。据《宋史·外国传》，宋代中南半岛之交趾、占城、真腊、蒲甘诸国，与宋朝的联系明显减少，且朝贡大都走海路经广州或交趾以达中原，而无一例经由云南陆路。蒲甘等国在前代与中原王朝往来甚密，《宋史·外国传》言及蒲甘则仅寥寥九十余字。蒲甘入贡唯见崇宁五年（1106）遣使的记载，而所经之路途不明。后晋天福三年（938），交州权贵吴权击败南汉的进讨，自立为国。[⑦] 乾德六年（968）交州的丁部领建大瞿越国，北宋以之为"列藩"。南宋淳熙元年（1174）大瞿越国入贡，孝宗赐其国名"安南"，[⑧] 正式承认其独立的地位。交州既去，封建王朝经营西南边疆及其徼外顿失掎角，影响可谓深远。安南与大理国的关系疏薄，大中祥符八年（1015）两国发生战争，最终安南获胜。[⑨] 自五代以来，交趾至云南的道路一直阻碍难通，亦未见宋代有商旅行经交州至滇中道的记载。

---

① 参见《续资治通鉴》卷 129，绍兴二十一年正月丁未条。

② 参见《可斋续稿后》卷 5《再条具备御事宜奏》。

③ 《岭外代答》卷 1《邕州兼广西路安抚都监》。

④ 参见《岭外代答》卷 3《通道外夷》。

⑤ 参见《宋史》卷 332《陆诜传》。

⑥ 参见《宋史》卷 265《张齐贤传》。

⑦ 参见《资治通鉴》卷 281，天福三年。

⑧ 《宋史》卷 488《外国四·交阯传》。

⑨ 参见《宋史》卷 8《真宗纪三》。

三、元朝

元朝享国九十七年。从忽必烈率军平大理国至明军攻入云南，蒙元统治云南达一百二十八年。由于对云南十分重视以及统治的时间较长，元朝在这一地区产生的影响广泛而深远。

云南为忽必烈亲自平定。云南位置之重要和民风之淳朴，给忽必烈留下深刻记忆。至元四年（1267），云南王忽哥赤出镇，世祖面谕："大理朕手定，深爱其土风，向非历数在躬，将于彼分器焉。汝往，其善抚吏民。"[①]云南又是元朝进攻徼外诸邦的基地，元朝征伐缅国、安南、占城与八百媳妇国，无不以云南为基地。由于元朝持续对徼外发动征伐战争，云南的战略位置更显重要，元朝对云南的基本治策，是"镇之以亲王，使重臣治其事"。[②]忽必烈先遣亲子忽哥赤为云南王，赴滇四年后忽哥赤于内讧中被毒杀。至元十一年（1274），忽必烈乃决定派重臣赛典赤至云南建立行省。

赛典赤至云南改万户、千户为郡县，以民政代替政出多门的军事统治，并调整混乱的统治隶属关系，缓和紧张的民族矛盾，迅速稳定了云南地区，行省建设亦初具规模。至滇六年赛典赤卒于任上，忽必烈诏云南省臣尽守其成规不得辄改。[③]元廷一度拘收云南行省印，唯存宣慰司都元帅府，后形势稳定方复立云南行省。忽必烈的长子纳速剌丁不久继任云南行省平章政事，并继续执行赛典赤确定的治策。纳速剌丁之后的几任云南命官，亦大都清廉能干，使行省建立以后的数十年，成为元代云南发展较快的时期。元朝在云南行省还派驻称为"云南王"或"梁王"的蒙古宗王，此举在其他行省并不多见。梁王为元朝一等王，元后期云南行省的重要事务被梁王所控制。

行省集地方军政权力于一身，《元史·百官志七》载，行中书省"凡钱粮、兵甲、屯种、漕运、军国重事，无不领之"。元朝成功地建立云南行省，即在南诏、大理国约五百年统治的基础上，首次将云南各地组合为一个隶属中央的大行政区。

① 《蒙兀儿史记》卷76《云南王忽哥赤传》。
② （元）虞集：《道园学古录》卷5《送文子方之云南序》。
③ 参见《元史》卷125《赛典赤赡思丁传》。

云南行省统辖的范围甚广，包括今云南省、贵州西部、四川西南部以及今缅甸东北部、老挝和泰国北部及越南西北部。行省之下的隶属机构亦完整严密，计有三十七路、五府、五十四州与四十七属县，“其余甸寨军民等府不在此数”。[①] 此外还置多处宣慰司与宣抚司，其职责是“掌军民之务，分道以总郡县”。[②]

云南行省的建立，标志着云南地区正式脱离四川的管辖，长期以来云南在政治、经济、社会和文化等方面深受后者影响的情形一去不返。元朝的这一重要决策，既有历史演绎和统治现实方面的原因，也与宋末以后四川盆地的明显衰落有关。巴蜀是蒙古军与南宋决战的战场。宋末数十年的战争严重破坏了蜀地的经济，也使元朝对巴蜀官民怀有警惕之心。蜀地被平定后先被归入陕西四川行省，至元八年（1271）划出立四川行省，但又时并时离，省治亦在成都、重庆之间游移。天历元年（1328）全国岁课之数，云南行省的金、银、铜、铁诸矿课在全国各省居上游水平，而四川行省仅有金课七两二钱见于记载。[③] 云南行省既立，统治中心从前代之滇西移至中庆（在今昆明），随即开通由滇中过今贵州入湖广的驿路，与云南联系密切的地区由四川改为湖广，云南乃与长江中游及中原建立了更为紧密的联系。

蒙元以云南为经营西南边疆及徼外地区的基地，同时较少有“内华夏、外蛮夷”一类的传统意识，因此在云南推行有别于前代的统治方法，如广泛设治并全面推行土官制度，积极清查人口、推行屯田、开采矿藏和征收赋税。如《元史·地理一》所言：“盖岭北、辽阳与甘肃、四川、云南、湖广之边，唐所谓羁縻之州，往往在是，今皆赋役之，比于内地。”元朝积极经营云南，其决心之坚定与态度之积极，为前代所未见，同时还表现在统治者不厌其烦地出兵平定与多方安抚，派遣宗王重兵镇守并广置官署，以及在其地广开驿道、发展经济等方面。

遵循以上治边方略，元朝在云南行省开发交通不遗余力。先后开通的驿路主要有：

大理经察罕章入蜀道。至元七年（1270），大理金齿宣慰司在察罕章（今云南丽江）、西番小当当设马站。其道以大理国之北至大雪山道为基础建成，走向为从今大理、丽江经滇西北入川藏，转赴西北或经康定、天全、雅安达成都。蒙古军攻

① 《元史》卷61《地理志四》。
② 《元史》卷91《百官志七》。
③ 参见《元史》卷94《食货志二》。

云南即行经北至大雪山道之南段。在四川地区平定前，其道为云南蒙古军联系北方的主要通道。元中叶后云南达外的多条驿道修通，但大理经察罕章入蜀道仍可通行，明人说："由临洮南入，渡丽江石门关南经大理而入滇。"[①]

中庆经乌蒙（今云南昭通）至叙州道。此道大致是沿袭石门关旧道，元开通若干支道并置驿站。至元十三年（1276）后元朝开通此道并设水陆驿传。[②]由中庆赴乌蒙有两道，一道由今昆明经杨林、马龙、沾益等十一站达昭通，另一道从今昆明经杨林、会泽等七站至昭通。汇合后经今四川之盐津、高县庆符诸站进抵叙州（今四川宜宾）。至元二十八年（1291）又开通由叶稍镇至庆符设五站之新路，由乌蒙达叙州还可走金沙江、横江两条水路。[③]以后普安达黄平的道路开通，但云南物资仍可由乌蒙水道运往四川。

中庆达邕州道。在大理国与邕州交易马匹道路的基础上，至元十三年后元开通此道并设驿站。[④]此路有两条支道，一条为《析津志》所言之中庆经陆凉至邕州道，走向是自今昆明经今晋宁、澄江、陆良、师宗、广南、富宁、田阳达南宁；另一条为明代《粤西路考》所言之中庆经建水达邕州道，其间行经今晋宁、江川、通海、开远、广南、富宁、靖西、德保、大新诸站。[⑤]

中庆经建都（今四川西昌）至成都道。至元十九年（1282）元重开清溪关旧道，并沿此道设二十四处驿站，开通后以建都为枢纽联系滇蜀两地。管辖建都道所经地区之罗罗斯宣慰司，计辖马站二十九处、驿马一千二百七十一匹。四川、云南两行省的地方官府，以乌撒宣慰司所辖驿站、驿马的数量最多，罗罗斯宣慰司次之。但此道地形复杂险阻迭见，自普安达黄平道开通，元廷在建都道裁减驿马五百余匹、站丁一万五千余人，[⑥]此路遂不复为云南达内地的主要通道。

中庆经普安达黄平道。至元二十八年（1291），元开此道并设驿站，[⑦]走向是自今昆明经曲靖、普安、安顺、贵阳、黄平达镇远，遂接通今湖南沅陵以东的"常行

---

① （明）张机:《疏通水陆以达朝贡议》,（天启）《滇志》卷25。

② 参见《元史》卷122《爱鲁传》。

③ 参见（明）《永乐大典》卷19419《站赤四》;（元）熊梦祥:《析津志·天下站名》;《元史》卷16《世祖纪十三》。

④ 参见（元）赵子元《赛平章德政碑》,（天启）《滇志》卷24。

⑤ 参见《粤西路考》，载（天启）《滇志》卷4。

⑥ 参见《永乐大典》卷19417《站赤二》;《永乐大典》卷19419《站赤四》;《永乐大典》卷19423《站赤八》;《永乐大典》卷19418《站赤三》。

⑦ 参见《永乐大典》卷19418《站赤三》,《永乐大典》卷19419《站赤四》。

站道”。此路开通后运输繁忙，元廷乃于今镇远至岳阳之沅江水道设二十四处水站。以后除紧急使臣仍走陆道外，赴京进贡的蛮夷和赴内地的官员多由镇远乘船北上，“实为便当”；由普安道达内地较之乌蒙道“捷近二千余里”，沿途平坦且产健马，[①]行旅至镇远还可分流走水路或陆道，开通后迅速成为云南联系内地的主要通道。前代并无此道相关的记载，元朝首次开通此道并置驿传，影响极为深远，以后云南与内地之间的往来，必以此道为首选。明人言：“黔者滇之门户，黔有梗，则入滇者无途之从矣。”[②]清人顾祖禹称由泸州经乌撒（今贵州威宁）南下之道为入滇西路，普安道为入滇东路。[③]

中庆经乌撒达泸州道。至元三十年（1293）开通此道，走向是自今昆明经嵩明、马龙、曲靖、宣威入贵州经威宁、毕节，再经云南今威信过四川之叙永、纳溪达泸州，续行可至成都或重庆。此道“近可千余里，既无瘴毒，又皆坦途”，开通以后运输繁忙。[④]据《永乐大典·站赤八》，乌撒宣慰司所辖驿站多达四十九处，可知此道亦为川滇之间的重要通道。

大理或中庆至车里（今云南景洪）道。由滇中至车里有两道，其一是从今大理或楚雄经景东、镇沅、宁洱、普洱达景洪，即明代记载所言“贡象下路”；其二为自今昆明经建水、元江、普洱市小橄榄坝至景洪。前一道为南诏所通旧道，后一道则拓建于元代。据记载，元车里路总管寒赛遣侄刀温入贡，至元江被判官宗显所诬，行省遣都元帅速律杰晓谕之，寒赛感慕，遂“置驿传，比于诸路”。[⑤]另据《元史·顺帝纪三》，至正元年（1341），“云南车里寒赛、刀等反，诏云南行省平章政事脱脱木儿讨平之”。所言为同一事。至元二十一年（1284），元将步鲁合答率军征罗必甸（在今云南元江），续征八百媳妇国遂至车里。[⑥]近年在普洱市小橄榄坝澜沧江渡口发现元军征八百媳妇国的摩崖石刻，落款为至元十九年（1282）十二月。可见元军于至元十九年末二十年初经今建水、元江、普洱、小橄榄坝至景洪（车里），至正初年寒赛乃沿此道设置了驿传。

---

① 参见《永乐大典》卷19423《站赤八》；（元）熊梦祥：《析津志·天下站名》。

② （明）闵洪学：《请开粤路疏》，（天启）《滇志》卷23。

③ 参见《读史方舆纪要》卷113《云南一》。

④ 《永乐大典》卷19419《站赤四》；（天启）《滇志》卷4《乌撒入蜀旧路》。

⑤ （天启）《滇志》卷11《官师志·元江府》。

⑥ 参见《元史》卷132《步鲁合答传》。

中庆经蒙自至安南道。走向为自今昆明经晋宁、江川、通海、建水至蒙自八甸，南下至安南大罗城（在今越南河内），大致是沿行唐代安南通天竺道之南段。《元史·世祖八》载，至元十二年（1275），元朝敕安南“设达鲁花赤、签军、立站、输租、岁贡等事”，遂沿此道设驿传。次年，元又于舍资（在今蒙自以东）设安南道防送军千户。[①] 此道至蒙自后分两道，分别经由蒙自之莲花滩与河阳隘，入安南后分沿红河两岸下行，俱会于白鹤三歧江，渡富良江后达大罗城。红河右岸地势平坦为常行大道。[②] 二十二年（1285），元朝沿邕州经永平寨（在今越南谅山东南）至大罗城的道路遍置驿站，驻军戍守。[③] 邕州道乃成为元朝与安南之间首选的通道。

中庆经大理至缅国道。此道有两种走法：其一由今大理经保山、腾冲入缅甸北达印度；其二为自永昌（今云南保山）经金齿（今云南德宏）达江头城（今缅甸杰沙），再走水或陆路沿伊洛瓦底江出海。后一道即大理国云南驿里堠碑所载之“南至海上”道。[④] 至元七年（1270），大理金齿等处宣慰司在今大理至腾冲一线设驿。[⑤] 据《元史·缅传》，十四年（1277）纳速剌丁率军征缅，沿后一道路至江头城。另据《元史·世祖七》，十六年（1279）纳速剌丁再次沿此道入缅，招降沿途村寨并设驿站。又据《元史·缅传》，二十年（1283）元军征缅攻破江头城，继水陆并进攻克太公城（在今缅甸拉因公）。二十六年（1289）元在太公城设太公路。据记载，大德三年（1299）太公城总管细豆“移文江头站”。[⑥] 可见江头城至太公城的道路亦可能设了驿站。至元二十四年（1287），元朝攻克缅国都城蒲甘，[⑦] 之后在蒲甘及以下之伊洛瓦底江河段驻兵戍守，驻军甚至远达卑谬以南的多卢多，[⑧] 元朝乃实现对南至海上道全程的有效控制。

以上九条驿路为云南通往毗邻地区的要道。省内通道之重要者，则首推由中庆经大理至金齿道。至元七年（1270），元于其道设安宁、路品、禄丰、舍资、路甸、威楚、禄葛、砂桥、普润、普棚、小云南、白山石、河尾关、样备、打牛坪、永平、

---

① 参见《元史》卷8《世祖五》;《元史》卷61《地理志四》。

② 参见（明）邓钟《安南图志》。

③ 参见《元史》卷209《安南传》。

④ 云南驿里堠碑参见《续资治通鉴长编》卷267，熙宁八年八月庚寅条注引《云南买马记》。

⑤ 参见《永乐大典》19417《站赤二》。

⑥《元文类》卷41《征伐·缅》。

⑦ 参见《元史》卷210《缅传》。

⑧ 参见［英］G·E·哈威著，姚枬译注《缅甸史》，商务印书馆1957年版，第96页。

沙磨和、永昌、腾冲等十九处驿站，[①]便利了行旅的往来。至19世纪后半叶，上述驿站仍是行经其道商旅安歇的主要站点。

元朝在云南建行省并广置驿道，有效地加强了云南与内地的联系，也使封建统治深入基层和边陲。自元代始，云南地区未再出现地方性割据。由于中庆经普安达黄平道、中庆经乌撒达泸州道经过滇东和贵州地区，有力地促进这一区域的开发。明朝以贵州单独建省，便是以元代的经营为基础。元朝置驿的首要目的是"通达边情，布宣号令"，但驿道既通，官民往来及蛮夷入觐亦可利用，至元二十三年（1286），云南行省平章纳速剌丁奏准数事，首项即"弛道路之禁，通民来往"。[②]云南诸族利用驿道赴京进贡的情形相当普遍，甚至造成"乘驿泛滥"，统治者被迫下令限制。如至元二十九年（1292）世祖诏："云南边徼入朝，非初附者，不听乘传，所进马不给刍豆。"[③]

四、明朝

洪武十四年（1381），明军入滇，次年设云南布政司，治云南府（在今昆明），辖大理、永昌、姚安、楚雄等五十八府、七十五州及五十五县，此外还设一些宣慰司、宣抚司、安抚司和长官司。[④]洪武中云南布政司的范围与元云南行省相近。以后明廷调整，云南布政司东部、东北部的一些地区被划归贵州、四川两布政司。[⑤]明后期，中南半岛北部脱离云南布政司管辖，大体形成延续至清末的云南南部疆界。

朱元璋及之后的明朝诸帝，放弃元朝凭借边疆向外扩展的做法，而继承汉唐以来"守在四夷"的治边之策。洪武四年（1371），朱元璋对大臣说："海外蛮夷之国，有为患于中国者，不可不讨；不为中国患者，不可辄自兴兵。"[⑥]朱元璋出兵征讨云南，于十六年（1383）颁诏："中国既安，守在四夷。昔者诸夷不遵声教，恣肆跳梁，特遣征南将军率师三十万问罪西南。"[⑦]嘉靖二十二年（1543），明世宗诏书亦言：

① 参见《永乐大典》卷19417《站赤二》；《永乐大典》卷19423《站赤八》；《析津志·天下站名》。
② 《元史》卷14《世祖纪十一》。
③ 《元史》卷17《世祖纪十四》。
④ 参见《明史》卷46《地理志七》。
⑤ 参见《明史》卷43《地理志四》。
⑥ 《明太祖实录》卷68，洪武四年七月乙亥条。
⑦ 《明太祖实录》卷153，洪武十六年四月辛卯条。

“朕又闻之曰：‘帝王之政守在四夷。今朕欲求长治久安之术，无出于守之一端。’”[①]明朝还把安南、暹罗、占城、真腊等列为不征之国，对其朝贡报以厚赐，与诸国保持友好关系，以达“四夷怀服”之目的。

漠北的蒙古鞑靼、瓦剌诸部十分活跃，屡为明朝边害。明人说：“今天下一统，诸种番夷虽或出没，不足深虑；惟北虏动辄长驱深入，最为边患。”[②]又言：“当今四夷，北虏为急。”[③]为防备“北虏”南下，朱元璋分封的诸子大都遣镇北方。缘由于此，前代所形成重北轻南的边疆治策，仍为明朝统治者所继承。[④]

明朝在云南仍驻重兵，以争取“无西南之忧”。缘由是朱元璋认为云南诸族强悍难治，须慑之以兵。他说：“溪洞蛮僚杂处，其人不知礼义，顺之则服，逆之则变，未可轻动。惟以兵分守要害以镇服之，俾日渐教化，数年后，可为良民。”[⑤]明军虽轻取云南元军残部，但遭到当地诸族的激烈反抗，大理与今保山、德宏等地的元朝土官，与本已附明的一些土官纷纷起事，历时十余年才最终平定云南。朱元璋的看法得到印证，以重兵守滇乃为成法。

据记载，洪武年间云南有十五卫、二千户所，留镇的军队达八万六千余人。据《明实录》，洪武中后期明廷调兵入滇约十次，人数约二十五万人，连同原来的驻军，常年守滇的军队约有二三十万人。明代卫所军人许带家眷，常年驻守各地。以一军户平均有三口人计算，守滇的军人及其家眷约有七八十万人。这些卫所分布全省，形成一次大规模的军事性质移民。军队人数既众，口粮问题便十分紧迫。洪武十八年（1385），大学士宋讷提出治边当令驻军屯田，“遇敌则战，寇去则耕，此长久守边之策也”，[⑥]为朱元璋所采纳，并规定守边军队三分守城、七分屯种。云南驻军乃大规模开展军屯，沐英镇滇时垦田至百万余亩；沐英卒后子沐春袭职，亦大修屯政，新辟田地三十余万亩。[⑦]

为保证在云南大量驻兵且能够有效调动，云南与内地间交通的重要性明显凸现。云南通往内地的通道，有明代所称的普安入黔旧路、乌撒入蜀旧路、建昌（治今西

① 《明世宗实录》卷 284，嘉靖二十三年五月甲午条。
② （明）王复：《处置番夷疏》，《明经世文编》卷 94。
③ （明）杨一清：《经略总考》，《明经世文编》卷 250。
④ 参见方铁、邹建达《论中国古代治边之重北轻南倾向及其形成原因》，《云南师范大学学报》2006 年第 3 期。
⑤ 《明史》卷 317《广西土司一》。
⑥ （明）严从简：《殊域周咨录》卷 16《鞑靼》。
⑦ 参见《明史》卷 126《沐英传》。

昌）路与粤西路。[①]云南行旅赴内地多走前两路，尤以普安入黔旧路为首选。建昌路与经过桂西地区的粤西路在明中叶前已废弃，明后期由于治安失靖，前两路间或阻隔，官民不得已乃走建昌路与粤西路。天启四年（1624），云南巡抚朱泰祯等自内地返滇，因路途受阻滞留成都数月，“仕商裹足以数万计”，遂择行建昌路，备尝艰险。[②]走粤西路亦多遭抢劫，“行旅以广南为畏途”。[③]

普安入黔旧路即元代之中庆经普安达黄平道，乌撒入蜀旧路则为元代之中庆经乌撒达泸州道。这两道须经今贵州，这一地区乃被称为“肘腋咽喉四省”之地。清人顾祖禹说：贵州虽地势逼窄，但驿道所经，自平溪、清浪而达于西北约一千六百里，故贵州如人之胸腹；连结东西诸府，则若人之两臂。就地理形势而言，守偏桥、铜鼓则沅、靖未敢争，据普安、乌蒙则滇、粤不敢难，扼平越、永宁以拒川蜀之师，则川蜀不敢争，“所谓以守则固矣”。[④]由于贵州的战略地位重要，明朝十分重视贵州地区。洪武十五年（1382），明于贵阳置贵州都指挥使司，先后领贵州等十八卫与二千户所。永乐十一年（1413），明分其地为八府四州并设贵州布政司，十五年（1417）设贵州等处提刑按察司。[⑤]至此贵州单独成为一省。

明朝十分重视对普安入黔道、乌撒入蜀道的维修与保护。洪武十五年二月，太祖谕水西、乌撒、乌蒙、东川、芒部、沾益诸地酋长：“今遣人置驿通云南，宜率土人随其疆界远迩开筑道路，其广十丈，准古法以六十里为一驿。”[⑥]明廷还积极拓建支道。如洪武十七年（1384），水西土官奢香开偏桥、水东驿路并立龙场九驿，可达乌蒙、乌撒及容山、草塘。[⑦]二十七年（1394）九月，云南有水马驿九十八处，其中马驿八十三处，水马十五处。[⑧]

乌撒入蜀道在明代得到重视，还与朝廷积极开发矿藏，并将银课与铜钱、铜锭内运有关。云南辟有银矿二十三处，官府置场委官督收银课，岁约纳二万缗；又有铜矿十九处。[⑨]云南产银居全国首位。宋应星说：嘉靖、万历后浙江、云南等九省皆

① 参见（天启）《滇志》卷4《旅途志》。
② 参见（明）朱泰祯《报代言建昌开路并获逋寇疏》，（天启）《滇志》卷23《艺文志》。
③ （天启）《滇志》卷4《旅途志》。
④ （清）顾祖禹：《读史方舆纪要》卷120《贵州方舆纪要叙》。
⑤ 参见《明史》卷316《贵州土司传》；《明史》卷46《地理志七》。
⑥ 《明太祖实录》卷142，洪武十五年二月癸丑条。
⑦ 参见《明史》卷316《贵州土司传》。
⑧ 参见《明太祖实录》卷234，洪武二十七年九月庚申条。
⑨ 参见（明）谢肇淛《滇略》卷3《产略》。

产银，但八省的产量不敌云南之半，“故开矿煎银，惟滇中可永行也”。[①] 由此云南缴纳的银课亦巨。天顺四年（1460），朝廷催产银诸省上缴银课，云南应缴十万两有余，约占诸省当缴总数的60%。[②] 一些矿场的规模也很大，如路南之暮卜山年采铜百万斤。[③] 嘉靖、万历、天启年间云南奉命开局铸钱，成品与部分铜锭通过普安入黔道与乌撒入蜀道运入内地。明人王士性言：滇产铜、锡每斤仅值三十文，至外省价值可翻二三倍。滇中至镇远的驿路有二十余站，常见运输云南铜锡的商队经过，“皆肩挑与马赢之负也”。[④] 徐霞客则言滇东至沾益的驿路，常有来自东川运铜的驮马行经。[⑤] 其时乃有“（滇）铜以供天下贸易”之说。[⑥]

为修建宫殿，明朝大量采伐云贵地区的珍贵巨木，繁忙时期达九十余年。为采运大木，明廷多次下令免采木之地的官吏来朝。采木工程之浩大及费用支出之巨，非一省所能独办，如嘉靖三十七年（1558），贵州抚按官高翀等奏：本省采木经费当用银一百三十八万余两，乞请两广、江南、云南、陕西诸省“通融出银助之”；万历三十六年（1608），贵州巡抚郭子章奏：贵州采办楠杉等大木一万二千二百九十八根，计值银一百零七万余两。[⑦] 所采伐的大量巨木，主要是通过普安入黔道运往内地。

昆明经大理至缅甸道、昆明经蒙自至安南道仍通行不辍，朝廷沿两道增设了一些驿站。如永乐五年（1407）设腾冲、龙川江、南甸、罗卜思庄等四驿；次年设金齿潞江长官司所属潞江驿与干崖长官司所属之甸头驿；十一年（1413）置金齿勐哈驿驿丞，驿道通孟养、大小古剌。[⑧] 随着商品经济的活跃，行经驿道的商旅明显增加，这两条驿路成为远近闻名的国际商道。由滇西向南或西行，可至佛大国（今泰国北大年）、阿育国（在今印度）、伽卢国（在今印度中部）、大秦国（在今地中海东岸）。云南与上述诸国均有贸易往来，如云南商贾至伽卢国，“与诸蛮市，以江猪、白氎、琉璃、罂缶相易”。[⑨] 缅甸江头城有大型商市大明街，“闽、广、江、蜀居货游艺者

① （明）宋应星：《天工开物》卷14《五金》。
② 参见《明史》卷81《食货志五》。
③ （道光）《云南通志稿》卷75《食货志八之三・矿产三》。
④ （明）王士性：《广志绎・西南诸省》。
⑤ （明）徐霞客：《徐霞客游记・滇游日记三》。
⑥ （天启）《滇志》卷3《地理志・物产》。
⑦ 参见《明世宗实录》卷456，嘉靖三十七年二月丁亥条；《明神宗实录》卷443，万历三十六年二月乙丑。
⑧ 参见《明太宗实录》卷48，永乐五年三月丁丑条；卷56，永乐六年五月丁卯条；卷89，永乐十一年八月癸酉条。
⑨ 《滇略》卷9《夷略》。

数万，而三宣六慰被携者亦数万”；其市有十二门，东入者东出，西入者西出，南北皆如之，出入不由故道者罚。行三十里至摆古等温城，俗日中为市，“市之周围亦有走廊三千余间，以避天雨”。[①] 前往贸易者既有由伊洛瓦底江北上之闽、广海船，也有自滇中南下的滇蜀客商。正统间因麓川之变，大明街为战火所毁。

五、清朝

清初在云南设巡抚并置云贵总督，后以云南总督及贵州总督代之，时撤时并。光绪间云南省辖十四府、六直隶厅、三直隶州、十二厅、二十六州和四十一县，以后清朝将东川、昭通、镇雄等地从四川划属云南。光绪后期云南省所辖与今云南省的范围大致相同。

鸦片战争之前的历代清帝，仍接受“守中治边”“守在四夷”的传统治边思想。由于自身来自边疆，清统治者较少有“内华夏外夷狄”的传统意识。雍正帝就前代斥不向化者为夷狄颇不以为然，认为清朝统一天下，中国疆土开拓广远，“何得尚有华夷中外之分论哉”！[②] 清代中国疆域逐渐稳定，亦因清前期疆界问题突出及清廷重视，历代清帝对守土卫疆大都表现出较强的历史责任意识。由于与北方游牧民族的关系处理得法，重北轻南的治边倾向在清代不甚明显。继元之后，云南迎来经济开发的又一高潮时期。

清廷重视开发云南的矿藏，其涉及范围之广，开采规模及诸矿产量之大均超过前代。清初一度封禁矿藏，因云南为诸省铸币用料的重要供应源，遂网开一面。自康熙四十四年（1705）允许官营采矿，云南采铜业也获得迅速发展。雍正初云南年产铜八九十万斤，数年后达二三百万斤。雍正五年（1727），云南铸钱以外的余铜达二百余万斤，朝廷令运湖广、江西诸省铸钱。[③] 乾隆间云南年产铜或至一千二三百万斤，朝廷户工两局以及东部的八省和陕西省，每年所需铜九百余万斤均取自云南。[④] 乾隆时滇铜大量运京，所经各省纷纷截留，遂有“滇铜甲天下”之说。嘉庆中期后，因矿藏遭掠夺性开采及“银贵钱贱”现象严重，滇铜采销逐渐衰落。清中期乃许民

① （明）朱孟震：《西南夷风土记》。

② 《大义觉迷录》。

③ 参见（清）倪蜕《滇云历年传》卷12；《清史稿》卷124《食货五・钱法》。

④ 参见（民国）严中平《清代云南铜政考》，民国刊本，第81页。

间开矿，“一时矿禁大弛”。云南著名的矿厂，铜矿有滇东的汤丹、茂麓，滇西的回龙、得宝，滇中的楚雄、永北与云武诸矿。个旧产锡名闻天下。嘉庆中期后银矿迅速发展，以昭通鲁甸乐马、孟定府茂隆两处银矿的规模最大。乾隆时《腾越州志》说茂隆银厂极盛时聚众数十万人。[①] 清人言：“滇南大政，唯铜、盐关系最重。”[②]

清中期面临的一个重要社会问题，是全国人口急剧增长，出现流民向人烟稀少地区大量迁徙的情形。清廷明虽颁令禁止，但收效甚微，实际上是持默许态度。雍正元年（1723）诏：“国家承平日久，生齿殷繁，地土所出，仅可赡给……嗣后，各省凡有可耕之处，听民相度地宜，自垦自报，地方官不得勒索，胥吏亦不得阻挠。”[③] 乾隆帝则言：自清初百余年来，天下户口较往昔多至十余倍，以一人耕种而供十数人之食，难如此前之充裕，“犹幸朕临御以来，辟土开疆，幅员日廓，小民皆得开垦边外土地，以暂谋口食”。[④] 云南等边省官府则以减税、贷给种子与耕牛为条件，招引流民前来垦荒耕种。对移民开垦的土地，官府允许定为永业，以垦田后数年的收成冲抵所借之路费、耕牛和种子，还清后方纳田赋。官府又教移民以先垦熟水田，续垦生水田，后开旱田的便利方法。[⑤] 清中后期云南人口的数量增长很快，原因主要是外来移民大量增加。顺治十八年（1661），云南的人口应不少于二百万。据《清续通考》和其他记载，至清末云南人口达一千二百五十万，密集之地为滇池与洱海地区。贵州人口稠密的地区是普安往东至镇远一带，[⑥] 这一区域为贵州至湖广的驿路所必经。

随着经济的发展和人口的迅速增加，云南各地的商业贸易日趋活跃。一些地方以十二生肖为街期，附近百姓据十二生肖排序轮流赶集。交通兴盛推动了城镇的建设。如腾冲为云南入缅道之重要中转站，“商业至为繁盛”。内地商人经腾冲过八关至缅甸经商，沿途络绎不绝，缅人“岁收铜银数十万”。[⑦] 嘉庆、咸丰间，大理一带出现“三元”“裕和”等大型商号，光绪初形成四川、临安、迤西等三大马帮，往来贩运于云南与缅甸等邻国。

---

① 参见《清史稿》卷528《缅甸传》；《清高宗实录》卷269。

② （清）檀萃：《滇海虞衡志》卷2。

③ 《清世宗实录》卷6，雍正元年四月乙亥条。

④ 《清高宗实录》卷1441，乾隆五十八年十一月戊午条。

⑤ 参见（光绪）《云南通志稿》卷39《田赋·事例》，雍正十年条引高其倬奏疏。

⑥ 参见路遇等《中国人口通史》，山东人民出版社2000年版，第755、824、928页。

⑦ （民国）龙云总纂：《新纂云南通志》卷143《商业考一》；（清）刘昆：《南中杂说》。

清廷以移民为重要的人力资源，认为应将垦荒与流民安置相结合，促使移民大量进入云南。移民入滇大致沿交通线迁徙并扩散至周围地区。清代云南坝子大都人满为患，外来移民遂向边疆和山区迁徙，逐渐形成移居边疆与山区的热潮。元至清代移民迁徙与前代的不同之处，是此前的移民主要来自蜀地，分布以邻近蜀地的滇东北、滇中一带较为集中；而元明清时的移民大量沿湖广经黔至滇道迁入，并广泛散布于其干线及支道所经的地区。

因此，运输矿产品、方便商贸活动与移民迁徙，便成为云南交通线的主要功能，而与此前主要是供军队调动、邻邦及蛮夷朝贡有所区别。清代云南的交通，也表现出行经干道的客流量明显增加，道路沿线城镇大量兴起，以及连接边疆和山区的通道渐趋兴盛等特点。清代云南通道的发展大都与经济开发有关。如自东川府达四川泸州以及从泸西至广西南宁的道路，因将铜、银、铅等大量运往内地而被重视。清廷还开通金沙江水运，以便利滇铜及黔铅京运。[①] 由湖广经黔入滇道较前代更为闹热。《黎平府志》载："(黎平）南达滇云，北连湖广，东界广粤，西接川蜀，乃四省通衢。"宣统二年（1910），由昆明经滇南达越南的滇越铁路建成，客观上便利了云南与外地的联系。

清代由云南通往外地的驿道，较重要者有以下五路：

由滇中经黔入湖广道。其走向沿袭前代之普安入黔旧路。此道是滇黔联系内地的咽喉要道，清朝十分重视维修与保护。康熙三十八年（1699），朝廷改沅州镇为镇筸镇，设总兵率两千一百人镇守；雍正九年（1731）续增兵两千人。云贵总督鄂尔泰还设清江镇标，隶丹江、台拱、铜仁与镇远等营；古州镇总兵则辖都匀、黎平以及上江、下江各协营，目的是保护此道的安全。[②] 雍正四年（1726），云南巡抚鄂尔泰上《奏请改土归流疏》，提出四川东川等土府、广西南宁诸土府、云南澜沧江内外诸土司与贵州苗疆等四地亟待改土归流。他认为以古州为中心的苗疆为"顽苗"所盘踞，梗隔三省，"如欲开江路通黔、粤，非勒兵深入遍加剿抚不可"。[③] 在雍正帝的支持下，鄂尔泰对以上地区进行改流，于古州等地设八寨、古州等六厅，时称"新辟苗疆"。清军沿上下江浚滩险、置戍堡并开通饷运，"古州大定"。[④] 改流之后，

① 参见《清史稿》卷 307《张允随传》。

② 参见《清史稿》卷 137《兵志・边防》。

③ 《清史稿》卷 288《鄂尔泰传》。

④ （清）魏源:《圣武记》卷 7《雍正西南夷改流记》。

滇中经黔入湖广道更为通畅。

东川府达四川泸州道。此道在乌撒入蜀旧路的基础上建成。乾隆初滇铜始奉命大量调京。主要运输路线为自东川府（治今会泽）起运，至永宁（今盐津）后改水运，经泸州沿长江至重庆、汉口再转运北京。东川府起运之铜既有本地所产，又有经楚雄、昆明、寻甸运抵的滇西之铜。具体走法为东川之铜运至昭通府鲁甸，经镇雄至永宁；鲁甸之铜分别经大关、永善经水陆路运抵泸州，镇雄之铜自罗星渡走水陆路运达泸州。寻甸之铜运至贵州威宁，经永宁水运至泸州。为方便滇铜京运，清廷还于乾隆间开通长一千三百余里的金沙江水运。①

泸西至广西南宁道。此道大致沿行元代《析津志》所言之中庆经陆凉至邕州道。走法是自设炉铸钱之广西府（治今云南泸西），经陆路运至广南府（治今云南广南）板蚌下船，附搭漕船北运至京。② 此道运输的滇铜，数量较行经东川府达泸州道的要少得多。

云南入缅甸道。据清人记述，由云南腾冲至缅甸，沿前代旧路经云南今梁河、瑞丽至缅甸太公城（在今缅甸拉因公）进抵缅城（今缅甸阿瓦）。由云南境赴缅有数道可行，其一为过怒江至缅甸东北部；其二由腾冲行七日至今瑞丽；其三自云南今弥渡过景东、湾甸达芒市，续行十日至瑞丽；其四从怒江上流蒙来可抵景东。若从缅城沿伊洛瓦底江下行，舟行五日可至缅甸南部今勃固。③ 云南入缅甸通道之北段演绎出多条支道，表明各地马帮均寻觅便道进入缅甸。

滇东南经滇西北入川藏道。大致沿行元代之大理经察罕章入蜀道。清代车里等地盛产茶，车里的块茶与藏区之骡马通过此道在丽江交易，其道遂被称为“茶马道”。客商多在车里等地收购茶叶，运至大理下关加工为压紧茶，以马帮驮至丽江与南下携马的藏族交易。行旅还可北渡金沙江经木撇湾过中甸、奔子栏等地，经西或东路至四川巴塘，分道赴西藏拉萨或今四川雅安。④

自元代开通邕州至安南道，中原王朝与安南间的使臣往来，由此前的滇中至安南道普遍改走邕州至安南道。滇中至安南道主要供商旅往来。官府在蒙自以南二百里之蛮耗设关，向经过的商旅收取关税。

---

① 参见（道光）《云南通志·艺文志·云南铜志》卷4《陆运》。

② 参见（道光）《云南通志·艺文志·云南铜志》卷3《京运》。

③ 参见（清）倪蜕纂《滇小记·缅程》。

④ 参见《滇小记·藏程》。

六、结语

综上所述，唐宋元明清的治边方略与云南通道开发，两者间有如影随形的密切关系。历代包括治边思想和治策、治边重点以及与边疆地缘政治和重大现实相关的决策，深刻地影响了云南地区通道的兴衰与拓建。反之，云南地区交通线开通和运行的状况，又是影响甚至左右历代治滇不可忽视的一个重要因素。

以上诸朝的治边方略以及云南通道的开发，经历了复杂的嬗变过程。唐宋及此前诸朝可视为一个阶段，其特点是历朝以四川盆地为依托经营云南地区，由四川盆地通往云南地区的灵关道、五尺道是联系两地的交通命脉。元朝在云南设行省，标志着云南正式成为中央直辖的大行政区；由滇中经贵州达湖广以及经滇东北至川东的驿路，把云南与中原更紧密地联系在一起，灵关道和五尺道亦趋衰落。元代这一经营格局的变化，为明清两代所承袭。

经济活动也是拓建通道的重要动力。南宋向大理国及西南诸蛮买马，促成滇中至桂西道路的兴盛。明清时滇中经滇东北入川道受到重视，主要是受滇铜外运的推动。随着商品经济渐趋活跃，社会经济对交通线的影响也愈趋明显。清代云南通道的主要功能是运输矿产品、方便商贸活动与移民迁徙，与此前主要是供军队调动、邻邦及蛮夷朝贡有所不同。

原载《中国边疆史地研究》2009年第1期，

本文刊发时作者为云南大学西南边疆少数民族研究中心教授、博士生导师。

南诏的守土措施与中国西南疆域的稳定与发展

万永林　谷跃娟

南诏不仅继承了两汉以来中原各王朝的西南疆域，结束了西南各族“各据山川，不相役属”[①]的分裂状态，实现了更大范围内领土与民族的统一，而且为其后的大理国确定了基本的疆土范围，更为重要的是，为元代以来中央王朝西南疆域的形成奠定了基础。因此，考察南诏的开疆与守土措施，有助于我们正确认识南诏对中国西南疆域的稳定和发展所做出的历史贡献。

一、南诏的领土拓展及其影响

738年，为达到扼制吐蕃势力南下的政治目的，唐朝支持南诏统一了洱海地区。作为政治上从属于唐朝的地方民族政治势力，南诏的势力范围以洱海坝区为中心，扩大到了东至今楚雄地区，西抵澜沧江东岸，北至今剑川、鹤庆一带。南诏脱离唐朝控制之后，形成割据西南、独控一方的地方政权，在先后展开的领土拓展活动中，对其东南疆、西南疆和南疆的拓展力度尤甚，影响尤深。

（一）东并爨区，拓展东南边疆

东方爨区主要指唐初以来仍为爨氏势力所盘踞的今滇中、滇东北及滇南部分地区。天宝五、六年（746、747），唐朝因开“步头路”引起了戎州都督府所属各羁縻州县爨氏贵族反抗，南诏奉调引兵东进，控制了爨区。天宝十年（751）之后，南诏脱离唐朝而独立，所控制的爨区范围，止于石城（今曲靖），往南至求州（今玉溪市）、黎州（今华宁县）、盘州（在今南盘江周围的华宁、通海、泸西、弥勒、丘

① 《通典》卷187《边防三·南蛮上》。

北、罗平等地）以北的各羁縻州。求州、黎州、盘州以南地区，仍属唐朝管辖下的安南都护府。求州、黎州、盘州相互连接的南部地段，构成了天宝年间唐朝的安南都护府北部与南诏东南部的界线。765年，凤伽异于昆川（今昆明市区东部）筑拓东城，“居二诏，佐镇抚。于是威慑步头（今建水县南部红河北岸的阿土），恩收曲、靖（今昭通地区）。颁告所及，翕然俯从”。[①]南诏设拓东节度驻拓东城（今昆明市），控制了南至步头（今建水县南部的阿土），东北至原曲州、靖州的大片地区。此时拓东节度军事管制区的南部，开始越出原唐朝戎州都督府南部求州、黎州的地界，把原属唐朝安南都护府管辖的步头也收于治下。但拓东节度控制区的南部也仅止于今建水县南部的阿土一带，今红河南岸的红河、元阳、绿春、金平等县之地，以及东南部的蒙自、屏边、河口、马关、文山、西畴、麻栗坡、广南、富宁等地，仍然在唐朝安南都护府的管辖之下。

大中年间（847—859），因唐朝边吏以“斗盐易一牛”的不公平经济交换招致当地“白衣”等民族联合南诏攻陷了安南都护府，南诏由是收管了唐朝安南都护府林西原七绾洞之地（在今云南河口、马关一带），以及“棠魔蛮”所居地区[②]（在今金平、元阳、红河、绿春至越南莱州省北部一带），拓东节度的管制区域再向东南部和南部扩展至唐安南都护府辖境。此后不久，南诏把拓东节度控制的东南和南部地区划分出来，设置了通海都督府，驻通海城（今通海县），其军事管制的区域范围即与唐朝的安南都护府的北部边境相连接。《蛮书》卷六记载：“通海城南十四日（‘十四日’，应为‘四日’，‘十’疑为衍文——引者）程至步头，从步头船行沿江三十五日（‘三十五日’，应为‘三至五日’，‘十’为‘至’之误——引者）出南蛮。”[③]这是咸通三年（862）前后通海都督府南部的边界状况。即从步头船行沿江“三至五日出南蛮（南诏）”界而入安南都护府之境。其时，七绾洞和“棠魔蛮”地区均在南诏通海都督府的控制之下。

通海都督府从拓东节度管制区分出之后，其辖境即为今通海县往南至越南莱州省北部；往东南包括了今红河州的蒙自、屏边、河口，文山州的西畴、麻栗坡、马关之地在内。通海都督府南部与唐朝安南都护府北部之间的一段分界线在今河口县

① 《南诏德化碑》，汪宁生：《云南考古》（增订本），云南人民出版社1992年版。

② 参见《蛮书》卷4。《新唐书·南蛮传中》亦载：“大中时，李琢为安南经略使，苛墨自私，以斗盐易一牛，夷人不堪，结南诏将段酋迁陷安南都护府，号白衣没命军。”

③ 转引自尤中《中华民族发展史》第1卷，晨光出版社2007年版，第622页。

与越南老街省之间。这一地带大理国时期亦沿袭为南部边境，元朝时亦未改，成为中国西南边疆的重要组成部分。

（二）西开寻传、南拓“茫蛮”，拓展南部与西南部边疆

寻传指今澜沧江以西至伊洛瓦底江流域地带。这一地区是蜀身毒古道所经之地。英国著名东南亚史学家霍尔曾认为，因为西晋末年以来永昌郡内的“闽濮”反抗，致使永昌郡被废，导致云南入缅甸的“道路被封闭，直到南诏阁罗凤才重新开辟”。[①]这一说法失之偏颇。应当说，往来于这条道路上的民间贸易一直没有停止过，这就是后来唐代初期这一地区“人物殷凑”的重要原因。南诏正是基于疏通和控制这一商业道路才展开了对这一地区的开拓与经营。

762 年南诏军队征服了寻传地区，设永昌节度（驻今保山市）管辖，收永昌及其以西地区的金齿、银齿、寻传蛮、扑子蛮等民族于治下，把势力拓展到了今伊洛瓦底江西岸的祈鲜山（今甘高山）一带。永昌节度的管辖范围，大约包括了今云南省的保山市、临沧市、普洱市西南部的一部分、德宏州的绝大部分、怒江州西部和缅甸克钦邦北部地带。之后南诏还越出了原永昌郡的西南部边境，把边境向西南深入到骠国（在今缅甸中部伊洛瓦底江流域的曼德勒地区）和弥诺国（今缅甸亲敦江中下游两岸）的北部，与骠国、弥诺国接界。南诏设镇西节度进行管辖，管制今伊洛瓦底江上游的东、西两岸地带，其南部边境与骠国接。曼德勒地区北部今缅甸掸邦北部的大部分地方，均在镇西节度的军事控制区域内。镇西节度初驻镇西城（今盈江县西南部境外的老蛮莫），后移驻丽水城（今缅甸克钦邦境内密支那南部伊洛瓦底江东岸的达罗基附近），改称丽水节度。

此外，南诏向南部地区开拓，在今普洱和西双版纳地区设置了开南节度和银生节度。银生节度的设置时间大约在赞普钟十一年（唐代宗宝应元年，762）前后。银生节度驻守的银生城（今景洪）及其辖境在开南节度辖境的南部，开南节度驻开南城（即今景东县南部的开南），初期与云南、拓东、永昌、宁北、镇西、银生合为南诏七节度，后期或废，故《新唐书·南蛮传》无载。开南节度管制范围南至今景谷、镇沅、宁洱一带。794 年，南诏再次派兵南下银生地区，把阁罗凤时期尚未完全征服的茫天连（今孟连县）、茫吐薅（在今澜沧县一带）、黑齿等十部落（在今缅甸掸邦南部），以及同区域的“穿鼻蛮”“长鬃蛮”“栋峰蛮”等部落全部征服，自此，南

① ［英］丹尼尔·霍尔著，中山大学东南亚历史研究所译:《东南亚史》，商务印书馆 1982 年版，第 45 页。

诏南部的疆界已扩张至女王国（在今泰国北部的南奔府一带）之北。[①]

南诏这一系列开拓行动，在中国西南疆域发展史上具有划时代意义。秦汉时期伴随着中央王朝对西南地区的设治与经营，西南地区开始纳入统一国家的版图。西汉王朝的西南疆域包括了今四川凉山州、贵州黄平县以西、广西右江上游地带，以及云南的大部分地方，但不包括今云南普洱市、临沧市、西双版纳州、德宏州的全部及保山西部地区。东汉时期，随着哀牢王内属和永昌郡的设置，上述普洱、保山等地全部纳入中央王朝的版图，中国西南疆域的发展进入了第一个高峰时期。然而在魏晋南北朝全国大分裂背景下，西南边境又发生了重大变化，因永昌郡内“闽濮”的反抗，东晋咸康八年（342）永昌郡被废置，中央政府失去了对永昌郡西北部、西部和南部边疆的控制。刘宋时期，爨氏以“开门诸侯，闭门天子”的身份割据了今贵州省黄平县以西至云南省保山市以东地区，其南部、西南部边境的原永昌郡地区，则恢复了过去的独立。隋朝经营西南的力度有限，未能有效地控制云南。唐朝初期，通过巂州、戎州、姚州等都督府的设置，西南地区的大部分又回到了唐朝统一版图之中，但澜沧江以西及滇西南大部分地区仍为唐朝势力所不及。在这种历史背景下，南诏对寻传地区和银生地区的开拓，意义尤为重要。这不仅是南诏疆域的扩展，更重要的是，南诏从政治上把澜沧江东、西两岸联系起来，使割据三百余年的永昌地区，再次恢复了与南诏政治经济文化中心的联系，并成为南诏疆土的重要组成部分，进而随着元代对西南地区的统一，成为统一王朝领土的一部分。

二、南诏的守土措施与作用

贞元十年（794），南诏与唐朝苍洱盟誓：“……如蒙汉与通和之后，有起异心，窥图牟寻所管疆土，侵害百姓，致使部落不安，及有患难，不赐救恤，亦请准此誓文，神祇共罚……”[②]从这里可以看出，南诏的疆土观念是与百姓、与民族联系在一起的。南诏能把西南广阔的地域纳入版图，并延续数百年之久，是南诏实行“既有其土地，又有其人民”[③]的守土措施的结果。概而言之，南诏实行了以下措施：

---

① 参见尤中《云南地方沿革史》之《补南诏地理志》，云南人民出版社 1990 年版。

② 《全唐文》卷 999《与中国誓文》。

③ 《新唐书》卷 50《兵志》。

（一）构建了城镇与军事辖区相结合的戍守体系

南诏在新开辟的领地分别设置了八节度、二都督进行管理。在各节度、都督区内，围绕着居于核心地位的城镇，形成了或疏或密的城镇群。以这些城镇为据点，南诏派遣大量白蛮将士前来戍守，见于《元史·地理志》《读史方舆纪要》等书记载者，[①]就有东部的安宁、江川、河阳等处，南部步日睑、元江等处，以及西部的永昌城、腾冲府等处。

城镇作为南诏领土拓展的标志，与领地快速扩张的情况相适应。南诏或在新的领地上“择胜置城”，或以原有故城设治，至南诏中后期，城镇已增加至一百余座。[②]如果说城镇是南诏守土卫疆的一个个军事堡垒。各节度和都督府则是把这一个个堡垒连结成为控制网络的中心枢纽。例如，在拓东节度区内，以节度治所拓东城为中心，与其四周的安宁城（今安宁市）、石城（今曲靖市）、曲州城（今昭通市）、晋宁州城（今晋宁市）、河阳县城（今澄江县）相配合，完成了对爨区故地的控制；通海都督，驻通海城（今通海县），南诏元和间曾筑建水城（今建水县城），并以石坪邑（今石屏县）、目则城（今蒙自市）等统归通海都督管辖，构成了对东南部及其边境地区的控制。

最具代表性的，是永昌节度和镇西节度区内城镇的建置。这两大地区内城镇的密集程度颇高，见于记载者近三十座，其中永昌城作为南诏的西南门户，战略地位最为重要，南诏三分之一的兵力就部署在此，其余城镇在担负着商业交通枢纽、重要站口职能的同时，更担负着南诏守土卫疆的任务。具体来说，沿着南诏入骠国的各交通路线上形成了几处重要的城镇群，分别受永昌节度和镇西节度控制。如从永昌城以西开始，其南向支线上有诸葛亮城（今龙陵），其北向支线上有腾充城（今腾冲）、金宝城（今缅甸克钦邦之密支那）、丽水城（今缅甸的达罗基）、安西城（今缅甸的孟拱）。此外，在南诏与骠国西南接壤处还形成了一些边境城镇，如镇西城（今盈江县）、摩零城（今缅甸蛮莫）、苍望城（今缅甸八莫）、香柏城（今缅甸西南之莫宁）等。

（二）实行了有利于边疆稳定的民族管理措施

南诏境内民族众多，民族关系复杂，各民族间政治、经济、文化发展的不平衡

---

① 《元史·地理志四》载：“江川……蒙氏叛唐，使白蛮居之。”“步日部……蒙氏立此甸，徙白蛮镇之，名步日睑。”《读史方舆纪要》卷115载：“元江府……蒙氏时，属银生节度，徙白蛮苏、张、周、段等十姓蛮戍之。”《元史·地理志四》载：“腾冲府……蒙氏九世孙异牟寻取越赕，逐诸蛮有其地，为软化府。其后白蛮徙居之，改腾冲府。”

② 参见赵鸿昌《唐代南诏城镇散论》，《云南社会科学》1991年第4期。

是导致民族矛盾与冲突的主要原因。要实现辖区的稳定与统一，首先必须实现民族关系和谐。通过有效的军政管辖把边疆各民族纳入统一的政治管理体系之中，是南诏实现稳定的基本前提。南诏通过节度区和都督府的划分，把众多民族纳入统一政治管辖之中，即便对地处偏远的少数民族，南诏亦无所轻视，如《蛮书》卷六所载："自寻传、祁鲜已往，悉有瘴毒，地平如砥，冬草木不枯，日从草际没……南诏特于摩零山上筑城，置腹心，理寻传、长傍、摩零、金、弥城等五道事云。"①

南诏对边疆各民族群体采取"款降者抚慰安居，抵捍者系颈盈贯"②的政策。其一，军事征服是实施管理的重要内容。"耀以威武"，把军事作为政治统治的前提，无疑是南诏民族管理的历史局限之所在，但在当时特定的历史条件下，又确实为南诏扩张势力、推行统治、维护稳定提供了基础和保证。其二，适应边疆民族政治、经济发展的不平衡状况实施羁縻管理，是南诏维护民族稳定的政策核心。南诏善于吸收其他民族的上层分子到统治集团之中，在南诏统治集团中，就有白蛮、汉族、傣族和磨些等民族成分。《南诏德化碑》碑阴所载官吏题名，白蛮贵族可见姓或名者六十四人，其中有段、杨、尹、赵等姓者三十七人，占总数过半。③又有"大军将赏二色绫袍金带赵龙细利"，乃傣族贵族召龙细利。④另据《丽江木氏宦谱》记载："阳音都谷……玄宗天宝中，南诏阁罗凤叛唐，陷嶲州，谷为先锋，挟虏唐西泸令郑回有功，升授总督元帅。"据此，磨些贵族也成为南诏统治集团的成员。本为阶下囚的汉族俘虏郑回，也因有儒才受到重视，为南诏统治出谋划策。南诏将这些不同民族的代表人物吸收到统治集团之中，对民族关系的调适和政权疆域的稳定，起到了极为关键的作用。

对于分布在距南诏政治、经济中心甚为遥远的边徼地区、处于向阶级社会迈进的大多数民族群体，如以采集狩猎为主要生活手段的"寻传蛮""野蛮""扑子蛮"等部落群体，由于社会组织化、制度化程度较低，甚至阶级分化都尚未产生，外部的政治力量难于深入其内，南诏是因俗而治，保留其内部社会结构不变而羁縻之。如《蛮书》所载"野蛮"（裸形蛮），"其男女遍满山野"，"阁罗凤既定寻传，而令

---

① 向达：《蛮书校注》，中华书局 1962 年版，第 166 页，

② 《南诏德化碑》，汪宁生：《云南考古》（增订本）。

③ 参见孙太初《南诏大理的碑刻》，云南省文管会编：《南诏大理文物》，文物出版社 1992 年版。

④ 参见尤中《云南民族史》，云南大学出版社 1994 年版，第 188 页。

野蛮散居山谷”,[①]保持其部落组织不变,又“使领军将于大赕中筑城,管制野蛮”。[②]

（三）加强与边疆各族的联系

南诏统一西南地区之后,改变了西南各族分散、隔绝的状态,加强了与边疆各族的联系。如澜沧江以西的“扑子蛮”等族,“开元以前,闭绝与六诏不通”,[③]随着南诏领土的开拓,诸多如“扑子蛮”一样状态的民族成为南诏多民族集合体政权的一员。《蛮书》卷六载南诏“从永昌以望苴子、望外喻等千余户分隶城傍,以静道路”。《元史·地理志》亦载:“金齿等处宣抚司……异牟寻破群蛮,尽虏其人(指金齿蛮),以实其南东北。”此外,南诏还从“扑子蛮”“望蛮”“寻传蛮”“金齿蛮”“绣面蛮”等民族中征集人口作为前驱投入到战争的最前线。这些民族虽然是以被压迫的形式参与了民族交往的过程,但客观上却增强了民族之间的了解和联系。

此外,随着南诏领土的拓展、城镇的修筑、交通的发展,区域之间的经济联系也得到加强。南诏境内有数条沟通内外的交通线路,如清溪关道、石门关道、黔中道以及通安南道等。此外,从今大理西行经保山至龙陵,在龙陵分为二道,一道经遮放入缅甸;另一道经腾冲、盏西、缅甸的达罗基、孟拱入印度。[④]这样,以王都阳苴咩城为中心,西出永昌可达滇西北、滇西、滇西南各地;北经威楚可到云南北部;东到拓东可转道滇东北、滇南、滇东南乃至安南等地。《蛮书》卷二曾载:“河赕(今大理)贾客在寻传羁离未还者为之谣曰:‘冬时欲归来,高黎贡山雪。秋夏欲归来,无那穹赕热。春时欲归来,囊中络赂绝。’”银生节度区的茶、丽水节度区的波罗蜜果、永昌节度区的越赕马和青木香等特产,均可以通过贡献或流通的渠道到达洱海地区,为南诏大众所喜爱。

政治、经济联系的加强,必然伴随文化的交流。据《南诏德化碑》载,南诏征服寻传地区后,因为这一地区“开辟以来,声教所不及”,故南诏统治者怀着“革之以衣冠,化之以礼义”的政治理想,既“耀以武威”,又“喻以文辞”,在军事征服的同时,有关儒学的思想也当有所传播。但是,由于史料原因具体情况几不可考,并且受文化传播方式及接受程度的影响,对儒学在十赕区以外的传播不可高估。尽管如此,有关文化交流的情况仍有线索可寻。例如,9世纪中叶,梵僧赞陀崛多来

① 向达:《蛮书校注》,第99页,

② 向达:《蛮书校注》,第43页,

③ 向达:《蛮书校注》,第160页,

④ 参见申旭《中国西南对外关系史研究》,云南美术出版社1994年版,第123—128页。

到南诏，深得南诏王劝丰佑的器重，不仅以他为国师，还“以妹越英妻之”。[①] 据万历《云南通志》《滇释纪》等书记载，赞陀崛多传教的足迹东至今宜良，西至保山、腾冲等地。[②] 阿吒力教在洱海十赕以外地区的流传，是南诏信奉阿吒力教这一文化运动的结果，一定程度反映了南诏文化在不同地区之间的传播情况。

三、结语

历史上疆土范围的形成，既有政治、军事因素，又有自然地理方面的因素。南诏正是跨越了西南地区地理条件的限制，使这个被山川河流分割成若干封闭地理单元的地区，在国家政权的维系下具有了疆土的意义。各民族间政治、经济、文化联系的增强，又使不同地理空间的联系日趋牢固，归属性也日趋强化，这就是大理国时期基本延续南诏疆域范围的一个原因。

元朝时期随着大理国的归附，西南地区重新纳入统一王朝的版图，元朝也正是立足于南诏所开创的疆域基础之上，使云南行省的管辖范围，较南诏大理时期有所扩大：西部的蒙光路（驻今缅甸克钦邦孟拱）辖境与印度相接，和南诏大理国时期基本相同；西南部的太公路（驻今缅甸曼德勒区北部之太公）之南为缅国，辖境较南诏大理国时期有所扩大；南部的蒙庆宣慰司、八百宣慰司辖境抵今泰国北部，老告总管府统治了今老挝琅勃拉邦，较南诏大理国时期有所扩大；东南部的宁远州在今越南莱州省境内，地界与南诏大理国时期大致相同。此后的明清时期，虽因种种原因，其西南边疆的部分边界线有所收缩，但也相对稳定在南诏所奠定的疆域范围之内。可以说，南诏领土的拓展与积极的守土措施，在中国西南疆域形成与发展的历史过程中，具有承前启后、继往开来的重要意义，为西南疆域的稳定与发展做出了重大贡献。

原载《中国边疆史地研究》2008年第3期，
本文刊发时作者万永林为历史学博士，云南大学教授；
谷跃娟为云南大学民族研究院助理研究员。

① 参见尤中《僰古通纪浅述校注》，云南人民出版社1989年版，第62页。

② 万历《云南通志》卷12：“习仪僧会司法明寺，在宜良县城东隅，唐僧摩伽陀建。”《滇释纪》载：“赞陀崛多尊者又云室利达多，西域人，自摩迦陀来，又号摩迦陀；游化诸国，至鹤庆又腾越州住峰山、长洞山二处，阐瑜伽法，传阿吒力教。”

宋王朝边疆民族政策的创新及其历史地位

林文勋

在中国历史上，两宋王朝多被看成“积贫积弱”的王朝。受此观念影响，不少学者在讲到宋王朝的民族政策时，多认为其因循守旧、穷于应付、苟且为之；具体讲到唐宋两代王朝的民族政策时，又多“褒唐抑宋”。其实，入宋之后，随着商品经济的发展以及由此而来的周边各少数民族卷入中原的市场体系，宋王朝审时度势，充分利用市场这只“看不见的手”，形成了以“互市”为中心的民族政策体系，对我国古代边疆民族政策做出了重要创新。本文拟将经济史的研究与民族史的研究有机结合起来，从商品经济史的视角，对宋王朝边疆民族政策的创新及其历史地位做一简要分析，以期推动对中国民族政策史更为全面和深入的认识。不妥之处，敬请专家批评指正。

一

唐宋时期是我国古代社会经济发展进程中一个十分重要的阶段。其重要性的表现之一是，这时不仅中原的社会经济得到巨大发展，达到前所未有的高度，而且周边民族地区社会经济的发展也盛况空前，进入了新的阶段，从而呈现了中原与边疆共同大发展的崭新局面。

唐宋两代，随着生产工具和耕作技术的进一步提高，社会生产力取得明显的进步。特别是江南的开发和发展，大大拓宽了经济成长的空间，增强了社会经济发展的整体实力。所有这一切，促进了唐宋时期商品经济的发展和繁荣，形成了我国古代商品经济发展的第二个高峰。与之俱来，唐宋两代的国内贸易迅速发展，市场处于强劲的扩张之中。早在唐代，中原大地通过无数条水陆交通干道，已较为紧密地联系在一起，构成商道交织、贾贩如潮的历史画卷，一张全国性的市场网络正在形成。[①]

入宋以后，社会经济在唐代的基础上有了进一步发展，商业发展的基础更为坚实和广阔，唐代已处于形成之中的全国性市场网络更进一步发展。欧阳修在《初食车螯》一诗中描述道："累累盘中蛤，来自海之涯。坐客初未识，食之先叹嗟。五代昔乖隔，九州如剖瓜。东南限淮海，邈不通夷华。於时北州人，饮食陋莫加。鸡豚为异味，贵贱无等差。自从圣人（宋太祖）出，天下为一家。南产错交广，西珍富邛巴。水载每连舳，陆输动盈车。溪潜细毛发，海怪雄须牙。岂惟贵公侯，闾巷饱鱼虾。"[②]这里，欧阳修将宋代国内市场的发展归功于宋太祖平定天下，主要是为了颂扬宋室的功绩。实际上，虽然宋王朝的统一有力地促进了全国范围内商业贸易的发展，但主要还是社会经济的进步使然。从诗中的内容不难看到，东西南北商品已大规模交互流通，形成一个庞大的全国性商品市场，呈现"天下一家"的局面。对此，宋人石介也有描述："夫朝持货而出者，曰金银，曰珠玉，曰犀象，曰绮縠，曰布币。犀象、马牛、羊豕、犬雉、虾鳖之属，鱼蟹之细，米盐之品，菹醢之多，东暨日际，西极月窟，南极丹崖，北极朔陲，相会而凑于五都之市，朝而聚，夕而虚，大小无不用也，巨细无不取也，贵贱无不纳也，短长无不收也。"[③]石介对当时全国商品流通的勾勒，使我们感受到，商品流通因市场发展而繁荣，市场因商品流通而进步。这反映了宋代的全国性市场较唐代又有进一步发展。

市场是一个开放的系统，扩张是市场发展的基本特性。在唐宋时期社会经济发展强有力的推动下，全国性市场不仅在中原呈现扩张之势，沟通各个地区之间的联系，使区域间的商贸往来不断加强，而且还向周边民族地区扩展。这种扩展突出地表现在商品流通半径大大延长方面。如东南地区所产的茶叶，唐代已大量输往吐蕃和西北少数民族地区，宋代则以更大规模"转致于西北，以致散于夷狄"。[④]再如中原生产的绢帛，当唐之世就已大量销往回纥，形成有名的"绢马贸易"。又如宋代福建的荔枝，"水浮陆转以入京师，外至北漠、西夏，其东南舟行新罗、日本、流

① 参见《通典》卷7《食货七·历代盛衰户口》;《旧唐书》卷94《崔融传》。
② 《欧阳修全集·居士集》卷6《初食车螯》。
③ 石介:《徂徕石先生文集》卷上《代张顾推官上铨主书》。
④ 《文献通考》卷18《征榷考五·榷茶》。

求、大食之属”。[①]可见商品从中原向周边民族地区的流动已不是偶然的交换行为，而是一种大规模、持续不断的经济活动。

与此同时，唐宋王朝周边的少数民族地区社会经济也处于大发展之中。日本学者宫崎市定曾将这一时期称为东亚民族的觉醒时代。[②]虽然这一观点还可讨论，但它无疑说明了边疆民族地区社会经济的大发展以及这种发展所具有的划时代意义。在这一时期，周边各少数民族纷纷建立起自己的政权。唐代，北方的突厥、回纥等少数民族都建立了强大的汗国，西南的吐蕃则建立了吐蕃王朝，云南的少数民族建立了南诏政权。进入宋代，虽然一些周边民族政权瓦解，但一批新政权又相继建立。东北的契丹建立了辽朝、女真建立了金朝，西北的党项建立了西夏，云南的少数民族建立了大理国。不仅如此，这些少数民族政权都长期存在甚至与中原王朝形成对峙，不断进行大规模的战争。战争是经济的继续和集中表现，[③]没有周边民族社会经济的大发展，这种局面是根本不可能出现的。在这些周边民族地区，虽然畜牧业仍占有重要地位，但普遍而言，农业、手工业已有较大发展。在此基础上，商业也不断进步，呈现方兴未艾之势，市场处于形成和发展过程之中。周边民族地区的商品经济发展也迈出了重要的步伐。

中原王朝和周边民族地区社会经济的同时大发展，为双方的贸易交换提供了可能。这种可能性为双方经济结构的差异所作用，最终变成了一种现实性。虽然中原王朝和周边民族地区的社会经济同时处于大发展之中，但各自的发展程度及经济结构却又不同：中原总体上已处于高度发达的农业经济之中，而周边民族地区主要还处于畜牧经济或从畜牧经济向农业经济的转变之中。这样，双方的经济互补性较强，有较强的发展贸易交换的内在动力。北宋时期，司马光在讲到与西夏的贸易时说：“西夏所居氐羌旧壤，地所产者不过羊马毡毯，其国中用之不尽，其势必推其余与他国贸易。其三面皆戎狄，鬻之不售。惟中国者，羊马毡毯之所输，而茶百货之所自来也。故其民如婴儿，而中国乳哺之矣。”[④]即揭示了这种经济发展的差异性和互补性。正是这种差异性和互补性，使中原成为周边民族发展贸易的必然选择。

---

① 蔡襄:《荔枝谱》。

② 参见［日］宫崎市定《世界史序说》，中科院历史研究所翻译组编译:《宫崎市定论文选集》（下卷），商务印书馆1965年版，第3页。

③ 参见《列宁选集》第4卷，人民出版社1972年版，第441页。

④《宋名臣奏议》卷138《上哲宗乞还西夏六寨》。

一方面是中原市场的向外扩张，另一方面是周边民族地区市场发展的需要。这两股经济力量最终相遇，变成了双方频繁的贸易交换。唐宋人将这种交换关系称为“互市”，笔者以为是较为准确的。所谓“互市”，就是双方互为市场，互相开展商品的贸易交换。唐宋时期，中原王朝与周边民族大规模的贸易，完全是双方社会经济发展的必然结果。通过“互市”，中原与边疆少数民族地区的两个市场较为紧密地联系在了一起，进而形成了更大的全国性市场。这是唐宋社会经济发展的一个重要特点。

二

市场是一个网络体系，处于较高发展程度和发展层级的地区必然是市场的中心。随着中原市场的扩张和与之相伴的商品流通半径延伸到少数民族地区，必然在一定程度上将这些少数民族地区卷入宋王朝的全国性市场体系之中。历史的发展正是如此。

首先，宋王朝与边疆各少数民族的贸易呈多层次发展态势，贸易规模扩大，贸易频率增加。早在汉唐之世，中原王朝与周边民族已有贸易关系，但总的来说，发展较为有限。进入宋代，情况为之一变。这时，宋王朝与周边民族的贸易渠道增多，主要有榷场贸易、和市贸易、走私贸易和朝贡贸易四种形式。所谓榷场贸易，就是宋王朝和周边民族在双方交界的地带设置榷易场，设官管理，开展双方的互市交换。这是一种官方贸易。《金史·食货志》曾说：“榷场，与敌国互市之所也。皆设场官，严厉禁，广屋宇，以通二国之货。”和市贸易可以说是一种半官方贸易，它往往是在汉族与周边民族经常交易的地方设置的交易场所。这种交易场所，多由民间贸易点发展而来，并为官府所认可，只不过规模不如榷场贸易那样大而已。走私贸易则完全是一种官府不承认的民间非法贸易。这种贸易，因双方边民的直接交易和往还而发生，为一种经常性的经济行为，史书上多有“私易无所畏惮”“私贩不能止”的记载。① 至于朝贡贸易，古已有之，但宋代以前更多的是一种宗藩关系的体现，政治意义极为明显；到了宋代，在经济发展的推动下，赋予了朝贡以明显的经济意义而变

① 《续资治通鉴长编》卷364，元祐元年正月辛亥；《宋史》卷186《食货下八》。

成一种重要的贸易渠道。北宋，司马光曾以西夏为例，说周边民族“所以遣使称臣奉贡者，一则利于每岁所赐金帛二十余万，二则利于入京贩易，三则欲朝廷不为之备也”。[①] 南宋，宋高宗明确指出：“彼云进奉，实利贾贩。”[②] 多种贸易形式的存在和发展，形成了从官方到半官方再到民间的多层次、多渠道贸易格局。这说明双方的经济联系不再是一种偶然的行为，而是一种经常性的活动。

双方的贸易活动在多层次、多渠道发展的同时，交易规模也显著扩大。北宋元祐二年（1087），苏轼曾针对宋与西夏的贸易说：“每一使赐予、贸易无虑得绢五万余匹，归鬻之，其直匹五六千，民大悦，一使所获率不下二十万缗。”[③] 时人范纯粹对宋夏贸易也做过一个估计，他说：“累番使人货贩，滋广通约，所得不减三数百万。”[④] 贸易规模的扩大既是经济联系加强的结果，同时又是经济联系不断发展的动力。

贸易的频率也是反映经济交换关系紧密程度的重要指标。为便于说明，兹以朝贡贸易为例。当时，周边民族向宋王朝的朝贡非常频繁，有的一年一贡，甚至一年数贡。如西夏，自赵德明称藩之后，“岁遣人至京师贸易，出入民间如家”。[⑤] 由于朝贡需给予回赐，频繁的朝贡使宋王朝感到巨大的经济压力。为此，不得不对朝贡的频繁度做出限制。一是限制朝贡的次数，如地处西南的一些少数民族，宋王朝曾限制其五年方得一贡；二是限制朝贡使团在宋朝境内停留的时间及活动范围，如苏辙就曾经建议：“西人诣阙贺正旦、圣节到，许住二十日；非泛一十五日；西人到阙，随行蕃落将不许出驿，或有买卖，于本驿承受使臣处出头，官为收买；西人到京买物，官定物价，比时估低小，量添分数，供卖所收，加抬纳官。”[⑥] 这从反面说明了周边民族朝贡之频。

其次，周边民族地区对中原产生了巨大的依赖性。如北方和西北地区的民族，“不可一日无茶以生”，[⑦] 对中原的茶叶依赖甚巨；四川西南部的少数民族“仰此（互

① 《续资治通鉴长编》卷206，治平二年十二月甲辰。
② 《建炎以来系年要录》卷69，绍兴三年十月条。
③ 《苏东坡全集》卷54《因擒鬼章论西羌夏人事宜劄子》。
④ 《续资治通鉴长编》卷372，元祐元年三月壬申。
⑤ 苏舜钦：《苏学士集》卷16《韩亿行状》。
⑥ 苏辙：《栾城集》卷46《乞裁损待高丽事件劄子》。
⑦ 傅增湘编：《宋代蜀文辑存》卷61《论宜贵茶以市马疏》。

市）为衣食”；[①]荆湖南北路边疆的民族，“常以山货、沙板、滑石之属，窃与省民博盐米”；[②]海南岛的民族，“处不毛之地，盐酪、谷帛、斤斧器用，悉资之华人，特以沉香、古贝易之”。[③]这样，“蛮贼生理所资悉仰给于汉（内地），若岁犒既止……而互市又绝……则其部族之内即自窘困。自然悔恨，怀不自安”。[④]互市犹如一只无形的手牢牢地控制着周边民族。互市之所以能成为宋王朝处理民族关系的重要工具和手段，正是以此为基础的。

应该指出的是，当时周边民族对宋王朝国内市场的依赖并非简单的一种经济生活上的依赖，而是一种经济发展上的深层依赖。最能说明这一问题的就是铜钱这种特殊商品向边疆民族地区的流散。宋哲宗时，苏辙出使辽国，还即上疏云：“臣等窃见北界别无钱币，公私交易，并使本朝铜钱。沿边禁钱条法虽极深重，而利之所在，势无由止。本朝每岁铸钱以百万计，而所在常患钱少，盖散入四夷势当尔也。”[⑤]继辽而起的女真金国，其市场上流通的也是宋王朝的铜钱。宋孝宗时，出使金国的使臣范成大在出使途中即写道：“金本无钱，惟炀王亮尝一铸正隆钱，绝不多，余悉用中国旧钱，又不欲留钱于河（黄河）南，故仿中国楮币，于汴京置局造官会，谓之交钞，拟见钱行使，而阴收铜钱，悉运而北，过河即用见钱，不用钞。”[⑥]此外，中原与少数民族地区间的走私贸易亦颇能说明这一点。宋哲宗时，宋廷封锁与辽国的贸易，一些商人不惜转道高丽前去辽国贸易。“据临海军状申……据泉州纲首徐成状称，有商客王应升等，冒请往高丽国公凭，却发舡入大辽国买卖。寻捉到王应升等二十人及舡中行货，并是大辽国南铤银丝钱物，并有过海祈平安将入大辽国愿子二道。本司看详，显见闽浙商贾，因往高丽，遂通契丹。”[⑦]宋、金间的走私贸易更为发达。宋方禁卖茶入金国，但“茶于蒋州私渡”；禁卖牛入金国，“牛于郑庄私渡，每岁春秋三纲，至七八万头”。[⑧]何以重禁而不能制止铜钱外流和走私贸易？当是因为这些地区已在一定程度上卷入了宋王朝国内的市场体系之中。铜钱外流和走私贸易正是这

---

① 《续资治通鉴长编》卷153，庆历四年十一月壬午。

② 《文献通考》卷328《四裔考五》。

③ 苏过：《斜川集》卷5《论海南黎事书》。

④ 傅增湘编：《宋代蜀文辑存》卷74《请绝南蛮岁犒互市疏》。

⑤ 苏辙：《栾城集》卷42《北使还论北边事劄子五道》。

⑥ 范成大：《揽辔录》。

⑦ 《苏东坡全集》卷8《奏议集·乞禁商旅过外国状》。

⑧ 《建炎以来系年要录》卷186，绍兴三十年九月条。

种“卷入”的合乎规律的经济运动，它们是不以统治者的意志为转移的。

或问当宋之世，周边民族地区卷入宋王朝的市场体系会有如此高的程度吗？笔者认为，这种卷入程度是不可低估的。北方的辽、金、西夏政权莫不在很大程度上卷入宋王朝的市场体系。以西夏来说，宋人庞籍曾说：“夏人仰吾和市，如婴儿之望乳。”宋仁宗嘉祐七年（1062），张宗道出使西夏，“迎者曰：二国之欢，有如鱼水。宗道曰：然。天朝，水也；夏国，鱼也；水可无鱼，鱼不可无水”。[①] 这些话，虽用了比喻的手法，但确实表明了这种依赖性和卷入程度。进一步来看，当时，市场的反应是非常灵敏的。据苏轼说，在西夏境内，平常绢、布的价格很低，而一旦宋王朝关闭互市，则物价立即暴涨，“民间尺布至钱数百”，“一绢之直八九千”，有时甚至高达“五十余千”。[②] 如果双方经济联系没有达到较高程度，市场的反应决不会这样灵敏。这是以前所不曾有过的历史新变化、新现象。正是这种新变化、新现象，引起了宋代民族关系的新变化。

三

对于经济关系的这种变化，宋王朝的君臣显然注意到了，并认为可用于控制周边民族。但究竟如何用于对周边民族的控制，则意见并不完全一致。限于篇幅，这里主要围绕宋夏关系做一论述。

一种意见认为，既然周边民族对互市贸易依赖甚大，应该用禁绝互市的方式作为制裁周边民族的重要手段。持有此观点的人认为，一旦周边民族有不臣之意和发动战争，宋王朝应坚决断绝与这些民族的互市关系。宋太宗淳化三年（992），党项首领李继迁扰边，陕西转运副使郑文宝即建议：“银夏之北，千里不毛，但以贩青白盐为命尔。请禁之，许商人贩安邑、解县两池盐于陕西以济民食。官获其利，而戎益困，继迁可不战而屈。”[③] 当时，西夏境内青白盐产量较大，是西夏输入中原王朝的重要商品，为西夏主要的经济支柱。郑文宝正是针对这种情况，主张禁止青白盐的互市，以达到使李继迁“不战而屈”的目的。这完全是一种经济战。宋真宗咸平

① 《续资治通鉴长编》卷196，嘉祐七年六月癸未。

② 《续资治通鉴长编》卷405，元祐二年九月丁巳。

③ 《宋史》卷277《郑文宝传》。

（998—1003）中李继迁攻陷清远军，兵围灵州，宋王朝围绕对夏之策展开讨论，知镇戎军兼泾、源、仪、渭四州钤辖李继和上言："又朝廷比禁青盐，甚为允惬。或闻议者欲开其禁。且盐之不入中土，困贼之良策也。今若谓粮食自蕃界来，虽盐禁不能困贼，此鬻盐行贿者之妄谈也。蕃粟不入贼境，而入于边廪，其利甚明。况汉地不食青盐，熟户亦不入蕃界博易，所禁者非徒粮食也，至于兵甲皮榦之物，其名益多。以朝廷雄富，犹言摘山煮海，一年商利不入，则或阙军须。况蕃戎所赖，止在青盐，禁之则彼自困矣。望固守前诏为便。"[①] 李继和的意见与郑文宝一样，主张禁青白盐互市而困西夏。包拯也主张以禁互市作为制裁西夏的手段，他说："臣伏见西贼，再遣杨守素诣阙请命，而朝旨方议纳其诚款，此亦安民御边之长策也。风闻道路云，元昊欲岁纳青盐，贸易茶货，然未审虚实。缘元昊数州之地，财用所出，并仰给于青盐，自用兵以来，沿边严行禁约者，乃困贼之一计尔。今若许以岁进数万石，必恐禁法渐弛，奸谋益炽，不唯侵夺解盐课利，亦虑浸成大弊，关防或未能制。若相行捉捕，则弃前恩而结后怨，此亦必然之势也。议者复欲令运于关东支用，或许客人裨贩，则又不免配率车乘，转成骚扰，固朝廷所宜慎重。此举如不获已，则不若于前来许赐帛缯茶货数，量与增加，亦可以弭亡厌之求。兼此剧贼，猖狂难保，沿边寨栅备御之具，亦不可少懈。"[②]

如果说郑文宝、李继和、包拯等人主要是针对青白盐问题提出自己的看法，那么司马光等人则是就整个互市关系提出自己的主张。元祐元年（1086）二月，针对如何解决西夏问题，司马光上疏说："臣愚于今为之，止有二策：一者返其侵疆；二者禁其私市。"为什么要禁其私市？是因"西夏所居氐羌旧壤，所产者不过羊马毡毯，其国中用之不尽，其势必推其余与他国贸易"。[③] 这样，只要"明敕边吏严禁私市"，那么，"俟其年岁之间，公私困弊，使自谋而来，礼必益恭，辞必益逊。然后朝廷责而赦之，许通私市，待之如初"，[④] 从而达到边陲安宁。元祐二年（1087）八月甲戌和九月丁巳，苏辙与苏轼都详细分析过西夏对宋的经济依赖性，并主张以禁绝互市达到制服西夏的目的。[⑤]

---

① 《宋史》卷 257《李处耘附子继和传》。

② 《孝肃包公奏议》卷 9《论杨守素》。

③ 《宋名臣奏议》卷 138《上哲宗乞还西夏六寨》。

④ 《续资治通鉴长编》卷 365，元祐元年二月壬戌。

⑤ 参见《续资治通鉴长编》卷 404，元祐二年八月丙午；卷 405，元祐二年九月丁巳等。

另一种意见认为，既然周边民族在经济上对中原产生巨大依赖，就应以开放互市作为怀柔的手段。这种意见以李至为代表。至道三年（997）三月，宋真宗即位后，曾就西北边疆灵武问题询问于工部尚书、参知政事李至。李至上疏说："昨郑文宝绝青盐使不入汉界，禁粒食使不及羌夷，致彼有词，而我无谓，此之失策，虽悔何追。今若复禁止不许通粮，恐非制敌怀远、不战屈人之意。昔唐代宗虽罪田承嗣而不禁魏盐，陛下宜行此事，以安边鄙。使其族类有无交易，售盐以利之，通粮以济之，彼虽远夷，必然向化，互相诰谕。一旦怀恩，舍逆效顺，则继迁竖子孤而无辅，又安能为我蜂虿哉!"[①] 按李至之言，如果开放互市，西夏从中得利，就会怀恩而服，不为边患。

对于宋王朝来说，两种手段皆各有利弊。以互市作为怀柔周边民族的手段，虽可换取与周边民族的相安无事，但宋王朝担心周边民族从互市中得到大量物资和经济利益，力量不断壮大于宋不利；而以禁绝互市作为制裁周边民族的手段，虽可达到对周边民族进行经济封锁以困之的目的，但禁绝互市常引起周边民族的扰边，且引起战争。如施昌言为环庆路经略使时，"亦禁私市，西人发兵压境，昌言遣使问其所以来之故，西人言：无他事，只为交易不通。使者惧其兵威，辄私许之"。[②] 在这种情况下，对于宋王朝来讲，二者相较，只能取其利之大者。总体而言，从宋王朝利用互市处理民族关系的具体实践来看，宋王朝对周边民族的制裁取得了明显的成效。政和二年（1112）六月，西夏王乾顺命大臣直言朝政得失，御史大夫宁克任就说："治法之要，不外兵刑；富国之方，无非食货。国家自青白两盐不通互市，膏腴诸壤，浸就式微，兵行无百日之粮，仓储无三年之蓄，而惟恃西北一区与契丹交易有无，岂所以裕国计乎？"[③] 正因如此，在上述两种意见中，以前者始终占据主导地位。据史料记载，庆历五年（1045）十一月癸未，仁宗曾与侍读高若讷讨论国策的得失："上曰：真宗时，李至言郑文宝建议禁西界青盐为失策，如何？侍读高若讷奏：青盐之禁，西人至今失其厚利，乃策之得。（李）至言殆偏见也。上然之。"[④] 由此可看出，宋王朝更倾向于以禁绝互市作为制裁周边民族的手段。

值得注意的是，上述两种意见虽然出发点和政策取向并不一致，但在本质上都

① 《宋史》卷266《李至传》。
② 《续资治通鉴长编》卷365，元祐元年二月壬戌。
③ 《西夏书事》卷32。
④ 《续资治通鉴长编》卷157，庆历五年十一月癸未。

是利用互市这种市场交换关系来控制周边民族，只不过在具体方法上有所分歧而已。由此我们可以得出结论，到了宋代，运用经济手段控制周边民族已成为一种选择。

四

当宋之时，宋王朝国力不振，单靠武力和政治手段并不能有效地控制周边民族，这更加促成了朝廷对经济手段的依赖。因为相对于周边民族，毕竟宋王朝经济发达，处于优势地位。从总体上来讲，宋王朝在对互市的利用上是恩威并施，既利用禁止互市作为制裁周边民族的手段，又利用互市作为怀柔周边民族的手段。不过，二者相较，当以制裁为主，即从经济上封锁各少数民族，使其臣服。这是宋王朝适应商品经济的发展，在民族政策上的重要创新。

入宋以后，北方和西北地区的几个少数民族迅速崛起，力量较强，并建立了本民族的政权，不断侵扰宋王朝的边境，时常与宋王朝处于敌对状态。由于宋王朝"积弱"，单纯地依靠军事和政治手段并不能有效地制服这些民族，因此在这些地区，宋王朝利用互市作为军事、政治的辅助手段。其具体办法是：每当某民族与宋王朝交战或某民族表示不臣之意时，宋王朝立即停止互市，以此迫使该民族停止战争或归顺。

居住于东北地区的契丹族，在宋王朝建立前就已成立了自己的政权辽朝。宋王朝刚一建立，由于主要力量放在消灭内地各割据势力上，无暇北顾，因而"听沿边市易"，积极发展与辽政权的贸易。太平兴国二年（977），宋廷"始令镇、易、雄、霸、沧州各置榷务，辇香药、犀象及茶与交易"，对互市加以管理。太平兴国四年（979），宋方出兵攻辽，互市"罢不与通"。雍熙三年（986），宋方再次主动出击，与此同时，宋廷诏"禁河北商民与之贸易"。但上述两次主动攻辽均以失败告终，"时累年兴师，千里馈粮，居民疲乏，太宗亦颇有厌兵之意"。于是，端拱元年（988），宋、辽双方通好，同时，宋廷诏"许边疆互相市易"。淳化二年（991），宋方"令雄、霸州、静戎军、代州雁门寨置榷署如旧制"。此后，随着双方关系的时紧时缓，互市时废时复。至真宗景德元年（1004），辽大举侵宋，宋方旋即罢互市。不久，宋、辽双方订立"澶渊之盟"。翌年，宋方才"令雄、霸州、安肃军置三榷场"，后又置广信军榷场，与辽互市。"终仁宗、英宗之世，契丹固守盟好，互市不绝。”①

居住于西北地区的党项，自宋王朝建立后，即与宋发生贸易关系。宋太祖朝曾遣使贡马并有夏州首领李继捧献土入朝之事。至宋太宗太平兴国年间，李继迁反宋，宋王朝立即下令禁止与夏州政权的贸易。战争的破坏和互市的中止，对夏州政权的经济产生了重要影响。为摆脱困境，李继迁上表言："王者无外戎夷，莫非赤子，乞通互市以济资用。"②鉴于战事渐趋平息，宋王朝同意了李继迁的请求，并赐予大量物品。太宗朝末年，李继迁挥师兴、灵地区，宋王朝立即停止互市，特别禁止了青白盐贸易，于是“戎人乏食，相率寇边，屠小康堡。内属万余帐亦叛”，且“关、陇民无盐以食，境上骚扰”，③宋王朝被迫取消盐禁和贸易限制。真宗朝，总的来说，宋夏关系比较平稳，所以互市有很大发展。宝元元年（1038），元昊正式称帝，建立西夏政权。翌年，元昊表示不臣之意，揭开宋夏战争的序幕。宋廷诏“削夺官爵、互市”，“陕西、河东缘边，旧与元昊界互市处，皆禁绝之”。④元昊虽屡战获胜，但因困于财力，庆历四年（1044）上誓表臣服，宋王朝随即复其官爵，“置榷场于保安军及高平寨”，进行互市。嘉祐二年（1057），元昊子谅祚扰边，宋方示谕，“要以违约则罢和市，自此始定”，后以其不恭，宋方罢去榷场。英宗治平（1064—1067）初年，西夏“求复榷场”，宋方不许。四年（1067）上章谢罪，乞通和市，“乃复许之”。自神宗时起，宋廷经营西北边疆，战争连绵，双方互市时罢时复，极不稳定。⑤

兴起于东北地区的女真族，1115 年建立了金政权。金灭辽前，宋遣使入金，商议夹攻辽朝，并约定事成之后，宋方开设榷场与金贸易。金灭辽后，宋、金之间发生冲突，战争绵延，互市关系随战争状况时断时续。日本学者加藤繁先生曾对宋金贸易关系进行总结：宋室南渡之初，宋、金通商，因金南下，一度断绝，但宋在淮南方面于绍兴初年准许贸易，继而在泗州、楚州等地设市易务，官方也自行贸易。绍兴十一年（1141）宋、金达成和议，双方公开设置榷场，宋在盱眙军、楚州、安丰军等设榷场，起初由官方独自进行贸易，不久则准许商人贸易，形成官民交相贸易；金也相应地在泗州和其他地方设置榷场。绍兴二十九年（1159），金为南下侵

① 《宋史》卷 186《食货下八》。

② 《西夏书事》卷 5。

③ 《宋史》卷 277《郑文宝传》。

④ 《续资治通鉴长编》卷 122，宝元元年十二月甲戌。

⑤ 参见《宋史》卷 485《外国一》。

宋，除泗州外，把其余榷场完全封锁，宋也立即废掉了盱眙军以外的榷场；继而金军南伐，通商废绝。到孝宗隆兴二年（1164），双方和议告成，又设置了和以前大体一致的榷场。宁宗开禧二年（1206），双方交战，榷场停罢；嘉定元年（1208），和议再次达成，贸易同时恢复原状。①

南方和西南地区的各民族，终宋一代，与宋王朝的关系较为和睦。宋王朝片面吸取"唐亡于黄巢，而祸实基于桂林"的教训，放弃对南方和西南各民族积极经营的策略，施以羁縻之道，"树其酋长，使自镇抚，始终蛮夷遇之"。然而，正如宋人所言，这种方法也并不是控制各民族的"经久之策"。各民族"或以仇隙相寻，或以饥馑所逼，长啸而起，出则冲突州县，入则负固山林，致烦兴师讨捕。虽能殄除，而斯民之荼毒深矣"。②在这种情况下，宋王朝利用互市作为羁縻制度的一项重要补充形式。终宋一代，宋王朝在四川边疆、荆湖南北路边境、广南西路边境的各州军开设众多的互市榷场，与各民族互市。③"凡遇蛮贼作过，必先止其岁犒，绝其互市，发兵增戍"，待各民族"屈膝请命"，"乃赦其罪"，"与边吏歃血，申立信誓，永不犯边，方与放行岁犒及通互市，渐次撤警班师，各使夷汉安于无事"。④

从上面的论述可以看出，在北方和西北地区，宋王朝是利用互市作为政治或军事上控制各民族的辅助手段；在南方和西南地区，宋王朝是利用互市作为羁縻制度的重要补充形式，情况不尽相同。但就其实质而言，则都是利用互市对各民族实行经济控制。当时，这种政策在一定程度上确实达到了宋王朝君臣们的主观愿望。以西夏为例，宋仁宗宝元、康定年间（1038—1041），宋夏长期交战。当时，宋军"师惟不出，出则丧败；寇（西夏）惟不来，来必得志"。⑤军事上宋王朝显然不能制服西夏，但是，宋王朝的经济封锁却在一定程度上改变了这种军事上的不利局面。由于宋王朝断绝互市，致使西夏国内"赐遗、互市久不通，饮无茶，衣帛贵"，⑥元昊被迫停战，向宋称臣。元丰（1078—1085）年间，宋王朝乘西夏国内大乱，主动出击。但是，宋军在军事上又遭到惨重失败。宋王朝故伎重演，断绝互市。这样，

① 参见［日］加藤繁著、吴杰译《宋代和金国的贸易》，《中国经济史考证》，华世出版社 1981 年版。
② 《宋史》卷 493《蛮夷一》。
③ 参见拙文《宋代西南地区的市马与民族关系》，《思想战线》1989 年第 2 期。
④ 《宋代蜀文辑存》卷 74《请绝南蛮岁犒互市疏》。
⑤ 《续资治通鉴长编》卷 133，庆历元年八月乙巳。
⑥ 《续资治通鉴长编》卷 138，庆历二年十二月乙丑。

"既绝岁赐，复禁和市，羌中穷用，一绢之直至十余千"，加之边境一带"皆弃不敢耕，穷守沙漠，衣食并绝，老少穷饿，不能自存"。[①]西夏又被迫向宋称臣议和。在与辽、金的互市中，也存在同样的问题，只不过效果不如对待西夏那么明显。在南方和西南地区，其收效更为突出。如居于川西南黎州边境的邛部川蛮，自淳化二年（991）"至黎州求互市"以后，世代谨奉朝贡，成为宋王朝控制西南各民族的一支重要力量。南宋末年，邛部川蛮降于大理，宋王朝遂"失西南一藩篱矣"。[②]在川东一带的各民族，"无他求，所欲唯盐耳"，宋王朝针对这一情况，决定与这些民族开展盐粮互市。这一消息传到当地后，"群蛮感悦，因相与盟：不为寇钞（抄），负约者，众杀之。且曰：天子济我以食盐，我愿输与兵食"。[③]由此看来，宋王朝利用互市对各民族施以控制的政策在一定程度上确实达到了目的。

此外，在宋代对战争问题的解决也出现了新的形式。这一形式就是签约议和。终宋一代，不论是北宋政府抑或南宋政府，均与自己的劲敌签订了一系列和约。姑且不论这些和约的是与非，仅从和约本身的内容看，主要的一项即是宋王朝每年要付给这些民族或政权一笔数额可观的"岁币"，通常为银若干、绢若干、茶若干。对此，过去有不少人将岁币简单地看成宋王朝向周边民族购买和平。如刘子健先生说："宋王朝统一了唐帝国的大部分农耕地区，但不是唐帝国的全部疆域。它采取亚洲定居国家遭受马背民族威胁时的通常对策，向北方好斗的邻居——契丹帝国缴纳岁币，来购买和平。"[④]实际上，事情并非如此简单。十分明显，这项内容是受互市这种经济活动影响的。可以说，它乃是互市的一种"变种"或"派生形式"。所以，和议的出现，同样反映了经济力量向民族关系方面的渗透。

即使就传统的羁縻政策来看，宋王朝同样引入了经济力量，如宋王朝加大了对周边民族首领的赏赐力度。西南蕃部的龙、罗、方、石、张五姓，每次入贡，"所贡毡、马、丹砂，朝廷支赐锦、衫、银带，与其他费，凡二万四千四百余缗，回答之物不与焉"。韦蕃，每次入贡，"宜州受其方物，回答之费凡一千二百余缗"。[⑤]

有一种观点认为，我国古代的民族政策在唐代以后就没有什么发展和创新。如

---

① 《续资治通鉴长编》卷404，元祐二年八月戊申。

② 《宋史》卷496《蛮夷四》。

③ 《宋史》卷493《蛮夷一》。

④ 刘子健著，赵冬梅译：《中国转向内在：两宋之际的文化内向》，导言，江苏人民出版社2002年版，第2页。

⑤ 周去非：《岭外代答》卷3《外国门下》。

熊铁基先生说：“纵观古今，唐代的民族政策优于其前代与后代，唐以后的宋、明两朝虽是汉族建立的王朝，但契丹人的辽和女真人的金，先后与宋对峙，故宋人朝野都强调‘华夷之辨’；明代先后受到漠南蒙古和辽东满族的威胁，始终亟亟于备兵‘九边’，都不可能建立规模宏远的民族政策。”①事实上，宋王朝君臣面对商品经济发展所带来的市场关系的变化，引入经济力量，以市场这只“无形之手”控制边疆民族，就是宋朝民族政策重要的创新和发展。

五

在对民族政策进行创新的同时，宋王朝也对传统的民族政策进行了扬弃，和亲现象的消失即是表现之一。

和亲，作为一种部族或政权间处理相互关系的手段，早在先秦时期就已存在，但以联姻作为处理与周边民族关系的重要方式则始于西汉。首倡此策的是汉高祖的谋臣刘敬。自刘敬献和亲之策后，历代和亲不绝。据张正明先生的研究，西汉时期各类和亲至少有十六起，其中西汉王朝与边疆民族的和亲有十一起，主要是汉王朝与匈奴和亲，其他不同民族之间的和亲至少有五起。东汉至西晋，虽有袁绍与乌桓和亲以及莎车与于阗之间的和亲，但这时和亲较少，且规格远不如西汉。十六国和南北朝时期，共有和亲二十九起，其中二十五起发生在不同民族政权之间，有四起发生在汉族与边疆民族之间，即北燕与柔然和亲二起，东魏权臣高氏与柔然和亲二起。隋唐两代，共有和亲四十五起，其中十二起发生在西部边疆民族之间，其余三十三起发生在中原王朝与周边民族之间，具体是：隋代和初唐有十三起，主要发生在隋唐王朝与突厥之间；中唐有十三起，唐王朝与东起契丹和奚、西至吐蕃和于阗的多个少数民族发生了和亲；晚唐有七起，主要发生在唐王朝与回纥之间。五代，目前可检得和亲一起，即南汉与西南大长和国和亲。宋代以后，和亲共计有三十七起，即辽朝与西夏和亲三起，辽朝与回鹘和亲一起，辽朝与吐蕃别部和亲二起，西辽与乃蛮和亲一起，西夏与吐蕃别部和亲一起，回鹘与吐蕃别部和亲一起，金朝与蒙古和亲一起，西夏与蒙古和亲一起，蒙古（元朝）与高昌和亲四起，清太祖和太

① 熊铁基：《唐代民族政策初探》，《历史研究》1982年第6期。

宗两朝与蒙古和亲二十二起。[①]很显然，在汉至唐时期，中原王朝与边疆民族之间的和亲非常盛行，而从宋代以后，以汉族为主体的中原王朝与边疆民族之间的和亲作为一种历史现象退出了历史舞台。

欧阳修《再和明妃曲》诗云："汉宫有佳人，天子初未识。一朝随汉使，远嫁单于国。绝色天下无，一失难再得。虽能杀画工，于事竟何益。耳目所及尚如此，万里安能制夷狄。汉计诚已拙，女色难自夸。明妃去时泪，洒向枝上花。狂风日暮起，飘泊落谁家。红颜胜人多薄命，莫怨春风当自嗟。"[②]诗中"汉计诚已拙"一语，准确反映出和亲政策已经不是中原王朝民族政策的一项重要内容了。宋人欧阳修的诗与宋代以来以汉族为主体的中原王朝与边疆民族之间的和亲消失并非历史的巧合，而是有着内在的必然联系。

对于中国古代为什么会出现和亲，学术界做了深入探讨和分析，但对宋代以后和亲政策的变化则没有认真研究。这是一个颇为值得重视的问题。从和亲的具体背景来看，虽然有的和亲是战争前的缓兵之计，有的是两次战争间的过渡，有的是战争的最终结局；但从观念和动机来看，和亲主要是想通过婚姻关系，造成华夷一统和天下一家的局面，以维持中原王朝与边疆民族之间的和好关系。可以说，和亲是基于华夷一统、天下一家观念条件下推行的政策，也是这种观念的具体实践和运用。汉与匈奴的和亲，就是想通过和亲，使冒顿为汉室子婿，形成汉匈一家的局面。唐代与吐蕃等族的和亲也是这样。深究其原因，汉唐之际，中原王朝对边疆民族经济的影响有限，要达到此种局面，只有借助于婚姻关系；而到了宋代，互市的发展加强了中原内地与边疆民族地区的经济联系，经济联系的加强和双方经济发展一体化趋势的出现，事实上已形成了新的层面上的华夷一统和天下一家的局面。这样，华夷一统、天下一家的观念在实际中已得以充分体现。在这种情况下，和亲政策的影响就大为弱化。

六

中国古代的边疆民族政策，总的来说是一种羁縻制度，是在羁縻中实现对边疆民族的统治，在羁縻中求得中原王朝与边疆民族友好相处。关于羁縻制度，或说渊

---

① 参见张正明《和亲论》，《中国古代边疆政策研究》，中国社会科学出版社1990年版。

② 《欧阳修全集·居士集》卷8《再和明妃曲》。

源于魏晋，或说渊源于唐代。不过，不论它渊源于何时，在宋代以前，它的内容主要是“树其酋长，使自镇抚”。在羁縻制度下，中原王朝对周边民族“服则怀之以德，叛则震之以威”；[①]而周边民族对中原王朝则是“弱则畏服，强则侵叛”。[②]毋庸置疑，这项政策要取得成功，必须以强大的武力为后盾。上文谈到的和亲，本质上也是一种羁縻制度，它同样也必须取决于武力。贞观十五年（641），唐朝打败薛延陀之后，其首领夷男于次年遣使请婚。唐太宗开始表示同意，说:“朕为苍生父母，苟可以利之，岂惜一女？”[③]但紧接着又以聘礼不足为借口，拒绝和亲。对此，大臣褚遂良曾批评唐太宗“失口于人”，[④]而唐太宗却说:“君等知古而不知今。昔汉家匈奴强而中国弱，所以厚饰子女嫁与单于；今中国强而北狄弱，汉兵千人堪击其数万。延陀所以扶服稽颡，恣我所为，不敢骄慢者，以新得立为君长，杂居非其本属，将倚大国，用服其众。彼同罗、仆骨等十余部落，兵可数万，足制延陀，所以不敢发者，以延陀为我所立，惧中国也。若今以女妻之，大国子婿，增崇其礼，深结党援，杂姓部落更尊服之。夷狄人岂知恩义？微不得意，勒兵南下，所谓养兽自噬也。今不与其女，使命颇简，诸姓部落知吾弃之，其争击延陀必矣。”[⑤]唐太宗考虑与薛延陀的和亲，完全是从双方力量对比的角度考虑问题的。张正明先生通过对和亲的全面研究，就曾一针见血地指出:“不但和亲的规格是由双方的力量对比决定的，而且是否和亲也决定于双方的力量对比”，“和亲的双方都是从实力地位出发的”。[⑥]可见，汉唐时期，中原王朝边疆民族政策的核心是武力。这是一个以武力为核心的政策体系时期。对此，宋人司马光曾总结说:“盖上世帝王之御夷狄也，服则怀之以德，叛则震之以威。”[⑦]即强调武力为此前王朝边疆民族政策的显著特征。

入宋以后，由于南方和西南边境各民族“其人物犷悍，风俗荒怪，不可尽以中国教法绳治”，[⑧]宋王朝继续采用传统的羁縻政策对其加以控制。然而，由于宋王朝在这些地区的军事力量较弱，[⑨]因此，传统羁縻政策的收效不是太大，故宋人评价它

① 《通鉴纪事本末》卷2下《匈奴和亲》。
② 《晋书》卷56《江统传》。
③ 《旧唐书》卷199下《铁勒传》。
④ 《旧唐书》卷80《褚遂良传》。
⑤ 《通典》卷199《边防典十五・薛延陀》。
⑥ 张正明:《和亲论》,《中国古代边疆政策研究》。
⑦ 《资治通鉴》卷12，高帝九年。
⑧ 范成大:《桂海虞衡志・志蛮》。
⑨ 参见拙文《宋代西南地区的少数民族义军》,《思想战线》1990年第1期。

并不是控制少数民族的“经久之策”。[①]可见，时至宋代，宋王朝要想控制各边疆民族，就不得不去探索较为合乎当时历史情况的新政策。如前所述，宋代随着商业的发展以及随之而来的国内市场的扩展，边疆民族已对中原产生了巨大的依赖性，他们迫切需要与中原互市。当时，宋王朝的君臣们清楚地看到了这一点，因而他们将互市这种经济关系纳入王朝民族政策体系之内，使互市成了处理民族关系的重要工具和手段。不论是就宋王朝利用互市控制各民族的政策本身来讲，抑或是就宋王朝之所以能达到控制目的的原因来讲，它们都反映了经济力量向封建王朝民族关系渗透这一问题。由于这种渗透适应了社会经济发展的要求，所以它不唯在当时收到了巨大成效，且对后世封建王朝的民族政策也产生了重要影响。也就是说，这种渗透使得我国古代的民族政策以及民族关系的发展都具有某种转折性的变化。明王朝即广泛利用互市控制边疆各民族，故《明史》在记述茶马贸易的历史时说：“番人嗜乳酪，不得茶，则困以病。故唐宋以来，行以茶易马法，用制羌戎，而明制尤密。”[②]后人在总结宋王朝的周边民族政策时即说：“宋之待遇亦得其道，厚其委积而不计其贡输，假之荣名而不责以烦缛；来则不拒，去则不追；边圉相接，时有侵轶，命将致讨，服则舍之，不黩以武。先王柔远之制岂复有加于是哉！”[③]“不黩以武”充分反映了宋王朝周边民族政策的时代特征。由此来看，宋代是中原王朝民族政策由以武力为中心向以经济力量为中心转变的一个转折点。其转变动因就是商品经济的发展及由此而来的市场网络的扩张。

与武力相比，经济力量的影响无疑程度更深，影响面更大，影响力更为持久。因此，宋代民族关系和宋王朝民族政策的这种变化具有重要的历史意义。

中国是一个凝聚力很强的国家，边疆民族很早就对中原王朝产生了强烈的向心力。不过在宋代以前，这种向心力主要是由中原高度发展的经济文化的影响力而引起的。宋代，伴随着各民族在一定程度上卷入内地的市场体系，经济发展的直接影响力无疑大大增加，这样，各民族的向心力就更为增强。至道元年（995），“环州熟仓族乩遇略夺继迁牛马三十余，继迁令人招抚之，乩遇答云：吾一心向汉，誓死不移。（宋廷）诏以遇为会州刺史，赐帛五十四、茶五十斤。”[④]乩遇的话，很有典型

① 《宋史》卷 493《蛮夷一》。
② 《明史》卷 80《食货四》。
③ 《宋史》卷 485《外国一》。
④ 《宋史》卷 491《党项传》。

性，代表了周边民族的普遍要求。因周边民族“一心向汉”，很多边疆民族纷纷内迁及向中原王朝献地纳土。如在西北地区，“河西回鹘多缘互市家秦陇间”，[①]不断向内地迁徙。不唯如此，边疆民族还不断向宋王朝献地纳土，愿意置身于宋王朝的直接统治之下。当时，这种献地纳土现象在西北和西南地区均有。以西南地区为例，熙宁八年（1075）十一月，“夷人献长宁等十州地隶井盐”；[②]绍圣四年（1097）五月，时州夷人首领杨光荣乞献土；[③]大观三年（1109）六月，“泸南夷纳土”，九月，“黔南、安化、上三州及南、思诸峒并湖北辰、靖等州诸蛮及涪州、夔州、南平军夷人并纳土，幅员二万七千余里”。[④]因宋代周边民族献地纳土较为普遍，所以在宋王朝的周边，出现了大量的“熟户”。所谓“熟户”，是与“生户”相对而言，为归附宋王朝的边疆民族，故宋人又称之为“属户”。“生熟户”在宋代的出现，实反映了周边民族融入中原步伐的加快。从某种意义上来说，宋代中原与周边民族地区经济联系加强的过程，也就是中原王朝对周边民族控制强化的过程。这样一种状况，无疑有利于民族的融合，有利于各民族社会经济的发展。更为重要的是，它大大增强了周边民族对中原王朝的向心力和认同感。继宋而起的元朝，能够将原来处于羁縻控制之中的边疆民族第一次纳入中原王朝的直接统治之下，建立起空前统一的多民族国家，这并非偶然，实与宋代以来新的变化有深刻的内在联系。

简言之，在中国民族关系史上，宋代是一个以经济力量向民族政策和民族关系各方面渗透的时代。这种渗透，符合社会发展的要求，有利于民族团结，有利于各民族自身的发展以及我国统一的多民族国家的发展。这是宋代以后元、明、清几代王朝空前统一大发展的重要原因。

原载《中国边疆史地研究》2008 年第 4 期，
本文刊发时作者为云南大学研究生部教授。

① 《续资治通鉴长编》卷 111，明道元年七月甲戌。
② 《续资治通鉴长编》卷 271，熙宁八年十一月丁巳。
③ 《续资治通鉴长编》卷 488，绍圣四年五月辛巳。
④ 《续资治通鉴长编拾补》卷 28，大观三年六月条。

宋朝西南边疆民族地区的土地赋税政策

刘复生

宋朝西南边疆地区居住着众多民族，有的生活在宋朝统治区域之内，有的实行羁縻州制，受宋政府的间接统治。宋朝为了保持西南边疆的安宁，除少数几次“开边”活动外，大体以“不生事”为其行事原则，推行一种较为温和的边疆民族政策。在所谓“变夷为汉”的实施过程中，土地赋税政策始终是核心问题。

一、边疆开拓:“纳土”与“赐土”

宋朝西南边疆民族地区，时常发生宋朝官员所称的夷民“叛服不常”现象。造成边疆动荡的因素固然很多，但“叛服”的原因无不与“土地”密切相关。除宋神宗、徽宗时期等少数几次“开边”活动外，宋朝在西南边疆民族地区一般采取较为温和的开拓政策，总的说来以“不生事”为行事原则。《宋史·唐重传》载:“朝廷以拓土为功，边帅争兴利以徼赏，凡蜀东西、夔峡路及荆湖、广南，皆诱近边蕃夷献其地之不可耕者，谓之‘纳土’，因置州县，所至骚然。”这是针对宋徽宗时期在西南边疆地区大规模的“开边”活动而言的。其实，与“叛服不常”相随的“纳土”以及“赐土”行动伴随着两宋始终，只不过较为局部，规模较小罢了。

史籍中不乏西南边疆民族“纳土”的记载，献上土地，愿意“认纳租税”。“纳土”可能因各种原因的夷汉冲突而起，也可能是在夷民内部纷争中，部分夷民特别是失利的一方向宋朝“纳土”表示归附，以求得援助。当然也不排除有所谓向慕之心的行为，但更多的是被迫的，或者是宋朝“开边”的直接后果。在湖南，嘉祐三年（1058）“蛮反邵州”被镇压，宋军破团峒九十余处。首领杨昌透失败投降，“以所领十余州，求输租赋”。[①]熙宁六年（1073）五月，宋朝“开梅山”，其后“措置梅山、武冈猺人”，得主客14800余户，丁79000余口，田26万余亩，章惇要求议定“起税租”等事项。[②]在四川，元丰初宋军镇压了“泸夷”的反叛活动，“罗胡苟姓作过夷贼，系八母姓，共五十六村。除已讨杀及投降外，有四十七村。内四十二村累次各以铜鼓、器甲、水牛等衔草乞命投降。及献逐村地土，岁认租税”；宋朝“以降夷村分头领强壮老小人口、山坡水嶒地土，逐年认纳租税，仍各令打誓归业”。[③]淳熙十一年（1184）十二月六日，土官承节郎思州石南知堡田租周因能“悔过自新”，“尽将买到黔江县田土归纳入官，更不请领价钱”[④]，而受到表彰。

对来归的少数民族首领，宋朝往往给赐一定数量的田土予以安置。淳化元年（990），广西羁縻南丹州洪皓袭其兄位称刺史，洪皓弟洪沅不满，“挈妻子来奔宜州”，宋政府乃以洪沅“为邵州团练使，给田十顷”。后来洪皓死，“长子淮勍袭父任，俄为弟淮辿所逐，淮勍帅属来奔。诏宜州赐闲田资给之，即命淮辿知南丹州，仍谕以苟效忠顺，当加甄奖”。[⑤]天禧二年（1018）下溪州彭儒猛等降后，释罪录用，进而“令高州等处诸族蛮人，以此招谕。如挈属来归，愿给田耕凿，许从所便，愿还溪峒，亦听其请”。宋政府认为，“蛮夷之俗，羁縻而已，不欲为之兴师报怨”，[⑥]给赐田土，以便尽快使边疆民族纷争平息下来，这种行事方式对一些失去土地或权势的夷民首领来说是具有吸引力的。

“赐土”，可于附近拨土安置，也可于它处赐以闲田，后者不在少数。《宋会要辑稿》载大中祥符六年（1013），抚水州蛮首领指挥使蒙但挈族来归，诏徙于桂州给田处之。又载大中祥符九年（1016）九月，首帅蒙承贵等面缚诣军自首，纳器甲凡五千数，愿迁处汉地者七百余口，“诏分置广西及荆湖州军，给以田粮”。又载同年十一月三日，以知归化州殿直蒙肚为密州别驾，蒙双为海州都押衙，“各支请授给与系官田土”。[⑦]元祐二年（1087）六月壬寅，权知桂州兼管勾广西经略司苗时

① 李焘:《续资治通鉴长编》(下简称《长编》)卷187，嘉祐三年六月丙辰。参见“附注”引范祖禹《郭逵墓志铭》，中华书局1985年版。

② 参见《长编》卷245，熙宁六年五月癸亥。

③ 《长编》卷294，元丰元年十一月丁亥。

④ 《宋会要辑稿》蕃夷5之101，中华书局影印本1957年版。

⑤ 《宋史》卷494《蛮夷传·南丹州》;《长编》卷59，景德二年四月辛卯;《宋会要辑稿》蕃夷5之79。文字略有不同。

⑥ 《宋史》卷494《蛮夷传·南丹州》;《长编》卷59，景德二年四月辛卯;《宋会要辑稿》蕃夷5之79。文字略有不同。

⑦ 参见《宋会要辑稿》蕃夷5之5，5之6，5之7。

中奏“依顺清占夺任峒”事，“请将顺清并家属就湖南近里州军编管，依例给田土令耕”。这是一起“私相仇杀”事件，枢密院作出如下处理：“特依归明人例，与茶酒班殿侍，其家属令广南西路经略司差人押送道州，给赐田土羁縻，无令出入”。宋朝对于“归明人”一般是给赐田土予以安置的，“依例”也就是有一定的章法可循。绍圣四年（1097）五月，广西言知南丹州莫氏公鞫、公佞兄弟“自成唇吻”，朝廷接受建议，差人伴押前去鄂州“给与系官堪耕种田土，仰本州常切羁縻”。[①] 乾道二年（1166）十二月二十四日，广西路经略转运司言：要求琼管官员“如任内有侵犯省地，或失省民亦重责罚。其先省民逃亡在黎峒之人，仰守臣措置，多出文榜，委曲招诱，令复乡业。自乾道元年以前应欠官私税租债负，并与除放。复业以后田租科料与依条减放五年。如无田可以归耕，许令指射官中空闲地，从便耕垦，亦免五年税赋。省民既皆还业，黎人势自安帖”。[②] 南宋末，广西南丹州蛮首领诸子内讧，宋帅李曾伯上言：蛮首家口眷属凡有五十九人，共七子，有二子“已今存恤保，无它患矣”，进而“乞于柳象间拨荒田”以赡其他兄弟。又说：“今所虑三子之在溪洞者，未见著落。臣已排日下邕宜寻访未报。若俱物色得之，不过留之邕宜等郡，拨闲田以资给。”[③]

以“土地”作为杠杆，用以平息边疆的动荡，成为宋朝在西南边疆民族地区实行的羁縻政策的组成部分。

二、“变夷为汉”：不确定的赋税政策

唐宋时期在边疆民族地区实行羁縻州制，实行间接统治。唐代羁縻州地贡赋版籍，多不上户部，“无赋役”是唐朝对羁縻州地实行的一项基本政策。宋朝同样是如此，如《宋会要辑稿》载，太平兴国八年（983）八月，“（羁縻）锦、溪、叙、富四州蛮相率诣辰州言：愿比内郡输租税。不许”；咸平元年（998），羁縻富州刺史向通汉再次“请定租赋”，真宗说是“前典甚明，难遵什一”，“帝以荒服不征，且虑奸谋扰叛，故拒之”。[④] 但是，宋代一些羁縻州是要向政府“供税役”的。南宋范

① 《长编》卷488，绍圣四年（1097）五月壬申。
② 《宋会要辑稿》蕃夷5之45。省地、省民，指宋朝管辖之地和人民。
③ 李曾伯：《可斋续稿后》卷7《回奏宣谕》，两则题同，《四库全书》珍本初集。
④ 《宋会要辑稿》蕃夷5之74，5之75。

成大记广西“蛮地”:“今郡县之外羁縻州洞，虽故皆蛮，地犹近省，民供税役，故不以蛮命之。过羁縻，则谓之化外真蛮矣……皆耕作省地，岁输税米于官。始时，国家规模宏远，以民官治理之，兵官镇压之，以诸峒财力养官军，以民丁备招集驱使……比年不然，诸峒不供租赋，故无粮以养提举之兵。”①南宋时对广西路边疆民族的控制显然已较松懈，对羁縻州也没有一定的规范要求。

一些边疆民族虽然居住在宋朝行政区域的管辖范围之内，但并不承担国家赋税。《宋史·蛮夷传一》载:“桂阳监蛮徭……居山谷间，其山自衡州常宁县属，于桂阳、郴、连、贺、韶四州，环纡千余里，蛮居其中，不事赋役。”这一带包括现在湖南南部、广东西北以及广西东部山区，大体在宋朝管辖政区之内。咸平二年（999）十月癸丑，“诏澧州勿收蛮界归业民租”。②一般把未承担国家赋税的夷民称为“生夷”，与要向国家承担赋税的“熟夷”相对。如海南的黎民即有两种情况，周去非记:“海南有黎母山，内为生黎，去州县远，不供赋役。外为熟黎，耕省地，供赋役，而各以所迩隶于四军州。”③向夷民征收赋税是“变夷为汉”的核心内容。有时将荒地佃给“杨氏犵狑”耕种，哪怕租税十分微薄。正如乾道七年（1171），前知辰州章才邵上言:“沅陵之浦口，地平衍膏腴，多水田，顷为徭蛮侵掠，民皆转徙而田野荒秽。会守倅无远虑，乃以其田给靖州犵狑杨姓者，俾佃作而课其租，所获甚微。”④

湖南潭邵间所谓上下梅山，其地千里，五代马氏以来，徭人据之，号莫徭。宋初以来有厉禁，制其耕垦出入。官员蔡奕建言曰:“省地养此，后日为大患。今变徭为汉无难也。开其酋以祸福，使为士民，口授其田，略为贷助，使业其生。”后有“开梅山”之举，“画田亩，分保伍，列乡里，筑二邑隶之。籍其田以亩计者二十四万，增赋数十万。遂招怀、邵之武冈峒蛮三百余族户数万，岁输米以万计”。⑤这是一个“变夷为汉”的实例。咸平六年（1003）五月甲午，湖北转运使王赞上言:“近溪洞田，先以蛮人侵扰，禁其垦植。今边境安静，民复耕莳，已遣官检括置籍，请令依旧输租。”⑥遂诏蠲常赋之半。茂州地区“自古至今，并无两税”，宋初已有主

① 范成大:《桂海虞衡志·志蛮》，孔凡礼点校《范成大笔记六种》，中华书局2002年版，第138、146页。
② 《长编》卷45，咸平二年十月癸丑。
③ 周去非:《岭外代答》卷2《海外黎蛮》，中华书局1999年版。
④ 《宋史》卷494《西南溪峒诸蛮下》。
⑤ 刘挚:《忠肃集》卷12《蔡奕墓志铭》，丛书集成初编本。
⑥ 《长编》卷54，咸平六年五月甲午。

户、客户、部落户之分；威州地区宋初也已有税户、蕃税户、蕃客户了，元之前，已是“蕃汉并纳夏税”[①]了。元祐元年（1086）三月，成都府路转运司据茂州申：“本州系处极边，蕃汉并纳夏税，斛斗数目不多，自来止是送正色，并无折变，及不收耗并头子钱。乞免依新条受纳税租加耗。”[②]这是对边疆地区的一种“优惠”政策，从无两税至送纳“正色”，正是成为“省民”的一个过程。

夷民的输税行为并不稳定，与真正的“省民”还有相当差距。出于所谓“羁縻”目的，政府执行较为灵活的赋税政策。初纳赋税时，往往受到一些优待，少纳或不纳某些内地居民要交纳的税费成为常例，轻徭薄税成为宋政府西南边疆民族地区的一个既定政策。如景祐四年（1037）二月甲寅，“除邕州管下溪洞诸州天圣五年以前所逋租税”；熙宁七年（1074）十月庚寅，从知桂州刘彝之请言：“邕州溪洞积年水旱，所欠税米等乞援赦除放。”[③]又建炎四年（1130）七月二十九日，知桂州主管广西路经略安抚司公事许中言：“本路两江峒丁，祖宗以来给田薄税，使各家给人足。”绍熙四年（1193）四月五日，从桂阳军之请，诏：“郴桂衡道诸州溪峒徭户，不系省民者，并免随税均纳夏秋免役钱。”[④]绍兴末，嘉州徼外蛮掠赖因、忠镇二寨，又于州境立夷神庙，言者谓：“诸州寨将祖宗时择其土豪为之，特与蠲免徭役，故皆乐于承命。近年以来，不复免役，而又三年一替。其权不专，所部土兵，曾不为用。”[⑤]显然，轻徭役的政策在此间没有得到很好遵行，以致引起夷民的不满，也说明政策的不确定性。

一些边疆地区还长期保留自五代以来对编户的一种常赋“身丁米钱”。据《长编》，熙宁七年（1074）五月，朝廷接受了广西安抚司奏请，“邕州左右江五寨镇峒民所纳夏税钱布麻皮马价钱等，如愿折纳米者听其便”。熙宁九年（1076）二月神宗下诏荆湖北路转运司：“北江下溪州已纳土，其每户合纳丁身粟米，自熙宁十年为始。”元祐三年（1088）九月，朝廷接受户部的建言，自来不曾差役的泸州江安县夷税户，“自第三等以上愿依旧输役钱，仍从汉户单丁法减半，第四等以下并免”。[⑥]《宋

① 乐史:《太平寰宇记》卷78，文渊阁四库全书本。
② 《长编》卷373，元祐元年三月壬午。
③ 《长编》卷120，景祐四年二月甲寅；卷257，熙宁七年十月庚寅。
④ 《宋会要辑稿》兵4之37；蕃夷5之50。
⑤ 李心传:《建炎以来系年要录》卷198，绍兴三十二年三月丙辰，中华书局1988年版。
⑥ 《长编》卷253，熙宁七年五月辛丑；卷273，熙宁九年二月壬寅；卷414，元祐三年九月丁未。

史·食货志上二》载与省民为邻的“熟户、山徭、洞丁”，“一夫岁输租三斗，无他徭役，故皆乐为之用”。这是对一些邻近的溪洞征收“丁口之赋”。“乐为之用”不过相对而言，其实弊病不少。淳熙三年（1176）八月十三日，湖北提刑司言丁米之弊：“徭人每丁岁纳三斗三升，谓之身丁米，今则应系徭人并令就州城纳米。其间有去城百余里，往返等候动经数日，而所纳米加增斛面，多收耗剩，每米一石纳得三斗三升，或又高估价直折纳，县不销钞，时常追呼被扰。”遂下诏靖州，“毋得将盐科扰，其丁米止得各就近属县塞堡从便，平量给钞，毋得多收斛面耗剩，及勒令折钱之类”。[①]《宋史·蛮夷传二》载：乾道三年（1167）八月，“诏平溪峒互市盐米价，听民便，毋相抑配。其徭人岁输身丁米，务平收，无取羡余及折输钱，违者论罪”。可见部分徭人还得承担羡余、折输之类的盘剥。

夷汉民众间的长期交往使互耕其地的事并不罕见，然而如黎州大渡河外大片“蕃田”役使省地之民以租佃方式耕种，在宋代却是很少见到的。淳熙七年（1180）八月八日，枢密院编修官李嘉谋上言说：“黎州过大渡河外，弥望皆是蕃田。每汉人过河耕种其地，及其秋成，十归其一，谓之蕃租。土丁之耕蕃地者十有七八。窃见蕃部所经残掠去处久例多逃田。今宜措置以若干亩召募土人为军。春秋量给衣赐，止刺手背谓之土军。”情况各地有所不同，淳熙八年（1181）五月八日有臣僚上言说，湖南溪洞之民往往于洞外买省地之田，“役省地之民以为耕夫，而岁以租赋输之于官”，官吏虑其生事而幸其输租，“遂致其田多为溪洞所有，其民多为溪洞所役”。[②]嘉定五年（1212）秋，宋兵与马湖蛮战，后“有蛮九百余人诣军前投降”，有人指出，这九百人“本吾边民，皆为人佣耕”，[③]实际上也是没于蛮地为其佣耕者。

另一个值得注意的现象是西南边地“两属夷人”的存在。两属夷人置身于宋朝和南方强大民族之间，有时处于南北两大势力的共管之下。在和平时期，他们对双方都承担一定的义务，在战争年月则成为双方竭力威迫、争取的对象。在民族势力对峙严重的宋代，两属现象比较普遍，但除辽宋之间的两属户为人所熟知外，南方同样性质的“两属夷人”却较少为人注意。泸叙地区的两属夷人，“散居山谷，外接生界乌蛮，内连戎、泸州州县”。元丰年间宋军攻讨乞弟时，曾下令“旁近蛮族或

① 《宋会要辑稿》蕃夷5之98。
② 《宋会要辑稿》蕃夷5之54，5之99。
③ 李心传：《建炎以来朝野杂记》乙集卷20《辛未利店之变》，中华书局2000年版。

两属夷”如能斩获乞弟首，即与本州刺史。[①] 宋军大举进攻之时，“先谕两属蛮户，并令安居，如愿随军讨贼亦听”。[②] 马湖蛮地区“凡蛮地仰给者七村，曰胡盐（或曰会筵——引者，下同），曰黎溪（或曰泚溪），曰平夷，曰都夷，曰什葛，曰蒲润（或曰普润），曰荒桃。此七村多沃壤，宜耕稼。其民披毡椎髻而比屋皆覆瓦，如华人之居。饮食种艺多与华同。惟胡盐、黎溪、平夷三村，两输汉蛮之税，谓之‘两属税户’”。[③] 两属之人在宋代被列为“杂类”受到歧视，其对“杂类”的解释是：“舅曾为人奴仆，姑曾为娼，并父祖系化外及见居缘边两属之人。”[④]

身处南北两大势力之间的一些夷民，有时直接成为乌蛮统治对象，泸叙地区大量的僚人村落一度被乌蛮部落征服就属于这种现象。即使乌蛮退去，也不时前来“索税”。元丰三年（1080）四月，乌蛮乞弟攻围罗个牟村时称：“罗个牟欠蛮旧税，我故仇之。”[⑤] 另一种情况是，汉民侵据夷人土地，每岁予以补偿。据《宋会要辑稿》，马湖夷都董蛮“初以土豪侵据地间，朝廷命岁与之赂”，夷民则每年前来“索税”，“所给不过生紬茶盐，岁持三印纸如券”。李心传记说：“初，赖因本夷地，景德、天圣间，屡来寇掠。治平间，把截将王文拨始据险立寨，侵耕夷人山坝，名赖因庄。夷人诉之，事闻，有旨以其地归董蛮。既而寨民私赂之，以偿其侵地，岁为紬二百匹，幅广二尺，长二丈，于是蛮人每岁至赖因，谓之‘索税’。”[⑥] 宋朝承认这种因边疆土地而起的“索税”行为，也是西南边疆民族地区特有的一个现象。

在所谓“变夷为汉”的实施过程中，允许夷民认纳租税是其中的关键。宋朝在西南边疆民族地区没有一个统一确定的赋税政策，往往因时因地采取不同的处理办法，承认或默认一些特殊现象的存在，造成各地之间有很大的差异。

三、田土交易：禁与不禁之间

宋朝不立田制，允许田土“私相贸易”，在西南边疆民族地区，这个政策有一

① 参见《宋会要辑稿》兵 27 之 36；蕃夷 5 之 27。
② 《长编》卷 304，元丰三年五月甲申。
③ 李心传：《建炎以来朝野杂记》乙集卷 20《辛未利店之变》。
④ 《长编》卷 284，熙宁十年九月壬子。
⑤ 《长编》卷 303，元丰三年四月己巳。
⑥ 《宋会要辑稿》蕃夷 5 之 103；《建炎以来朝野杂记》乙集卷 20《辛未利店之变》。

些反复，禁与不禁之间并不是一成不变的。

首先可以肯定的一点是，西南边疆地区的田产交易是普遍存在的，其中有夷民之间的交易，也有省民与夷民之间的交易。如景德元年（1004）四月，真宗对宰臣说道："富州刺史向通汉于辰州溆浦县、谭州益阳县广市土田。"这种交易受到宋朝的干预，朝廷下命"熟察情伪，及图利害以闻"。[①] 西北一带，熙宁五年（1072）九月三日，"初诏陕西缘边蕃部土地许典买租赁"。[②] 八年（1075）闰四月甲辰，范纯仁上言："旧陕西敕弓箭手、百姓不许典买租赁蕃部田土，至《熙宁编敕》则不禁。臣今体访环、庆州诸城寨属户，多以田土典卖与蕃部，虑渐典与汉人。缘熟户以耕种为业，恐既卖尽田土，则无顾恋之心，以至逃背作过，缓急难以点集。乞自今陕西缘边属户蕃部地，止许典与蕃部，立契毋得过三年。"遂诏"地连夏国界者，用陕西一路敕，余用《编敕》"。[③] 这是担心缘边属户把地卖给汉民，卖尽则难治理，故而只许卖给蕃部。此虽针对陕西方向而言，然其根据情势的变化而制定或禁或不禁的不同政策，在西南边疆地区也是一样的。

在西南边疆地区，大体经历了从禁到开禁再到禁止三个阶段。是否允许夷汉间田土交易，因时因地不尽相同。禁与不禁，或者是单向的，即只准典买或禁买夷民田土，反之亦然。宋初以来为免生事端，一般禁止夷汉之间的田土交易。宋神宗与王安石谈话时讲到，自来就有不准典买夷人田土的"条贯"。《桂海虞衡志·西原蛮》载侬智高反后，分其种落为羁縻州，"民田计口给民，不得典卖，惟自开荒者由己，谓之'祖业口分田'。知州别得养印田，犹圭田也"。但禁而不止或随时宜而允许买卖的情况却也是常有的事。夷汉间田土交易多数为夷人卖田给汉民，往往造成夷民无所。也有夷民收买省地田产，同样遭到禁止。

熙丰变法时期，在王安石的建议下开放此禁，认为允许夷汉间田土交易可以促进"变夷为汉"，即使付出一定代价也是值得的。熙宁六年（1073）五月辛未："诏自今汉户典买夷人田土者，听之。先是，王安石论泸州夷事，因言：'汉户不得典买夷人田土，此条贯合废。'上曰：'自来有此条贯，何故？'安石曰：'必缘典买相混争，致开边隙，故立法禁止。苟能变夷为汉，则此非所恤也。又淯井两边地，若捐

① 《宋会要辑稿》蕃夷 5 之 76。
② 《长编》卷 245，熙宁六年五月辛未"附注"。
③ 《长编》卷 263，熙宁八年闰四月甲辰。

数万缗官钱市得，令汉户住佃，即淯井更无夷事矣。’上以为然，遂降此诏。”李焘注说：“听典买夷田，据《法册》乃五月二十九日指挥。”开禁比西北方面稍晚。不久，宋神宗接受了察访梓夔路常平等事熊本的建言：“近制，汉户典买蕃人田土者听。今访闻戎、泸县分，前此汉人亦多私典买蕃人田土者，皆出情愿，即无竞争，但不敢经官印契。谓宜许令赍契赴官陈首，如无交加，即印契给还。其元无税租地土，不以赦前后，并令量认租税。”①

夷汉间的土地交易更多地从私下走向了前台，使得立法成为必然。元丰七年（1084）五月己酉，荆湖路官员孙览言：“徽、诚蛮多典卖田与外来户，乞立法：溪峒典卖田与百姓，即计直立税，田虽赎，税仍旧。不二十年，蛮地有税者过半，则所入渐可减本路之费。乞下诚沅邵三州施行。又沅州官水陆田、山畬，乞许射佃，候耕垦熟，限年立课。”后诏：“诚州买广西盐，立蛮人地税，免租课佃官地，并施行。”元丰八年（1085）二月丁卯日，“诏邵州芙蓉、石驿、浮城等峒已修寨铺，其归明户及元省地百姓，如省地法应婚姻、出入、典卖田、招佃客，并听从便，从知邵州关杞请也”。②

但在海南黎人区，由于担心黎人失所生事，禁止海北之民到那里契买黎人田土。琼管体量安抚朱初平等累上奏章言：“自来黎峒田土，各峒通同占据，共耕分收，初无文记。今既投降入省地，止纳丁身及量纳苗米，而海北之民，乃作请田文字，查其田土，使无所耕种。又或因商贩以少许物货令虚增钱数，立契买峒民田土，岁久侵占，引惹词讼，比及官司追逮，往往拔刀相杀，乞一切禁止。黎峒宽敞，极有可为良田处。欲候将来事定，选官拣愿耕少壮之人籍成保甲，与黎人杂处分耕。”③元丰三年（1080）十二月庚申，经中书讨论，朝廷接受了初平的建议。

南宋孝宗时期，再次禁止夷汉之间的田土交易。隆兴二年（1164）四月二十七日，右正言尹穑言：“湖南州县地界多与溪峒蛮徭差互连接，以故省民与徭人交结往来，以田产擅生交易。其间豪猾大姓规免税役，多以产业寄隐徭人户下，内亏国赋，外滋边隙。欲望下湖南安抚司于逐州选差办吏亲诣所属州县，将省地与徭人相连售有界至处明立封堠。自今不许省民将田产典卖与徭人及私以产业寄隐。并许乡保田

① 《长编》卷245，熙宁六年五月辛未；卷247，熙宁六年九月戊戌。
② 《长编》卷345，元丰七年五月己酉；卷351，元丰八年二月丁卯。
③ 《长编》卷310，元丰三年（1080）十二月庚申。参见《宋会要辑稿》食货70之14，蕃夷5之43。

邻陈告，以其田土给与告人，若官吏更不检察停降决配。已前卖入徭户田等，难以遽行改追，只令置籍，如有徭人情愿退还所买省地田产者，州县以官钱代支元价，仍明出榜文，委曲晓谕。”豪猾大姓利用省民与徭民交易田产“规免税役”，宋朝予以禁止，同时鼓励徭人“退还所买省地田产”，以官钱代还之。淳熙八年（1181）五月八日，“诏衡州常宁县管下溪洞之民，毋得于省地创置产业。王民地著者，亦不许与溪洞以山林陇亩相为贸易。稍有违戾即置于理，守令不能遵奉条令者，坐以除籍为民之罪。如溪洞之民愿以所置产业鬻与省民者，听”。此诏是鉴于臣僚如下奏言：“溪洞之民，往往于洞外买省地之田，以为己业，役省地之民以为耕夫，而岁以租赋输之于官，官吏虑其生事而幸其输租，于我则因循而不敢问，遂致其田多为溪洞所有，其民多为溪洞所役。”[1] 在广西，淳熙九年（1182）十一月十四日，三省言：“田租周家辄敢收买省地田产，藏匿向敏恭，不令出官，与谭汝翼节次仇杀，不伏安抚司追呼，理合依法穷治。今来为能悔过，听从母冉氏训谕，将买过省地归纳。”遂诏帅漕司：“晓谕田租周限指挥到日，将向敏恭解发赴安抚司，今后不得侵买省地，及与省民妄有争竞。如敢违犯重作施行，其归纳到田土特与给还元价。”在四川，淳熙十年（1183）十二月二十一日，臣僚言：“叙州城外控蛮夷，而城之内外，棘夷葛獠又动以万计。与汉人杂处，其熟户居省地官庄者，多为义军子弟。而庆符一县与来附一驿，乃是政和新纳土。其夷人田地，即不许与汉人私相交易。近年多是他州客游或官员士庶，因而寄居，贪并夷人之田。间有词讼，豪民行赂，计嘱上下，译者从而变其情，诛求屈抑，无可赴诉。一旦不胜其愤，群起而为盗贼。乞申严条法，不许汉人侵买夷人田地。及严责州县，应夷人词诉，务尽其情。无事之时，常加抚恤，勿令失所。”[2] 私相交易禁而不止，故再乞申严条法。

宋朝一些官员认为，夷汉民众之间的私售田产造成了许多弊端，禁其交易是“绥边”的需要。嘉定七年（1214）三月十六日臣僚言，以为辰沅靖三州之地，实赖熟户、山徭与替峒丁相为捍蔽。不许夷汉间田地自由交易的“溪峒之专条”是确保当地安宁的条件，但后来未被遵守而“引惹”事端：“熟户、山徭、峒丁有田，不许擅鬻，不问顷亩多寡，山畲阔狭，各有界至，任其耕种。但以丁各系籍，每丁量课米三斗，悉无他科配。熟户、山徭、峒丁乐其有田之可耕，生界有警独力为卫，盖

① 《宋会要辑稿》蕃夷 5 之 96，5 之 99。
② 《宋会要辑稿》蕃夷 5 之 100，5 之 101。

欲保守田业也。近年以来，生界徭蛮出没省地，而州县无以禁戒者，皆由不能遵守良法有以致之。'溪峒之专条'：山徭、峒丁田地并不许与省民交易，盖虑其穷，因而无所顾藉，不为我用。今州郡谩不加意，山徭、峒丁有田者，悉听其与省民交易。利于牙契所得，而又省民得田输税，在版籍常赋之外，可以资郡帑泛用。而山徭峒丁之米挂籍自如，催督严峻，多不聊生。往往奔入生界溪洞，受雇以赡口腹。"因此宋宁宗重新明敕湖广监司："凡属溪峒去处，山徭、峒丁不得擅与省民交易。犯者科以违制之罪。仍以其田归之。庶几山徭峒丁有田可耕，各安生业，不致妄生边衅，实绥靖远民之长策。"①

对于西南边疆地区夷汉之间的田土交易，禁与不禁，宋政府同样没有固定不变的政策，主张禁止者往往强调"绥边"的必要性，主张开禁者则以"变夷为汉"为出发点。从民族发展史的角度来看，后者对民族融合具有促进作用，显然具有一定的"进步"意义。

原载《中国边疆史地研究》2005年第3期，
本文刊发时作者为四川大学历史文化学院教授、博士生导师。

① 《宋会要辑稿》蕃夷5之71。

宋朝“省地”范围的拓展及其政策

安国楼　史彬彬

宋朝“省地”，指稳定管辖的州县属地，是此一时期特有的区域地理概念，主要适用于川峡、荆湖及广西路边区，亦有泛指内地行政区域的情况。省地外围有大量附属性的羁縻州县或散居部族地区，以及没有附属关系的生界地区。“省地”这一名称，在宋代文献中使用非常普遍。《建炎以来朝野杂记》载淳熙年间吐蕃发生饥荒、羌人扰边，“成州团练使奏谓：省地难以存留，羌人居止行下”，[①]则“省地”不止为西南一地专用，实为周边民族与内地行政区域的普遍对称。对于不同的周边区域及民户层次，宋廷采取了有区别的政策或边事处理方式。北宋中期以后，随着省地范围的拓展，原省地外围的诸多部族地区，由附属或非附属形式，转变为省地化的管理方式，并采取相应的过渡政策。南宋时期，仍存在明显的省地界限划分。在北宋对拓展省地经营的基础上，南部边区的省地化管理程度和实效性进一步增强。

对于宋代南部、西南部边区的开拓与经营问题，学界已有不少研究成果。[②]但围绕所谓“省地”范围的拓展及其政策问题，仍有许多方面值得进一步探讨。本文拟针对北宋中期以后，川峡、荆湖等边区新拓展省地政策的转变，及其实施作用、发展趋势等问题加以探讨。

一、关于“省地”范围的拓展

两宋时期，疆域较之前后各代王朝有较大变化，诚如钱锺书所言，宋从“八尺

① （宋）李心传:《建炎以来朝野杂记》乙集卷19《丁未三开乙卯曳失索之变》，武英殿聚珍版丛书本。

② 参见薛政超《北宋湖南少数民族迁移省地考》，《民族论坛》2008年第1期；董春林《生熟无界：羁縻政策视域下的族群互融——以宋代西南民族地区为例》，《广西民族研究》2016年第6期。

方床”缩小成“行军帆布床”。[①] 在此背景下，宋代疆域的北缘不断南退，且成为宋与北方少数民族政权冲突之处。而就南与西南方而言，对这些区域的经营显得更为突出。北宋神宗至徽宗时期，相继在川峡、荆湖、广南诸路缘边向外开拓疆土，招纳人户，其目的就是要通过设立州县城寨、授官驻兵、籍民征赋等形式，将过去的羁縻州及其他外围部族地区，转变为直接统领和管理的地区，即转变为“省地”和“省民”。因此，北宋中期以后，这些边区的“省地”范围进一步拓展。

当时，川峡、荆湖、广南诸路的一些偏远地区并非传统意义上的中原王朝辖地。宋代仍将巴蜀等西南地区民族称为“西南夷”。北宋疆域范围内，成都府路（川峡）、广南诸路等部分辖地是北宋的边地。至南宋，疆域范围进一步缩小，西界、西南界仍为成都府路、广南诸路所管辖。因此，荆湖、川峡等地的一些偏远地区无疑是两宋时期的羁縻、附属地区，是两宋的边地。当然，就中国古代的政治结构而言，这一时期宋、辽、金、西夏多个政权并存，共同构成中国的范围。因此，北宋、南宋的边疆，并不是中国的边疆，这是需要注意的。

在荆湖边区，至神宗熙宁六年（1073），负责开拓事宜的章惇言：“辰州南江溪洞尽以内属，其新归地自西以北，环数千里，依险团族甚众，遣官于懿、峡、富、锦、黔州分建城寨……辰州南江知州、管内军衙首领等，各乞纳土为王民。”[②] 其他“衡、永等州溪峒猺人，因招谕纳土，乞并为省民”。[③] 为加强管理，宋廷相继在这些地区建立沅州（治今湖南芷江县）、诚州（原羁縻州，治今湖南靖州县）及相关城寨。元丰三年（1080），新知沅州谢麟言：“古诚州并小由、四旗、竹滩、大由、托口等处溪峒人户各已归明，臣续招怀九衙二十三州，地林十三州，依例奏补名目，把托边界。又招纳详州等处洞酋首，通计七千余户。乞添筑沿边城寨堡铺及差戍兵，绥辑人户，籍为省民。”[④] 这些事例说明开拓之后，原省地外围大范围的羁縻州或散居部族地区，已成为新的省地，其民则转变为省民熟户。

生界梅山洞地区的开拓也是如此，试图“臣属而郡县之”，[⑤] “招谕梅山蛮猺令作

① 钱锺书:《宋诗选注》，三联书店 2002 年版，第 1 页。

② （宋）李焘:《续资治通鉴长编》卷 242，熙宁六年正月末，附注引《神宗史·南江传》，中华书局 2004 年版。

③ （宋）李焘:《续资治通鉴长编》卷 248，熙宁六年十二月庚午朔。

④ （宋）李焘:《续资治通鉴长编》卷 308，元丰三年九月丙戌。

⑤ 《宋史》卷 494《蛮夷传二》。

省户”，[①] 将此地变为省地，人户变为省户。开拓后，在梅山地区“授冠带，画田亩，分保伍，列乡里，筑二邑隶之。籍其田以亩计者二十四万，增赋数十万”。[②] 此一时期的开拓，使荆湖边区大范围的羁縻州或生界地区，“南江之舒氏、北江之彭氏、梅山之苏氏、诚州之杨氏相继纳土，创立城砦，使之比内地为王民”。[③] 自此以后，在这些部族地区开始实行比照“省地”模式的建置和管理。

其他川峡、广西边区的开拓，也大体如此。如本属泸州羁縻的长宁（治今四川长宁县双河镇）十州之地，“熙宁八年，夷人得箇祥献长宁、晏、奉、高、薛、巩、淯、思峨等十州，因置淯井监隶泸州”。[④] 熙宁六年（1073）知贵州（治今广西贵港市境）沈起言：“招到融州溪峒蛮人，乞籍为王民，开通道路，建置州县城寨。”[⑤] 北宋末徽宗时期的开拓与招纳，其政策也诸如此类。如夔州路的珍州（治今贵州正安县），“大观二年，大骆解上下族帅献其地，复建为珍州”，其所属二县“乐源、绥阳，本羁縻夷州，大观三年酋长献其地，建为承州”。[⑥] 广西新建的隆、兑等州，“建官分职与内地等”。[⑦] 说明经过徽宗朝的开拓，省地范围又有所扩大，尽管有些建置短暂即废。此不赘述。

二、拓展“省地”的基本政策

省地范围的拓展，意味着这些部族地区原有的社会体制将发生改变，即由“系属”或其他附属、非附属性质，转变为宋朝官司直接统治或管理的地区，实施与内地州县一样的“省地”化管理模式。

拓展之地，多为“远”“险”之处。所谓“险地”，是指“恶弱水土”处，在两广、福建等地；所谓“远地”，则具指川峡、广南及沿边等地。[⑧] 因所拓省地的“远”“险”等弊端，自北宋熙宁三年（1070），鉴于“川峡、闽、广，阻远险恶，

① （宋）李焘:《续资治通鉴长编》卷 240，熙宁五年十一月庚申。
② （宋）刘挚:《忠肃集》卷 12《直龙图阁蔡君（奕）墓志铭》，文渊阁“四库全书”本。
③ 《宋史》卷 493《蛮夷传一》。
④ 《宋史》卷 89《地理志》。
⑤ （宋）李焘:《续资治通鉴长编》卷 247，熙宁六年十月庚午朔。
⑥ 《宋史》卷 89《地理志》。
⑦ （宋）曾敏行撰，朱杰人点校:《独醒杂志》卷 9，上海古籍出版社 1986 年版。
⑧ 参见《吏部条法・差注门》，《永乐大典》，中华书局 1986 年版，第 6515 页。

中州之人，多不愿仕其地”的状况，制订了“七路定差之法”。[①] 此外，也在拓展省地“补名目”“授冠带”，即授予当地部族首领各类官职名目，予以地方官吏较大的自主权。此时的所授职名，不同于非省地时的职名封赠。如元丰元年（1078），荆湖南路安抚使谢景温言：“奉诏相度转运司乞补徽、诚州溪峒蛮职名俸给事，臣详朱初平招抚杨光僭等，各与官职、请受，其归明地依旧住坐……今近上首领既已受命，利于俸给。”[②] 范仲淹对拓展省地官员的任命中也提出：“至于川广荆湖近蛮之处，亦乞重选知州，军都巡检等以镇抚边界，存活生民。”[③] 原为羁縻州的徽（治今湖南绥宁县境）、诚二州，开拓后成为省地州。杨光僭原为溪洞“三州一镇”[④] 即徽、诚州地区的首领，纳土归附后，授予省地官职。以往所封职名，以钱物赠予为主，而省地职名则是相应的“请受”“俸给”，类同内地官。就其所统领的三州一镇而言，拓展为省地前后，宋朝官司支出钱物的名目和数额也有较大差别：“三州一镇自未归明以前，每岁进奉总请券二千四百余缗。昨补逐人官职料钱、衣绢，岁计三千七百余缗。”[⑤] 此前是“请券”，即进奉后的回赠；此后则是宋朝一般官职应有的俸钱、俸料之类，数额上也比之前多。可见，成为省地后，其所授职名及待遇已发生变化，体现出两种体制的差异。

对于转变为省民的普通人户而言，税征标准的变化是一个明显标志。如熙宁九年（1076），“诏荆湖北路转运司，北江下溪州已纳土，其每户合纳丁身粟米，自熙宁十年为始”；[⑥] 元丰元年（1078），“扶竹水山猺梁义等愿附招纳，籍为省民，隶邵阳县，输丁身钱米”；[⑦] 在梅山洞地区，“籍其民，得主、客万四千八百九户，万九千八十九丁，田二十六万四百三十六亩。均定其税，使岁一输”，[⑧] 等等。说明羁縻州或其他部族地区转变为省地后，其原住民则以交纳丁身钱米为标志，“出租赋如汉民”，[⑨] 而成为新的省民。按统一标准纳税，是省民应当承担的义务，其他拓展

---

① 《宋史》卷 159《选举五》。

② （宋）李焘:《续资治通鉴长编》卷 287，元丰元年正月己未。

③ （宋）范仲淹:《范文正公集·政府奏议》卷下《奏乞减武臣充提刑及令枢密院三班选人进呈》，四部丛刊初编本。

④ 据马力考证，“三州一镇”即徽州、诚州、古诚州，以及位于诚州的融岭镇，“简化”所指为徽、诚州地区。参见马力:《羁縻诚、徽州考》，《民族研究》1991 年第 6 期。

⑤ （宋）李焘:《续资治通鉴长编》卷 287，元丰元年正月己未。

⑥ （宋）李焘:《续资治通鉴长编》卷 273，熙宁九年二月壬寅。

⑦ （宋）李焘:《续资治通鉴长编》卷 290，元丰元年六月癸卯朔。

⑧ 《宋史》卷 494《蛮夷传二》。

⑨ 《宋史》卷 493《蛮夷传一》。

省地的情况也例当如此。

当然，有些地区也实行一些过渡性政策。如海南黎人地区，开拓后部分“黎峒田土”划归省地，元丰三年（1080）琼管体量安抚朱初平等上言：“自来黎峒田土，各峒通同占据，共耕分收，初无文记。今既投降入省地，止纳丁身及量纳苗米。”① 说明划归省地的黎人熟户中，除比照省民交纳丁身苗米外，还有些仍属“量纳”性质。所谓“量纳”，即象征性交纳物色，不应有强制性限定，本是针对省地外部族的一项基本政策，重在维系与这些部族之间的附属关系。此时对归入省地的新省民“量纳”之征，显然应属于一种过渡或变通政策，也应有一定的约束，其实质不能等同于省地外部族约束不强的“量纳”形式。

位于川峡泸州边面的罗箇牟村，为神宗开边之时“熊本所团结熟夷也”。② 开拓之初，针对罗箇牟村是否比照省地标准纳税问题，曾产生一些异议。元丰三年（1080）四月：

> 梓州路转运司言：“……缘罗箇牟村蛮熙宁七年后方量纳官税，不同省地熟夷纳二税役钱。”诏：“罗箇牟村蛮既纳税赋，即是省地熟户。见在图籍，并系熟夷，不委所奏，有此异同。今不独为王宣接战所因，缘系久远地界事。令转运、钤辖司审实以闻。”后逐司奏罗箇牟村蛮但量纳税物以羁縻之，实与省地熟蛮不同。③

说明在熙宁七年（1074）以前，罗箇牟村属于生户，开拓之后成为“省地熟户”，但对于这些原本生户转变为“省地熟户”的情况，短期内仍采用“量纳官税”的方式，可谓过渡性或特殊照顾政策。

在法制方面，新省地也着力向省地管理方式转变。如元丰四年（1081），权荆湖南路转运副使朱初平上言：“徽、诚州归明团峒，应未见（建）城寨以前有相仇杀及他讼，并令以溪峒旧法理断讫。乞自今有侵犯，并须经官陈诉。如敢擅相仇杀，并依汉法处断。”④ 在这些拓展省地，原“溪峒旧法”已不再适用，而统一以省地汉

① （宋）李焘：《续资治通鉴长编》卷310，元丰三年十二月庚申。
② 《宋会要辑稿》蕃夷5之26，中华书局1957年版。
③ （宋）李焘：《续资治通鉴长编》卷303，元丰三年四月辛亥。
④ 《宋会要辑稿》蕃夷5之87。

法为执行标准。北宋末徽宗时期的开拓，也采取了类似政策。如政和六年（1116），诏“播州（治今贵州遵义市）管界都巡检杨光文等，已系归明，身为王民，受爵命，自当遵守令法”。若擅相仇杀，当依法理断。“似此归明人，并依此。”① 可见，在拓展省地建立统一的法治标准，树立省地法令的权威性和约束力，对于拓展地区统治秩序的稳定显然十分必要。

同时，由于各地区情况差异，对于部族内部问题的处理，某些拓展省地仍实行与汉法有别的标准。神宗熙宁八年（1075），知黔州（治今重庆彭水县）张克明言：

> 领思、费、夷、播四州，又新籍蛮人部族不少，语言不通，习俗各异，若一概以敕律治之，恐必致惊扰，乞别为法。下详定一司敕所，请黔南獠与汉人相犯，论如常法；同类相犯，杀人者罚钱自（百）五十千，伤人折二支已下罚自二十千至六十千。窃盗视所盗数罚两倍，强盗视所盗数罚两倍。其罚钱听以畜产、器甲等物计价准当。从之。②

这是神宗开拓之初，针对拓展省地语言、习俗各异的情况，制定的一项旨在调解部族内部纠纷的专门法令。其中除杀人、伤人、盗窃罚纳之外，“自二十千至六十千”是比照宋朝“五刑”敕律划分的五等罚纳标准，即所谓的“黔州法”。此法重在钱物罚纳，而不以敕律五等刑罚绳治，显然兼顾到原本部族地区以“和断”为法的传统。

此法后来也用于其他拓展的省地。如在泸州边区，元丰五年（1082），仍据当时该州知州张克明奏言，“同类相犯，即比附黔州蛮五等罚法”。③ 到哲宗元祐五年（1090），泸州边区的罚纳标准又有所减低：“若是同类相犯，乞比附黔州见行蛮人条制，以五刑立定钱数，量减数目断罚入官。应笞罪三贯，杖罪五贯，徒罪十贯，流罪二十贯，死罪三十贯。”同样可以畜产、器物折纳。④ 这里仍是以“黔州法”为基础，其罚纳数额自三千至三十千，已大为减少。不过，这些与汉法有别的标准，仅适用于部族内部纠纷的处理。部族人户与汉民相犯，仍以敕律常法论治。

---

① 《宋会要辑稿》兵17之9。
② （宋）李焘：《续资治通鉴长编》卷263，熙宁八年闰四月乙巳。
③ （宋）李焘：《续资治通鉴长编》卷331，元丰五年十二月丁巳。
④ （宋）李焘：《续资治通鉴长编》卷453，元祐五年十二月乙卯。

在社会生活的其他方面，新省民也享有省民应有的权利和自由。如元丰八年（1085），“诏邵州（治今湖南邵阳市）芙蓉、石驿、浮城等峒已修寨铺，其归明户及元省地百姓如省地法，应婚姻、出入、典卖田、招佃客，并听从便”。①此表明“省地法”所规定的权利和自由，对新旧之民是均等的。此项规定，对于新民尽快融入省地的社会生活，无疑具有十分重要的意义。在文化教育方面，新省地要达到省地化的标准，往往需要一个较长的过渡期。如徽宗政和四年（1114），“中书省言：勘会新民子弟初被教养，故立法稍忧（优），以为激劝。若归明已久，自当依州县学法，缘未有立定年限。诏新民归明后，经十五年，并依县学法施行。虽限未满而能依州县学法呈试者，依此”。②针对各部族地区文化教育相对落后的现实，规定为十五年以内的过渡时限，也属合乎情理的举措。

可见，为实现拓展省地的一体化统治和管理，宋廷采取了一系列的转制措施。与一般省民相比照，这些措施既有相同，又有差异。其差异性，即照顾到各部族地区传统、习俗及社会状况的不同。如南宋宁宗嘉定七年（1214）臣僚上言中也提到：原拓展之地的荆湖辰、沅、靖（原诚州，徽宗时改，治今湖南靖州县）三州，“创郡之初，区处详密，堤防曲尽。故立法有溪洞之专条，行事有溪洞之体例，无非为绥边之策”。③说明自从这些地区开拓成为省地之后，就制定了针对溪洞部族“详密”“曲尽”的专门立法和行事标准。

三、南宋时期“省地”政策的发展趋势

南宋时期，对于北宋的开边举措，仍不乏指责之声。如高宗认为，“前朝开拓土疆，似此等处（指广西置隆、兑等州——引者）尤为无益，首议之臣深为可罪”。④但毋庸置疑的是，南宋时期，在北宋对拓展省地的经营基础上，川峡、荆湖及广西边区的统治、管理效力和一体化程度得到了极大提升。北宋时期的政治地理划分存在着明显的“中心—外围”辐射状，也即中原王朝所在的核心区、东南的供给区、北部的防御区、西南川峡地区的新开拓区等。而到了南宋时期，因受到军事战争等

① （宋）李焘:《续资治通鉴长编》卷351，元丰八年二月丁卯。
② 《宋会要辑稿》兵17之8。
③ 《宋会要辑稿》刑法2之138。
④ （宋）曾敏行撰，朱杰人点校:《独醒杂志》卷9。

外来压力的影响，南宋的边地则带有明显的军事防御与应战的特点。因此，南宋时期的“省地”划分与政策较之北宋有所改变。

南宋时期，川峡等西南边区仍存在着明显的“省地”界限划分。如在荆湖边区，南宋初武岗军（治今湖南武冈市境）瑶人“杨再兴父子自建炎中侵占省地，几二十年”。①孝宗隆兴二年（1164）右正言尹穑言：“湖南州县地界多与溪峒蛮徭差互连接，以故省民与徭人交结往来，以田产擅生交易……欲望下湖南安抚司于逐州选差办吏，亲诣所属州县，将省地与徭人相连旧有界至处，明立封堠。”②据成书于孝宗淳熙二年（1175）的范成大《桂海虞衡志》所记，在广西桂林地区，“沿边省民与傜犬牙者，风声气习，及筋力技艺略相当……又傜人常以山货、沙板、滑石之属，窃与省民博盐米”。③在海南，乾道二年（1166）诏诸郡“守倅能慰安黎人及收复省地者，视功大小为赏有差，失地及民者有重罚”。④这些记载说明在这些边区，省地与外围部族之间仍有着比较明显的界线划分。

同时，仍存在着省地汉民、省地熟户、生界之类的地域及民户层次区别。如宁宗嘉定七年（1214）臣僚言：“辰、沅、靖三州，内则省民居之，外则为熟户山徭，又有号曰峒丁，接近生界，迤逦深入，围峒甚多。平时省民得以安居，实赖熟户之徭与夫峒丁相为捍蔽。”⑤此三州，即北宋开边之后重新设置或调整的省地州，州内为“省民”，即指省地汉民。其外围熟户山徭、峒丁，则是居于省地的熟户。再往外则是“生界”。可见，原系属羁縻州众多的省地正州辰州，此时的“系属”职能已不明显，但其外围仍有羁縻州存在。如乾道七年（1171），前知辰州章才邵上言：“辰之诸蛮与羁縻保静、南渭、永顺三州接壤，其蛮酋岁贡溪布，利于回赐，颇觉驯伏。”⑥不过，与宋初相比，此一地区的羁縻州数量已大为减少。

以上辰、沅、靖三州的山徭、峒丁熟户，是按照省地的方式进行管理，而非省地外羁縻附属性质的熟户。“其初，区处详密，立法行事，悉有定制。峒丁等皆计口给田，多寡阔狭，疆畔井井，擅鬻者有禁，私易者有罚。一夫岁输租三斗，无他徭

---

① （宋）李心传：《建炎以来系年要录》卷154，绍兴十五年十月乙酉，中华书局1988年版。
② 《宋会要辑稿》蕃夷5之96。
③ （宋）马端临：《文献通考》卷328《四裔考五》引（宋）范成大《桂海虞衡志》，浙江古籍出版社1988年版。
④ 《宋史》卷495《蛮夷传三》。
⑤ 《宋会要辑稿》刑法2之138。
⑥ 《宋史》卷494《蛮夷传二》。

役，故皆乐为之用。”[①]对于这些山徭、峒丁熟户，从授田、买卖、税征等方面，自北宋开拓之后，直到南宋中期，已形成“详密”的定制，实现了省地化的管理。同时，其税役负担要轻于省地汉民，实行有差别的政策。南宋孝宗淳熙时，周必大在奏言中提道：“靖之为州，起于崇宁，民居仅数百家，城外皆是蛮洞，朝廷意在羁縻，止令量纳丁米，每岁却令广西漕司应副三万缗，支遣官吏军兵俸给。”[②]说明到南宋时期，对原拓展省地的部分人户仍实行“量纳丁米”的政策，但无疑是比照省民方式进行管理。

其他边地也有不少类似情况。如光宗绍熙四年（1193），诏“郴、桂、衡、道诸州溪峒徭户，不系省民者，并免随税均纳夏秋免役钱”。[③]这些溪峒徭户需按标准交纳夏秋之税，显然属于省地熟户，但免纳役钱，与“省民”即省地汉民有别。同时，南宋时期，仍有省地外熟户的区分。如南宋末朱辅《溪蛮丛笑》中称：省地外部族“既纳款听命，纵其出入省他（地），州县差人管辖”，对其采取如省地外“熟户之猺”的政策。[④]“纳款听命”，即以“量纳”钱物形式而形成附属关系。

南宋时期，广西路边区的情况发生了较大变化。如左右江羁縻州地区，与宋朝官司之间形成了更为紧密的联系与融合。高宗绍兴二十七年（1157），权发遣邕州田经言：“邕州左右两江，并是归明羁縻州洞居止，外通交趾诸蕃，自来于溪洞内置五寨镇弹压洞民，每寨有都同巡检、知寨、都监、主簿及兵级三四百人。”这些知寨之官，需“申朝廷差注，任满候正官交替方得离任，有事故者以次官兼权”。[⑤]可见，这时的两江地区，已视为“归明”羁縻州洞居止，与宋朝官司的联系和依从度进一步增强。

又据范成大《桂海虞衡志》所记：在广西两江地区，“此州县虽曰羁縻，然皆耕作省地，岁输税米于官”。其首领“元丰以后，渐任中州官。近岁洞酋，多寄籍内地，纳粟补授，无非大小使臣”。[⑥]说明这些羁縻州县之地，对内已被视为“省地”范围，其民“岁输税米”。许多溪洞首领已寄居并加入内地户籍，纳粟授官。这种

① 《宋史》卷494《蛮夷传二》。
② （宋）周必大撰，周纶编:《文忠集》卷139《乞申严谋入溪洞人法》，文渊阁“四库全书”本。
③ 《宋会要辑稿》蕃夷5之50。
④ （宋）朱辅:《溪蛮丛笑·卖首》，文渊阁“四库全书”本。
⑤ 《宋会要辑稿》方域9之12。
⑥ 《文献通考》卷330《四裔考七》引范成大《桂海虞衡志》。

情况，与宋初相对独立的羁縻州自治体制相比，显然发生了较大变化。因此，至迟到南宋孝宗时期，这些地区历史上形成且长期延续的“蛮”的概念，发生了重大转变：“南方曰蛮。今郡县之外羁縻州洞，虽故皆蛮地，犹近省民，供税役，故不以蛮命之。过羁縻，则谓之化外真蛮矣。”①说明到南宋时期，宋朝官司对于两江羁縻州地区的统治和管理，已向省地化、一体化方面迈进了一大步。不过，从实际体制而论，广西边区仍以羁縻州形式为主。如直到宁宗嘉定三年（1210），知静江府（治今广西桂林市）章戡的上言中仍强调说：“西南最为重地，邕、钦之外，羁縻七十有二，地里绵邈，镇戍非一。”②这里的羁縻州之数，与宋初相比仍基本一致。

除广西边区外，其他散居部族地区也有不少类似情况。如南宋孝宗淳熙时期，在衡州常宁县（今湖南常宁市境），“溪洞之民，往往于洞外买省地之田以为已业，役省地之民以为耕夫，而岁以租赋输之于官。官吏虑其事，而幸其输租于我，则因循而不敢问，遂致其田多为溪洞所有，其民多为溪洞所役”。③这里的溪洞之民，俨然成了省地的税户地主。

以上可见，南宋时期，西南边区仍存在着“省地”界限的划分，以及相关的地域与民户层次划分。这是北宋边政体制的延续，也是多样化边区政策的需要。同时，与宋初相比，省地正州“系属”羁縻州的范围和数量已大为缩减，④某些地区的“省地”界限逐渐趋于淡化，部分边区的形势格局发生了重大改变，其边区统治和管理呈现出进一步强化的趋势。然而宋代时期，边地虽已划入“省地”，但是却也存在华夷分别的主张。石介提出“四夷处四夷，中国处中国，各不相乱”之语。⑤赵汝愚也提出“切缘属羌部族，既始祖元昊是羌人，即虽隔世代，因功授官，不论高卑，要之终是蕃种。岂容辄有变易，扰乱华人”。⑥因此，部分宋人也存在“华夷之辨”的争论，对于“省地”也存在区别待之的思想。

---

① （宋）范成大撰，孔凡礼点校：《桂海虞衡志·志蛮》，中华书局2002年版，第146页。

② 《宋史》卷495《蛮夷传三》。

③ 《宋会要辑稿》蕃夷5之99。

④ 对此问题，有学者也曾论及。如刘复生先生认为：“数次‘开边’更使许多地方的羁縻州不复存在……至于南宋时期，除广西路和夔州路部分地方外，其他地区的羁縻州已经消亡或名存实亡。”“南宋时广西路之羁縻州保持了强势格局。”刘复生：《宋代羁縻州“虚像”及其制度问题》，《中国边疆史地研究》2007年第4期。

⑤ （宋）石介：《徂徕石先生文集》卷10《中国论》，中华书局1984年版。

⑥ （宋）赵汝愚：《宋朝诸臣奏议》卷125，上海古籍出版社1999年版。

四、宋朝“省地”拓展成因及影响简议

论及宋代对“省地”开发的高度重视，也源于两宋时期中原王朝周边政权林立与统治危机的频繁出现，因当时严峻的外部环境威胁与统治权威的降低，宋朝失去了天下中心的地位，同周边少数民族政权建立平等的政治关系，甚至有时也向少数民族政权臣服。此时期，民族、边疆危机不断。杜芝明也认为“受到强邻包围的形势下，宋朝出现了以少数民族为藩篱的思想”。[①] 如嘉定七年（1214），臣属上书言“辰、沅、靖三州之地多接溪峒，其居内地者谓之省民，熟户、山徭、峒丁乃居外为捍蔽”。[②] 因此，对于边地的经营和管理显得尤为必要，这也成为宋朝对“省地”范围扩展与加强管理的一个重要因素。

宋朝北方存在的民族政权的威胁，刺激了宋朝对边地经营的重视，尤其是川峡、荆湖等地的经营，将与各民族政权相近的边地作为国防安全的重要屏障。可见，边疆地区已经引起了统治阶层的重视，这也为宋代“省地”的开拓与发展提供了契机。此外，“省地”的拓展也体现出宋代统治区域向边地的拓展，以及民族的融合。知沅州谢麟言：“古诚州并小由、四旗、竹滩、大田、托口等处溪峒人户各已归明，臣续招怀九衙二十三州，地林十三州，依例奏补名目，把托边界。”[③] 可见，宋朝不断将西南、南方边地少数民族纳入正式管理范围。

至南宋，统治范围进一步向南退缩，北宋所开拓的“省地”多是宋政权与周边民族政权接触的关键地带，对于此区域的经营和管理尤为重要。如孝宗时陈傅良的《桂阳军告谕百姓榜文》中说：“至如徭人，实同省地。久来往还，何分彼此！”[④] 说明到南宋时期，随着相互联系的日益增强，省地与外围部族之间的地域界限逐渐被冲破，“省地”的划分事实上呈现出逐渐淡化的发展趋势。再如隆兴二年（1164），右正言尹穑言：“将（湖南）省地与徭人相连旧有界至处明立封堠，自今不许省民将田产典卖与徭人，及私以产业寄隐，并许乡保四邻陈告，以其山土给与告人。”[⑤] 可见，

① 杜芝明：《宋朝边疆地理思想研究》，西南大学 2011 年博士论文，第 106 页。
② 《宋会要辑稿》蕃夷 5 之 70。
③ （宋）李焘：《续资治通鉴长编》卷 308，元丰三年九月丙戌。
④ （宋）陈傅良撰，曹叔远编：《止斋集》卷 44《桂阳军告谕百姓榜文》，文渊阁“四库全书”本。
⑤ 《宋会要辑稿》蕃夷 5 之 96。

南宋通过明确的界限划分，加深对省地的经营与管理。

北宋时期“省地”的开拓及经营，充满了曲折、复杂和艰辛。由于种种原因，一些拓展之地又不得不再度放弃，其经营政策的实效性难以一概而论。但北宋时期的开拓及经营，的确使原省地外围的羁縻州或其他散居部族地区的统治体制、社会风貌，发生了根本性的变化。如荆湖沅州建立之初，陶弼赠新任知州谢麟诗云：“险尽天开溪路平，诗书新将典新城。三千戍卒今无几，十万屯田古未耕。属县乞除防虎槛，生蛮原献采砂坑。从兹预拟风尘息，尽是仁威下旆旌。”① 南宋祝穆《方舆胜览》中记述原生界梅山洞：“自熙宁中，纳梅山为省地，通道、置驿而郡。”② 显然，北宋后期“省地”的拓展及经营，对于这些边区统治秩序的稳定和管理效力的增强，有值得肯定的一面。

“省地”的拓展与经营，对于终宋一代民族团结起到了重要作用，川峡、荆湖等地多为少数民族聚居之地，也是宋朝的重要边地。《宋史・蛮夷传一》开篇便提出“西南诸蛮夷，重山复岭，杂厕荆、楚、巴、黔、巫中”。③ 宋代南疆的少数民族分布情况，荆湖北路“鼎、澧、辰、沅、靖州与溪峒接壤”，④ 荆湖南路“湖南九郡皆接溪峒”。⑤ 川峡地区“自黔、恭以西，至涪、泸、嘉、叙，自阶又折而东，南至威、茂、黎、雅，被边十余郡，绵亘数千里，刚夷恶獠，殆千万计”。⑥ 再如广南路，“二广山谷间，不隶州县谓之猺人，舟居谓之蜑人，岛上谓之黎人”。⑦ 从史书记载来看，宋代对于边地少数民族有着清晰的认识，而“省地”的拓展则有效加强了中原王朝与边地各民族地区的联系，以及民族间的交流，这对于民族团结及宋代以来统一多民族国家的发展产生了重要影响。

原载《中国边疆史地研究》2017 年第 1 期，
本文刊发时作者安国楼为郑州大学历史学院教授；
史彬彬为郑州大学历史学院博士研究生。

---

① （宋）陶弼：《邕州小集・寄沅州新守谢麟》，文渊阁“四库全书”本。

② （宋）祝穆撰，祝洙增订，施和金点校：《方舆胜览》卷 26《宝庆府》所引（宋）侯延庆《修门记》，中华书局 2003 年版。

③ 《宋史》卷 493《蛮夷传一》。

④ 《宋史》卷 494《蛮夷传二》。

⑤ 《宋史》卷 494《蛮夷传二》。

⑥ 《宋史》卷 496《蛮夷传四》。

⑦ （宋）陈师道：《后山丛谈》卷 4，学海类编本。

试论元代边疆民族政策*

胡小鹏

在历代边疆民族政策演变过程中，大体上说，主要有两种性质和特征的边疆民族政策：除了脱胎于汉族王朝传统夷夏观的边疆民族政策外，还存在着非汉民族建立的王朝所具有的民族观及其边疆民族政策。其中最典型的就是蒙古族入主中原后建立的元王朝，其世界主义的草原政治文化，在很大程度上突破了此前羁縻之治的局限，丰富和发展了边疆民族政策，有力地推动了大一统的进程，对中国疆域的奠定产生了深远的影响。

秦汉至唐宋对边疆民族地区的羁縻之治，产生于儒家应付非我族类的传统。汉族王朝继承春秋以来“内诸夏而外夷狄”[①]的思想，在处理边疆民族问题时，强调“夷夏之别”“戎晋不杂”[②]，体现在政策方面，一是以长城塞垣“别内外，异殊俗”，[③]二是“贵中华，贱夷狄”，[④]将民族之间不可避免的接触转换为自我中心的羁縻关系。班固将这种传统思想的操作原则总结为“来则惩而御之，去则备而守之，其慕义而贡献，则接之以礼让，羁縻不绝，使曲在彼”。[⑤]可见羁縻政策着眼于维护郡县制国土的安全，在边疆民族地区只求“纲纪粗定，夷汉粗安”[⑥]而已，显示出自给自足的农耕社会文化民族主义的保守性。此后，经过魏晋南北朝时期民族大迁徙、大融合，隋唐统治者的民族观也有所变化，如李世民就宣称“自古皆贵中华、贱夷狄，朕独

* 本文系教育部人文社会科学一般项目“元明清时期甘宁青地区民族格局的形成与变迁”（05JA770024）阶段性成果。

① 《春秋公羊传注疏》卷 18，成公五年，中华书局 1980 年版。

② 《晋书》卷 56《江统传》。

③ 《后汉书》卷 90《乌桓鲜卑列传》。

④ 《资治通鉴》卷 198，唐太宗贞观二十一年五月条。

⑤ 《汉书》卷 94 下《匈奴传下》。

⑥ 《三国志》卷 35《蜀书·诸葛亮传》注引《汉晋春秋》。

爱之如一”。[①] 在这种理想化的天下一家主义的导向下，羁縻制度在唐太宗时期发展成为边疆地区施政的定制。贞观四年（630），突厥颉利可汗破灭，唐王朝在其旧地设定襄都督府和云中都督府，从此，对内附各周边小国、部落均照此制设置羁縻都督府或州县，以当地部落首领任都督、刺史、县令，而且可以世袭。各羁縻府州由所在都护府直接管辖，再统一于唐朝中央政府，形成了有别于中原地区的管理体制，但统领于同一政治体系框架内。从一定意义上讲，这种羁縻制度与秦汉时期“羁縻不绝”的原则相比，已经有了相当大的进步。但由于羁縻州府的“贡赋版籍多不上户部”，[②] 这种畿服式的大一统仍具有内实外虚的局限性。[③]

元朝重建的大一统不同于汉唐，元朝统治集团以边疆民族入主中原，其政权的性格与政治文化不同于各汉族王朝，所采取的巩固统一及促进统合的政策亦与前代颇有歧异。元朝所采取的巩固统一的政策虽有因俗而治、多制并举以及对不同的族群给予差别待遇的一面，[④] 但与汉族王朝文化中心主义的传统相反，元朝统治者虽然坚持蒙古至上主义，但并不重视文化上的差别，而是执着于草原家产制传统，“取了天下呵，各分地土，共享富贵”，[⑤] 将其他各族均视为联合或征服对象，这种联合“是建立在互相承诺和互相忠诚基础之上的，而这种承诺和忠诚是超越血缘关系、种族区分及宗教信仰的”。[⑥] 这一政治文化特征反映在边疆民族政策上就是由此前消极的羁縻转变为积极的统治。

首先，南北对抗局面的消失使元代边疆格局与前代明显不同。历史上南方农耕地区和北方草原地区的和战关系构成中原王朝边疆秩序的主要内容。元朝实现大一统后，标志华夷边缘的长城塞垣不复重要，相反，草原文化与农耕文化的过渡带大大加宽，成为联系两大区域的纽带，两都制的实施就是最好的说明。元朝统治集团以边疆民族入主中原，有一个从草原本位向中原本位的转变过程，但草原地区始终没有被边缘化、边疆化。从窝阔台到忽必烈，蒙古统治中心从和林到开平再到燕京，步步南移，但最终选择了两都制。位于草原地区的上都作为与大都并列的政治中心，

---

① 《资治通鉴》卷 198，唐太宗贞观二十一年。

② 《新唐书》卷 43 下《地理志七下》。

③ 参见胡小鹏《关于中国古代藩属体制的若干思考——兼评李大龙〈汉唐藩属体制研究〉》，《西北师范大学学报》2007 年第 6 期。

④ 参见萧启庆《元朝的统一与统合：以汉地江南为中心》，《元朝史新论》，台北允晨文化实业股份有限公司 1999 年版。

⑤ 《元典章》卷 9《吏部》三，改正投下达鲁花赤，中国广播电视出版社 1998 年版。

⑥ ［美］杰克·威泽弗德著，温海清、姚建根译：《成吉思汗与今日世界之形成》，重庆出版社 2006 年版，第 64 页。

政治、军事地位均十分重要，元朝皇帝每年有近半年的时间在这里处理朝政，忽里台大会经常在这里举行，从忽必烈起大部分皇帝在上都即位。① 这不能不使人感到，跨越五百公里，连接草原与汉地中心的两都制及其政治流动把昔日的华夷边缘变成了政治中心，这意味着元代统治者始终没有彻底脱离草原根本之地，也没有走畿服式中心—边缘格局的老路，而是开创了蒙汉二元体制框架下草原内地一体化的新路。

随着两都制的确立，岭北、辽阳、甘肃三行省相继建立。表面上看，或从中原本位看，漠北、东北和西北的边疆性质逐渐凸显，但与前代不同，其地位并没有边缘化，因为在上述草原地区实施的以“黄金家族”血缘纽带为基础的“游牧封建制”② 才是元朝二元体制之根本。草原游牧千户集团作为强大的预备军事体制，实际上也是统治帝国各地区的武力基础。坐镇漠北的抚军宗王因为掌握了这一国本，取帝位如探囊取物，成宗、武宗、泰定帝、明宗等莫不如此。辽阳、甘肃诸王也经常被卷入帝位争夺的旋涡。元朝统治者不断从汉地汲取财富，向上述地区输血，不仅驻守在漠北的宗室贵族有丰厚的岁赐，而且“吏有优秩，兵有厚饷”③，待遇比中原内地优厚，这也是“贫极江南，富夸塞北”④ 民怨产生的重要原因。所以，其边疆性质只是表面的地理意义上的，是站在“内中华而外夷狄”立场上的看法。从草原传统看，特别是从政治军事的重要性上讲，绝非如此。换句话说，“黄金家族”及蒙古千户集团的游牧地，是元朝政治结构的重要一极，不论其在东西南北，不管其为蒙古贵族私产或帝国之公产，在政治版图上均处于中心位置。

其次，元代的边疆观与前代不同。元代的君王兼具蒙古大汗与中原帝王的双重性格，任何一个蒙古大汗都有征服新疆域实行再分封的义务，一旦扩张停滞、疆域固化，必然导致内部关系紧张。换句话说，在再分封的压力下，元代的边疆政策主观上只能进而不能退。批评忽必烈穷兵黩武的人，均是从传统儒家立场出发，并不理解这是由蒙古征服者性格决定的。草原分封政治造成的再分封预期，导致“黄金家族”对疆域的渴望是无限的，这就是为什么成吉思汗被奉为“世界征服者”⑤，窝

① 参见陈高华、史卫民《元上都》，吉林教育出版社 1988 年版，第 138—157 页。

② 参见［苏］符拉基米尔佐夫著，刘荣焌译《蒙古社会制度史》，第三章“封建关系”，中国社会科学出版社 1980 年版。

③ 虞集：《道园类稿》卷 44《岭北行省左右司郎中苏公墓碑》。

④ 叶子奇：《草木子》卷之三上《克谨篇》。

⑤ ［波斯］拉施特主编，余大钧、周建奇译：《史集》第 1 卷第 1 分册“序”，商务印书馆 1983 年版，第 109 页。

阔台汗以“统治世界的皇帝”[①]自居，元世祖忽必烈大力提倡“天下一家之义”[②]。事实上，元朝的边疆始终处于动态变迁之中。忽必烈即位后，遵循“你每底民户里投拜了的人依旧住坐，不投拜底人户杀有”[③]这一蒙古征服方式，遣使“招谕”的国家或地区近四十个。[④]从至元十一年至三十一年（1274—1294），除征服南宋之外，元世祖还连续对日本、缅甸、占城、安南、爪哇等国发动了十次大规模征伐战争，前后调动士兵数量达六十多万，丧师亦数十万，而造船、聚粮等备战措施更使江南地区“破家者相望”，民变蜂起。[⑤]元成宗即位后，仍以八百媳妇国“未奉大元正朔”而兴兵征讨，反对者力陈“自征伐倭国、占城、交趾、爪哇、缅国以来，近三十年，未尝见有尺土一民内属之益，计其所费钱财，死损军数，可胜言哉！”[⑥]主张“此曹第可怀柔，不宜力竞，宽其法以羁縻之，使不至跳梁可也。若乃舍中国有用之民，争炎荒不毛之地，非长策也”。[⑦]但鼓动者提醒成宗：“江南之地尽世祖所取，陛下不兴此役，则无功可见于后世。”[⑧]正是这种征服的使命感促使元成宗不顾民生凋敝而再次大动干戈，激起新一轮民变。两种边疆观凸显了儒家政治文化与草原政治文化的差异，交锋的结果清楚体现了元代君王政策取向。在蒙古统治者看来，上述战争实际上都是征服南宋战争的继续。为了扩张，必然要对现有的边疆积极经营，汲取人力、物力，以战养战，作为发展的跳板或基地。[⑨]

再次，元代对边疆的统治方式多有创新，兼具蒙、汉、夷多元色彩，并且极具刚性。蒙古统治者自认受长生天之命征服世界，所到之处，虽有因俗而治、多制并举的一面，“成吉思皇帝降生，日出至没，尽收诸国，各依风俗”[⑩]，但必须是在遵守蒙古“旧制六事”——“纳质、助军、输粮、设驿、编户籍、置长官”[⑪]——的前提

① ［波斯］剌失德丁原著，波义耳英译，周良霄译注：《成吉思汗的继承者》（《史集》第2卷），天津古籍出版社1992年版，第116页。

② 《元史》卷4《世祖纪一》，建元中统诏。

③ 《高丽史》卷23《高宗世家》。

④ 参见高荣盛《关于蒙古征服动因及其“天下观”的思考》，《元史及民族与边疆研究集刊》第十九辑，上海古籍出版社2007年版。

⑤ 参见方骏《元初亚洲征伐战争的对内影响》，《元史及北方民族史研究集刊》第十五辑，南方出版社2002年版。

⑥ 《元史》卷168《陈天祥传》。

⑦ 《元史》卷176《谢让传》。

⑧ 《元史》卷156《董士选传》。

⑨ 如《元史》卷136《哈剌哈孙传》载至元三十年，元廷曾打算“发湖湘富民万家屯田广西，以图交趾”，因徙民瘴乡阻力过大，遂改募土著之民五千户屯田，“内足以实空地，外足以制交趾之寇”。

⑩ 《元典章》卷57《刑部一九·禁回回抹杀羊做速纳》。

⑪ 《元史》卷208《高丽传》。

之下。不论是什么民族，在元朝统治范围内，“见住处与民一体当差”，① 很少考虑华夏夷狄之类的文化差别。有学者指出，蒙元统治的一个特点是“全民皆差户”，因为从草原习惯看，全体人民都是被皇帝、贵族役使的人户。② 正是基于此，元代在边疆民族地区取消了以往的羁縻州府制度，而代之以宣政院、行省、宣慰司、安抚司、长官司等各级行政机构。有学者称之为直接治理型官司。③ 在岭北、东北和西北，行省及宣慰司是直接治理边疆的主要官府形式。在西南，除云南设行省和宣政院主管吐蕃外，主要是宣慰司、宣抚司、安抚司、长官司等土官设置。李治安先生指出，直接治理型官司取代羁縻州大抵是蒙古统治者视边疆蛮夷地为一般被征服区域理念的产物，蒙古统治者在上述地区重新组建官府秩序之际，将草原万户、千户、百户的传统塞了进来，隐藏着蒙古草原旧俗的政治文化背景。换句话说，这些管理形式以蒙古法为主，杂糅了汉地、各民族地区的习惯法，形成了新型的边疆民族管理体制。

唐宋以来羁縻之治的最大特点就是在羁縻州县之下，当地的贡赋和户籍并不上缴或上报到中央政府，即使有贡赋，数量也很少，“仅备供办”，具象征意义而已，基本上仍由原地区的土酋直接管理。元朝一改唐、宋旧制，对少数民族地区均和内地一样设制统治，大政在行中书省、宣慰使司两级，中央委派流官大员坐镇主治，同时兼用土酋；其下则依地区有所不同，或设路、府、州、县，或立万户、千户、百户等各级行政组织，或置宣抚司、安抚司、招讨司、蛮夷司、寨、洞、甸等职守，往往以族或部落而设，其长官主要由各族大姓充任，在吐蕃地区还任用宗教首领统摄军民；土官俱有品秩职位，等同于流官，但可以世袭，土官之间发生纠纷，要接受行省官员的裁决。各民族地区的户口、民田都要登记造册，④ 上报中央，以便缴纳赋税，承担徭役，《元史·地理志》等文献对各土官州府诸司多有户口记载。土酋私聚之兵也为国家所用，如云南的“寸白军”、广西的“撞兵”、湖广海南之“黎兵”、四川西昌之“罗罗斯军”、开南州之“蛮兵”、静江路之“傜兵”等等，不仅出境作战，而且从事屯田以自给军粮。元朝还在边疆民族地区“开山凿险”，广设驿站，以

① 《通制条格》卷 2《户令·户例》。

② 参见何兹全《中国社会发展史中的元代社会》，《北京师范大学学报》1992 年第 5 期。

③ 参见李治安《元代政区地理的变迁轨迹及特色新探》（三），《历史教学》（高校版）2007 年第 3 期。

④ 《元史》卷 12《世祖纪九》载“自兀良合带镇云南，凡八籍民户，四籍民田”，既可见括户籍田之彻底，也反映出抵制之顽强。

"通达边情，布宣号令"，[①] 规定当地部落必须提供驿站所需的人力、物力，保障道路畅通，从而使统治深入到各个角落，同时也大大方便了各地区、各民族之间的相互往来，增进了各民族间的经济、文化联系和感情。"驿传往来，不异内地，非与前代虚名羁縻而异方物产邈不可知者比。"[②] 元朝所建立起来的完善的行政区划与管理系统，其影响至今犹存。

元朝在少数民族地区的施政虽有因俗、因教的一面，所谓"必任土人，可以集事"，[③] 但绝不是被动的、放任自流的，而是遵循蒙古法原则，以强大的政权力量加以控制。一方面，采取封王分民和诸王出镇的传统形式，将蒙古贵族及其部民分迁到各民族地区，如辽阳行省有成吉思汗三王弟兀鲁思和五投下，在云南行省以云南王、梁王等九王分镇，西夏故地有忽必烈系的安西王、阔端系的永昌王、察合台系的威武西宁王等游牧集团，吐蕃地区则有忽必烈系的西平王、镇西武靖王和弘吉剌部宁濮郡王系统，湖广行省有镇南王等，各种投下领地穿插其间，[④] 与汉地官僚制度相补充。另一方面，在云南、八番、海南、海北、广东、江西等"蛮夷腹心之地"[⑤]，派重兵驻守屯田。镇戍辽东的有钦察、乃蛮、捏古思、那亦勤四千户；镇戍吐蕃的有畏兀儿军为主的脱思麻探马赤军四万户，礼店文州蒙古汉军西番军民元帅府等；湖广行省南北三千里，则置戍三十八处，"东尽交广，西亘黔中，地周湖广，四境皆有屯戍，制度周密，诸蛮不能复寇"。[⑥] 这是以往号称重仁政、尚德治、惜民力的汉族王朝难以做到的。这种利用民族差别进行统治的后果之一就是造成了民族大迁徙、大杂居的局面，在这一过程中，"北人则徙广海，南人则徙辽东"，[⑦] 边远之地如云南广海，有所谓的"蒙古军""契丹军""畏兀儿军""回回军"等，东北辽阳境内则有回回、畏兀儿、钦察、阿速、斡罗思、唐兀、乃蛮、吉儿乞思等西疆各族人口。即使在漠北高原也有大量各族军队、商人、工匠涌入，"婚嫁耕植，比于土著"。[⑧] 这

---

① 《元史》卷101《兵志四》。

② 许有壬:《至正集》卷31《〈大元本草〉序》。

③ 《元史》卷26《仁宗纪三》，延祐六年夏四月壬辰。

④ 《元史》卷60《地理志三》载四川行省阿永蛮部，"自言阿永邻境乌蒙等蛮悉隶皇太子位，愿依例附属，诏从其请，以阿永蛮隶宫府"。就是蒙古诸王直接以蛮夷部落为投下领地的事例。事实上，吐蕃各万户也是如此，"蒙哥汗以必里公派，薛禅皇帝以搽里八派，旭烈兀以帕木古鲁派作为福田"，沈卫荣曾指出，旭烈兀在其供养地内还设置了"守土官"，类似于诸王投下领地的达鲁花赤。参见沈卫荣《论元代乌思藏十三万户的建立》，《元史论丛》第5辑，中国社会科学出版社1993年版。

⑤ 《元史》卷100《兵志三》。

⑥ 《元史》卷162《刘国杰传》。

⑦ 《元史》卷178《王结传》。

⑧ 虞集:《道园类稿》卷44《岭北行省左右司郎中苏公墓碑》。

些措施在加强统治的同时，客观上也推进了民族融合，甚至孕育催生了新的民族共同体，反过来又进一步加强了边疆和内地的联系。元朝边疆统治的强化不仅表现在军政建置方面，更重要的是在民族成分和经济结构的变化方面，日本学者大岛立子就指出，元朝统治对湖广地区的汉化起了很大作用。①

总之，元朝统治者打破了“内中国而外夷狄”的旧华夷秩序，以往汉族王朝视作文明未开而施以羁縻的蛮荒地带，元朝统治者都视同封域，奉行“以战养战”的理念，不惜国力地投入开发，从中获得人力物力回报，②完全没有“疲弊中国，以事四夷”③的儒家禁忌，走出了“以有用之民取无用之地”④的怪圈。因此，元朝时期边疆地区与内地的联系更为密切。前代有统治之名而无行政之实的所谓羁縻地区，在元朝版图内则因政、因俗、因教的不同，分别受到不同形式的统治和管理。在元朝统治范围内，漠北草原设立岭北行省，大理国改设云南行省，吐蕃三道设三宣慰使司归宣政院统领，东北极边诸族纳入辽阳行省辖治，西南民族地区则设土官土司管辖。正如《元史·地理志》所说：“盖岭北、辽阳与甘肃、四川、云南、湖广之边，唐所谓羁縻之州，往往在是，今皆赋役之，比于内地。”这是中国历史上前所未有的创制，也是对古代藩属或羁縻体制的超越，是更加积极有效的统治方式。

当然，应当看到，元朝的边疆民族政策在强化大一统的同时，也不可避免地带有民族压迫性质，特别是赋税差发加重了各族人民的负担，而且动辄“以兵威之”，“发军征索”，从而激起了各族人民的反抗，“不输税赋”，“实不愿做大元百姓”。⑤据统计，在元成宗至元文宗的三十六年中，全国发生的总共155起的起义中，少数民族起义即有131起，占总数的85%，范围包括今天的湖北、湖南、江西、福建、广东、广西、云南、贵州、四川、西藏等广大地区，涉及苗、瑶、彝、壮、黎、傣、白、藏、布依、仡佬、土家等族。⑥这些反抗事件是在边疆内地一体化过程中，即边疆各族逐渐融进内地封建体制的过程中发生的。在这一过程中，各少数民族传统的风俗习惯与内地的政治制度（包括蒙古法、汉法）不可避免地会发生摩擦，而过重

① 参见大千《国际元史学术讨论会》，《内蒙古大学学报》1986年第4期。

② 参见方铁《蒙元对贵州、广西与海南地区的统治和经营》，《蒙古史研究》第七辑，内蒙古大学出版社2003年版。

③ 《通典》卷191《边防七·西戎三》。

④ 《元史》卷156《董士选传》。

⑤ 《招捕总录》，《丛书集成初编》史地类3911册，中华书局1985年版，第18页。

⑥ 参见陈世松《试论元代中期的少数民族起义》，《西南民族大学学报》1979年第2期。

的赋税、兵役，边疆官吏的民族歧视和贪赃枉法等，加剧了民族矛盾和冲突。这一磨合过程是痛苦的，也是不可避免的，之后明清时期的边疆体制和民族政策就是在这种反复的磨合中逐渐调整完善的。

综上所述，汉唐羁縻之治主要系根据儒家学说，以中原为本位，处理民族关系时强调文化至上、内外有别，华夷边缘往往成为模糊的政治边疆；在政治操作上则富于弹性，有限度地使用武力，主张以文化、经济上的优越性吸引教化蛮夷，意在建构畿服式大一统的中心—边缘格局，是强调文化认同的保守主义。元朝的边疆民族政策则有一个从草原本位向中原本位的转变过程，其征服者文化具有较强的刚性，是忽略文化差异、重在政治认同的军事帝国主义。因此，元代的边疆民族政策虽有蒙、汉、夷等多重文化色彩，但以蒙古"旧制六事"为基本原则，在很大程度上突破了夷夏有别、内实外虚的传统，采取了直接的更加积极的统治方式，将所谓羁縻关系实质化，加深了边疆与内地的联系，巩固了大一统，促进了各族经济和文化的交流，也促进了中华民族自身的发展。正如日本学者冈田英弘所说："蒙古帝国留给中国的最大遗产恰恰是中华民族本身。"①

原载《中国边疆史地研究》2009 年第 4 期，
本文刊发时作者为法学博士，教育部人文社会科学重点研究基地西北师范大学
西北少数民族教育发展研究中心研究员。

① 转引自［美］杰克·威泽弗德著，温海清、姚建根译:《成吉思汗与今日世界之形成》，第三部分"忽必烈汗和新蒙古帝国"。

论羁縻治策向土官土司制度的演变

方　铁

羁縻治策，是元代以前的封建王朝[①]应对边疆及其以远地区民族的重要策略。羁縻治策的基本特点，是封建王朝承认边疆及其以远地区与王朝腹地之间存在差别，对其必须以相对宽松、灵活的方法应对，不能强求形式及策略上的整齐划一，以保证或维系封建王朝对边疆及其以远地区的有效控制。[②]元朝将前代的羁縻治策发展到土官制度，明清两朝完善和深化土官制度，进而形成更有成效且具制度性特征的土司制度，并在西南等边疆地区推广。羁縻治策与土官土司制度虽有区别，但核心思想也有相通之处，两者的做法可称为"羁縻之治"。羁縻之治在古代中国延续了数千年，影响广泛而深远。土官土司制度与羁縻治策的区别，主要表现在经营思想、基本策略、施行的范围及成效等方面。土官土司制度的形成与完善，既是时代变迁的产物，而且与元、明、清诸朝统治者的治理视角及行为方式也有关系。因此，探究羁縻治策向土官土司制度的演变，必须联系时代背景、历史发展过程以及历史选择等诸多因素，做多方面的综合考察。

一、羁縻治策的内容、特点与实行的意义

古人谓"羁縻"的本意，在于朝廷掌握要害诸如马之"羁"（笼头）、牛之"縻"

① 本文所说的封建王朝，指秦汉、西晋、隋唐等全国统一王朝，以及大致奉行全国统一王朝治边策略的两宋等局部封建王朝。

② 关于羁縻治策向土官土司制度的演变，已有一些论著从民族政策的视角论及，如吴永章《中国土司制度渊源与发展史》（四川民族出版社 1988 年）、龚荫《民族史考辨》（云南大学出版社 2004 年）。但将羁縻治策视为封建王朝兼用于边疆及其以远地区的治边之策，元朝及其后发展为主要施行于西南边疆的统治制度，其演变过程与历朝治边的思想与策略、治边的成效与成本问题等相联系进行研究，迄今尚未见此类成果。

（鼻绳），便能有效控制蛮夷而又较宽松随意，“制四夷如牛马之受羁縻也”。[①] 羁縻治策出自春秋战国，秦朝以后，逐渐成为封建王朝施用于边疆及其以远地区的治边之策。

羁縻治策的基本内容，是封建王朝借重边陲夷狄首领的势力进行控制，即根据势力的强弱，分别赐其首领以王、侯、邑长或将军、都督与刺史等封号，实行土职代管或与所设郡县参差而治。朝廷为分封的王、侯、邑长和将军、都督等配备协助管理的官吏，规定予封土职的级别类同于边郡或县。受朝廷所封的王、侯、邑长或将军、都督与刺史等，世袭其职，世率其民，并不属于国家的正式官吏。朝廷对各级土职的管理相当松弛，未形成严格的管理制度，对相关问题的处理亦表现出较大的随意性。此外，封建王朝经营边陲通常不指望经济回报，在此类地区大多象征性征收少量贡纳。

羁縻治策的主要特点，是施行的范围十分宽泛，施行对象包括边疆的夷狄和与封建王朝有往来关系的邻邦。换言之，封建王朝施用羁縻治策的对象“夷狄”，所指是与华夏对举之“夷”，即华夏以外的其他文明，包括边疆的蛮夷和与封建王朝有往来的邻邦。晋人说：“非我族类，其心必异，戎狄志态，不与华同。”[②] 清楚地表明封建王朝区分夷或夏，大体是根据不同文明的差异，非华夏者均被封建王朝称为“戎狄”。清末洋务运动的提倡者提出师夷之长技以制夷，所言之“夷”即指西方列强，也是受了封建时代的影响。

究其原因，主要是秦汉至唐宋时期中国的疆域尚不甚稳定，同时并未形成边疆或疆界的准确概念，因此属于腹地外围的边陲与邻邦的地域，在认识上两者或含混难辨。形成于先秦并对后世产生深远影响的服事观，形象地表达了古人对封建王朝与周边蛮夷关系的认识。《尚书·禹贡》提出“五服”说，[③]《周礼》的“九服”说在“五服”说的基础上稍有变化。“五服”说与“九服”说的大致内容，是认为王畿为封建王朝的中心，封建王朝将施行的管理或羁縻自王畿推向四方。封建王朝对周边蛮夷负有不同的责任，周边蛮夷对封建王朝也有不等的义务；责任与义务的差别在

---

① （东汉）卫宏撰：《汉官仪》，四部备要本。

② 《晋书》卷56《江统传》。

③ 《尚书·禹贡》篇：“五百里甸服，百里赋纳总，二百里纳铚，三百里纳秸服，四百里粟，五百里米。五百里侯服，百里采，二百里男邦，三百里诸侯。五百里绥服，三百里揆文教，二百里奋武卫。五百里要服，三百里夷，二百里蔡。五百里荒服，三百里蛮，二百里流。”（广州出版社 2006 年译注本，第 37 页）

于蛮夷与王畿距离的远近，由近及远按照一定的比例递减。服事观有两个特点：一是以封建王朝为主体，视周边蛮夷为次要者和从属者；二是封建王朝与周边蛮夷关系的亲疏，仅因距离的近远而依次改变。相关理论的提出者，并无在周边蛮夷中划分不同层次的意识。

在古代社会的前期，历代王朝坚持“内诸夏而外夷狄”，恪守“守中治边”与“守在四夷”的治边原则，视边陲和徼外为蛮荒之地，认为华夏与夷狄居地之间有山谷或大漠隔绝，是“天地所以绝外内地”。提出封建王朝若经营边陲，其地不可耕而食，其民不可臣而治，认为正确的方法是“外而不内，疏而不戚，政教不及其人，正朔不加其国”。①由于对拓边缺少积极性，封建王朝的治边政策并不完备，且将边陲及徼外的势力一概视为夷狄，即便归顺，也仅令其不时朝贡，以之为封建王朝的藩篱而已。②

羁縻治策主要适用于封建王朝管辖下边陲的蛮夷，但也施行于通过觐见、朝贡等方式与封建王朝建立藩属或邦交关系的国家。随之而来的问题是，封建统治者是否能区分两者的性质，并在应对时有所区别？史籍对此并无确切叙述。但从相关记载来看，答案应是肯定的。汉唐两朝处理与边陲蛮夷之臣属、藩属、邦交等不同的关系，通常仿照封建宗法制度的不同用语称呼并区别处理。亦应指出，在古代尤其是其前期，边疆夷狄势力与邻邦的界限有时颇为含混，甚至有相互转换的情形，使这一问题更趋复杂。

羁縻治策是封建王朝在治边方面的一项重要创造。在古代社会的前期，中国的疆域尚不稳定，边疆与邻邦的界限有时也不清楚。封建王朝采用较宽松灵活、在边陲及其以远地区均能适用的管理形式，相对有效地控制或维系上述地区，创造增进相互了解的条件，既有利于中国统一多民族国家的形成，也有利于封建王朝向外部世界辐射影响。

羁縻治策是封建王朝“守中治边”“守在四夷”治边思想的体现。在封建统治者看来，腹地得到保障，封建王朝才能生存。“守中”之地与“四夷”之地有明确区分，守中方可治边。治边的理想目标是实现腹地的安定繁荣，在边陲实现“守在四

① 《汉书》卷94下《匈奴传·赞》。

② 如唐太宗时击败突厥，令突厥及胡在诸州安置者渡河，遣还其旧部，“俾世作藩屏，长保边塞”（《资治通鉴》卷195，贞观十三年六月条）。

夷”，做到“内华夏而外夷狄”以及“裔不谋夏，夷不乱华”。[①]封建统治者认为施行羁縻治策后，王朝与边陲夷狄关系的常态应是“接以礼让，羁縻不绝”，[②]羁縻治策的底线是“附则受而不逆，叛则弃而不追”。[③]若羁縻对象来犯，则以“来则御之，去则守之”的策略应对，晋朝士大夫江统将其表述为“待之有备，御之有常”。[④]实行羁縻治策，有利于实现“不以蛮夷而劳中国（按：指华夏）”。因此，羁縻治策的实行，有利于保护中原等农业地区的安全。在古代社会的前期，中国出现以汉唐两朝为顶峰的繁荣，与四周边陲得到有效防卫不无关系。

羁縻治策还包含一些有重要价值的思想和策略，一直闪耀着真理的光辉。如认识到治边与治内，有先后及缓急之分。汉灵帝时北狄鲜卑犯边，议郎蔡邕乃将边陲之患喻为手足疥疮，认为腹地之困才是致命的胸背毒疮。[⑤]唐臣李大亮将腹地喻为根干，而四夷譬如枝叶；唐太宗进一步说：“割根干以奉枝叶，木安得滋荣！”[⑥]面对边陲复杂多变的形势，历朝统治者大都有深刻的认识，体会到治边之策既不能与内地雷同，亦不能固定化或模式化，而应保持必要的灵活性与适应性。元代以后，中央与地方的关系形成若干类型并取得成功，中国逐渐进入国家结构形式合理化的时期。[⑦]这种体现中国历史特点的一国多制的国家结构形式，实则肇始于古代社会前期的羁縻治策。

二、羁縻治策存在的问题

羁縻治策是历史发展的产物，在古代社会的前期有其存在的合理性。但另一方面，羁縻治策自形成之初便存在不少问题，其中一些问题长期困扰封建统治者，甚至使之寝不安席。较突出的问题是：

其一，适用范围过于宽泛，造成边疆蛮夷治策与邻邦应对政策的混同。在古代

---

① 《魏书》卷58《杨播传》附《杨椿传》。

② （宋）富弼：《河北守御十三策》，（宋）赵汝适编：《宋朝诸臣奏议》卷135《边防门·辽夏七》，上海古籍出版社1999年点校本。

③ 《后汉书》卷86《南蛮西南夷列传》，尚书令虞诩语。

④ 《晋书》卷56《江统传》。

⑤ 参见《后汉书》卷90《鲜卑传》。

⑥ 《资治通鉴》卷195，贞观十三年七月条。

⑦ 参见方铁《论封建王朝治边的历史经验》，《云南师范大学学报》2010年第2期。

社会的前期，汉唐等王朝以邻邦的君主为王、侯或将军、都督等职的记载屡见不鲜。这一时期应对边疆夷狄与邻邦的政策，两者间虽有一定的区别，但制度性的特征并不明显。这一时期虽存在边疆夷狄势力与邻邦有时难以分辨的情形，但毕竟两者的性质有重要差异。封建王朝对边疆蛮夷和有邦交关系的邻邦长期施行容易混淆的政策，对中国历史疆域的形成产生不良的影响，也不利于对边疆统治的深入。

其二，以羁縻治策为亘古不变之策。从秦汉至唐代，基本上看不到根据南北部边疆的差异和不同时期的变化，历朝对羁縻治策相应进行调整的记载，可说是以不变应万变。在元代以前，羁縻治策大致停滞在草创及有待完善的阶段，同时施行中的随意性和不规范施治较明显，亦缺少保证其稳定运行的相应机制。以较重视治边拓边并积累丰富经验的两汉和唐朝为例，两汉的边郡制度与唐朝的羁縻府州，均施用于全国各地边陲，并无因地制宜的改变和具体化一类的规定；重防御、轻开发是汉唐经营边陲的共有特点。可见两汉与唐朝的治边之策，在主体方面并无明显差异。两宋面对北方夷狄政权的压力，同时需从广西等地增取税收，因而经营南北边疆的重点乃有变化，在南北部边疆的治策亦有差异；设于广西等地的羁縻州县，由此产生后世土官制度的某些萌芽。

其三，羁縻治策的主要内容，主要源自经营北部边陲的经验。历代尤其是元以前的封建王朝，普遍重视防守北部边疆，驻兵以及屯田的重点均在北方，对南部边疆的经营相对忽视，由此形成“重北轻南”的治边传统，① 并深刻影响了历朝的治边政策。羁縻治策的不少思想和策略，为从应对北部夷狄的经验总结而来。居住北部草原的游牧民族，性格剽悍，机动性强，并易迅速聚合形成强大势力，其不断南下对中国东部农业社会造成极大威胁。羁縻治策中的“裔不谋夏，夷不乱华”，“其地不可耕而食，其民不可臣而畜”等思想，以及“来则御之，去则守之”等策略，都是针对北方游牧民族提出的，这些思想和策略，并不能适应边疆经营的全局。羁縻治策中强调刚性防守、慎与夷狄交接等原则，也未必适合南部边疆复杂多元的社会形态以及汉夷长期交融的情形。主要为应对北方夷狄而制定的羁縻治策，还使封建王朝对边疆地区的经营，长期停留在对外防御和编织边疆藩篱的层面，而忽视对边疆的深度统治和经济方面的经营。

① 参见方铁等《论中国古代治边的重北轻南倾向及其形成原因》，《云南师范大学学报》2006 年第 3 期。

其四，难以解决与经营边疆相伴的高成本、低收益的问题。古代用兵在交通、军粮与辎重的供应、军事劳役等方面存在巨大困难。永和二年（137），东汉名臣李固就官军屡败于日南、象林徼外蛮夷，列举戍军远征之七大难处，认为遣四州之卒远赴万里，因成本太高，无异于割心腹以补四肢。① 边疆地区官吏的来源与管理亦颇具难度，元代以前亦未形成汲取边疆资源以裨国用的传统。这些因素的存在，使经营边疆中高成本、低收益的现象十分突出，并成为一些朝臣反对经营边疆的理由。唐神功元年（697），鸾台侍郎狄仁杰上疏反对征民远戍疏勒四镇，并说若用武荒外，竭府库之实以争硗确不毛之地，得其人不足以增赋，获其土不可以耕织，乃秦皇、汉武之鲁莽所为。② 其言颇有代表性。治边有为的政治家如汉武帝与唐太宗，亦或称开边有过。武帝晚年后悔早年征伐，不许在西域增戍卒置屯田，并为早年征伐颁罪己诏。③ 唐太宗则说前代帝王招徕绝域，无益于用而疲敝百姓，“劳百姓以取虚名”之举为己所不取。④ 在古代社会前期，经营边疆得不偿失，谓贪外虚内势必扰民、甚至动摇国家根基的看法十分流行。在这一背景下施行的羁縻治策，明显具有内收与保守的倾向。元以前的历朝实行羁縻治策，既是对朝野舆论的回应，同时也回避了经营边疆所存在的成本与效益极不对称的问题，使这一问题长期难以解决。

其五，边疆地区吏治问题突出。边疆吏治始终是困扰统治者的一个难题。在封建社会由于法制不健全，官吏的素质和作用在施政中极为重要。边疆官吏多大权在握且缺少监督，贪渎腐败的情形相当普遍。另外，边疆官吏的来源、选拔问题也长期未得到解决。推行羁縻治策之时，掌握实权的边疆官吏多由内地派遣，封建王朝授予边疆夷狄首领之王、侯、邑君或将军、都督与刺史等职多为虚衔。唐前期慎重任命边吏镇将，边帅皆用忠厚名臣，且不久任、不遥领及不兼统，功名卓著者往往入为宰相。⑤ 但严格的规定实难持久，开元以后镇将坐大及边疆局势动荡，与边疆吏治的混乱及腐败有关。朝廷面临的又一难题，是内地官吏多不愿赴任边疆。唐朝乃许在黔中、岭南等地，由都督会同御史在地方士绅中选补士吏，时称“南选”，但不

① 参见《后汉书》卷86《南蛮西南夷列传》，大将军李固语。

② 参见《旧唐书》卷89《狄仁杰传》，鸾台侍郎狄仁杰语。

③ 《汉书》卷96下《西域传》。

④ 《资治通鉴》卷193，贞观五年十二月条。

⑤ 《资治通鉴》卷216，天宝六年十二月条。

少人仍是“简择未精”。[1]而且在边疆就地选补的官吏，并未归入吏部管理，其中问题甚多，清人王夫之称其为“千年之积弊”。[2]总体上来看，出任边疆的官吏主要来自内地，一些王朝亦选拔少量边疆的士绅为补充，仍终难解决所需大量称职边疆官吏的问题。

其六，击败、胜出、瓦解蛮夷缺乏切实有效的策略。这一问题的关键，是未能妥善解决“以夷治夷”的问题。元以前的封建王朝应对边疆夷狄，虽有“来则御之，去则守之”，“修文德以来之，被声教以服之”等基本策略，但在击败和瓦解蛮夷方面，行之切实有效的策略并不多。封建统治者很早便认识到“以夷治夷”的重要性，唐朝右补阙卢俌说：“以蛮夷攻蛮夷，中国之长算。”[3]但元代以前，历朝推行“以夷治夷”的策略却少有成功。究其原因，主要是元以前历朝治边的重点在北方，虽利用游牧势力间的矛盾使之离心相攻，但游牧势力的崛起与灭亡同样迅速，草原复杂局势的变化亦难预测。原先亲近封建王朝的游牧势力，可能随即转变为封建王朝的对头。南宋先后与金、蒙古联手对付宿敌，以后却吃原先盟友之亏即为其例。在南部边陲如日南郡，汉朝亦企望以金帛资助夷狄“使自相攻”，但成效亦微。[4]历朝抑或吸收边疆夷狄入伍，但所招募的夷狄多组成正式军队或充任雇佣兵，因成本甚高等原因难以持久。同时未见组成边疆土军并成为重要制度的记载，这一方面与统治者企望的“以夷治夷”也有区别。

其七，对封建教育的重要性缺乏足够认识，在实践方面亦缺少有效措施。以华夏文明影响或教化边陲夷狄，历来为封建统治者所主张。但在古代社会的前期，大部分封建王朝对华夏文明于夷狄的影响，在认识上仅限于与武威相对举之“德泽”或“文德”，即对夷狄施以恩泽和怀柔。如唐太宗提出“德泽洽，则四夷可使如一家”；[5]宋人谓对夷狄“威不足以服，则恩不足以怀”；[6]北魏高闾认为文德、武功缺一不可，“远人不服，则修文德以来之；荒狡放命，则播武功以威之”。[7]对边陲夷

① 《资治通鉴》卷201，总章二年十一月条；《资治通鉴》卷202，仪凤元年八月条。

② （清）王夫之：《读通鉴论》卷21《高宗》，中华书局1975年标点本，第622页。

③ 《旧唐书》卷194上《突厥传上》。

④ 《后汉书》卷86《南蛮西南夷列传》。

⑤ 《资治通鉴》卷197，贞观十八年十二月条。

⑥ 《宋史》卷339《苏辙传》。

⑦ （北魏）高闾：《请筑长城表》，（清）严可均辑：《全上古三代秦汉三国六朝文·全后魏文》卷30，河北教育出版社1997年新排本，第478页。

狄施以“德泽”或“文德”，主要通过朝贡制度、册封制度所包含的厚往薄来及施以恩惠等来体现。这一时期由于封建统治者认识肤浅和深入夷狄地区有限等原因，大多数王朝未能在边疆采取有力措施发展封建教育，也不利于华夏文明在边疆地区的传播。

三、土官土司制度的内容、特点与局限

元代的土官制度与明清两代的土司制度，在完善程度和具体细化方面虽有区别，但其内涵、治理思想和施用范围等大体一致。为方便叙述，本文概称之为“土官土司制度”。

土官土司制度的主要内容是：在以滇黔桂等西南部为主的边疆地区，封建王朝任命当地蛮夷首领为各级土官或土司，土官土司职位的大小，通常视其所辖蛮夷的范围而定，基本原则是以土官治土民。土官土司属国家正式官吏，官职和所任职务不可随意废除，经过批准乃可世袭。若履职不善或相互兼并，朝廷当免其职、降职或予治罪，有些地区在罢免土官土司以后，朝廷改派流官管辖其地，史称“改土归流”。朝廷将土官土司的任用，与当地所置的统治机构相结合。在土官土司任职衙门亦设朝廷派遣的同级流官，基层事务则由土舍、土目等低级土官负责。土官土司任职的机构虽仍有羁縻的性质，但被纳入国家行政系统管理。土官土司有正式的品秩，在待遇、权利和义务等方面与内地官吏大体一致。土官土司的职责，包括在辖地清查户口、收取赋税、统领土军、判决纠纷、维持治安与定期朝贡等。① 土官土司可统率属于国家军队的土军，② 土军由土官土司所辖的蛮夷丁壮组成。土军主要用于维持地方治安，但亦接受朝廷的调遣，由上级土官土司率领赴外地出征。

与前代的羁縻治策相比，土官土司制度有如下的特点：

首先，施用这一制度的范围明确。土官土司制度仅推行于边疆地区，不再兼用为应对邻邦的政策。元朝在云南行省、湖广行省大量任命土官，却并无在安南、缅国和占城设置土官的记载；对这些表示归顺的邻邦，则实行派遣达鲁花赤（掌印

① 参见《元史》卷 91《百官七》。另参见方铁主编《西南通史》，中州古籍出版社 2003 年版，第 648 页。

② 元朝仅设土官，土官可统率土军。明清两朝允许统率土军者，是限于土官抑或土司，还是土官土司均可统领，尚有争议。

官）、令君王朝觐、岁纳贡赋、子弟为质及编民出军役等规定，其中在安南的施治尤具代表性。[1]可见蒙元统治者认为土官仅适用于王朝的边疆地区，对臣属邻邦则另有应对的措施。明清的情形与元代大致相同。

其次，仅施用于西南边疆及与之情形类似的其他蛮夷地区。云南行省是元朝在西南边疆最早建立的行省。蒙古为南北夹击南宋，出奇兵经西北平定了云南。蒙元起初在云南地区推行北方草原流行的万户制度，但局势仍动荡不定。至元十一年（1274），老臣赛典赤受命在云南建行省，乃置路府州县取代万户和千户，并仿照南宋治理广西之法以蛮夷为土官，皆迅速收到成效。[2]数年后赛典赤去世，忽必烈诏云南省臣尽守赛典赤成规。[3]以蛮夷首领为土官的治策进而在湖广行省等地推广，并发展为一项重要的制度。在情况类似西南边疆的其他蛮夷地区，明清两朝也推行类似的治策。

土官制度在西南边疆能取得成功，关键在于与当地蛮夷社会的特点暗合。受地理气候环境与动植物资源具有复杂多样性的影响，西南边疆诸族的生产、生活方式复杂多元。诸族长期居住特定的自然环境，积累了适应当地生活的特殊经验，与居住地的土地和自然资源存在紧密的联系。另一方面，数千年间外地移民不断迁入，与西南土著民族逐渐融合，使西南边疆文化的类型类似于内地；这一地区经济发展的水平虽较低，但有经济上自给自足及文化类型接近内地等特点。因此，西南边疆诸族的主要矛盾在其内部，即诸族内部及相互之间为资源占有和恩怨相报而长期进行争斗，并由此形成盘根错节的利益关系，或者说西南诸族的斗争锋面主要在其本地，对内地的封建王朝，西南诸族势力则多怀有崇敬之心。而北方游牧民族则易于兼并和聚集，并觅机不断南下，其关注点主要是以武力获取汉地的粮食和其他物资，以弥补游牧社会结构性缺陷带来的不足。南北方夷狄斗争的主要锋面，也因此呈现明显的差异。

元明清诸朝以南方蛮夷首领为国家官吏，并承诺世守其土、世辖其民，遂使土官土司长久获得占有资源和拥有权势的合法性。同时官府掌握收回其资源和权势的权力，迫使土官土司为之奔走效忠。土官土司制度下进行的制度化管理，还为土官

① 参见《元史》卷209《安南传》；卷210《缅传》；卷210《占城传》。

② 参见方铁《论元朝的土官制度》，《中国蒙元史学术研讨会暨方龄贵教授九十华诞庆祝会文集》，民族出版社2010年版，第298页。

③ 参见《元史》卷125《赛典赤赡思丁传》。

土司长期享有获得的权益，以及维持蛮夷关系格局的相对稳定提供了保证。因此，土官制度实施后迅速取得成效。元明清诸朝的统治因此深入此前鞭长莫及的地区，同时培养了南方蛮夷对封建国家的忠诚，也减少了蛮夷之间因争夺资源或冤冤相报而出现的争斗。

其三，初步解决了过去封建王朝经营边疆高成本、低收益的问题；历朝梦寐以求的“以夷治夷”策略，也因土官土司制度的实施而获得成功。土官土司制度基本上解决了设治地区中下级官吏的来源问题。以蛮夷首领为官吏管辖土民，大致有较具威信、熟悉情况和施法简便等特点。南宋时前潭州知州赵彦励，奏准选“知勇为傜人所信服者”任命为土官以佐镇抚，认为“其习俗嗜欲悉同傜人，利害情伪莫不习知，故可坐而制服之”。[①] 以土军代替官军镇守边疆，还大幅度减少国库的支出。清廉州知府周硕勋于此言之甚明。他说：使用狼兵、瑶兵并不动用丝毫公帑，将其现有之田经理之，无事则耕，有事则调，“在公家无养兵之费，而地方有捍御之功”。[②] 边疆官吏的来源得到初步解决，以及利用边疆的土军代替远戍官军，均减少了经营边疆的运行成本，兼之元明清诸朝从西南边疆获得大量的税收和有色金属，初步解决了长期困扰统治者经营边疆的高成本、低收益的问题。

施行土官土司制度，还可利用南方蛮夷内部的矛盾，使之相互牵制，而朝廷充当其争端的合法仲裁者，不致惹火烧身。清代云贵总督蔡毓荣说：朝廷为以夷治夷，不惜授予官职，使之假朝廷之名器，以慑部落而长子孙，但其职武不过宣抚、宣慰司，文不过同知、知府，悉听流官节制，无敢抗衡，因此“安于并生而不为大患”。[③] 南方各地建立的土军，既属于国家军队，亦可接受调遣镇压蛮夷的反叛，同样达到朝廷“以夷治夷”的目的。

元朝在北部草原等边地继续推行万户制度，做法是在万户下设立千夫长和百夫长，依据所辖人口的多寡分级管理。其特点是重点控制夷狄的人口而非土地，且可适应夷狄上马即战斗、下马可放牧的活动方式。清朝将万户制度发展至堪称完备的盟旗制度。盟旗制度虽亦重视各盟旗对土地的占有及分配，但仍以控制夷狄的人口为主；同时万户等职位世袭的情形较少，这些均带有万户制度的痕迹。因此可以说，

---

① 《宋史》卷494《蛮夷二・西南溪峒诸蛮下》。

② （清）周硕勋:《规划假瑶土兵议》，道光《廉州府志》卷23，云南省图书馆藏本。

③ （清）蔡毓荣:《筹滇十疏・筹滇第二疏・制土人》，康熙《云南通志》卷29《艺文三》，云南省图书馆藏本。

元朝在西南边疆推行土官制度，开创了对边疆夷狄实行不同治策的时期；明朝继承和发展了这一做法；清朝继而以成熟的多样化形式统治边疆地区。

其四，体现出元、明、清三朝加强边疆统治与重视开发当地资源的特点，因此具有积极进取和注重实效的色彩。元朝再次统一全国，来自北部草原的压力明显减轻，前代"重北轻南"的治边传统隐匿不显，同时西南边疆的战略地位和资源优势趋向明显。元朝在西南等边地施行的土官制度，也由此表现出明显的针对性。明清的土司制度沿袭了这一特点。明清两朝在边疆面临的问题虽有差异，但重视并积极经营西南等边疆地区，却是元明清统治共有的一个特点。土官土司的重要职责是向土民收取赋税。元明清时期随着对边疆统治的深入，外地移民不断迁入，以有色金属为重点的矿藏大量开采，农业、手工业和商业等发展迅速，边疆的各类资源得到开发，与不断增加的税收皆充实了国库，也增强了封建统治者经营边疆的信心。

其五，基本上实现了边疆政策的制度化管理，主要表现在将土官土司纳入全国的行政管理系统，以及对土官土司进行规范管理并不断完善等方面。羁縻治策的一个明显弊端是缺少制度化管理。镇守边疆的将吏，权力既大又缺乏相应的监督，经常出现欺压和鱼肉土民的情形，这是边疆夷狄屡屡起事的主要原因。蜀汉为汲取物资以用兵中原，十分重视经营南中（今云贵地区），并向南中诸族大量征收金银、耕牛和战马，税收不可谓不重。由于蜀汉在南中力求"科教严明，赏罚必信，无恶不惩，无善不显"，[①] 大致做到有法可依及立法允当，吏治亦较清明，乃大体维持了南中地区的稳定。土官土司制度始终谋求制度化的管理，较之蜀汉短暂的南中治策更为优越。

其六，注重因时制宜与适时改变。元明清施行土官土司制度均有其针对性，或者说希望通过土官土司制度解决的问题各有不同。元朝施行土官制度的目的，是企望在西南边疆建立全面统治，并通过这一制度解决西南边疆官吏和自身兵力严重不足的问题，因此经营重点在于深入设治和汲取边疆的人力资源。明初以继承前代的治策为主。洪武初西南蛮夷首领降附，纳元朝所授宣抚印信，明廷即以原官授之。[②] 在其后的二百余年间，明朝对土官制度不断修改完善，主要是对土官土司的职责、承袭、奖惩等做出规定并严格实行。通过堪称完备的土司制度，在西南边疆等蛮夷

① 《三国志》卷35《蜀书·诸葛亮传》，陈寿等言。

② 参见《明史》卷310《土司传》。

地区，明朝建立了制度化及较稳定的统治。清朝在西南边疆面临的首要问题，是打破落后地区的封闭状态，以建立新的封建统治和深入开发其资源。清朝以土司制度和改土归流为利器，为外地移民进入边疆僻地和深入汲取边疆资源扫清障碍。

其七，重视发展边疆地区的封建教育。如元朝在云南的昆明、大理两地设儒学提举，[①] 在昆明首建文庙，又于诸郡邑遍立庙学，选文士为之教官。[②] 明朝在边疆各地广设学校，仅云南省便有儒学六十三所。清代边疆的教育发展更快，清中叶云南省有府学、州学、县学与厅学等各类学校一百零一所，在一些重要城市还设立书院。[③] 在边疆地区尤其是南部边疆，宋代以后尤其是明清两朝积极革除旧俗。通过发展封建教育和移风易俗，边疆与内地间的文化逐渐接近乃至融合。

土官土司制度在羁縻治策的基础上虽前进了一大步，但仍存在明显的局限，其中一些在土官制度施行之初即已显露，以后甚至发展为严重的祸害。这些局限主要是：土官土司获得朝廷的认可与保护，而中央政府对其行为有时鞭长莫及；土官土司亦逐渐掌握与朝廷打交道的方法，平时借多征税收以自肥，有条件时逐渐坐大，甚至凭借所掌握的土军分裂割据。《明史·土司传》指出：明代土司之制乃备，其道仍在于羁縻；土司之有力者世积威约；若朝廷调遣日繁则急而生变，或“恃功怙过，侵扰益深”。元朝统治的时间较短，土官坐大的情形尚不明显。明代则为害甚烈，如明中期云南麓川土司思氏反叛，及此后川黔土司奢崇明、安邦彦之乱，均是震动一时的事件。

朝廷允许土官土司沿用传统的管理方式，客观上保护了落后社会及其旧俗，也使管辖下的土民难以获得国家法制的保护。随着边疆地区的进步，土官土司制度保守、落后的一面逐渐明显，土司与朝廷争夺土地、矿藏等资源，对驿路开通和移民进入等肆行阻挠的情形明显增多，此即清初在西南边疆推行改土归流的缘由。

即便如此，土司制度在边疆尤其是僻远之地，仍然有存在的合理性。清朝在云南大规模改流后，认识到“江（按：澜沧江）外宜土不宜流，江内宜流不宜土”，[④] 云南南部的中小土司得以保留。鸦片战争爆发后，英、法等列强企图染指云南边疆，

① 参见方龄贵、王云《大理五华楼新出元碑选录并考释》所收《大理路兴举学校记》，云南大学出版社2000年版，第12页。

② 参见《元史》卷125《赛典赤赡思丁传》附《忽辛传》。

③ 参见方铁主编《西南通史》，第755页。

④ 《清史稿》卷512《土司一》。

而清廷已无力抵抗。边疆土司乃自发组织抗击，在维护疆土安全方面发挥了积极作用。

四、推行土官土司制度的主要原因

元朝形成和推行土官制度，明清两朝将其发展为影响深远的土司制度，有多方面的深刻原因。主要是由于边疆的形势与统治者的治边思想发生转变，以及对边疆的施治深受本朝重要帝王的影响。以下分别叙述。

其一，边疆地区的形势与统治者的经营思想发生转变。元朝是一个较特殊的时期。北方少数民族首次统一中国，而来自草原深处的蒙古族过去对中国传统政治了解不多，又处于蒙古铁骑驰骋世界的时代，因此在立国之初，元朝仍以对外拓展为要事，并视前代推行“守在四夷”的边疆为向外拓展的战略前沿。蒙古统治者征战各地，恪守不带军粮、就地汲取给养的传统，在重兵驻守的边疆地区，积极从事军民屯田、征收赋税和开采矿藏，如《元史·地理一》所言：“岭北、辽阳与甘肃、四川、云南、湖广之边，唐所谓羁縻之州，往往在是，今皆赋役之，比于内地。”另一方面，前代“重北轻南”的治边传统在元代并不明显，原因主要是元朝为北方游牧民族所建，北部草原为其发源地与根据地，以及北部边陲以远的地区为四大汗国所统治；元朝向外拓展的重点，乃放在其他边疆地区尤其是西南部。

据明末人估计，入主中原初期的蒙古人约有四十万人。① 征服者企望以此统治人口众多的汉族地区极为困难。因此元朝统治者视汉人为最大对手，在全国推行依靠蒙古人和色目人、重点防范汉人与南人的“四等人制”。实行土官制度后，南方蛮夷上层被元朝视为得力助手，这是元朝大量任命西南蛮夷首领为土官，并予以充分信任的深层原因。边疆蛮夷亦心领其厚意，为之积极奔走效力。如至元间西南土官争相赴京觐见，驿道人满为患，世祖忽必烈乃颁诏限制：“云南边徼入朝，非初附者，不听乘传，所进马不给刍豆。”②

出自上述原因，元朝统治者经营边疆有以下特点：由前代的保守经营转变为积极拓展；关注重点从北部转向西南边疆；摈弃“内华夏外夷狄”的传统观念，信任

① 参见韩儒林主编《元朝史》上册，人民出版社 1986 年版，第 5 页。

② 《元史》卷 17《世祖十四》。

和重用西南蛮夷；经营边疆的重点，主要在尽快建立统治并汲取边疆的人力资源，以满足对外拓展及内外用兵的需要。

明朝开国皇帝朱元璋言："中国既安，守在四夷。"[①]表明放弃元朝积极向外扩展的政策，恢复"守在四夷"的治边传统。其治策为以后诸帝所继承。嘉靖二十三年（1544）明世宗颁诏："帝王之政守在四夷。今朕欲求长治久安之术，无出于守之一端。"[②]漠北的蒙元后裔鞑靼与瓦剌诸部，颇为活跃，屡为边害。为防备鞑靼与瓦剌南下，明朝在北部边疆驻扎重兵，防范的重点仍在北方。

作为务实且经验丰富的政治家，朱元璋对西南蛮夷的习性颇为了解，指出云南诸夷自古叛服不常，原因是其地险而远，其民富而狠，"驯服之道，必宽猛适宜"。[③]明军虽攻取云南，但随后遭到蛮夷的激烈反抗，历时十余年才平定。朱元璋乃以重兵守滇，由此演为成法。据《明实录》等记载，明朝遣驻云南的军队常达二三十万人，连同其家眷约有七八十万人。卫所制度下的官兵须就地屯田，乃形成规模巨大的军事移民开垦浪潮。卫所驻扎的重点在城镇及形胜险要之地，因此人口及耕地增加较快的区域，主要是省内腹地、交通沿线和郡县治所地区。另一方面，明朝的疆域已较稳定，统治者亦有较强的国土意识，在靠近疆界的地区部署重兵，也成为明代军事的特点之一。

广西、贵州的情形与云南类似。为保护由中原经湖广达云南的驿道，明朝在驿道所经的贵州地区设省。贵州四周较平坦而中部突兀多山，四周尤其是遵义一带开发较早，而中部在明代才得到较快发展。广西桂西一带的情形与相连的滇东南、黔西南相近，桂东地区则相对发达。明朝还将土司制度推广至湖南等省的边僻之地，土司制度在以上地区得到普及。

受以上背景的影响，明朝经营边疆的思想有如下特点：虽继承汉唐延续下来"重北轻南"的治边传统，但在西南边疆驻扎重兵并积极经营；为解决给养，驻军大量屯田并发展经济，因此与汉唐等朝的治边仍有区别。明朝重视疆土的安全，为维护边疆地区的稳定，发动了"三征麓川"等重大战役。同时重视开发西南边疆的资源，努力汲取税收和金属矿藏。

---

① 《明太祖洪武实录》卷 153，洪武十六年四月辛卯条。

② 《明世宗嘉靖实录》卷 284，嘉靖二十三年三月癸丑条。

③ 《明太祖洪武实录》卷 142，洪武十五年二月丙寅条。

清朝虽为少数民族建立，但统治者具有华夷一统的观念。雍正帝说：清朝统一天下，“何得尚有华夷中外之分论哉！”[①] 经元、明两代的开发，边疆地区已成为全国政治、经济活动的重要部分。清初一度封禁矿藏。云南盛产铜、银，朝廷乃网开一面，云南遂成为内地铸币原料的重要供应地。乾隆时云南年产原铜六七百万斤至八九百万斤，户、工两局与江南等九省铸钱所需原铜，大部分采自云南。[②] 清人言：“滇南大政，唯铜、盐关系最重。”[③] 其时有“滇铜甲天下”之说。

乾隆时全国人口急剧增长，出现流民向边疆大量迁徙的现象。清廷虽颁令禁止，然收效甚微。云南等边省则以减税、贷与种子与耕牛等为优惠条件，招引流民至边疆垦荒耕种。众多人口向边疆流动的趋势，乃与一些蛮夷地区封闭甚至抗拒管理的情形产生尖锐矛盾。同时，清廷也企望在边疆获取更多的税收。云南巡抚鄂尔泰的《奏请改土归流疏》，开宗明义说改流是为了剪除夷官、清查田土、以增赋税和以靖地方，并言改流于增收“不无小补”，雍正批曰：“岂云小补。”[④] 雍正间清廷在西南边疆大规模的改土归流，便在上述背景下展开。

其二，深受本朝重要帝王的影响。自忽必烈定国号起，元朝统治九十八年。其中忽必烈在位的三十一年，是元朝奠定国基、堪称繁荣的时期。世祖之后的诸帝多恪守旧制。蒙古凭借军事立国，看重兵力多寡与迂回包抄等用兵要素。早在成吉思汗时期，谋士郭宝玉便向太祖献策：“中原势大，不可忽也。西南诸蕃勇悍可用，宜先取之，藉以图金，必得志焉。”[⑤] 宪宗二年（1252），蒙哥汗命弟忽必烈与大将兀良合台，率十万兵力绕道西北远征大理国，便寓“斡腹”夹击南宋和汲取西南诸蕃兵力的用意。大理国既平，兀良合台率四王骑兵数千与云南土军万人，横扫广西直抵潭州（今湖南长沙）城下，[⑥] 大体实现原先的战略设想。西南诸蕃勇悍可用，云南等地物产丰富以及紧邻安南和缅国，均给蒙古汗廷留下深刻印象。

率军亲征云南的忽必烈也结下云南情结。至元四年（1267），忽必烈遣其子忽哥赤出镇云南，面谕之云南为朕亲定，深爱其土风，若非登基帝位，本愿出镇其地，

① （清）《大义觉迷录》，中国城市出版社 1999 年版，第 5 页。

② 参见《清史稿》卷 124《食货五》。

③ （清）檀萃:《滇海虞衡志》卷 2，云南人民出版社 1990 年校注本，第 41 页。

④ 《朱批谕旨》，第 25 册，雍正四年九月十九日，鄂尔泰奏；雍正四年二月二十四日，鄂尔泰奏。

⑤ 《元史》卷 149《郭宝玉传》。

⑥ 参见《元史》卷 121《速不台传》附《兀良合台传》。

汝至当善抚吏民。数年后忽哥赤因内讧遇害。[①]忽必烈思虑再三，乃派重臣赛典赤至云南建立行省。忽必烈还遣称“云南王”“梁王”的蒙古宗王多人镇守云南，与行省互为表里。元朝设置十余处行省，但同时派高层宗王镇守的并不多，元人因此谓忽必烈施治云南，为“镇之以亲王，使重臣治其事”。[②]

忽必烈看重云南，还表现在尽力提升云南的地位。至元十一年（1274）云南行省建立，为元朝较早的行省之一。云南行省辖地辽阔，包括今云南省、贵州西部、川西南以及中南半岛北部的部分地区。云南行省的置建，结束了云贵等地长期隶属四川行政管辖的历史，云南自此成为一省，并通过元代新辟自省治中庆（在今昆明）经湖广达大都（今北京）的驿道，与中央政府保持紧密的联系。

元朝重视云南，使云南对周围地区产生重要的辐射作用。蒙古军平定大理国，早于元朝建立二十余年。蒙古军在云南及其周围地区积极招降，并根据降者可授与官职的旧制任命一些官吏，遂有不少蛮夷首领降附。赛典赤至云南，以威德兼施代替原先滥施兵威，影响力明显扩大。至元十三年（1276），广西左右江蛮夷首领李维屏、岑从威等，率宋朝所置八十余处羁縻州的官吏和数十万人口投附云南行省，[③]赛典赤得以了解宋朝对广西蛮夷的治策，并以此为基础创立了土官制度。

宋朝在广西设置的羁縻州县，已大体具备土官制度的某些特征，如朝廷承认和保护土官对所辖土地及土民的占有，以换取蛮夷首领的归顺和效忠；准许建立主要用于地方治安但朝廷可调用的土军；向蛮夷收取赋税以补国库等。宋朝在广西羁縻州县的治策颇具效果。据静江知府张栻奏：左右两江位置重要，而邕州戍兵不满千人，所恃以为藩篱者，为当地的八十余处十余万土军，皆“首领世袭，人自为战”。[④]宋朝在广西的羁縻州县仍属草创，在结合统治机构任命、施用于较大范围、充分信用土官以及获得显著成效方面，羁縻州县与土官制度的差距甚为明显。

土官制度在不长的时期里能取得很大效果，与元朝施治的特点有关。实行行省制度是元朝的一项创造。行省直隶中央，辖地范围明确且权力甚大，凡一省之钱粮、兵甲、屯种、漕运等无不领之。在边远地区，行省之下又设分辖郡县的宣慰司，行

---

① 参见屠寄撰《蒙兀儿史记》卷76《云南王忽哥赤传》，上海古籍出版社1989年影印本。

② （元）虞集撰：《道园学古录》卷5《送文子方之云南序》，四部丛刊本。

③ 参见（元）赵子元撰《赛平章德政碑》，见《新纂云南通志》卷92《金石考》，第五册，云南人民出版社2007年标点本，第224页。

④ （清）毕沅撰：《续资治通鉴》卷144，岳麓书社1992年标点本，第1006页。

省有政令则布于下，郡县有请则达于省，有边陲军旅之事则兼都元帅府，在基层宣慰司则设招讨、安抚、宣抚等使。[①]行省和宣慰司，有总揽军民诸事、官职众多但层次清楚、注重带兵和统治深入等特点。因此，土官制度下各级土职众多，土官多率军参战，管理渠道简易且工作效率较高。亦可见元朝施行土官制度的主要目标，是辅佐对边疆的军事统治以及对边疆内外的用兵。元朝统治者行事，有简易求实、善于借鉴但疏于总结和完善等特点；行省制度与土官制度虽颇具新意，但仍有不少待改进之处。

明太祖朱元璋和成祖朱棣在位的五十三年，是明代管理规范、社会兴盛的时期，也是发展和完善土司制度并推广到更大地域的时期。明代中后期屡现社会动荡与吏治腐败，土司地区亦受其影响并遭受官府盘剥。万历间云南巡抚陈用宾，称国家最重之征"莫过云南输金一事"。[②]与土司制度相伴的某些弊端，如土官土司易坐大乃至割据，以及土民饱受土司欺压等亦较突出。明代土司制度的主要变化，是改变前期粗略有欠完善的状况，形成系统化、规范化的管理，并将土司制度推广至贵州等新辟之地及湖广等边远地区。明朝还着力镇压土司的叛乱，并在一些地区试行改土归流。

明清两朝在土司地区积极发展封建教育。洪武二年（1369）朱元璋谕中书省：治国唯以教化为先，教化当以学校为本；宜令郡县皆立学校，"使人日渐月化，以复先王之旧"。[③]二十八年（1395）又谕礼部：边夷土官皆世袭其职而少知礼义，云南、四川边夷土官皆设儒学，选其子弟教之，使之知君臣父子之义，而无悖礼争斗之事。[④]他还提出既分兵守其要害以为镇服，亦须发展教育和改易旧俗，以改变蛮僚不知礼义，顺之则服、逆之则变的状况，蛮夷经日渐教化，数年后可为良民。[⑤]由于重视传播内地文化，西南边疆的社会风气大变，后人称明代为西南边省腹地实现内地化的时期。清代西南边疆的文化教育有更大发展，大体上实现了与内地文化的对接。

清前期出现百余年的康雍乾盛世，与康熙、雍正和乾隆的开明及勤政有关。三位皇帝均支持流民进入边疆及进行改土归流。雍正元年（1723）雍正帝诏：国家生

① 《元史》卷91《百官七》。

② （明）《神宗万历实录》卷424，万历三十四年八月戊戌条。

③ 《明太祖洪武实录》卷239，洪武二十八年六月壬申条。

④ 《明史》卷69《选举一》。

⑤ 《明太祖洪武实录》卷43，洪武二年六月丁未条。

齿日繁，土地所出仅可赡给；今后各省凡有可耕之处，听民自垦自报，官府不得干预。乾隆帝谓清初百余年来，天下户口较往昔增长十余倍，所幸朕继位以来辟土开疆，小民乃得开垦边外土地。① 雍正帝阅鄂尔泰《奏请改土归流疏》深表赞同，认定鄂尔泰“必能办寇”，乃任命鄂尔泰为云南、贵州、广西三省总督，以主持三省的改土归流。鄂尔泰果不负所望。乾隆十年鄂尔泰卒，清廷许其配享太庙。② 康雍乾以后至鸦片战争以前，清朝在西南边疆的治策，基本上仍恪守康雍乾旧制。清朝土司制度的主要变化，是在一些地区推行改土归流，即对土司制度做出重大的调整与改革。

由此可见，元明清诸朝推行的土官土司制度，不仅在内容和成效方面有重要改变，而且体现出因地制宜和顺应时势的特点。这一变化既反映了中国历史发展的大势，同时也是诸多重要因素配合的结果，其中忽必烈、朱元璋、康熙、雍正和乾隆等帝王的作用不可忽视。他们审时度势做出重要决策，并支持变革土官土司制度，其历史选择之正确，为以后的历史发展所证实。

原载《中国边疆史地研究》2011 年第 2 期，
本文刊发时作者为云南大学西南边疆少数民族研究中心教授，博士生导师。

① 《清高宗实录》卷 1441，乾隆五十八年十一月戊午条。

② （清）魏源撰：《圣武记 · 雍正西南夷改流记》，中华书局点校本 1984 年标点本，第 283 页；另见《清史稿》卷 512《土司一》，卷 288《鄂尔泰传》。

元代只有土官之名没有土官之制 *

武　沐　王素英

一、问题的提出

土官制度（亦称土司制度）究竟形成于何时，向来被学术界所关注，近年来更是热议的焦点，研究成果层出不穷，观点众说纷纭，见仁见智。许公武首倡“土司制度肇始于秦汉之世”；① 凌纯声提出“土司之起源……其起源甚早，如蜀汉昭烈授罗伽李恢为郡功曹书佐、主簿，晋帝用兴古爨琛做本郡太守”；② 朱祖明、刘介认为土司制度形成于宋代；③杜玉亭认为土司制度形成于元代；④江应樑、张永国认为土司制度形成于明代。⑤ 这其中土司制度形成于元朝，兴盛于明朝，衰落于清朝的观点影响最为流行，李幹《略论元代土司制度中的几个问题》、⑥ 龚荫《中国土司制度史》⑦ 等多数论著均持此说。之所以会有如此多的分歧，与如何定义“土官”有直接关系。如果认为“土官”是中央政府授予土著之人的官，使之世护其民、世领其地，或者认为“土官”即少数民族官员的话，那么“土司制度肇始于秦汉之世”的观点便可成立，而唐朝“羁縻府州”的首领亦可视为“土官”。如果认为土官制度是在“土

* 本文为国家社会科学基金项目“明清国家治理下汉藏走廊各民族向心运动研究”（编号：14MXZ017）的阶段性成果。

① 许公武：《土司制度考略》，《中国边疆》1943 年 2 月第 1 卷第 1 期。

② 凌纯声：《中国边政之土司制度（上、中、下）》，《边政公论》1943 年第 2 卷第 11、12 期；1944 年第 3 卷第 1、2 期。

③ 参见朱祖明《改流前之天全土司》，《康导月刊》1943 年 12 月第 1 卷第 2 期；刘介：《宋代僮族地主在土官统治下的经济形态》，《民族团结》1963 年 3 月号。

④ 参见杜玉亭《试论云南土司制度研究中的几个问题》，《民族团结》1963 年 2 月号。

⑤ 参见江应樑《略论云南土司制度》，《学术研究》（昆明）1963 年第 5 期；张永国：《也谈土司制度研究中的几个问题》，《学术研究》（昆明）1964 年第 3 期。

⑥ 李幹：《略述元代土司制度中的几个问题》，《民族研究》1984 年第 4 期。

⑦ 龚荫：《中国土司制度史》，云南民族出版社 1992 年版。

官”一词出现后，针对土官而形成的一种制度的话，那么土官制度的出现或可在元代，或可在明代。本文同意江应樑、张永国认为土司制度形成于明代的观点，并愿在同仁研究的基础上，进一步就此类问题进行辨析。不妥之处，敬请斧正。

二、元代的流官与土官

（一）元代的流官

元代的“流官”与明代的“流官”名同而实异。元代流官称谓沿袭了唐宋以来的传统。唐朝官制是三省六部制，有文官和武官两大体系。文官体系分为流内官与流外官。流内官为九品十八级，且从四品开始，每级又分为上下两等；流外官也分为九等，只是流外官实际上不属于官，只能称为吏。同时在流内官中又有散官与职官之分，散官没有实际权力，仅挂名而已，地位完全比不上职官。《旧唐书·百官一》载：“亲王国令，旧规流内正九品，太极年改。公主家令，旧规流内正八品，太极年改。”《新唐书·百官一》载：“凡流外九品，取其书、计、时务，其校试、铨注，与流内略同，谓之小选。”《宋史·太祖三》载：“诏中书吏擅权多奸赃，兼用流内州、县官。”《宋史·礼二十一·宾礼三》“百官相见仪礼条”载：“公参之礼，列拜堂上，位高受参者答焉……流外见流内品官，并趋庭。”《元典章·吏部》卷2“官职二”对流内、流外官吏亦有详尽规定，如“有出身未入流品人员受宣者”迁转规定：

> 有出身未入流品人员，已受江南勾当任回：受宣者三品拟同六品；四品拟同七品；正、从五拟同正八；历受敕者：正、从六品拟同从八品；七品、八品拟同正、从九品；正、从九品拟同提控案牍、巡检。

该条下有“至元新格”规定：“诸在流品人员，凡能任繁剧，明达吏事，深识治礼或器非一用”；“内外四品以下普覃散官一等”“据应入流品有出身吏员、译史人等，亦自至大二年正月以前入役者，考满加散官一等”；“迁调官员”“军官、匠官、站官、医官、各投下人等，例不转入流。虽资品相应，不许铨注”；“职官荫子例”：“今江南历仕官员荫叙定例：正六品官子巡检内任用，渐次转入流品；从六品子，止于近上钱谷官，虽任数十界，别无入流之例”。《元史·选举志二》“铨法上条”载：“凡匠官……一百户之下，院长一员，同院务，例不入流品，量给食钱。”

将流内官省称为“流官”至迟在金代就已出现，元代开始流行。《金史·宪宗传》载：“有司言，诸路猛安谋克，怙其世袭多扰民，请同流官，以三十月为考。”《元典章》中流官一词多见记载。《元典章·吏部》卷2“官职二·品官子孙当儤使”载：“今议得：若依已拟，止于六品、七品子孙内当儤使者，满日诠注流外监当儤使，切缘三品以下至五品子孙便于合得品从叙用流官。”《元典章·吏部》卷3“官制三·杂职依前考第品级迁升例”载：“流官内选用者，任回，理流官月日。”《元典章·吏部》卷5“职制二”有“流官五品以上封赠”“流官封赠通例”等规定，如“流官五品以上父母、正妻、七品以上正妻，尚书省次第议行封赠之制”。《元典章·吏部》卷6“吏治职官吏员”规定，内外诸衙门、令史、通事、知印、宣使有出身人等，一半应由无过文资流官内选取。《元史·选举志一》“科目条”载：“流官子孙荫叙……下第举人，年七十以上者，与从七品流官致仕。六十以上者，与教授。”《元史·选举志三》“铨法中”载：

> 大德四年，省议：“诸职官子孙荫叙……流官于巡检内用，杂职于省劄钱谷官内用……诸色目人比汉人优一等荫叙，达鲁花赤子孙与民官子孙一体荫叙，傍荫照例降叙。”……泰定元年，诏：“内外流官已带覃官，准理实授……其有出身应入流品人等，如在恩例之前入役支俸者，考满亦依上例覃授。”……凡减资升等：大德九年，诏：“外任流官，升转甚迟，但历在外两任，五品以下并减一资。”

《元史·百官志六》载：“经正监”条：“监卿、太监、少监并奴都赤为之，监丞流官为之。”《元史·百官志八》“序”载：“每所置提领一员，正八品。大使一员，从八品。副使一员，正九品。流官内铨注。”

明初“流官”一词仍可指流内官，如《明兴野记》洪武元年十二月载：“是年，上命织五彩诰命……楷书文章，新旧勋迹，所授散官及姓名于上，分某卫某所，或世袭，或流官。”但就整个明代而言，明人所言的流官不仅包括了流内官，而且还包括了流外官以及正军的所有军职官员。这说明明代“流官”一词虽然是从元代“流官”一词演变而来，但只是沿用了元代流官的称谓，其内涵较元代要宽泛得多。明代的流官已成为一个泛词，除土官外，基本都是流官。现代一些论著中往往将明代流官一词解释为可以在全国范围内流动，所以称之为流官，颇有望文生义之嫌。明代的流官固然可以全国范围内调动，但唐宋乃至元代的流官均可以在全国范围内调动，所以流动只能是明代流官的特点之一，而不是称之为流官的原始。

（二）元代的土官

1. 元代史籍中的土官

“土官”一词的含义大体有两大类。一类是作为礼仪中的官名、五行属土之官或土地神出现的。这在《礼记·月令》、唐陆龟蒙《祝牛宫辞序》以及《宋书·礼志四》中可见记载，但这一类土官与本文的讨论无关。① 另一类是作为土著首领的“土官”。这在宋代以前鲜见记载，宋代开始零星使用。《续资治通鉴长编》卷418载：元祐三年（1088）十二月丁酉，“枢密院言，归明土官杨昌盟等乞依胡田所请，存留渠阳军，县依旧名，事应旧送县者，令渠阳寨理断，徒已上罪即送沅州”。洪迈《容斋四笔·渠阳蛮俗》载：“蛮酋自称曰官，谓其所部之长曰都幙，邦人称之为土官。”南宋范成大撰《桂海虞衡志校注·志蛮》载：北宋皇祐四年（1052），广源州壮族首领侬智高起义失败后，朝廷“因其疆域，参唐制，分析其种落，大者为州，小者为县，又小者为洞，凡五十余所。推其雄长者为首领，籍其民为壮丁，以藩篱内郡，障防外蛮，缓急追集备御，制如官军”，“有知州、权州、监州、知县、知洞，皆命于安抚，若监司给文帖朱记”。② 这些壮族首领被一些现代学者称为广西土官的肇始，但值得一提的是，《桂海虞衡志校注·志蛮》的作者并未使用“土官”一词。

元代亦很少使用“土官”一词。如元代官方法律文献《元典章》中“土官”一词仅在同一案例中出现过两次。③ 在元代丞相脱脱和史官阿鲁图先后主持修撰的《宋史》《辽史》《金史》中，“土官”一词也仅在《宋史》中出现过一次，④ 仍然与宋代渠阳蛮有关，其载：“后以渠阳为诚州，命光僭之子供备库使昌达、供备库副使杨昌等同知州事，而贯保、丰山、若水等寨皆罢戍，择授土官，俾乂间毁楼橹，撤官舍，

① 《宋书》卷17《礼志四》有“社主土神，司空土官，故祭社使司空行事”的记载，但与本文无关。

② 范成大撰、严沛校注：《桂海虞衡志校注·志蛮》，广西人民出版社1986年版。

③ 《元典章·新集》卷6“刑部·土官取受无禄同有禄人断”。

④ 《金史》卷15《宣宗中》载：“遣监察御史粘割梭失往河中、绛、解等郡，同守土官商度可保城池。”这里的土官是指守土之官，并非本文所指的土官。

护领居民入寨。”①

不过相较“土官”而言，元代史官更愿意用“土人”“土兵”等词。《宋史》中“土人”一词出现过44次，“土兵”一词出现过33次，这其中还有几处“土人”的记载或可作为“土官”存在的佐证。《宋史·地理志六》“广南西路”载：“广南东、西路……民性轻悍。宋初，以人稀土旷，并省州县……大率民婚嫁、丧葬、衣服多不合礼。尚淫祀，杀人祭鬼。山林翳密，多瘴毒，凡命官吏，优其秩奉。春、梅诸州，炎疠颇甚，许土人领任。”《宋史·职官志十一》“俸禄制上”载：

> 客省及皇城以下诸司副使，二十千。内殿承制，十七千。崇班，十四千。春绢各五匹，冬十匹，绵三十两。带阁门祗候并同。供奉官，十千。带阁门祗候者，十二千。春绢四匹，冬五匹，绵二十两。侍禁，七千。带阁门祗候者，一十千。殿直，五千。带阁门祗候者，九千。并春、冬绢各四匹，冬绵十五两。三班奉职、借职，四千。春、冬绢各三匹，钱二千。下茶酒班殿侍，一千。春、冬绢七匹，冬绵十五两。下班殿侍，七百。春、冬绢各五匹，二项并蕃官并土人补充者。

《宋史·食货志上三》“漕运”条载：“绍圣二年，置汴纲，通作二百纲。在部进纳官铨试不中者，注押上供粮斛，不用衙前、土人、军将。未几，复募土人押诸路纲如故。”不仅如此，在元代史籍中“土人”一词更是大量出现，且“土人”遍布大江南北。然而即使如此，宋人、元人不常用“土官”一词确属事实。

2. 明人笔下的元代土官

明人笔下的土官多集中在《元史》等史籍中。笔者将此类土官大体分为三种。

第一类是明人笔下的宋代土官。《元史·世祖十一》载：“至元二十四年冬十月乙酉……罗北甸土官火者、阿禾及维摩合剌孙之子并内附。”至大三年（1310）正月，湖广省乖西带蛮阿马等联结万人入寇，元廷遣万户移剌四奴领军千人，及调思、播土兵并力讨捕。②至大四年（1311）十一月，“立乖西府，以土官阿马知府事，佩

① 《宋史》卷494《蛮夷传二·诚徽州传》。

② 参见《元史》卷23《武宗二》。

金符”。[①]《元史·泰定帝一》载：“泰定元年二月丁亥，平伐苗酋的娘率其户十万来降，土官三百六十人请朝。湖广行省请汰其众还部，令的娘等四十六人入觐，从之。”《元史·文宗二》载：“天历二年二月癸丑，诸王月鲁帖木儿等至播州，招谕土官之从囊加台者，杨延里不花及其弟等皆来降。”《元史·顺帝五》载：“至正九年夏四月辛丑，师壁安抚司土官田驴什用、盘顺府土官墨奴什用降，立长官司四、巡检司七。”《元史·顺帝七》载：“至正十六年春正月戊申，云南土官阿芦降，遣侄腮斡以方物来贡。”《元史·外夷传三·缅传》载：

> 云南省遣云南诸路宣慰使都元帅纳速剌丁率蒙古、爨、僰、摩些军三千八百四十余人征缅，至江头，深蹂酋首细安立寨之所，招降其磨欲等三百余寨土官曲蜡蒲折户四千、孟磨爱吕户一千、磨柰蒙匡里答八剌户二万、蒙忙甸土官甫禄堡户一万、木都弹秃户二百，凡三万五千二百户，以天热还师。

《元史》乃明代史官所撰，但其中有如此多的宋代土官，究竟是宋代原本就称其为土官，还是明朝史官根据明人的习惯称这些宋代的少数民族首领为土官？结合上述可知，还是后者为主。

第二类是明人笔下的元代土官。元朝在统一中国过程中，为了巩固和扩大政权基础，相继采用了“参用汉人”[②]“参用南人”[③]“参用土人”[④]的政策。土官就是在蒙古统一江南的过程中，伴随“参用土人”而出现的。《元史·世祖十三》载：“金竹府知府扫闾贡马及雨氈，且言：‘金竹府虽内附，蛮民多未服。近与赵坚招降竹古弄、古鲁花等三十余寨，乞立县，设长官、总把，参用土人。’”《元史·顺帝一》载：“平伐、都云、定云酋长宝郎、天都虫等来降，即其地复立宣抚司，参用其土酋为官。”《元史·地理四》“木来军民府”条：“中书省奏置散府，以布伯为达鲁花赤，用其土人马列知府事”。《元史·百官志七》“诸蛮夷长官司”载：“达鲁花赤、长官、副长官，参用其土人为之。”《元史·世祖十四》载：

① 《元史》卷24《仁宗一》。
② 《元史》卷12《世祖九》。
③ 《元史》卷14《世祖十一》。
④ 《元史》卷16《世祖十三》。

（至元二十九年九月）丁卯，中书省臣言："茆灊、十围、安化等新附洞蛮凡八万，宜设管军民司，以其土人蒙意、蒙世、莫仲文为长官，以吕天佑、塔不带为达鲁花赤。八番斡罗思招附光兰州洞蛮，宜置定远府，就用其所举秃干、高守文、黄世曾、燕只哥为达鲁花赤、知府、同知、判官。"制曰："可。"

《蒙兀儿史记·昔里钤部传》附《爱鲁传》载：至元十三年（1276），特磨道首领侬士贵、左江土酋李维屏、右江土酋岑从威等二千余人至云南行省，各持土物纳款，"是岁广中降者八十余州，籍四十万户，东招靖江，南开广道，不劳一矢而安定"。《元史·成宗二》载："大德二年冬十月壬戌……立平珠、六洞蛮夷长官司二，设土官四十四员。"《元史·地理志》载："至元二十年，四川行省讨平九溪十八洞，以其酋长赴阙，定其地之可以设官者，与其人之可以入官者，大处为州，小处为县，并立总管府，听顺元路宣抚司节制。"

元代之所以大量任用土官，除为了扩大统治基础外，统治中还存在着一些实际困难，即"参用土人"大多是在民族成分复杂、朝廷鞭长莫及的西南边远地区实施。对于蒙古人、色目人而言，因畏惮瘴疠，大多不敢到这些地区赴任，有的地方甚至连汉人也不愿去，所以不得不"参用土人"。《元史·世祖十二》载："湖广省言：'左、右江口溪洞蛮獠，置四总管府，统州、县，洞百六十，而所调官畏惮瘴疠，多不敢赴，请以汉人为达鲁花赤，军官为民职，杂土人用之。'"《元史·仁宗三》载："远方蛮夷，顽犷难制，必任土人，可以集事。今或阙员，宜从本俗，权职以行，制曰：可。"《元史·选举志三》"铨法中"条载："本管地面，若有遐荒烟瘴险恶重地，除土官外，依例公选铨注，其有超用人员，多者不过二等。军官、匠官、医官、站官、各投下人等，例不转入流品者，虽资品相应，不许铨注。"《元史·赛典赤赡思丁传》载："又患山路险远，盗贼出没，为行者病，相地置镇，每镇设土酋吏一人、百夫长一人，往来者或值劫掠，则罪及之。"可见土官的使用是在不得已的情况下而采用的特殊措施，它是蒙元职官体制的一种补充和延伸。

除流内官外，土官亦可担任流外官。《南村辍耕录》卷2"土人作掾"载："至元间，别儿怯不花公为江浙丞相，议以本身所辖土人不得为掾史。时左丞佛住公谓曰：'若然，则中书掾当用外国人为之矣。'相有赧色，议遂不行。"

第三类是受明人影响而泛化的土官。《明太祖实录》卷67洪武四年七月乙未载：

“遣工部主事王伯彦往河州赐山后七驿世袭土官劳哥等文绮、银椀。”这条史料中的土官劳哥在《明兴野记》中记为土官剌哥。《明兴野记》载：

> （洪武四年）二月……韦正遣人招抚山后好来、阿仁、剌哥、美吉、朵的、云都、亦思麻因等七站人民。并下缺军总旗仲与等七人，委监站掌印，以土官为副，共牧人民。以归德州土官王伦奴为千户，设西番、达达二百户所，具奏。上准设，给以诰敕。……
>
> （洪武十一年）六月……以陕西都指挥叶升代镇河州……十一月，剌哥站土官剌哥率合族酋长，以牛、羊、马匹、羊毛至河州易粮。升见头畜无数，欲尽得之，诡文密奏西番侵河州。上允其奏，悉收诛之。升拘番货牛、羊、马匹，尽入私家，其余六站番民，闻之皆遁去，朵甘思、乌思藏之路自此亦梗，不复通往来矣。①

对于这几条记载中的土官剌哥，包括明朝人在内的许多学者都认为是元代遗留下来的土官，但此观点值得商榷：第一，从人名上看剌哥很像是蒙古人，而元代绝不将蒙古人称为土人或土官；第二，如果是明代的土官，则明代驿站属流官系统，也不可能称其为土官。所以这应该是明朝初年的人按照明朝的理解将本不应称为土官的蒙古人泛称为土官。类似的情况还有，《明兴野记》至正二十六年载：“四月，克泗州，徐州土官参政升（陆）聚降”。《明兴野记》洪武二年四月载：

> 至巩昌，土官汪灵真保率军民以降……十二月，达遣大都督冯胜追思齐至临洮，土官平章赵脱儿挟思齐出城降……达以二城降兵土著者仍为土著，客兵分调各卫听征……八月，遣凤翔卫指挥韦正领全卫马步兵，请临洮代之……河州土官院使锁南领番戎至城下哨掠。

《明兴野记》的作者俞本明初随邓愈一路征战到河州，并将其所见所闻以编年体的形式记录下来。这其中所说的土官汪灵真保属色目人，土官平章赵脱儿为吐蕃人，亦属色目范畴，河州土官院使锁南为蒙古人，元朝官方是不会将这些人视为土官的。

---

① 陈学霖:《史林漫识》附录（三）俞本《明兴野记》(《纪事录》)，中国友谊出版社 2001 年版。

如《元史》卷4《世祖一》载："中统二年六月丙辰，以汪良臣同签巩昌路便宜都总帅，凡军民官并听良臣节制。"《元史·世祖十二》载："至元二十六年六月己酉，巩昌汪惟和言：'近括汉人兵器，臣管内已禁绝，自今臣凡用兵器，乞取之安西官库。'帝曰：'汝家不与它汉人比，弓矢不汝禁也，任汝执之。'"《元典章·吏部》卷1"官制一·拾存备照品官杂职"中便宜都总帅为正三品官员。《元史·汪世显传》中也未将汪世显、汪良臣、汪惟和及其后裔汪灵真保等称为土官，可见这是元末明初民间汉族人将所有少数民族首领泛称为土官所致。

考察了元代流官与土官之后不难发现：（1）元代土官大体可归类为两大性质的土官，一类是未被朝廷任命的土官，即土酋；一类是被朝廷任命的土酋，属于元朝官僚体系之内的官员。（2）元代土官并不像明代那样是相对流官而言的，元代土官既可以是流内官，也可以是流外官，既可以是文职，也可以是武职，并无"文""武"之分。元代的流官仍然沿袭了唐宋以来称谓，主要指九品十八级的流内官（含杂流官）。明代学者以及现代学者往往用明代人的习惯理解元代流官，以至于留下了元代也有与土官相对应的流官的印象，这是一个隐形的误区。（3）元代"土官"一词的使用并不广泛，《元史》中"土官"一词之所以被广泛使用，大多为明史官按照明代的习惯所致。（4）元代土官仅仅是一个表明身份的称呼，指此官职为土人担任，用今日的话说就是"本土官员"或"当地干部"，并不能证明元代是否存在着土官制度。

三、元代没有土官制度

所谓土官制度是针对土官而建立的一整套制度。以往学者在论述元代存在土官制度时，大多从元代的职官体系、土官世袭、土官册封、土官选用、升迁、惩罚等方面入手，本文也从这几个方面入手辨析元代并没有针对土官而建立的一整套土官制度。

（一）职官体系。元代并不存在针对土官设置的一整套职官体系，如《元典章·吏部》卷1"官制一·内外诸官员数"中是将元代内外诸官员分为有品级官员与无品级官员，而不是分为流官与土官两大类。在有品级官员中又分为朝官、京官、外任官，而朝官、京官、外任官类下又分有色目、汉官等，却未将土官单独列为一目，即所谓“江南归附之初，民情风土特异，除授官员，南循资格。在后评定日久，南北通除，别无升等之例”。[①]元代土官出身于军政合一的部落，但土官一经封授，既可以是职官，也可以加授散官称号。《元典章・吏部》卷1“官职一・职品”所载的各级职品中均将土官所担任的官职列入其中，如从二品流内官中就将荆湖北、湖南、广东、广西、四川南、沿边溪洞宣慰使，福建、八番顺元等处，广西两江、大理金齿等处宣慰使司元帅，广南西道、乌撒乌蒙等处，罗罗斯、曲靖等路，临安广西元江等处宣慰使兼管军万户等列入。《元史・文宗四》载：

> 至顺二年五月己丑，置八百等处宣慰司都元帅府，以土官昭练为宣慰使都元帅。又置临（江）[安]元江等处宣慰司兼管军万户[府]、孟定路、孟肙路并为军民总管府，秩从三品。者线、蒙庆甸、银沙罗等甸并为军民府，秩从四品。孟并、孟广、者样等甸并设军民长官司，秩从五品……庚寅，立云南省芦传路军民总管府，以土官为之，制授者各给金符……癸巳，云南威楚路之蒲蛮猛吾来朝贡，愿入银为岁赋，诏为置散府一及土官三十三所，皆赐金银符。

《元史・太平传》至正十五年载：“时诸军久出，粮饷苦不继。太平命有司给牛具以种麦，自济宁达于海州，民不扰而兵赖以济。议立土兵元帅府，轮番耕战。”

有学者将元代土官分为：行中书土官，宣慰使司土官，宣抚司、安抚司、招讨司土官，路总管府土官，土知府、土知州、土知县、土县丞土官，州县及秩如下州的长官司土官，土巡检、土千户、土酋吏之类土官等七大类，[②]这也是大多数支持土官制度建立于元朝的学者最常用的论据之一，并将其视作元朝土官制度的重要内容，是元朝的一项重要创造。殊不知宣慰使、宣抚使、安抚使等只有在明朝才成为土官专用的职官，元代宣慰司、宣抚司、安抚司等是最普通的地方行政机构之一，其长官多为蒙古人、色目人，并不是土官特有的职官，只有“土人为之”者方可称为土官，但并不代表这些“司”就是土司。《元史・百官七》载：“宣慰司，掌军民之务，分道以总郡县，行省有政令则布于下，郡县有请则为达于省。”《元史・世祖二》载：“中统三年十二月丁巳，立十路宣慰司，以真定路达鲁花赤赵瑨等为之。”即使是西

① 陈高华等点校：《元典章・吏部》卷2“官制二・承荫”之“职官荫子例”，中华书局、天津古籍出版社2011年版。

② 参见李幹《略述元代土司制度中的几个问题》，《民族研究》1984年第4期。

南边远地区由土官担任首领的宣慰司、宣抚司、安抚司等，即所谓“其在远服，又有招讨、安抚、宣抚等使，品秩员数，各有差等”，[①] 亦如前所述，其性质依然是职官，土官只表明担当者的民族身份，而不是一种官制。同样土知府、土知州、土知县等职官也仅仅表明了担当者的民族身份，而不是一种土官性质的官制。

（二）册封制度。许多论著还将元代土官的诰敕、印章、虎符、朝贡等列为土官制度的内容。诰敕、印章、虎符、朝贡等制度在《元典章·礼部》中有详尽的记载，作为元代土官固然要遵守这些制度，但这些制度是全体官员都要遵守的，并不是针对土官建立的，它是元代职官的基本制度，而不是元代土官独有的制度。

（三）选用、升迁、惩罚。元代土官在选用、升迁、惩罚等方面既有同于非土官的地方，也有别于非土官之处，这是元代土官较为特殊的方面。《元史·选举志二》“铨法上”条载：

> 凡蛮夷官，议：“播州宣抚司保蛮夷军民副长官，系远方蛮夷，不拘常调之职，合准所保。其蛮夷地分，虽不拘常调之处，而所保之人，多有泛滥。今后除袭替土官外，急阙久任者，依例以相应人举用，不许预保，违者罪及所由官司。”

《元史·选举志三》“铨法中”条载：“二十八年，诏：‘腹里官员迁去云南近里城邑，拟升二等，若极边重地，更升一等。行省咨保人员，比依定夺。其蒙古、土人及招附百姓有功之人，不拘此例。’”保举是元代选官制度的主要内容之一，职官与军官均可依例保举，《元典章·圣政》卷1“典章二·举贤才”载：

> 天下之大，不可亡治，择人乃先务者也。仰御史台、翰林院、国史（院）、集贤院、六部，于五品以上诸色人内，各举廉能识治体者三人已上，行省、行台、宣慰司、肃政廉访司各举五人。务要皆得实才，毋但具数而已。

从制度层面讲，土官与非土官同样可保举，但由于土官保举“多有泛滥”，才出现了

① 《元史》卷91《百官七》。

上述记载中的一些限制性规定，但这不属于制度层面的规定，只是执行政策中的一些措施。

元代对于“有勋劳”的土官是要进行升赏的，相反则要惩罚。《元史·刑法二》载：“诸土官有能爱抚军民，境内宁谧者，三年一次，保勘升官。其有勋劳及应升赏承袭，文字至帅府，辄非理疏驳，故为难阻者，罢之。”查《元典章》并无此项规定，但《元典章·吏部》卷2“官制二·选格”中有一条记载与此相关，其载：“外任官员三周年为一考。除达鲁花赤、回回官员另行定夺。”这说明土官与外任官执行的是同一规定，只是在执行过程中一些地方官吏“辄非理疏驳，故为难阻”，所以有关土官“三年一次，保勘升官”的规定并不表明是针对土官专门制定的。

元代对于边远地区任职者的期限、考核亦有涉及土官的记载，《元典章·吏部》卷2“官职二·远方官吏月日”载：

> 吏部呈：钦奉圣旨节该：“诸衙门令史、译史、宣使人等，今后一百二十月为满。”钦此。本部议得：远方令史、译史人员等月日内，甘肃、福建、四川，此间发去九十月为满，土人一百二十月。两广、海北海南道，此间发去八十月为满，土人一百二十月。云南行省八十月为满。俱呈找详。都省议得，下项去处虽系远方，平顶日久，令史、译史、通事、知印、宣使、奏差，自大德元年三月初七日以后勾当人员，此间发去者俱以九十月为满，土人依例一百二十月为满。

《元史·选举志四》“考课条”亦载：

> 云南行省极边重地令、译、史人等，六十月考满。甘肃行省令译史人等，六十五月考满，本土人员，依旧例用。部议：“远方令、译、史人等，甘肃、福建、四川于此发去，九十月为满。两广、海北、海南道于此发去，八十月满。云南省八十月满。土人一百二十月满。”……都省议：“俱以九十月为考满，土人依例一百二十月为满。”……部议：“合准旧例，云南六十月，河西、四川六十五月，土人九十月为满。”

上述记载表明，按照元朝通例，各处行省令史，通例任满一百二十月，方许出职，土人依例也是以一百二十月为满，后经部议，以九十月为满，只有在云南、甘肃、福建、四川等边远地区任职的非土官可适当缩短任职期限，一般为六十至九十月为满。由此可见，元代土官与非土官在任职期限方面执行的是同一法律和同一标准。

在惩罚方面，《元典章·新集》卷6“刑部·土官取受无禄同有禄人断”载：

> 延祐七年九月十七日奏过事内一件：“御史台官人每，备着陕西行台文书，俺根底与文书有：‘云南建昌路张姓的同知，因事取受人的马匹上头（事），本处廉访司官要了他的招状，依例断七十七下，例降散官二等。他是本土人有。依先定来的（例），依旧勾当。’么道，说将来的上头，俺叫刑部定拟呵，‘是本处土官无禄人有。依无禄例，减一等，断六十七下，依旧勾当’。么道，定拟了，呈与俺文书有。俺商量来：待异者无禄减等断罪呵，土官犯罪不殿降，依旧勾当，更兼承袭父兄的职事。他是受宣命的人有，难比无禄的人。如今将他依着有禄人的例要罪过，今后拟这般土官犯赃呵，怎生？”奏呵，奉圣旨：“那般者。”钦此，都省咨请钦此实行。

《元典章·圣政》卷2“典章三·霈恩宥”载：“湖南、云南边境诸蛮，互相仇杀，掳掠人民。如能悔过自新，即与免罪。”《元史·刑法二》载：“诸内郡官仕云南者，有罪依常律，土官有罪，罚而不废。诸左右两江所部土官，辄兴兵相仇杀者，坐以叛逆之罪。其有妄相告言者，以其罪罪之。有司受财妄听者，以枉法论。”上述记载透露出如下信息：（1）土官中有无禄土官与有禄土官之分。（2）元代无禄土官有罪或可享受一定的减罪处罚，如“土官有罪，罚而不废”，或“本处土官无禄人有，依无禄例，（罪）减一等”。（3）这些规定都具有地域性，如“土官有罪，罚而不废”明确指的是云南土官，而左右两江所部土官似乎并不在此规定之内。《元史·吕思诚传》载：“思诚纳印绶殿前，遂出佥广西廉访司事。巡行郡县，土官有于元帅者，恃势鱼肉人，恐事觉，阴遣其子迓思诚于道，思诚缚之，悉发其阴私，痛惩其罪，一道震肃。”实际上元代对待土官的原则是“叛则讨之，服则舍之”，[①]并不是一味怀柔。

① 《元史》卷120《立智理威传》。

有人认为元朝统治者自身属于边疆夷狄，较少有“华夷有别”“内华夏、外夷狄”的大汉族的正统观，对其他边疆蛮夷的防范较少。这种观点只说对了一部分。在汉族统治者的“华夷之辨”中的确是将境内民族分为“华”与“夷”两大类，即“华夷之辨”，且“华夷有别”。元朝统治者虽然较少有“华夷之别”的区分，但民族等级观念更为突出，不仅有蒙古人与色目人之别，蒙古人与汉人之别，而且还有蒙古人与南人之别，蒙古人与蛮夷之别。这其中蛮夷的地位最低，而元代土官基本为蛮夷，所以针对上述记载而言，元代土官所享受的减罪处罚应当是有限的。（4）这些规定亦存在着一定的时限性，如无禄土官，罪减一等只存在于延祐七年（1320）以前，按照上述记载，延祐七年后，大凡受宣命的土官犯赃，难比无禄之人，只能“依着有禄人的例要罪过”。总之上述这些规定既存在着有别于非土官之处，也存在着相同之处，但就不同之处来看，基本上属于“有例可依，无法可循”的性质，大多为临时性、区域性的规定，属政策层面，尚未上升到法律层面，即国家制度层面。

（四）世袭制度。《元史·仁宗三》载：“中书省臣言：‘云南土官病故，子侄兄弟袭之，无则妻承夫职。’”元代土官可以世袭在许多论著中同样被列为元代土官制度的主要内容，但这里有一点需要说明，那就是世袭乃土官与生俱有的属性，没有世袭土官也就不成其为土官，但是部落首领世袭历代如此，并非元代创新或独有，元代只是沿袭了前朝的做法。从“土官有罪，罚而不废”来看，元朝将土官世袭纳入职官管理体系，更多的是着眼于土官能否按照元朝规定的继承资格和继承顺序承袭，而不是废除这一制度。如《元史·世祖八》载：至元十七年（1280），“亦奚不薛病，遣其从子入觐。帝曰：‘亦奚不薛禀命，辄以职授其从子，无人臣礼。宜令亦奚不薛出，乃还军。’”所以如果没有其他制度配合，单独拿是否允许世袭作为元代有土官制度的论据不足以说明问题。实际上，元代土官世袭与元代职官荫子、军官承袭是一脉相承的。元代职官荫子、军官承袭制度已非常完备，这在《元典章·吏部》卷2“官制二”之“承荫”“承袭”“儤使”中对职官子、军官子、低品级职官子的承荫、承袭、爆使讲得十分详尽。如果说职官荫子、军官承袭是七品以上普通职官以及军官所享受的特权，那么世袭则是土官享有的特权，是元代秩官荫子制度在土官的延伸，虽有差别，但性质是相同的，它不是制度上的问题，是土官本性所决定的细节上的差异。

（五）元代土官有纳赋税者，也有不纳赋税者，这要视土官归附元朝中央的程度而定。《元史·信苴日传》载：世祖忽必烈平定大理，大理旧主段兴智入觐，献地图，“条奏治民立赋之法”。《元史·世祖七》载：至元十六年（1279），纳速剌丁将大理军抵金齿、蒲骠、曲蜡、缅国界内，招忙木、巨木秃等寨三百，籍户十一万二百，“诏定赋租”。纳过赋的土官很可能享有俸禄，而不纳赋的土官则无俸禄，所以上述《元典章·新集》卷6“刑部·土官取受无禄同有禄人断”所载土官分为有禄土官与无禄土官，很可能区别就在于此，而这也是元代土官与普通职官的一大区别，即部分不纳税赋的土官只有品，没有秩，不享有俸禄，这其中未入流的低级土官最多。但这些均无法构成判断是否存在土官制度的因素。

原载《中国边疆史地研究》2015年第1期，

本文刊发时作者武沐为兰州大学西北少数民族研究中心教授、博士生导师；

王素英为兰州大学西北少数民族研究中心博士研究生。

论明世宗对蒙“绝贡”政策与嘉靖年间的农牧文化冲突

胡　凡

在明代历史上，明廷和蒙古族的关系问题是关乎明王朝治乱安危的大问题，而最高统治集团对蒙古族采取一种什么样的政策和态度，则对明蒙关系有着直接的影响。明世宗嘉靖年间，蒙古族在其首领俺答汗的率领下频繁入掠，给明王朝的北部边防造成了巨大的压力，进而酿成明代北边危机的第二次高潮——庚戌之变，并且终嘉靖一朝，北部边防一直处于刀光剑影的战争状态。但是，穆宗隆庆帝即位仅仅五年，同样是面对蒙古族的俺答汗，明蒙之间却实现了历史上传为佳话的“俺答封贡”。仔细考察这段历史不难发现，嘉靖年间北边危机的出现，与明世宗对蒙古族尤其是俺答汗采取的“绝贡”政策有着直接的关系。然而对于这样一个重大的历史问题，仅在20世纪80年代有宝音夫、洪俊的《论俺答求贡》、①乌云宝的《论“庚戌之变”发生的原因及其意义》②两篇文章在论述“庚戌之变”时谈到明廷对蒙古族的错误政策问题；90年代有任冠文的《俺答、张居正与蒙汉关系》，③所论不出前两篇文章的范围；而从1994年至今，这方面的研究竟付阙如。这说明学界尚少从明廷最高统治者的政策角度考察嘉靖年间的北部边防问题，更少从农业文化与游牧文化的紧密联系及相互依存、互补、融合的角度来分析论述明廷对蒙古族的政策。本文即拟对此做一探讨，以便更深刻地了解嘉靖年间以北边危机为表现形式的农牧文化冲突之症结所在。

① 《历史教学》1982年第8期。
② 《内蒙古社会科学》1986年第4期。
③ 《晋阳学刊》1993年第6期。

一

明王朝建立后，为了妥善处理与包括蒙古族在内的周边少数民族的关系，采取了允许各少数民族首领定期入朝进贡、明廷给以丰厚的赏赐并可在会同馆进行一定程度的互市贸易的政策，由此而形成周边少数民族对明廷的朝贡关系。对于这种朝贡关系，《明会典》卷 105 至卷 108 礼部主客清吏司有系统的记述，计有东南夷上、下，北狄，东北夷，西戎上、下，土官，朝贡通例等内容。从这些记载中我们可以感受到：入贡、通贡乃是周边各族（包括海外诸国）与明廷之间经常进行的交往，明廷为此而采取了一应制度化的措施，规定了各部不同的贡期、贡道、贡物，还规定了对入贡者给以优厚的赏赐、宴赉等。

《明会典》所记之朝贡体制下的“北狄”即蒙古，包括：迤北小王子，瓦剌三王，顺义王，朵颜、福余、泰宁三卫等，即明代蒙古三大部的鞑靼、瓦剌、兀良哈，只顺义王是俺答受封以后才有的名号。其记述蒙古族的朝贡情况时说道：“北狄，鞑靼最大，自胡元遁归沙漠，其余孽世称可汗。东兀良哈，西哈密，北瓦剌。瓦剌强，数败鞑靼。其后兀良哈、哈密皆内附，而兀良哈遂分为朵颜等三卫。瓦剌酋马哈木封顺宁王，鞑靼酋阿鲁台乞降，封和宁王，皆遣使入贡。自后叛服不常，成化中小王子亦通贡，贡无常期。隆庆中，俺答封顺义王，每岁贡马互市，至今不绝。”[①]这是各部朝贡的总体概况，每部由于地理位置、与明廷关系等因素，又有细微的差别。如贡期，鞑靼部是“岁或一贡，或再贡，以为常”。[②]瓦剌部是“岁一入贡”。[③]两部“贡道皆由大同入居庸”。所贡物品除了马、驼等畜牧业产品外，还有貂鼠皮等狩猎产品和海青。兀良哈三部的贡期则为一年两贡，贡道“由喜峰口入”。[④]

综合分析《明会典》所记之朝贡体制，我们可以得到如下认识：

首先，蒙古族向明廷的朝贡是以政治上的臣服为前提，即各部要接受明廷的册封，这是在成祖永乐年间确定的。如永乐七年（1409），成祖封瓦剌部首领马哈木

① 《明会典》卷 107《礼部》65《朝贡三・北狄》，中华书局 1989 年影印本，第 578 页。
② 《明史》卷 327《鞑靼传》。
③ 《明史》卷 328《瓦剌传》。
④ 《明会典》卷 107《礼部・朝贡三・北狄》，第 579 页。

为顺宁王、太平为贤义王、把秃孛罗为安乐王，“给赐诰印”。[①] 永乐十一年（1413）封鞑靼部首领阿鲁台为和宁王，赐给金印，并封赠其母、妻，“俱赐诰命冠服”。[②] 其余兀良哈三部亦无不如此，只不过没有封王而已。需要注意的是“世称可汗”的元朝后裔没有向明廷臣服讨封，但仍与明廷保持朝贡的关系，如脱脱不花之向明廷的朝贡，天顺、成化以至弘治年间不断更立的小王子也是“频年入贡”。这里的“诰”“诰命”实际是委任的证书，用以作为入京朝贡及领朝廷赏赐的凭据；“印”是朝廷颁发给蒙古族首领由其行使管理权的象征，凭此可以对部下发号施令；“冠服”则是由朝廷按品级颁给的规定制服。接受了这些，就是接受了明王朝的统治，诚如郑天挺先生所言：“所谓朝贡，就是臣属关系的表现，就是统治与被统治、保护与被保护关系的确定。”[③]

其次，明廷对迤北蒙古族的朝贡特别重视。朝贡使臣一入明境，其衣食住行几乎全由明廷包管了。“迤北小王子来贡，礼部差该司官一员前往大同，会同镇巡等官，将差来使臣逐一译审，分豁使臣若干，随来男妇若干，赴京若干，存留若干，使臣自进并带进某头目下马骡方物皮张数目，俱要辨别毛齿等第，编成字号，填写勘合，用印钤盖，给付各使臣收照，仍著落山西行都司备造黄册奏缴，青册先行送部，以凭给赏。其在彼茶饭并沿途供应及榆河驿汤饭，一听本官提督。”[④] 这里包括对使臣和随行人员的统计造册，一方面是保证其饮食起居，一方面是作为赏赐的依据；对所进和带进的物品要区分等第、造册盖印、发给勘合，这也是为了按物给赏。

再次，明廷对于来朝贡的蒙古族有丰厚的赏赐、给赐、回赐物品。关于赏赐，如“永乐、宣德中，赐瓦剌顺宁王綵段十表里，妃五表里；头目一等者五表里，二等至四等者四表里。正统二年，赐鞑靼虏王綵段十五表里，虎斑绢十匹，妃八表里；头目一等八表里，二等六表里，三等五表里，四等四表里，外有加赐”。这反映出明廷对瓦剌顺宁王等和蒙古族名誉上的最高统治者“虏王”是有区别的对待，以后由于也先势力的强盛亦有变化，正统六年（1441）“赐迤北太师段绢与虏王同”。关于给赐，也分等第，“一等每人綵段八表里，二等六表里，三等三表里，四等二表里，内一等、二等紧要头目，加赐织金綵段一表里。”关于回赐，“永乐九年，回赐顺宁

① 《明太宗实录》卷 92，永乐七年五月乙未条。

② 《明太宗实录》卷 141，永乐十一年七月戊寅条。

③ 郑天挺:《明代在东北黑龙江的地方行政组织——奴儿干都司》,《史学集刊》1982 年第 3 期。

④ 《明会典》卷 108《礼部・朝贡四・朝贡通例》。

王，上等马者各綵段十表里；海青一连，四表里；白狐皮二十七个，四表里。宣德间，回赐顺宁王及使臣人等进马，中等者每匹綵段二表里，折钞绢二匹；下等者纻丝一匹，绢八匹，折钞绢一匹；下下者绢六匹，折钞绢一匹；驼每只三表里，折钞绢十匹”。[①] 其他各种皮毛无不有回赐。

复次，会同馆开市。明廷规定，到京朝贡的“各处夷人朝贡领赏之后，许于会同馆开市三日或五日，惟朝鲜、琉球不拘期限”。[②] 这种会同馆开市的交易对于蒙古族和其他少数民族来说是很具有吸引力的，他们在开市期间既可以出售自己所携带的马匹、皮毛等畜牧业产品，也可以将进贡所换得的物品出卖。如明英宗时期瓦剌朝贡使团到京后，“顺宁王脱欢使臣阿都赤以私马求市，许之”。[③] 正统十年（1445）皮儿马黑麻使团到京，“以瓦剌使臣贡物过多，命马收其良者，青、银鼠皮各收一万，惟貂鼠皮全收之，余悉令其使臣自鬻”。[④] 明廷赏赐、回赐、酬值给他们的段绢布匹，也“听于街市与官员军民人等两平买卖”。[⑤] 但是，不许交易违禁物品如兵器、铜铁等物，不许与民间私相交易。

明代从成祖永乐以来所确立的与边疆少数民族“朝贡体制”具有两种社会功能：第一，边疆少数民族对中央王朝的政治臣服、接受封号，构成当时历史条件下中央与地方关系体制的特殊形态，即朝贡体制下的羁縻统治，这是边疆少数民族高度自治情势下对中央王朝的认同。第二，边疆少数民族向中央王朝的进贡和中央王朝给予他们的赏赐、回赐物品以及会同馆的交易，形成农业民族与游牧民族之间的双边经济交流，即朝贡体制下的朝贡贸易，朝贡贸易的正常进行沟通了草原与内地的经济联系，弥补了游牧经济的不足和缺陷。因此，朝贡体制所表现的明廷与蒙古族之间的政治、经济结构特征，本质上反映的是中央与地方的关系，是蒙古族对中原王朝的向心力，是中华民族凝聚力的具体历史表征。

① 《明会典》卷 111《礼部·给赐二·外夷上》。
② 《明会典》卷 108《礼部·朝贡四·朝贡通例》。
③ 《明英宗实录》卷 21，正统元年八月庚辰条。
④ 《明英宗实录》卷 136，正统十年十二月丙辰条。
⑤ 《明会典》卷 111《礼部·给赐二·外夷上》

二

在明武宗正德以前的几个朝代，朝贡体制的运行基本上都比较顺利。据学者们研究，从永乐元年（1403）到隆庆四年（1570）的一百六十多年间，蒙古封建主向明廷朝贡达八百余次。[①]如果再细加分析，从武宗即位后到隆庆四年（1570）的六十五年间，蒙古族的主体鞑靼部和明廷在朝贡关系方面几乎处于空白，则此前百余年明蒙之间在朝贡体制下所展开的双边关系，就更加值得我们分析和研究。综观这百余年明蒙朝贡体制的运行，我们可以看到，永乐、宣德时期是朝贡体制形成并展开的时期。到明英宗即位以后，瓦剌部打败了鞑靼部而成为蒙古高原的霸主，从脱欢到也先无不重视与明廷的朝贡关系，每年向明廷派出大批使者，且人数逐年增加，及至达到三千多人，由此而促成明英宗时期朝贡体制繁盛一时的局面。

整个明英宗时期，蒙古瓦剌部和明廷保持了一种良好的、繁荣的朝贡关系，二十九年的时间里朝贡达五十余次，其间既有一年之中数次遣使朝贡的情况（最多达五次），也有一年一次入贡的情况，而这一年一次入贡大多是在也先势力正处于强盛的时候。如土木之变前，瓦剌也先连年向明朝派出贡使，并且突破朝廷对贡使人数限额的规定，“利朝廷爵赏，岁增至二千余人”。正统十二年（1447）十一月，瓦剌来朝贡的使臣竟有皮儿马黑麻等2472人，贡马4172匹，貂鼠、银鼠、青鼠皮12300张。[②]正统十三年（1448）十二月，礼部奏报：“瓦剌脱脱不花王及也先使臣并买卖回回阿里锁鲁檀等共三千五百九十八名”，原应按照登记的名册发给一应物品，可是经会同馆一核实，“查得脱脱不花王使臣四百七十一名，止有四百一十四名；也先使臣二千二百五十七名，止有一千三百五十八名；买卖回回八百七十名，止有七百五十二名；共二千五百二十四名，比原来数通少一千七十四名”。[③]这显然是为了多领朝廷的赏赐物品而虚报了一千多人，而明朝的边关守臣又没有认真核实的缘故。所以《明史》说：“瓦剌使来，更增至三千人，复虚其数以冒廪饩。礼部按

① 参见杨绍猷《明代蒙古经济述略》，《民族研究》1985年第5期；阿萨拉图《明代蒙古地区和中原间的贸易关系》，《民族团结》1964年第2—3期。

② 参见《明英宗实录》卷160，正统十二年十一月甲辰条。

③ 《明英宗实录》卷173，正统十三年十二月庚申条。

实予之，所请又仅得五之一，也先大愧怒。”[①]正是由于经济需求受到了限制，请求通婚又未被准许，再加上也先已经统一了蒙古大部，觉得有力量向明朝发动进攻，于是才有正统十四年（1449）八月的“土木之变”。

需要注意的是，在朝贡体制的运行中，“土木之变”仅仅是明廷由于宦官专权所造成的一个偶然事件，此后明朝和蒙古之间的朝贡关系并未受到影响，蒙古瓦剌部虽然强大一时，但仍要和明廷保持这种朝贡关系，鞑靼部也是如此。史载：自英宗从蒙古回到京城后，“瓦剌岁来贡，上皇所亦别有所献。于是（景泰）帝意欲绝瓦剌，不复遣使往”。[②]蒙古各部名誉上的最高统治者脱脱不花在正统年间就“岁来朝贡，天子皆厚报之，比诸蕃有加，书称之曰达达可汗，赐赉并及其妃”。因此脱脱不花对也先兴兵入掠持反对态度，及至也先送回了英宗，“脱脱不花自上皇归后，修贡益勤”。[③]也先攻杀了脱脱不花后，自立为可汗，不久就为部下阿剌知院所杀，瓦剌势力顿衰，鞑靼各部进入互争雄长时期。首先兴盛的鞑靼部帅孛来，一方面不断出入河套地区，袭扰明边，另一方面又和明朝保持着通贡的关系。他在景泰六年（1455）曾遣使入贡，后来又连年“寇边”，到天顺五年（1461）秋，孛来又“三上书求款，廷议请遣使抚谕，乃命指挥詹升赍敕谕孛来”。[④]当年冬天，孛来遣使纳阿出随詹升入朝，请求将贡道由大同改为陕西兰县，得到明廷准许，后来因其仍同毛里孩扰边，英宗又“敕孛来使臣，仍从大同入贡”。在天顺后期，“孛来等每岁入贡，数寇掠，往来塞下，以西攻瓦剌为辞，又数要劫三卫。七年冬，贡使及关，帝却之，以大学士李贤言乃止”。[⑤]

成化初年，毛里孩攻杀孛来，雄视诸部，他于成化三年（1467）春“乞通贡，制曰：‘无约而请和者，谋也。其令各边谨备虏。’”及至“毛里孩再上书求贡，许之”。成化年间正是进入河套地区的蒙古各部以争水草而不相下的时期，成化九年（1473）王越的捣巢使河套蒙古受到打击而北徙，到成化“十一年秋，满鲁都、乩加思兰并遣使贡”。[⑥]孝宗即位后，“弘治元年夏，小王子奉书求贡，自称大元大可汗。

① 《明史》卷 328《瓦剌传》。
② 《明史》卷 328《瓦剌传》。
③ 《明史》卷 327《鞑靼传》。
④ 《武备志》卷 225《占度载·四夷（三）·北虏考》，明刊本。
⑤ 《明史》卷 327《鞑靼传》。
⑥ 《武备志》卷 225《占度载·四夷（三）·北虏考》，明刊本。

朝廷方务优容，许之。自是，与伯颜猛可王等屡入贡，渐往来套中，出没为寇”。[①]弘治元年（1488）夏天小王子的朝贡，诸史所载大体相同，实录称：“巡抚大同都御史许进等奏：‘自古御夷之道，未尝不以怀柔为上策。今小王子以皇上嗣统，感恩向化，遣使入贡，若不俯顺其情，使之怀惭意沮，则外为强虏所胁，欲来不能，欲往不安，非大举入寇，计无所出。今其来贡夷人一千五百三十九，马骡四千九百三十，已暂验入边，安置大同馆，其入贡人数乞为裁定。’”兵部经复议后同意入贡，孝宗批准其“使臣令五百人来京”。[②]自此以后，明廷就将蒙古进京入贡的人数限定为五百人左右，其间亦有些变化，弘治三年（1490）定为“迤北（鞑靼）许一千一百名入关，四百名入朝；瓦剌许四百名入关，一百五十名入朝”，这样准许入京的人数合为五百五十人。[③]弘治九年（1496）五月，“北虏遣使请入贡，引例欲偕三千人入京。大同守臣以闻，下廷臣议，止许纳其一千人来”。[④]这次入贡由于鞑靼要回去袭击瓦剌，决定到秋天再来，至于秋天是否再来，史书缺乏明确记载，但据弘治十三年（1500）底兵部的复奏：“往年小王子部落，冰冻则西入河套，河开则东过大同，或间来朝贡，或时有侵犯，未敢大肆猖獗。自弘治九年朝贡回，以赏薄生怨，频来侵掠，今春遂入西路，大获而归，意犹未满，冬初复来剽掠。”[⑤]观此则知九年秋天小王子确曾朝贡，但对明廷之赏赐不满意，因此频繁扰边。弘治十一年（1498）二月，“小王子久不贡，至是遣使臣人等六千人至边，求入贡，许入关者二千人，入京者五百人”。[⑥]到弘治十七年（1504），小王子派遣使臣阿黑麻率领六千人“赍书求贡，而番文年月称号不类”，廷议将此下大同守臣勘报，要求使臣回去重新换一份文书，“阿黑麻不可，具言往年谋入贡，书已成，以事不果，番地纸难得，故仍旧书，无他意。守臣以闻，且言和好之利，用兵之害”。明廷又经过一番商议，准许按十一年之例，令二千人入关，“上从之，命大同、延绥、偏头关三镇移兵严备”。[⑦]弘治年间也是明蒙之间朝贡体制运行得比较好的时期，守臣许进在边治理有方，因而“大

---

① 《明史》卷 327《鞑靼传》。
② 《明孝宗实录》卷 15，弘治元年六月癸卯条。
③ 《明孝宗实录》卷 35，弘治三年二月癸巳条。
④ 《明孝宗实录》卷 113，弘治九年五月己未条。
⑤ 《明孝宗实录》卷 169，弘治十三年十二月癸未条。
⑥ 《明孝宗实录》卷 134，弘治十一年二月己巳条。
⑦ 《明孝宗实录》卷 209，弘治十七年三月壬午条。

同士马盛强，边防修整。贡使每至关，率下马脱弓矢入馆，俯首听命，无敢哗者”。[①]

以上是自永乐以来历宣德、正统、景泰、天顺、成化、弘治数朝明蒙间朝贡关系的情况，我们从中可以看到，明廷最高统治集团是比较好地处理了与蒙古族的通贡关系，从皇帝到内阁以至边关督抚，都能正确对待蒙古族的入贡请求，因此朝贡体制也得以正常运行。

三

自从弘治十七年（1504）之后，直到嘉靖十一年（1532）春天蒙古族重新要求通贡，蒙古和明朝之间的朝贡关系中断了将近三十年。

嘉靖十一年（1532）初，“北虏自延绥求通贡市”。关于这次要求通贡的人物，明史说是小王子；[②]谈迁说是吉囊。[③]根据今人对明代蒙古历史的研究，应该是小王子博迪阿拉克汗在河套内通过延绥镇向明廷提出了通贡的请求。[④]

小王子的通贡请求一如以往，上报的途径也符合明朝的要求，如果明廷能够认识到朝贡体制的价值理应对小王子的要求做出积极的反应。但是兵部廷议后却说：“小王子进贡虽有成化、弘治年间事例，但其情多诈，难以轻信，宜命总制镇巡官察其真伪”，将责任轻飘飘地推给了边防官将。事情没有结果，小王子“以不得请为憾，遂拥众十余万入寇”。[⑤]世宗为此大怒，命兵部议征剿，兵部遂议上“平戎十一事”报请嘉靖帝批准。其实前方官将对应否通贡心里是最清楚的，他们的虑事也很周全，总制陕西三边军务兵部尚书唐龙建议：“彼夷欲假贡市以缓我之兵，我力既未可与战，不若因其欲而姑与之，亦以缓彼之兵。彼得所欲，引众而退，则实我仓廪，训我士卒，修我战具，徐观其变而图之。顺则全柔来之道，逆则兴挞伐之师，是亦用奇之法。若以为彼侵暴边障，义当致讨，则宜大集兵粮，恭行天罚，惟圣明裁断。”唐龙的意见是非常正确的，他所说盼“不若因其欲而姑与之”，其实是建议

① 《明史》卷186《许进传》。

② 《明史》卷327《鞑靼传》。

③ 参见《国榷》卷55，世宗嘉靖十一年三月癸亥条。

④ 参见乌兰《关于达延汗史实方面几个有争论的问题》，《内蒙古社会科学》1983年第3期；道润梯步新译校注《蒙古源流》卷6，内蒙古人民出版社1981年版，第315页；朱风、贾敬颜译《汉译蒙古黄金史纲》，内蒙古人民出版社1985年版，第99—100页。

⑤ 《明世宗实录》卷136，嘉靖十一年三月癸亥条。

准许蒙古族入贡，同时为了预防万一，又提出：既要与蒙古族进行通贡互市，加强经济交流；又不忘加强边防，勤修战备以防敌变。世宗如能采纳，用人得当，一定会使北边防线出现好的局面。可惜的是，嘉靖皇帝给唐龙的批示是："虏情已议征讨，尔为总制大臣，务要激发忠义，振扬国威，相机战守，以靖边陲，勿因循为目前计。"①

小王子通贡的要求被拒绝后不久，他就率领部众出套向东迁徙了。史载："时小王子最富强，控弦十余万，多畜货贝，稍厌兵，乃徙幕东方，称土蛮，分诸部落在西北边者甚众。曰吉囊、曰俺答者，于小王子为从父行，据河套，雄黠喜兵，为诸部长，相率蹦诸边。"② 这里的吉囊，名字叫作"衮必里克"，是巴尔斯博罗特的长子，在其父死后继为蒙古右翼三万户济农，驻鄂尔多斯万户；俺答是衮必里克之弟，明代汉籍又称其为"俺探""安滩""俺答哈""安滩阿不孩"等，是为著名的阿勒坦汗。③ 嘉靖年间蒙古族的通贡请求，主要是由俺答汗提出的。

早在嘉靖十三年（1534），俺答汗就已开始和明廷接洽通贡事宜。④ 嘉靖二十年（1541）秋，俺答汗派使者石天爵"款大同塞"，第一次正式向明廷提出通贡请求。"巡抚史道以闻，诏却之"。⑤ 实录详载其情："北虏俺答阿不孩遣夷使石天爵、肯切款大同阳和塞求贡，言其父諰阿郎在先朝常入贡，蒙赏赉，且许市易，汉达两利。近以贡道不通，每岁入掠。因人畜多灾疾，卜之神官，谓入贡吉。天爵原中国人，掠居虏中者，肯切系真夷，遣之同来。果许贡，当趣令一人归报，伊即约束其下，令边民垦田塞中，夷众牧马塞外，永不相犯，当饮血为盟誓。否，即徙帐北鄙，而纵精骑南掠去。"⑥ 俺答汗的这番请求入贡的话，非常真实。首先，他描述了先朝在朝贡体制下"汉达两利"的好处；其次，他申诉了近来每岁入掠的缘故是由于贡道不通；第三，他展现了允许通贡以后塞内种田、塞外牧马、永不相犯的和平图景。当然，最后的"纵精骑南掠"之语也确实具有威胁性。但是若从当时的实际情况来看，俺答汗所表达的是蒙古族大众的真实想法，也是当时历史发展的两种必然的前景。

① 《明世宗实录》卷 137，嘉靖十一年四月丙戌条。
② 《明史》卷 327《鞑靼传》。
③ 参见珠荣嘎译注《阿勒坦汗传》，内蒙古人民出版社 1990 年版，第 18—19 页。
④ 参见《万历武功录·俺答列传》上，中华书局 1962 年影印本。
⑤ 《武备志》卷 225《占度载·四夷（三）·北虏考》。
⑥ 《明世宗实录》卷 251，嘉靖二十年七月丁酉条。

巡抚大同都御史史道深明其间的利害关系，他提醒朝廷说："虏自弘治后不入贡且四十年，而我边岁苦侵暴。今果诚心归款，其为中国利殆不可言。第虏势方炽，戎心叵测，防御机宜，臣等未敢少懈。乞亟下廷臣议所以待之者。"在廷议期间，俺答汗待命塞外，颇有一番和好的表示，他邀请守墩百户李宝到蒙古军营"欢宴"，部下有抢掠哨卒衣粮者严加惩处，并将衣粮送还哨卒，明朝的北边确实出现了和平的契机。巡按御史谭学看到这种情况，赶紧敦促朝廷速定大计，谓："虏虽诡秘之情难信，而恭顺之迹有征。准贡则后虞当防，不准则近害立至。"为此他请朝廷多发兵粮，派遣知兵大臣前来主持防务。兵部得疏后知道事体重大，议定由边臣史道再查蒙古求贡的真实企图，并"须索小王子真正番文，保无后艰"，同时建议采纳谭学的意见，派谙练边事的两名大臣前往宣大主持军务及通贡事宜。事情报到世宗那里，世宗对俺答汗的通贡真心十分怀疑，责令兵部会官再议，并推选一名总督宣大军务兼理粮饷的大臣。经过这一反复，兵部及廷臣们看清了世宗并不赞同通贡的心态，于是上议说："虏多诈，其请贡不可信，或示和以缓我师，或乘隙以扰我疆，诡秘难凭，声击靡定，惟以大义拒绝之，则彼之奸谋自沮。今日之计惟在内修，选帅将、足兵足食乃第一义。"并提请尽快派总督大臣赴镇。这次世宗满意了，他批示说："丑虏绎骚，迄无宁岁，各边总兵巡抚官殊负委任。宣大近畿重镇，尤宜谨备，乃往往失事，大启戎心。今却假词求贡，虏情叵测，差去大臣不许循习常格，虚文塞责，务选将练兵，出边追剿，数其侵犯大罪，绝彼通贡。果能擒斩俺答阿不孩者，总兵总督官俱加异擢，部下获功将士升五级，赏银五百两。户部即发帑银四十万两，兵部发马价银二十万两，各选廉勤郎中随军调度，仍推选科道官各一员前往纪功。如无破虏奇绩，大臣不许回京，并镇巡官一体坐罪。"①世宗将眼前出现的和平契机轻易放过，拒绝了俺答汗通贡的请求，使俺答汗恼羞成怒，"遂大举内犯，边患始棘"。②在这次大举内犯中，"俺答下石岭关，趣太原。吉囊由平虏卫入掠平定、寿阳诸处。总兵丁璋、游击周宇战死，诸将多获罪"，③蒙古军纵掠而去。

嘉靖二十一年（1542）闰五月，俺答汗再次派石天爵到大同请求通贡，结果却被新任大同巡抚龙大有诱捕，"上之朝，诡言用计擒获"。世宗不察，竟将龙大有升

---

① 《明世宗实录》卷251，嘉靖二十年七月丁酉条。

② 《国榷》卷57，世宗嘉靖二十年七月丁酉条。

③ 《明史》卷327《鞑靼传》。

为兵部侍郎，“边臣升赏者数十人，磔天爵于市”。[①] 在石天爵被处决前，曾详细介绍了蒙古族要求通贡的情况：“虏酋小王子等九部咸住牧青山，艳中国纱缎，计所以得之者，唯抢掠与贡市二端。抢虽获有人畜，而纱缎绝少，且亦自有损失，计不如贡市完。因遣天爵等持令箭二枝、牌一面为信，誓请贡市。一请不得则再请，再请不得则三请，三请不得则纠众三十万，一循黄河东堧南下，一自太原向东南大城无堡寨地方，而以劲兵屯大同三关待战。”石天爵的这段叙述能够载入实录，应是其被押入京城后审讯的记录，是则蒙古要求通贡的真情和决心，明朝的最高当局应该十分清楚，如能采取正确决策，边防上马上就会出现转机。可是结果却大谬不然，兵部主持廷议的决策是：“天爵本华民，而甘心为虏驱使。去岁守臣失计放还，遂至涂炭山西，震惊畿辅，究其祸本，实天爵一人致之。兹者凭借故智，敢复叩关，而边臣能应机擒斩之，真足以剪虏羽翼，寒旃裘之胆，厥功甚大。请优录之，以作诸镇之气。”这全然是个本末倒置的决定，它把明蒙之间战争的根源都归结到石天爵的身上，似乎杀了石天爵就可以阻止蒙古军的进攻，而世宗也真就批准了这一决定，将石天爵和肯切二人处以磔刑并传首九边枭示。实录的作者对此评论道：“于时当事者即欲勿许，亦宜有以待之，乃不为长虑却顾，遽杀其信使，夸张功伐，苟快目前。虏闻则大愤怨，遂不待秋期，即以六月悉众入寇，大掠山西，南及平阳，东及潞沁，悉如天爵语。每攻克村堡，屠戮极惨，辄以执杀天爵等为辞云。”[②]

嘉靖二十五年（1546）五月，在石天爵事件过去四年之后，俺答汗第三次向明朝提出了通贡的请求。实录谓：“虏酋俺答阿不孩遣夷使堡儿塞等三人款大同左卫塞求贡。虏自二十年石天爵诛后，信使遂绝。是岁玉林卫百户杨威为零骑所掠，驱之种艺，虏乃为威言：节年入抢，为中国害虽大，在虏亦鲜利，且言求贡市不可得。威自诡能集事，虏乃归威及同掠者数人，令先传意中国，然后令堡儿塞等款双庙山墩投番文，言俺答选有白骆驼九头、白马九匹、白牛九只，及金银锅各一，求进贡讲和，自后民种田塞内，虏牧马塞外，各守信誓，不许出入行窃，大段如曩时石天爵所称者。墩卒纳之，会总兵官巡边家丁董宝等狃石天爵前事，遂杀三人者，以首功报。”[③]这是又一次杀使绝贡的事件。前次是政府官员因杀使绝贡而受升赏，遂开了

① 《明史》卷327《鞑靼传》。
② 《明世宗实录》卷262，嘉靖二十一年闰五月戊辰条。
③ 《明世宗实录》卷311，嘉靖二十五年五月戊辰条。

一个恶劣的先例，这次只是个总兵官的家丁，竟有如此胆量敢于杀使冒功，这定将引发蒙古军新的一番大规模入掠，明朝边事之坏于此可见一斑。

使臣被杀后，俺答汗又发动了一番入边抢掠。但是到了七月里，他又通过宣大总督翁万达递上有印番文一纸，且言欲自到边陈款，第四次提出了通贡的请求。这充分表明俺答汗打开通贡之门的决心。翁万达作为一名边防官吏和统治阶级中的有识之士，为此向世宗建议说："秋期已届，草茂马壮，正彼狂逞之时，乃遣使求通，虽已被杀，犹屡请不已。或谓虏性贪利，入寇则利在部落，通贡则利在酋长，即其所请之急，意在利吾赏赐耳。使处之当而不拂其情，虏众虽狂，或可抚定；不为之处，则旦夕之变，不无可虞；处之少迟，则机会毫发之间，恐又难待。万一词涉不逊，亦当姑示羁縻，以观其动而随机应之，不宜遽尔竣拒也。"这位嘉靖年间最为干练的边臣分析得非常有道理，提出的办法也切实可行，但是它又被明廷否决了。兵科给事中徐自得"极言虏不可信，所请未可允。部复亦以科臣之言为然"。事情几经周折，嘉靖帝再次否决了俺答汗通贡之请："上曰：'虏氛甚恶，其令万达申令所辖诸将，整兵严备，相机出塞剿杀。辽东、陕西俱令严兵待战，京营人马俟蓟镇再有警报启行。'"虽然再次遭到拒绝，但俺答汗仍一意求贡，"自冬涉春，虏使益复络绎款塞，边臣聊以好言答之，而已不敢闻也"。①

到嘉靖二十六年（1547）二月，俺答汗又派出"夷使李天爵赍番文至"，第五次提出通贡之请，并且恳切地对明廷边臣转述俺答的话说："其先祖父俱进贡，今虏中大神言：羊年利于取和。俺答会集保只王子、吉囊台吉、把都台吉四大头目商议：求贡若准，彼进黑头白马一匹、白骆驼七只、骟马三千匹，求朝廷白段一匹与大神褂袍麒麟蟒段等件，各头目穿用。边内种田，边外牧马，夷汉不相害，东起辽东，西至甘凉，俱不入犯。今与中国约：若达子入边墙作贼，中国执以付彼，彼尽夺其人所蓄马，以偿中国，不服则杀之；若汉人出草地作贼，彼执以付中国治罪，不服亦杀之；永远为好，递年一二次入贡。若太师每许代奏，即传谕部落，禁其生事云。"平心而论，俺答汗在这里就通贡之事表示了极为诚恳的态度，如果明廷君臣能够从边防安定、民族友好的角度考虑问题的话，理应对此做出积极反应。倒是身为明朝边臣的总督翁万达、巡抚詹荣、总兵周尚文为之感动，因而上疏世宗说："虏自

① 《明世宗实录》卷313，嘉靖二十五年七月戊辰条。

冬春来，游骑信使款塞求贡不下数十余次，词颇恭顺。”他们告诉世宗，已经责令蒙古使臣回营“责取印信封诰，期以今秋西不犯延、宁、甘、固，东不犯蓟、辽以取信中国”。现在的问题在于：如果蒙古履约而我们再拒绝其通贡的话，“则彼之构怨可待，而其鼓众也有词，其报我也必专而力”。他们提请世宗，不必囿于蒙古是否变诈，“彼之诈而中变焉，则虏负不义之名。而举无名之寇，其为患亦终弱”。如果顾虑蒙古借入贡之机窥伺中国，“则当伏机而审待之。或限之以地，受方物于边城之外；或限之以人，质其亲族头目百十人于镇城；或限之以时，俟逾秋及冬然后颁赏。如是，则虏诚也固在吾羁縻之中，诈也亦得免冲决之害矣。夫不揆理之曲直，事之利害，以虏求贡为决不可许者，非虞祸者也。以虏之纳贡为足恃，而懈其防闲，一任所请者，非量敌者也。臣等夙夜兢兢，敢不熟思审处，幸惟庙谟速决，俾边臣得从事焉。”从翁万达等人的建议来看，他们的思虑与设计是很严密的，考虑了各种可能的情况，预计了防备的措施，当权者如果从实际出发，应该认真考虑、采纳。可是结果十分令人遗憾，嘉靖帝的旨意是：“黠虏节年寇边，罪逆深重。边臣未能除凶报国，乃敢听信求贡诡言，辄骋浮词，代为闻奏，殊为渎罔。其令总督官申饬镇巡诸臣，协心殚力，通事人役违法启衅者，处以重典。”①明世宗再次堵死了通向边疆民族和平之路。

明廷之所以出此下策，有史家认为：“盖是时陕西有复套之议，将督兵出塞，当事者主之，故力绌贡议尔。”②谈迁更明确地说：“盖夏言主复套，故力诎其说。”③如此看来，似乎拒绝贡市是当时内阁首辅夏言的责任，但从历史实际来看绝非如此，从后来的史实中可以清楚地看到这一点。嘉靖二十七年（1548）三月，夏言已经被罢了官，曾铣也被杀了头，朝廷中无人再敢提起复套之事。于是翁万达再次提出俺答汗的通贡之请：“俺答诸酋以求贡不遂，既耻且愤，声将纠众聚兵，待时一举。即今扑捉墩军，狂某渐逞。而归人供报，诸酋犹以祈贡为言，令之转达。边臣职在封疆，奉有严旨，计惟战守，岂敢仍复轻听。但兵家之事，必揆彼己、度利害。虏虽强盛，我兵据险，即数万之众，支持亦易。第恐黠虏匪茹，连犬羊数十万，肆其暴悍，则非墙堑兵力所可抵耳。伏乞庙谟从长速断，俾边臣得以便宜从事。”翁万达之所以重

① 《明世宗实录》卷 323，嘉靖二十六年四月己酉条。
② 《明世宗实录》卷 323，嘉靖二十六年四月己酉条。
③ 《国榷》卷 59，世宗嘉靖二十六年四月己酉条。

提俺答求贡之事，意在敦促世宗在通贡问题上做出决策。但是他得到的回答是："朕以边圉重寄付万达等，自宜并力防御，胡乃屡以求贡为言？其令遵守前旨，一意拒绝，严加提备，违误者重治不贷。"①

到了嘉靖二十八年（1549），俺答汗仍不放弃通贡的要求，但他不再派遣使者，而是拥众到明朝军营外，"束书矢端，射入军营中"，同时又利用被掠放回的人传言："以求贡不得，故屡抢。许贡，当约束部落不犯边。否则秋且复入，过关抢京辅。"翁万达在边防前线得到这个消息，赶紧上奏给世宗，世宗则回答说："求贡诡言，屡诏阻隔，边臣不能遵奉，辄为奏渎，故不问。万达等务慎防守，毋致疏虞。其有家丁通事人等私通启衅者，廉实以闻，重治之。"②从这里可以看到，正是嘉靖皇帝本人，以其偏狭、刚愎的性格，顽固地拒绝和蒙古通贡互市，以至从嘉靖十一年（1532）以后，整个北边防线上一直是刀光剑影，战争不断，劳动人民为此付出了沉重的代价，最后终于酿成明代北部边防危机的第二次高潮，导致京城被围的"庚戌之变"。

实际上，明代的蒙古族自从脱古思帖木儿败亡之后，已经没有一个部落首领再有雄心以规取中原为己任而要兴兵南下。正统年间的"土木之变"，也先全无夺取明帝皇位的设想和准备，其对北京的攻击亦不过是一种要挟。俺答汗所发动的"庚戌之变"也是如此，目的在于以武力迫使明朝允许通贡，因而对京城并未发动进攻，而只是在京郊进行抢掠。这一点确实被大学士严嵩看准了，因此他一意避战，当兵部尚书丁汝夔向他问计时，他的答复是："塞上败或可掩也，失利辇下，帝无不知，谁执其咎？寇饱自扬去耳。"③而俺答汗在抢掠京辅的时候，其最终目的仍是要打开通贡之门，他自己的使者屡被杀戮，不能再派自己的人，于是在攻掠通州时，将湖渠马房的太监杨增俘获，当兵临北京城下时，就将杨增放回，让他"持番书入城求贡"。④其番书的具体内容已不可详考，但据《万历武功录》载："俺答果为慢书，附囊所卤中贵人杨增以进，曰：予我币，通我贡，即解围。不者，我岁一虔而郭。"⑤以此所见，要求通贡仍是俺答汗的本意所在。根据蒙古史料所载，这个杨增后来就成

① 《明世宗实录》卷334，嘉靖二十七年三月辛丑条。
② 《明世宗实录》卷347，嘉靖二十八年四月丁巳条。
③ 《明史》卷204《丁汝夔传》。
④ 《明世宗实录》卷364，嘉靖二十八年八月壬午条。
⑤ 《万历武功录》卷7《中三边一·俺答列传上》。

为明蒙双方沟通的使者,《阿勒坦汗传》称:“其后汉国大明汗慑于普尊阿勒坦汗之威名,派来名为杨兀札克之人,谓:‘相互为害不能杀绝斩尽,故不如和好往来买卖通贡。’派名为阿都兀齐者偕同来使前往,将大军撤至墙外开始会谈,以三万户分别进兵逼和,取得极多田赋之后而回还。”[①] 从这些记述中可以看出,在俺答汗耀兵京郊期间,明蒙之间经过使者往还,达成了撤兵至长城以外开始会谈的协议,这也正是徐阶为世宗所定的计策,因此俺答汗才解除对北京的围困。事后双方达成了于嘉靖三十年(1551)开设马市的协议,于是有嘉靖时期昙花一现的马市,这是俺答汗用武力逼迫的结果。正因为明朝君臣对马市了无诚心,而达成了协议又不得不履行,所以马市只进行了不过一年,明廷就借口蒙古贪得无厌,互市后还继续犯边,而将马市关闭了。自此以后直到嘉靖末年,明朝的北方边界线又进入了战争状态,农牧文化的冲突更趋激烈。

四

明蒙之间的朝贡体制是对双方都有利的一种交往关系,是将农业经济与游牧经济、农业文化与游牧文化两大体系组织成互补型依存关系的一种体制。如果对整个明蒙朝贡体制的运行作一鸟瞰的话,可以发现:从成祖时期开始的朝贡体制由于瓦剌部的强盛而在英宗时期形成一个高峰阶段,至宪宗成化、孝宗弘治时期仍继续运行,但因鞑靼各部的互争雄长呈现不稳定状态,武宗正德年间至世宗嘉靖初年开始中断,以后由于明世宗采取了“绝贡”政策而处于断裂地带,到穆宗隆庆五年(1571)实现“俺答封贡”,明蒙之间的朝贡体制重新进入了正常化。从这一视角看,明世宗时期对蒙古本部采取的这种“绝贡”政策,是违背历史大势的非常有害的错误政策。

首先,“绝贡”政策违背了农业经济与游牧经济、农业文化与游牧文化之间互相交流、互通有无、互相补充的历史规律,人为地割断了两大体系间的正常交往,遂致双方冲突不断。在中国古代历史上,生活于北方草原地带的游牧民族与生活于中原地区的农业民族之间存在着一种割不断、理还乱的复杂关系。单一的、粗放的游

---

① 珠荣嘎译注:《阿勒坦汗传》,第50—51页,阿都兀齐明人称作“丫头智”。

牧经济本身有其与生俱来的缺陷，它必须和农业民族进行交换，即北方的游牧民族需要以中原地区为市场，销售其畜牧业产品及狩猎所得的兽皮等，从中原换回其生产和生活所必需的各种农产品、手工业产品及其他生活用品。中原农业民族也需要游牧民族的马匹牛羊等以补充自己的不足，需要向草原地带销售自己的丝绸、布帛、陶瓷等产品，中原王朝的统治者为了保证北方边境的安全，更需要对北方游牧民族进行羁縻和笼络。这种互通有无、互相补充即是俺答汗多次强调的能够使“汉达两利”的互补型交往。游牧民族具有天然的军事性和攻击性，他们能通过朝贡而对中原王朝表示一种政治上的臣服，对中原王朝消弭边患是只有好处而无坏处的事。中原王朝接受游牧民族的朝贡，通过对朝贡者给予优厚的“赏赐”以及互市而使其获得经济上的利益，由此而形成历史上游牧民族和农业民族之间以“朝贡体制”为基础的相互依存的关系。但是，“绝贡”政策却阻断了这种正常交往，破坏了自永乐以来正常运行的朝贡体制，游牧民族用和平的手段得不到必需的补充，俺答汗“既羞且怒”，转而用武力进行抢掠，遂使农业民族和游牧民族的关系陷入一种恶性循环，致使农牧文化冲突加剧，双方战争不断。

其次，“绝贡”政策给嘉靖时期的明蒙关系造成了直接的危害，制约了明代历史的发展。

从明朝方面来看，这一政策给北部边防带来了沉重的压力。仅嘉靖十九年（1540）、二十年（1541）、二十一年（1542）蒙古军的三次大规模内犯山西，就“杀掠百万”，明朝为进行抵御而耗“费帑金六百万”，[①] 农业民族的生命财产遭受了极大的损失，明廷国力遭到了极大的消耗和削弱，对其历史发展的阻滞作用是显而易见的。

从蒙古族方面看，由于明廷采取的“绝贡”政策阻断了蒙古高原与中原内地的正常经济往来，同时又在北边防线实行严密的经济封锁，给蒙古族也造成了严重的困难。一方面是经济生活受到影响，经常处于窘迫的困境。如因得不到中原的纺织品，导致衣着的困难，俺答曾谈到当时的蒙古人“衣用全无”之情景，痛感“毡裘不奈夏热，段布难得”，[②] 所以要和内地进行交换；因缺少铁锅而造成饮食上的困难，互相借锅煮食成为经常的事情，至有“生锅破坏，百计补漏用之，不得已至以皮贮

① 支大纶:《皇明永陵编年信史》卷3，明刊本。

② 《北狄顺义王俺答谢表》，《玄览堂丛书》本，第1页。

水煮肉为食”的情况。[①] 另一方面是蒙古族为了经济的需求被阻断而不断兴兵入掠，由此而造成人马大量伤亡，而明朝方面发动的以攻为守的“捣巢”“赶马”，亦令蒙古族不胜其苦。王崇古对此有十分生动的描述，他说：“虏虽尝纠众而深入狂逞，天即降罚，而人畜死亡。即如隆庆元年，老把都、土蛮纠犯冀东，则棒椎岩千骑，一昔落岩尽死。俺酋父子深犯石州，则人马道死数万。臣自抚夏督原凡七载，每督陕西、延、宁各镇官兵出边捣巢，节年共斩首千余级。其陕西四镇，五年之间，斩获虏首通计三千有余。”[②] 战争这柄双刃剑，同样也给蒙古族造成了极大的伤害，就连俺答汗自己也承认，连年入边“虽尝抢掠些须，人马常被杀伤”，[③] 这是符合历史事实的。

对于明世宗时期的这种对蒙“绝贡”政策，尤其是两次“杀使绝贡”，明朝当时的有识之士就已提出严肃的批评。如第一次的杀石天爵，杨守谦就愤然批评道：“兵交，使在其间，况求贡乎！杀一天爵何武？借曰不许，亦当善其词。乃购斩之，此何理也？横挑强胡，涂炭百万，至今无一人知其非者。今之以贡为疑，必曰宋以和议误国，不知此贡也，非和也。九夷八蛮皆许其贡，何独北虏而绝之？”[④] 杨守谦的批评是非常有见地的，一则说中了杀使绝贡的错误和危害，“横挑强胡，涂炭百万”；二则说中了其对朝贡体制的破坏，即“九夷八蛮皆许其贡，何独北虏而绝之？”第二次的杀堡儿塞等三人，以兵部侍郎身份总督宣大的翁万达上奏世宗说：“北虏在弘治前岁入贡，于时疆圉稍宁。自宣府虞台岭之战，我师覆没，自是虏轻中国，贡道不通，侵犯日棘，盖已四十余年矣。嘉靖壬辰（十一年），小王子复自致书求献方物，竟疑沮中止。迩年石天爵之事，彼以好来，所当善应，始既漫然答之，终复诈诱斩之，大失夷心，横挑巨衅。臣尝痛恨当时边臣之失计，乃今彼酋复遣使扣边，卑词求贡，虽夷情诡秘，反复叵测，在我当谨备之而已。王者之待夷狄，来则勿拒。至于权时施宜，察形行间，又兵家所以收全胜者，讵容脱误，致有后艰。而董宝等幺麽贱卒，乃敢玩法贪功，戕彼信使，臣心刺缪，曷知所云？夷狄虽犬羊，其性固能辨曲直，其喜怒亦犹人也。今归我汉人，遣彼族类，执物示信，恳托墩军为其通款。借曰不许，犹当善其词说遣之，乃既置夷于墩台，纳归人于境内，又从诱而杀

① 王崇古:《确议封贡事宜疏》,《明经世文编》卷 317，中华书局 1962 年影印本。
② 王崇古:《确议封贡事宜疏》,《明经世文编》卷 317，中华书局 1962 年影印本。
③《北狄顺义王俺答谢表》,《玄览堂丛书》本，第 1 页。
④《国榷》卷 57，世宗嘉靖二十一年闰五月戊辰条杨守谦曰，中华书局 1958 年版，第 3627 页。

之，此何理也？曲既在我，必且愤怒恣睢，弯弓报怨，将来纵有畏慕威德诚心，亦必疑虑回皇，重以今日之事为戒矣。宝等滔天之恶，真不容诛，请亟正法典，榜之塞上，明告虏酋以朝廷之意，以预解其蓄怒构兵之谋，即不可解，臣等相度机宜，按兵待战，尽所能为已耳。”[①]翁万达的奏疏，将杀使绝贡的错误和危害分析得十分透彻，其中隐含着对世宗错误决策的深刻批评，而他所提出的善后措施也很符合实际。但是他的建议却未被采纳，“兵部竟议贷罪，第严兵备之，报可”。[②]

那么，明廷为何如此顽固地拒绝蒙古族的通贡请求呢？从当时的历史实际来看，根源主要在明世宗身上。

首先，世宗头脑中有着根深蒂固的轻视蒙古族及北方民族的思想。从前面所引史料中“丑虏”“虏氛甚恶”“黠虏节年寇边，罪逆深重”“求贡诡言”等等话语中我们不难体察到这种思想在作祟。如果从更深层次说，这还与自古以来“贵中华、贱夷狄”的偏激思想有关，是这种思想的恶劣张扬，因此世宗才屡屡严旨拒绝俺答汗的通贡请求，严厉斥责边臣允许与蒙古族通贡互市的建议，因而使得嘉靖年间的农牧文化冲突加剧，长城内外刀光剑影，战争不断。

其次，和世宗这种偏激思想相伴随的，是其性格上的刚愎自用、喜怒无常，再加上迷信道教的斋醮、一意修玄的宗教心理作祟，因而导致对蒙古族的政策反复无常。如他在禁中设醮，希图用“压虏符”的巫术打退蒙古族的进攻，王世贞的《西苑宫词》载：“侍女俱传压虏符，猫为铁骑鼠为胡。扫搐一搏君王喜，八宝金钱碗地铺。”[③]据此我们有理由认为：正是这压虏符中代表明朝军队的猫获胜了，遂使世宗对曾铣收复河套的建议产生了信心，因而给予支持，可是当严嵩以此作为倾陷夏言的砝码时，世宗则忽然翻脸，遂有曾铣、夏言之死。当嘉靖三十年（1551）马市举行之后，由于世宗本就对马市心存疑虑，再加上严嵩为了与仇鸾争宠而力主马市当绝，遂使嘉靖年间的马市仅成昙花一现，在当年九月就被关闭了，而且世宗下严旨：有敢再请开放马市者处死，明蒙双方便又陷入战争阴云的笼罩之中。

另外，关于嘉靖年间的对蒙“绝贡”政策，当时的内阁统治集团也不能辞其咎，除夏言外，最典型的代表就是严嵩。当他与夏言争斗时，河套问题成为他制死夏言、

① 《明世宗实录》卷 311，嘉靖二十五年五月戊辰条。

② 《国榷》卷 58，嘉靖二十五年五月戊辰条，第 3689 页。

③ 饶智元:《明宫杂咏四百七十三首》注，见《明宫词》，北京古籍出版社 1987 年版，第 261 页。

曾铣的砝码；当他与仇鸾争斗时，关闭马市、鼓动世宗命仇鸾率师出塞“制虏”，又成为他制服仇鸾的手段。正是由于统治集团最高层的互相倾轧，使得明廷在对待俺答汗求贡的问题上了无成算，而严嵩专权所造成的政治腐败与混乱，更使得明朝廷的对蒙政策难有符合历史实际的抉择，嘉靖后期的“桃松寨事件”就是明证。因此，嘉靖时期北边危机之难以解决，也就是必然的了。

再者，明朝中央政府内外弥漫的大汉族主义情绪，将允许通贡与宋代的以和议误国相提并论，也使政府上下形成了强烈的反对舆论，影响着明廷的正确决策。如前述的兵科给事中徐自得，最有代表性的则是名臣杨继盛对嘉靖三十年（1551）开马市的强烈反对。然这其中亦有区别，凡是身任边防督抚、前敌将领者，均对通贡持赞同态度，如前面谈到的唐龙、史道、翁万达、周尚文等。而身为中央各部之各级官僚，则多对此持否定态度。这其中的因素很复杂，值得我们认真探讨。

最后需要谈到的一点就是，明世宗对蒙古族采取的“绝贡”政策，给他的后继者明穆宗和高拱、张居正君臣提供了一个绝好的反面教材，隆庆君臣正是总结了嘉靖年间对蒙政策的失误，对其所造成的危害有了深刻的认识，因而才能纠正弊端，抓住历史的机遇，遂有隆庆年间“俺答封贡”的实现。[①] 此诚所谓“前事不忘，后事之师”啊！

原载《中国边疆史地研究》2005 年第 4 期，

本文刊发时作者为历史学博士，黑龙江大学中国古代史研究中心教授。

① 参见拙文《论明穆宗时期实现“俺答封贡”的历史条件》，《中国边疆史地研究》2001 年第 1 期。

试论明朝在交阯郡的文教政策及其影响

陈　文

明成祖于永乐四年（1406）九月令大军征讨安南胡季犛。次年初，胡季犛被俘，胡朝灭亡。明朝改安南为交阯郡，设三司，郡下设17府、47州、157县，[①]安南成为明朝的郡县，越南史书称此时期为“属明时期”（1407—1428）。明成祖根据儒家大一统思想，在交阯郡实施了一系列政治、军事、经济和文教政策。有关政治、军事、经济政策，学界已经做过不少论述，而对文教政策的论述则较为简单。[②]本文据中、越相关文献，对明成祖在交阯郡实施的文教政策及其影响进行论述，以探讨明朝统治的得失。

一、设置各级地方学校

明朝前期，中央集权进一步加强，社会经济得到恢复和发展，教育逐渐普及，“迄明，天下府、州、县、卫所，皆建儒学”，“盖无地而不设之学，无人而不纳之教”。[③]明成祖在安南设置交阯郡后，依据明朝地方学校的建制，陆续在交阯各府、州、县设立各级地方学校——儒学。

① 这些数字是据（明）李贤等撰《明一统志》卷90《安南》（清乾隆四十五年十月校，文渊阁四库全书本）和（明）李文凤撰《越峤书》卷1（四库全书存目丛书，史部161，齐鲁书社1997年版）的记载统计而得。而《安南志原》记载为154县（法国远东学院1931年版，第11页）。

② 郑永常《征战与弃守：明代中越关系研究》专门论述了明朝在交阯郡的各项政治、军事、经济措施以及明朝在交阯失败的原因（成功大学出版组1998年版）；黄国安等著《中越关系史简编》论述了明朝在交阯的军事和行政设置措施（广西人民出版社1986年版，第81—83页）；郭振铎等主编《越南通史》对明朝在交阯郡的政治、经济措施做了较多的论述（中国人民大学出版社2001年版，第398—412页）。一些论文也对明朝在交阯郡的政治、军事、经济措施做了专门论述，在此不一一列出。

③《明史》卷69《选举一》。

明朝君臣就在交阯郡办学的目的有明确而一致的看法，认为“交阯僻居海隅，其民初附，未知朝廷礼教，冀宽以抚之”，“交阯人民颇知读书，然急功利，喜夸诈，弃本逐末，不顾廉耻”，所以应建立学校，选拔教师，以“俾其子弟习知中国礼义以变其夷俗，他日亦可得人以资国用”，[①]在交阯设学是“用夏变夷莫先于此”，“变蛮夷之习，复华夏之风”。[②]

早在永乐五年（1407）六月，明朝就在交阯设置了“嘉林州儒学”。[③]此后，在各府、州、县陆续设立儒学。仅永乐十四年（1416）就设立了12所府儒学、19所州儒学、61所县儒学，一年内设立了92所儒学。[④]据《安南志原》统计，明朝在交阯各府、州、县设立儒学共161所，其中府儒学14所、州儒学34所、县儒学113所。[⑤]也就是说，在永乐年间，明朝在交阯郡82.35%的府设立了府儒学，72.34%的州设立了州儒学，71.97%的县设立了县儒学。建立如此众多的府、州、县儒学，是该地区前所未有的。据越南史书记载，越南李朝于1076年在京师设立了国子监，[⑥]教育皇室贵族子弟。到陈朝，学校教育进一步发展，除在中央建立国子监、太学、国子院等贵族学校外，还开始在部分文化水平较高的地区建立地方学校，但是到陈朝末年，地方学校尚未普及。陈明宗时期（1314—1329），学者黎括曾作《北江资福寺碑》云：“间曾游览山川，求所谓学官文庙者，寥寥仅见。”[⑦]陈顺宗光泰十年（1397）四月，因“今国都之制已备，而州县尚缺”，遂在府州设置教授等督学官，以教训生徒，“令山南、京北、海东诸路府州各置学官教授一员，赐田有差：大府州十五亩，中十二亩，小十亩，以供本学之用”。[⑧]然而，据越南黎朝吴士连记载，在这些地区实行学田制度建立地方学校的政令因胡季犛之乱而“不见施行者”。[⑨]由此可见，在14世纪后期，越南陈朝仅在部分地区建立了府学、州学。15世纪初期，明朝在交阯地区大规模设置府、州、县儒学，与陈朝相比，不能不说是大大推进了

① 《明太宗实录》卷115，永乐九年四月甲寅。

② 《明宣宗实录》卷3，洪熙元年七月己卯。

③ 《明太宗实录》卷50，永乐五年六月癸未。

④ 参见《明太宗实录》卷176，永乐十四年五月丙午。

⑤ 参见《安南志原》卷2，法国远东学院1931年版，第107页。

⑥ 参见［越］吴士连等著，陈荆和校：《大越史记全书》本纪卷3《李纪·仁宗皇帝》，日本东京大学东洋文化研究所附属东洋文献1977年版，第249页。以下简称《大越史记全书》。

⑦ ［越］佚人著，朱凤玉校点：《南国伟人传》，陈庆浩、王三庆主编《越南汉文小说丛刊》第一辑第七册，台湾学生书局1987年版，第95页。

⑧ ［越］潘清简等：《钦定越史通鉴纲目》正编卷11，越南1884年刻本。

⑨ 《大越史记全书》本纪卷8《陈纪》，第473页。

学校教育的普及。

明朝在交阯郡建立各级地方学校后，“遴选土官子弟及民间俊秀充生员”，入学读书，[①] 并准免差役。[②] 至于教师的选派，开始是在交阯本地“举土人之明经者”，“擢为教官”。[③] 但后来发现，交阯本土人通经者少，“教官黎景恂等缘是土人，诚恐徒尚虚文，未见实效”，他们充当教师不利于儒家思想在交阯的传播，不利于明朝在交阯“复华风”政策的实行，所以刘本上奏“乞选老成有学堪为师范者典教”，[④] 明成祖遂令吏部选拔任命教官来管理交阯学校。直到洪熙元年（1425）七月，交阯布政司还奏请朝廷选派学官，以“董率土人训导，端其模范，示以教条”，明宣宗也下令吏部选派交阯学官。[⑤]

明朝在交阯建立学校后，从内地运送书籍教材颁发给各府、州、县儒学的师生学习。据越史载，永乐十七年（1419）二月，“明遣监生唐义，颁赐五经、四书、《性理大全》、《为善阴骘》、《孝顺事实》等书于府州县儒学”。[⑥]《明太宗实录》亦载：永乐二十年（1422）五月，交阯宣化、太原、镇蛮、奉化、清化、新安等府及所隶州县学校的师生贡方物，谢赐五经、四书、《性理大全》、《为善阴骘》等书。[⑦] 二者所载实为同一次颁书，所颁书籍均为儒家经典和劝人向善的书籍。明朝在交阯各级学校所颁发的五经、四书、《性理大全》等儒家书籍，正是后来越南黎朝统治者千方百计从中国明朝和清朝求购之书，也是黎朝、阮朝科举考试的主要参考书和出题来源，统治集团并将其作为巩固统治的思想依据。长期以来，在越南流传的儒家经典如四书、五经都是中国刊行的版本，到 1734 年始命刻版印刷儒家经典，在全国各地发行，并禁买中国书籍。[⑧]

明朝依据内地制度，在交阯地区普遍开设各级地方学校，选拔学官教师，颁发儒学书籍，教育交阯民间子弟，无疑有利于儒学等中国文化在越南的传播和普及，有利于当时越南居民文化水平的提高。越南学者亦称，“明于我南令设府县学校，颁

① 参见《明太宗实录》卷 115，永乐九年四月甲寅。
② 参见《安南志原》卷 3，第 249—250 页。
③ 《安南志原》卷 2，第 107 页。
④ 《明太宗实录》卷 115，永乐九年四月甲寅。
⑤ 参见《明宣宗实录》卷 3，洪熙元年七月己卯。
⑥ 《大越史记全书》本纪卷 10《黎纪》，第 517 页。
⑦ 参见《明太宗实录》卷 249，永乐二十年五月庚申。
⑧ 参见［越］陈重金著，戴可来译《越南通史》，商务印书馆 1992 年版，第 228 页。

四书、五经及性理书，亦欲文化国人也”。[①]

二、选送交阯子弟至京学习

明朝在交阯各府、州、县建立学校以后，将交阯地区纳入全国的教育系统，自永乐十五（1417）起，定期选拔交阯各级学校的优秀生员，送至明朝最高学府国子监就读。

永乐十五年，明朝始定交阯岁贡生员例。是年三月，“交阯北江等府、州、县选贡生员邓得等至京，命送国子监进学”，“初，上既平交阯，即命郡县建学，教养养生。至是，始选贡焉”。[②] 自此以后直至1428年，选送贡生员例一直在交阯郡实行。明朝规定了选送交阯贡生的比例和数量。越史载：“初，诸州县学，不拘入学年月浅深，择有学行者充岁贡，补国子监，府学每岁二名，州学二岁三名，县学岁一名。后改定府岁一名，州三岁二名，县二岁一名。”[③]那么，永乐年间交阯实际选送了多少贡生员到明朝国子监学习呢？据《安南志原》载，属明时期交阯选送的贡生员共有一百六十一名。[④] 因文献记载所限，笔者尚未做出总体的统计，但我们可以从相关记载了解当时选送贡生员的情况。永乐十六年（1418），明朝赐国子监交阯生三十人衣物。[⑤] 洪熙元年（1425）七月，交阯各府、州、县儒学选贡生员王宪等八十二人至京。[⑥] 直到宣德三年（1428）明军从交阯撤兵时，仍有为数不少的交阯子弟在明朝国子监学习，是年闰四月，明朝派人遣送交阯监生及土官土使一百六十人还乡。[⑦]

交阯选送的优秀生员是到明朝南北国子监就读。据张秀民先生考证，明朝时，在南京南都国学有交阯馆，北京国子监前有交阯号胡同，皆因居交阯监生而得名。[⑧] 史书有载：明朝初年，“各国及土官亦皆遣子入监，监前别造房居之，名王子书房。今太学前有交阯号舍，盖成祖设北监以来，所以处交阯官生者”。[⑨]

---

① ［越］吴甲豆:《中学越史撮要》（秋集），越南1911年刻本，第107页。
② 《明太宗实录》卷105，永乐十五年三月丁亥;《明史》卷7《成祖纪三》。
③ 《大越史记全书》本纪卷9《后陈纪》，第511页。
④ 参见《安南志原》卷2，第107页。
⑤ 参见《明太宗实录》卷200，永乐十六年五月癸亥。
⑥ 参见《明宣宗实录》卷4，洪熙元年七月丙戌。
⑦ 参见《明宣宗实录》卷42，宣德三年闰四月辛卯。
⑧ 参见张秀民《中越关系史论文集》，台湾文史出版社1992年版，第82页。
⑨ 《钦定续文献通考》卷47《学校考》。

交阯成为明朝的郡县后，明朝将其作为如同云南等边远地区加以管理。交阯贡生在京读书期间，明朝亦依云南等生员例，给予衣食补助。永乐十五年（1417），交阯贡生至京，“赐赉如云南生例”。[①]永乐十六年（1418），赐国子监交阯生以冬夏衣衾靴袜。[②]明朝还依云南、贵州例，给予交阯贡生十个月的回乡省亲假期。[③]交阯贡生在国子监的学习内容与中国其他省区的贡生一样，学习的课本是四书、五经、《御制大诰》、《说苑》、《大明律令》、史鉴、书、数等，对监生的品德要求是“以孝悌志信、礼义廉耻为本，必先隆师亲友，养成忠厚之心，以为他日之用”。[④]

作为明朝管辖下的地方郡县，交阯郡选送贡生分批前来最高学府国子监深造，当成就了不少人才。在一般情况下，交阯贡生学成回本地服务，他们将所学的儒家思想和中国典章制度带回越南，用于越南，对于中越文化交流和越南文化教育的发展无疑起了促进作用。

三、搜集各类人才，建立土官队伍

明朝在交阯统治二十年间，除了建立学校培养交阯子弟、选送优秀生员到国子监就读外，还十分重视选拔交阯本地人才，或送至京师授职回本土叙用，或在当地授以各级官职，用明朝制度培训一支交阯本土官僚队伍。

早在永乐五年（1407）二月，明成祖就命总兵官张辅等曰：“师克安南之日，其境内才德贤知之士及有一善可称、一艺可用者，广为询问，以礼遣送赴京。”同年五月十九日，明成祖又令张辅，平定安南之后，“交阯但有医、巫、卜、乐、工行院及香匠、瓦匠诸色工匠技艺等，尽数连家小起送赴京。有身材长大者、能使铳者、能修合铳药者、善驾船谙晓海道者，及诸色捕户，连家小送来”。[⑤]布政使黄福在交阯颁布的《申明教化榜文》亦称，有司宜访真才实学，礼送赴京授职，回本土叙用。[⑥]发出求才诏令之后，交阯“府州县稍有名称者皆应之”。[⑦]经过一番访求，永乐五年

① 《明太宗实录》卷105，永乐十五年三月丁亥。
② 参见《明太宗实录》卷200，永乐十六年五月癸亥。
③ 参见《明宣宗实录》卷23，宣德元年十二月乙亥。
④ （明）黄佐:《南雍志》卷10。
⑤ （明）李文凤:《越峤书》卷2《书诏制敕》，四库全书存目丛书，齐鲁书社1997年版。
⑥ 参见《安南志原》卷3，第244页。
⑦ 《大越史记全书》本纪卷9《后陈纪》，第496页。

（1407）九月二十三日，第一批交阯“诸色工匠七千七百人至京”。[①] 同年十月七日，张辅搜集的山林隐逸、怀才抱德、聪明正直、明经能文、博学有才、练达吏事、能晓书算、言语便利、孝悌力田、容貌魁伟、膂力勇敢、惯习海道、砖巧香匠等各种人才九千人，送至京师。[②] 永乐十一年（1413）五月，又有交阯工匠一百三十余人及其妻子至京，明朝命所司“给钞、米、衣服、居室，病者与医药”。[③] 仅据这几条记载，先后就有一万多名交阯各类人才被送到中国，也许实际人数会更多。

被选送的各色工匠，除一部分被遣送回乡外，[④] 大部分被留在中国从事造船、建筑、制香、制瓦等工艺技活，他们带来了交阯的特色技术，并融合成中国科技的一部分。当时明成祖在北京建造城池和宫殿，需要大量工匠，从交阯选送的工匠很大一部分就是用于北京城和宫殿的修建，他们对此做出了杰出的贡献。阮安，作为宦官被送到北京后，因聪明能干，又精于建筑设计，所以明成祖和明英宗令他负责明朝宫殿和北京城的设计，“阮安有巧思，奉成祖命营北京城池宫殿及百司府廨，目量意营，悉中规制，工部奉行而已。正统时，重建三殿，治杨村河，并有功。景泰中，治张秋河”。[⑤] 张秀民先生说，饮水思源，北京市民应当纪念这位“贡献一生精力于北京”的交阯人。[⑥] 黎澄则献神枪法，[⑦] 将交阯制造火枪、火药的技术用于明朝的军火制造，他被称为明代火器之神，官至工部尚书。黎澄之子黎叔休，仍督造军器，官至工部侍郎。[⑧] 此外，交阯工匠还从事造船工作，如永乐十一年（1413）正月，黄福选取交阯匠人及其家小，送至南京造船。[⑨] 当然，在中国从事各项工作的交阯工匠，也学到了中国的先进技术，返乡后给交阯工艺技术注入了新鲜血液，从长远来看更促进了交阯工艺技术和手工业的发展。在北京城和故宫留下了阮安等交阯工匠的历史印记，而在越南则建造了模仿中国式样的宫殿、皇陵等建筑，这些都是中越文化交流的结晶。

---

① 《明太宗实录》卷71，永乐五年九月癸酉。

② 参见《明太宗实录》卷72，永乐五年十月丁亥。

③ 《明太宗实录》卷140，永乐十一年五月乙巳。

④ 如永乐十五年（1417），黄福劄令豪富土官阮勋、梁汝笏、杜维忠、杜希望、梁士永、杨巨觉等并以家人赴北京报效，营造宫殿，明成祖说“远人艰苦，优赐遣还”（《大越史记全书》本纪卷9《后陈纪》，第511页）。

⑤ 《明史》卷304《宦官一》。

⑥ 参见张秀民《北京市民应纪念明太监安南人阮安》及《明太监交阯人阮安营造北京考》，见《中越关系史论文集》。

⑦ 参见（明）慎懋赏辑：《四夷广记》（七）之“安南”，玄览堂丛书续集。

⑧ 参见张秀民《明代交阯人移入内地考》，《中越关系史论文集》，第78页。

⑨ 参见《大越史记全书》本纪卷9《后陈纪》，第506页。

对选送到京师的交阯地方官员，明朝一般授职后将其礼送回本土任职，如任命交阯人祺润祖为谅江府同知，明成祖还亲作诗赐之。[①] 这些被选送赴京的人才，一般都走陆路，先由凭祥镇南关入广西，再由南而北至京，在当时的交通条件下，来回需花上数月时间。明朝和交阯地方政府要负责他们的路费以及到京后的住宿伙食、赏赐等，花费不可谓不大。[②] 明成祖的目的很明确，就是让交阯土官到内地观摩学习天朝礼仪制度，以便回到交阯后以明朝制度来治理交阯。这些土官考察了半个中国，沿途耳闻目睹了中国的风俗习惯以及各种礼仪制度，虽然辛苦劳顿，却潜移默化地接受中华文明的熏染，开阔了视野，他们回到交阯后担任各级地方官吏，对于明朝制度在交阯的实施和汉文化在交阯的传播无疑发挥了桥梁的作用。明朝还于永乐九年（1411）五月定交阯土官考核例，以考核成绩定交阯官员之升降，按照明朝官僚制度培训交阯本土官僚队伍。越南学者称，明朝在交阯郡“竭力培养了一支人数众多的土官队伍”，[③] 以便于明朝自上而下加强对交阯的华化和统治。

四、开设交阯乡试

交阯在北属时期，作为地方政权，参加中国封建王朝的人才选拔工作。早在秦时，就有交阯人北上在朝廷做官，交阯人李翁仲“入仕秦至司隶校尉”。[④] 到唐朝，安南人姜公辅、姜公复、廖有方等人均中进士，并在中原任职，姜公辅还仕至宰相。

洪武初年，明太祖为远播华夏文明于“蛮夷”，曾下诏安南、高丽、占城等国选送乡贡至京师参加明朝的会试，且不限名额。[⑤] 永乐年间，交阯作为明朝的郡县，也如中国内地其他省区一样举行乡试。当时分配给交阯郡每科乡试举人的名额是十名，“交阯初开以十为额，迨弃其地乃止”。[⑥] 洪熙元年（1425）九月，礼部奏定科举取士之额，凡乡试取士，“云南、交阯各十人”。[⑦] 宣德元年（1426）明朝开乡试，

① 参见（明）慎懋赏辑《四夷广记》（七）之“安南”，载《史料三编》，第1513页。

② 如永乐十三年（1415）选送一批儒僧道医学人士赴京授职，交阯布政使责令所在府州县官司拨给他们盘费，否则加以惩治（《大越史记全书》本纪卷9《后陈纪》，第509页）。

③ 越南社会科学委员会著，北京大学东语系越南语教研室译：《越南历史》，人民出版社1971年版，第266页。

④ 《大越史记全书》外纪卷1，第101页。

⑤ 参见《明史》卷70《选举二》。

⑥ 《明史》卷70《选举二》。

⑦ 《明宣宗实录》卷9，洪熙元年九月乙卯。

交阯总兵、布按二司以交阯“地方未平”为由，“乞且停”。[①]永乐年间有交阯郡人试中进士，并在明朝中央政府任职。据越史载，交阯立石县黄钟人赵泰，于永乐年间中进士，授翰林学士，后得知黎利起义反明，便乞归省亲，并于1429年再应试黎朝明经科并中选，在黎朝仕至侍御史，并参与编定黎朝条律。[②]明朝在交阯郡开设乡试、选拔举人，对于后来越南黎朝以仿照明制为主的科举制度的日臻完善无疑起了一定的促进作用。

五、管理宗教，传播儒学，华化风俗

1. 设置各级佛教、道教等宗教管理机构

安南李、陈两朝实行儒、佛、道三教并行的政策，尤其是陈朝，“百姓大半为僧，国内到处皆寺”，[③]皇帝几乎把佛教当作了国教。陈朝后期，尽管一些儒士不断排斥和削弱佛教势力，抬高儒学地位，但到明朝设置交阯郡时，佛教、道教仍有相当的势力，而且在基层仍有广泛的影响。所以，明朝一方面设置大量的地方学校，以儒家书籍教育交阯子弟；另一方面设置佛、道等宗教管理机构，统一管理僧侣道士，以确保儒学的主导地位。

明朝在交阯郡设置的各级佛教管理机构，府称僧纲司，州称僧正司，县称僧会司。设置的各级道教管理机构，府称道纪司，州称道正司，县称道会司。据《安南志原》统计，明朝在交阯郡设立了僧纲司11个、僧正司24个、僧会司63个，共设置了98个佛教管理机构；与此同时，设立了道纪司12个、道正司24个、道会司50个，共设立了86个道教管理机构；明朝还设立了68个阴阳学管理机构。[④]从宗教管理机构设置来看，明朝在交阯郡64.71%的府设立了僧纲司，在51.06%的州设立了僧正司，在40.13%的县设立了僧会司；在70.5%的府设立了道纪司，在51.06%的州设立了道正司，在31.85%的县设立了道会司。这些府、州、县的佛教、道教管理机构，专门管理交阯地区的僧侣、道士以及相关事务。

---

① 《大越史记全书》本纪卷10《黎纪》，第527页。

② 参见［越］武檞等编，阮侻校：《鼎锲大越历朝登科录》卷1，越南汉喃研究院藏本，编号VHc.01283。

③ 《大越史记全书》本纪卷2《李纪》，第209页。

④ 参见《安南志原》卷2，第129页。

明朝在交阯郡设置各级地方宗教管理机构后，还“以佛经教诸僧侣”，[①] 选拔当地佛教、道教、阴阳学等宗教人士，送至京师授职后，回本地管理宗教事务。[②] 这些经明朝选拔、培训而授职的宗教人士，成为明朝管理交阯宗教事务的代理人。

2. 设置各种祭坛，以儒家伦理教化交阯百姓

在设立各级宗教管理机构的同时，明朝还依内地之制在交阯各地设立了文庙以及祭祀山川、社稷等的场所，以传播儒家思想。李、陈时期，交阯八县，只有坛场，没有祭祀山川等场所。[③] 永乐五年（1407）七月，交阯布政司上奏曰：因为“安南夷俗惟尚浮屠法，不知敬事祀典之神”，所以“宜设祭风云、雷雨、山川、社稷等坛，使知祈报之道”，明成祖从之。[④] 到永乐十二年（1414）九月，黄福榜示交阯各地，要求各府、州、县设立文庙以及祭祀社稷、风云、山川等的神坛，时行祭礼。[⑤] 明朝在交阯各府、州、县设立的祭祀风云、雷雨、社稷等坛场共有 444 处，定期作春秋二祭；此外，还设立了城隍庙、旗纛庙等，春秋朔望，文武官僚行礼祭享。[⑥] 明朝设置众多的祭坛，交阯各府、州、县的官吏、学官参加每年春秋两季的祭祀活动，以自上而下的方式来加大儒家思想在交阯地区的传播和普及力度。

在明成祖看来，依照儒家大一统思想，交阯已经成为明朝管辖下的地区，交阯人民作为明朝子民应该学习天朝礼仪，遂令交阯布政使革除交阯旧习，以儒家伦理纲常来教化交阯百姓。永乐十年（1412）十二月，明成祖令交阯布政司暨府、州、县官吏以及当地耆老等曰：“教民以耕桑，使之不违其时，则衣食有所养。教民以孝悌忠信，导民以礼义廉耻，则风俗有以成。死丧患难，相恤相助，困穷颠连，相携相扶，老以训其幼，少以事其长，各循其性无悖于礼。勿为盗窃，勿为欺罔，毋舞文以弄法，毋循私以灭公。”其目的就是将交阯居民教化为“安生乐业，永为无事之天民”，以“共乐太平之盛世”。[⑦] 交阯布政使黄福颁布的《申明教化榜文》，亦以抚恤百姓、移风易俗为主要内容，明确规定，交阯百姓勿按旧俗，须效仿中华，“务

① ［越］黄高启：《越史略》卷 2。

② 如永乐十三年（1415）九月，交阯布政司选送僧侣、道士、阴阳学人士赴京授职，然后回本衙门管事。参见《大越史记全书》本纪卷 9《后陈纪》，第 509 页。

③ 参见《安南志原》卷 2，第 130 页。

④ 参见《明太宗实录》卷 69，永乐五年七月丁丑条。

⑤ 参见《大越史记全书》本纪卷 9《后陈纪》，第 509 页。

⑥ 参见《安南志原》卷 2，第 130—133 页。

⑦ 《大越史记全书》本纪卷 9《后陈纪》，第 505 页。

要父慈子孝，兄友弟恭，夫和妻柔，敬老怜贫，恤孤念寡，庶几礼让兴行，风俗淳美。敢有因循弊风，及髡钳跣踝、男女混淆、父子分异、悖礼违道、伤风败俗者，所在有司严加惩治”。[①]

由此观之，明朝完全以儒家思想来治理交阯，以封建伦理纲常来要求交阯土官和百姓，这些要求与中国内地并无二致。经过明朝二十年的儒学思想和封建伦理纲常的灌输和熏陶，交阯城市居民和士人家庭多效华风，儒家的忠、孝、仁、义、礼、智、信等伦理，逐渐成为交阯士人和百姓的思想道德准则。《安南志原》有云：“国家（即明朝）克平之后，其仕宦诗书之家，附近城郭，冲要凑集之地，有所瞻仰者，多效华风”，只有“远方乡村里社遐远之处，尚循故态，未能尽革”。[②]

3. 设置医学、医官，传播医学知识

永乐年间，明朝在交阯郡共设立了七十八个医学。[③]仅永乐十四年（1416）五月，就在五个府、十二个州、三十一个县设立了医学，一年内设立了四十八个医学。[④]明朝除了在交阯各府、州、县设立医学机构外，还选派交阯医官至京授职学习。医学、医官为交阯人民治病，传播医学知识，无疑有利于中越医学的交流和越南医学的发展。

六、结语

明成祖在交阯郡实行的一系列文教政策和措施，主观愿望是从大一统观念出发，在文化上迅速同化作为明朝郡县的交阯，变“夷俗”为华夏文明，其作用既有积极的一面，也有消极的一面。

1. 促进中越文化交流，为越南黎朝汉文化的发展与繁荣奠定了基础

制度经济史学家诺斯指出，人们过去做出的制度选择决定着他们现在的选择。一个有效的制度被确定之后会产生一些相关的、强化这一制度的活动；在制度发挥作用从而收益增加时，会产生与这一制度共荣共存的组织和利益集团，他们会维持这种制度。制度一旦被人们选中实施就有一种惯性，在制度发生变迁时由于很多人

① 《安南志原》卷 3，第 244—247 页。

② 《安南志原》卷 2，第 102 页。

③ 参见郑永常《征战与弃守：明代中越关系研究》，第 99 页。

④ 参见《明太宗实录》卷 176，永乐十四年五月丙午。

熟悉原来的制度，所以在新制度的选择方面也必然受到原制度的影响。[①]

明成祖依据明朝制度，在交阯郡建立了行政制度、宗教管理制度、科举教育制度，建立和培训官僚队伍，华化交阯风俗，大力推进儒家思想在交阯的传播和普及，不仅促进了中越文化交流，而且为越南黎朝儒学等汉文化的发展奠定了制度和文化上的基础。黎朝虽然是在反明基础上建立起来的，但是，明朝建立的各种制度存在着惯性的作用，对黎朝新制度仍然产生影响。从黎利开始，一反李、陈两朝的崇佛传统，大力排斥佛教势力，自上而下崇尚儒学，以儒家思想作为统治思想，进一步加强中央集权统治；依照明朝制度兴办各级地方学校，以儒家经学和汉文史作为各级学校的教学内容和科举考试内容，科举考试成为黎朝前期、莫朝和黎郑时期选拔文阶官吏最主要的途径。学者吕士朋称，“独立后之黎朝，其制度文化、物质文化几全都‘明化’，而黎朝诸帝之独尊儒学，排抑佛道，尤属特殊”。[②] 黎朝时期，儒学硕士不断涌现，封建制度日臻完善，汉文化在越南发展到了前所未有的鼎盛时期。所有这些，均与明朝在交阯郡二十年间实施的一系列文教政策有着密切的联系，也就是诺斯所说的制度依赖和制度惯性作用。越南史书亦称：“自明成祖颁定五经、四书、《性理大全》于府州县学，而文学始渐发达，至黎而文献得称于中国矣。”[③]

2. 过激的同化政策引起交阯人民的不满和反抗

虽然明成祖一再强调要以安抚为主来治理交阯，但是明朝在交阯的统治是以军事占领为前提，所实施的文教政策也带有“同化”的性质，一些过激的措施不能不引起已经独立数百年而又一贯具有独立反抗精神的交阯人民的不满，随之而来的是离心与反抗。

明朝从交阯搜罗各色人才，送到南、北京师叙用，长途跋涉的劳役必然引起交阯人民的不满。一方面，大量的交阯工匠及其家小被送到内地从事各项工程建设，在短期内对交阯手工业的发展无疑是不利的。另一方面，面对大军压境的搜访选送，那些不愿意被征召的交阯人或躲藏起来，或起来抗明。阮偍在父亲阮飞卿被明军俘回南京后，日夜思虑复仇，后向黎利献《平吴大诰》，被用为参谋，[④] 成为黎朝的开

① 参见［美］道格拉斯·C. 诺斯著，刘守英译:《制度、制度变迁与经济绩效》，上海三联书店 1994 年版，第 123—139 页。

② 吕士朋:《明代制度文化对越南黎朝的影响》,《史学集刊》1994 年第 1 期。

③ ［越］佚名:《大南郡县风土人物略志》，越南汉喃研究院藏手抄本，编号 A.1905。

④ 参见［越］陈重金著，戴可来译《越南通史》，第 150 页。

国功臣。明朝在交阯开科取士，“士皆隐避不应”。[①]

当一种民族文化在受到外来文化冲击时，必然会采取顽强抑制的态度。据《越峤书》载，永乐四年（1406）闰七月，在朱能率军出征安南时，明成祖就令军队攻入安南后，“除释道经板经文不毁外，一切书板文字以至礼俗童蒙所习，如上大人丘乙巳之类，片纸只字悉皆毁之。其境内凡有古昔中国所立碑刻则存之，但是安南所立者，悉坏之，一字勿存”。[②]永乐五年（1407）五月二十一日明成祖再次下令张辅，“遇彼处所有一应文字，即使焚毁，毋得存留”。[③]至于明朝军队在安南是否完全执行明成祖的指令，尚未查到有史书记载。而越史则记载明朝在交阯郡搜集书籍之事：1418 年七月，“明遣行人夏清、进士夏时，来取我国古今事迹志书”。[④]“我国自陈以前之诗书图籍，悉收而送之金陵。”[⑤]说明明成祖烧毁安南图书的命令并未执行，但这种收集当地图书，代之以儒家经典和封建伦理纲常书籍的同化政策，也必然引起交阯人民的反感。

明成祖下令华化交阯风俗，“一从明俗”，[⑥]漠视了交阯独立已有四百多年，交阯人民形成的文化与风俗习惯已经根深蒂固，不是一朝一夕可以用政令来改变的，所以黄福推行内地化政策，强制交阯人民改从明俗，必然引起交阯人民的不满和反抗。[⑦]史学家霍尔称，明成祖在安南失败的原因是强制安南人民改从明俗，“假如他们（指明朝官吏——笔者）不曾错误地要把他们的语言和风俗强加给这里的人民，使这个国家失去民族性，那么，他们很可能已经把安南作为属国并入他们的帝国版图了”。[⑧]

明朝所选派的学官与地方官吏，水平参差不齐。交阯设郡初期，派往交阯的府、州、县官多系两广、云南等处岁贡生员、下第举人，这些人“既无太学教养之素，又非诸司历试之才”，只因愿仕远方而得以授职。[⑨]明朝还将犯罪的官员谪戍交阯，如洪熙元年（1425）七月，调犯事者凤阳府同知王凤等一百一十九人为交阯府、州、

---

① ［越］潘辉注:《历朝宪章类志》卷 26《科目志》，越南汉喃研究院藏手抄本，编号 A.50/3。

② （明）李文凤:《越峤书》卷 2，第 695 页。

③ （明）李文凤:《越峤书》卷 2，第 708 页。

④ ［越］陈文为:《黎史纂要》卷 1，越南汉喃研究院藏抄本，编号：VHv.1452/2。

⑤ ［越］黄高启:《越史要》卷 2，越南维新甲寅年刻本。

⑥ ［越］黄高启:《越史要》卷 2，越南维新甲寅年刻本。

⑦ 参见郑永常《征战与弃守：明代中越关系研究》，第 109 页。

⑧ ［英］霍尔著，赵嘉文译注:《东南亚史》（古代部分），云南省历史研究所 1979 年印，第 302 页。

⑨ 参见《安南志原》卷 1，第 12 页。

县官。[1]这些远仕交阯的下第举人和因罪谪戍的官吏，不排除有能力而在交阯有政绩者，但是这些被派往交阯郡的官吏和学官的总体水平并不高，“牧民者不知抚字，理刑者不明律意”，[2]必定影响了对交阯的治理效果和教学水平。

而一些贪官污吏在交阯的不良行径，则成为交阯动乱频发的导火线。张辅、李彬等人在交阯“嗜酒好色，贪图货贿”，纵容部下“掠民子女孳畜”；中官马骐在交阯“贪黩诛求”，引起“郡县激变，盗贼所在蜂起”。[3]据郑永常统计，在1407—1424年间，该地区出现有史料为证的抗明团伙领袖六十四位，包括平民、地方豪雄和明朝授官。如范世矜曾归降明朝，被授以新平府知府，后来却僭称睿武大王，据安代山为乱。[4]这些反明动乱几乎遍及交阯全境，明朝军队疲于奔命，明宣宗遂于1428年令沐晟罢兵还国，所置大小衙门各罢，明朝结束了在交阯的统治。

综上所述，明朝统治交阯期间，所实施的一系列文教政策和措施，一方面，客观上促进了中国文化在交阯地区的传播，促进了中越文化交流，为越南黎朝封建制度的日臻完善和文化教育事业的发展与繁荣奠定了制度基础。另一方面，如同派遣数十万大军入驻交阯一样，明朝在交阯所实行的文教政策，不仅花费巨大、劳民伤财，而且过激的同化政策和委派官吏的失职，不断地引起交阯人民的反感乃至反抗，成为明朝对交阯统治失败的原因之一。

原载《中国边疆史地研究》2008年第2期，

本文刊发时作者为暨南大学东南亚研究所副研究员。

① 《明宣宗实录》卷4，洪熙元年七月癸未。

② （明）慎懋赏辑:《四夷广记》（七）之《安南》，载《史料三编》，第1517页。

③ （明）慎懋赏辑:《四夷广记》（七）之《安南》，载《史料三编》，第1517页。

④ 参见郑永常《征战与弃守：明代中越关系研究》，第84—97页。

哈密国"三立三绝"与明朝对土鲁番的政策

侯丕勋

在明朝前期的哈密地区，既设有哈密国，也设有哈密卫，事实上在很长时期里是"国""卫"二制并存。在这种历史条件下，"国""卫"之间具有一定的相互依存关系，尤其是"卫"址是否稳定，完全与"国"力的强弱密切相关。然而，不幸的是，明朝的哈密国曾"三立三绝"，而哈密卫也曾发生过徙址。哈密国与哈密卫的命运之所以落到如此境地，实际上与明朝对哈密尤其对土鲁番[①]的政策有着密切关系。

一、哈密国的"三立三绝"与哈密卫的徙址

元朝末年的哈密地区，原是元朝威武王纳忽里[②]的封国。纳忽里卒后，其弟安克帖木儿成为封国之主。洪武（1368—1398）时，安克帖木儿向明朝臣服。永乐二年（1404）六月，成祖封安克帖木儿为哈密国忠顺王，赐金印。从此，哈密国从元朝的封国转变成为明朝的属国。[③]永乐四年（1406）三月，明朝又在当地设了哈密卫，从而形成了"国""卫"二制并存状况。不过，哈密国国情颇为特殊：其统治者为蒙古贵族，而其居民则为回回、畏兀儿与哈剌灰三种落。[④]哈密国又位于中原通西域的要道上，北为"瓦剌，西土鲁番，东沙州、罕东、赤斤诸卫，悉与构怨。由是

① 今吐鲁番，明朝时曾称"土尔番""土鲁蕃"与"土鲁番"，本文采用《明史·西域传一》的表述，即"土鲁番"。

② 《太宗实录》卷29永乐二年六月甲午条、《殊域周咨录》卷13，均称"纳忽里"为"纳忽失里"；而《明会要》卷80《外蕃四》则称"纳忽里"为"纳固尔"；《明史》卷329《西域传一·哈密卫》称"威武王"，"寻改为肃王"。

③ 参见《明史》卷329《西域传一·哈密卫》。

④ "哈剌灰"，原系鞑靼部的一支，后西迁西北地区，并吸收众多瓦剌部成员而逐渐形成。参见曾文芳《明代哈剌灰人的来源、组成和名称诸问题》，《西域研究》2002年第2期。

邻国交侵”，[①]外部形势十分严峻。在明属哈密国封立与哈密卫设置之初，当地社会较为安定，西北边疆尚未发生大的问题。但时日既久，情况就大不如前了。其中主要是哈密国王位多不稳定，尤其王统曾出现过“三立三绝”[②]现象。嘉靖时詹事霍韬曾说：“昔太宗（明成祖）皇帝之立哈密也，因胡元遗孽，力能自立遂立之……今哈密之嗣，三绝矣。”[③]《明史·西域传一》也说“今忠顺之嗣三绝矣”，并指出，“夫哈密三立三绝，今其王已为贼用，民尽流亡”。

哈密国的“三立三绝”颇为复杂，现概述如下：

1. 一“立”一“绝”

永乐二年（1404）六月，明成祖封哈密国首领安克帖木儿“为忠顺王，赐金印”，[④]从此明属哈密国建立。成化九年（1473），土鲁番速檀阿力率兵袭破哈密城，俘虏哈密王之母，夺取明朝所赐金印。此时，哈密无王，罕慎（前哈密王孛罗帖木儿的外甥）虽然继任右都督，但不“主国事”，而国政由王母主持，因此，王母是此时哈密国事实上的国王。这一情况表明，土鲁番俘虏哈密王母，夺取明朝所赐金印，并遣兵占据哈密国土地，标志明属哈密国王统第一次“绝”。

2. 二“立”二“绝”

成化十八年（1482），哈密国右都督罕慎，联合罕东、赤斤二卫之兵，袭破哈密城，土鲁番守军仓皇逃走。弘治元年（1488），明朝以罕慎复国有功，遂“封罕慎为忠顺王”，是为二“立”。同年，土鲁番酋阿力之子阿黑麻“诱杀”忠顺王罕慎，复据哈密城与哈密国土地，是为二“绝”。

3. 三“立”三“绝”

弘治二年（1489），哈密国都指挥阿木郎率军袭破被土鲁番军队占据的哈密城，土鲁番之牙兰败走。弘治五年（1492）春，明朝立哈密国陕巴“为忠顺王，赐印诰、冠服及守城戎器，擢阿木郎都督佥事与都督同知奄克孛剌共辅之”，[⑤]是为三“立”。至弘治八年（1495）冬，陕巴卒，其子拜牙即嗣位。正德六年（1511），拜牙即降

---

① 《明史》卷329《西域传一·哈密卫》。

② 明代史籍中，哈密国的“三立三绝”，其意是说，明朝曾三次诏封哈密国“忠顺王”，继而土鲁番又三次以武力灭亡明属哈密国，并致使其王统三次中断。明兵部尚书胡世宁“盖尝三立，三为土鲁蕃所虏”（《殊域周咨录》，第462页）之说就是最好的说明。

③ 霍韬：《哈密疏》，《明经世文编》卷186，第3册，中华书局1962年版，第1912页。

④ 《明史》卷329《西域传一·哈密卫》。

⑤ 《明史》卷329《西域传一·哈密卫》。

土鲁番；八年（1513），拜牙即“弃城（哈密城）叛入土鲁番”，[①]至此，明属哈密国遭受了第三次亡国的打击。[②]

哈密卫是明朝设在西北边疆地区最为重要的军事防区之一，对此卫所实行的政策也与内地诸卫有着很大不同。这正如《明史·西域传一·哈密卫》所载：永乐四年（1406）“三月立哈密卫，以其头目马哈麻火者等为指挥、千百户等官……冬，授头目十九人为都指挥等官”。从这一记载看，明朝哈密卫初设时，其主要官员，如指挥、千百户及都指挥等军职，都委任当地少数民族大小头目担任，而未曾任用汉族人。同时，明朝也未在哈密国之北、之西修筑防御瓦剌和土鲁番等的长城，这说明明朝对哈密国、哈密卫的防御是薄弱的。

明朝设置哈密卫之后，是否像内地和北部边疆的卫所一样也派驻重兵进行守防呢？对此尚未见到文献有直接记载，不过，《明史》有如下说法：“自明初以来，官军无涉其地者。”[③]这就是说，明初虽在哈密国设置了哈密卫，但事实上只设了卫的领导机构，并未派驻军队守防。

在哈密卫设置七十年后，当哈密国王统发生第一“绝”事件之际，“土鲁番久据哈密，朝命边臣筑苦峪城（位于今甘肃省安西县南部），移哈密卫于其地”。[④]这说明哈密卫址也被迫东迁了，明朝在经略西北地区问题上无疑遭受了重大挫折。

二、哈密国“三立三绝”与哈密卫徙址的原因

在明朝朝臣、边防将领和文人学士中，不少人对西北边疆哈密及其以西土鲁番等地重要地位的认识，是极为深刻和富于启发性的，直至今日还都有着一定参考价值。严从简《殊域周咨录》引明代许论的话说：哈密“甘肃之藩篱，诸番之领袖”。[⑤]由于哈密国在西北地区具有重要地位，因此，“保哈密所以保甘肃也，保甘肃所以保陕西也”。又说，“保全哈密，岂则赤斤、罕东声势联络，西戎北狄，并受制驭。若失哈密，则土鲁番酋并吞诸戎，势力日大，而我之边患日深矣，是故保哈密所以保

① 《明史》卷 329《西域传一·哈密卫》。
② 霍韬:《哈密疏》,《明经世文编》卷 186，第 3 册，中华书局 1962 年版，第 1912 页。
③ 《明史》卷 329《西域传一·哈密卫》。
④ 《明史》卷 329《西域传一·哈密卫》。
⑤ 严从简:《殊域周咨录》卷 13，中华书局 1993 年版，第 429 页。

中国”。[①] 史家在论及明朝设置哈密卫的重要作用时说：置西北哈密等卫“于嘉峪关外，屏蔽西垂”。[②] 明兵部奏言也说：“我朝建哈密、赤斤、罕东诸卫，授官赐敕，犬牙相制，不惟断匈奴右臂，亦以壮西土藩篱。”[③] 据此说来，哈密国与哈密卫地位的重要是显而易见的。那么，哈密国是在什么因素影响下遭受了“三立三绝”的打击？哈密卫何以落到徙址的境地？

哈密国的“三立三绝”与哈密卫的徙址，是同一问题的两个方面。若考察发生这两件事的原因，可发现二者明显具有不可置疑的共同性。对有关史籍的纷繁记载经条分缕析，现提炼归纳为以下四个方面：

首先，土鲁番与哈密国国力强弱悬殊。哈密国在明前期存在了几十年，但哈密国之王，多“庸懦”，又因其地诸种落杂居，回回、畏兀儿和哈剌灰三种落各有头目，且“其头目不相统属，王莫能节制。众心离涣，国势渐衰。及倒瓦荅失里立，都督皮剌纳潜通瓦剌猛可卜花等谋杀王”。[④] 而且，哈密曾由“妇人主国，众益离散”。[⑤] 哈密国的敌国土鲁番是明朝时“强番也，控弦可五万骑”，[⑥]“西域诸夷，惟土鲁番为黠”。[⑦] 严从简《殊域周咨录·赤斤蒙古》亦云：“哈密之西，惟土鲁蕃一种最为强盛，外阻天方国、撒马儿罕诸夷，制其出入，内压哈密、蒙古、罕东属番，听其驱使，侵扰吞并，假道胁援，莫敢不从……诸夷之畏土鲁蕃如蹈水火。”所以，明杨博说：“土鲁番尤为骄悍，经制长策，自古称难。”[⑧] 同时，由于哈密国尚未形成统一而强大的力量，故当强盛的土鲁番入侵时其国便亡，哈密城被破，哈密卫址也只得外迁了。

其次，明朝在哈密卫尚未驻军，当地也无险可守。明初，在哈密设卫与委任官职后，尚未派驻军队，因此一直是“官军无涉其地者”状况。所以，当哈密国第一次遭遇土鲁番入侵时，便处于孤立无援、难以抗敌的境地。后来明朝虽曾出兵哈密，但未久驻。同时，哈密城“居平川中”，仅“北面大山，三面平旷”，[⑨] 基本无险可守。

---

① 严从简：《殊域周咨录》引霍韬语，第 425 页。
② 《明史》卷 330《西域传二 · 罕东左卫》。
③ 《明史》卷 330《西域传二 · 罕东左卫》。
④ 《明史》卷 329《西域传一 · 哈密卫》。
⑤ 《明史》卷 329《西域传一 · 哈密卫》。
⑥ 王世贞：《哈密志》，《中国西北文献丛书》第三辑，西北史地文献，第 78 册，甘肃人民出版社 1990 年版，第 85 页。
⑦ 张珩：《奏土鲁番疏》，《明经世文编》卷 210，第 3 册，中华书局 1962 年版，第 2022 页。
⑧ 杨博：《开陈制御西夷事宜疏》，《明经世文编》卷 273，第 4 册，中华书局 1962 年版，第 2874 页。
⑨ 中外交通史籍丛刊《西域番国志 · 哈密》，中华书局 1991 年版，第 112 页。

这对弱国哈密、对无兵的哈密卫自然是十分不利的。据上述分析，哈密国在受到外族入侵时国亡“绝”、卫徙址便是不可避免的了。

第三，哈密国与哈密卫远离内地，在遇到紧急情况时难以救援。哈密位于西域东部，“东去”明朝西北边地“嘉峪关一千六百里”，[①] 二地之间虽有若干绿洲，但大多地方则是沙漠、戈壁、干河与峡谷，行旅十分困难，即使乘驼骑马，要通过此地亦非易事。如果大军出征，途经此地仅饮水就是很难解决的大问题。所以，哈密地方出现紧急军情，因路途遥远、艰险，救援往往难以成行。这就为土鲁番攻占哈密城、迫使哈密卫徙址提供了便利。

第四，明朝对土鲁番政策有失误。土鲁番不是明朝的属国，但力量较强盛，又因距哈密较近，所以对哈密国威胁很大。不过，明朝不仅未将土鲁番视为敌国，而且所实行政策也是极为宽容的。据《明史·西域传一·哈密卫》记载，成化九年（1473）春，土鲁番袭破哈密城，俘虏哈密王母，夺走哈密王金印，并分兵占据哈密国各地，而明朝却对土鲁番在一年中三次所派贡使“仍善待之，未尝一语严诘”，贡使遂“益傲”。弘治元年（1488），土鲁番酋阿黑麻诱杀了哈密“忠顺王”罕慎，可是明朝“朝廷亦不罪”之。正德九年（1514），哈密忠顺王拜牙即在土鲁番的诱骗下叛逃而去，可是明朝仅对土鲁番采取了闭关、绝贡措施，但不久又允许其派人前来贡献等等。显然，明朝在对土鲁番的政策上明显表现出软弱、退让和姑息的态度。明朝对哈密的敌国土鲁番采取如此政策，这自然使得哈密国的安全无保障，哈密卫的卫址无法稳定了。

三、明朝的安边思想及对土鲁番政策的实质

历来的思想观念，都是各时代客观社会现实的产物，自古及今概莫能外。有明一代的安边思想及政策，毫无例外也都是当时以北部边疆为主的严峻边防形势与国力状况影响的结果。

要客观认识明朝在吐鲁番问题上政策的实质，需要对明朝安边问题进行多层面分析。

---

① 《明史》卷 329《西域传一·哈密卫》。

1. 严峻的北部边防形势

洪武元年（1368）八月，明军在徐达率领下攻克了元大都（今北京市），顺帝北逃，元朝灭亡。然而，这一历史性变化并未能够对残元势力给以毁灭性打击。《明史纪事本末·故元遗兵》说：明军克大都，元顺帝“北出渔阳，旋舆大漠，整复故都，不失旧物，元之实未始亡耳”。又说，残元“引弓之士不下百万众也，归服之部落不下数千里也，资装铠仗尚赖而用也，驼马牛羊尚全而有也”。残元力量的强大、明朝恢复社会经济任务的迫切，迫使明朝统治者分封皇族子弟为“九塞王”，专责防御残元，从而形成了“莫不博狭，控要害，佐以元侯宿将，权崇制命，势匹抚军，肃清沙漠，垒帐相望”[①]的御敌局面。后来又筑东起山海关、西至嘉峪关边墙，并设“九边镇”，派驻重兵守防。明初这些御边举措，虽然收到了一定成效，但至明朝中后期情况就发生了改变，御敌能力明显减弱。弘治、正德时期，达延汗（1461—1504）侵扰河套地区，“至是鞑靼诸部数犯边，辽东、宣大、延绥、甘肃俱被蹂躏”；[②]正德十年（1515）秋九月，北“虏十万余骑，从花马池入固原，联营而行，长七十余里，肆行抢杀，城堡为空”。[③]鞑靼、瓦剌等对明朝的威胁，一直持续到明后期，如说：“鞑靼地，东至兀良哈，西至瓦剌。当洪、永、宣世，国家全盛，颇受戎索，然叛服亦靡常。正统后，边备废弛，声灵不振。诸部长多以雄杰之姿，恃其强暴，迭出与中夏抗。边境之祸，遂与明终始云。”[④]明朝北方一直面临着极为严峻的边防形势。

如果对明朝所面临的边防形势进行客观分析，最明显不过的还是北部边疆形势远比西北边疆严峻。边防形势的这一特点，促使明朝曾将对残元势力以军事进攻为主的方针改变成为以军事防御为主方针。这在安边思想与政策上无疑是一大根本性转变。

2. 明朝的安边思想

明太祖根据边防形势，曾在安边问题上颁布过很多诏令，这些诏令是最能说明明朝总的安边思想的。明太祖曾说：“元运既终，天命归我中华，凡其遗民，皆吾赤

① 何乔远：《名山藏》卷36《分藩记》。
② 《明通鉴》卷38，孝宗弘治十年条。
③ 《武宗实录》卷129。
④ 《明史》卷327《外国传八·鞑靼》。

子。”[1] 又说：“朕既为天下主，华夷无间，姓氏虽异，抚之如一。”[2] 还说：“凡在幅员之内，咸推一视同仁。”[3]明太祖这些很重要的话，都清楚不过地表明，他是把汉族人民和边疆各少数民族人民都视为自己的“赤子（百姓）”，都是“一视同仁”的，并钦定“抚之如一”。

至于史学界有的人曾把明太祖“非我族类，其心必异”的话，视为“华夷之辨”“内夏外夷”及贵华夏贱夷狄之说，其实都是误解。下面，我们再来分析一些朱元璋的有关话，看他是否有以上思想。他说：“朕受天明命，君主华夷，凡诸施设，期在安民。是以四夷之长，有能抚其众而悦天心者，莫不因其慕义，与之爵赏，以福斯民。”[4] 他不但表示自己要“安民”，而且要求四夷之长也“以福斯民”。明太祖给边防将领颁布敕谕说，元朝遗民“自今凡有来归者，尔等善抚绥之”。[5] 在这里，明太祖不仅未把汉族人民和边疆各族人民严格区分开来，而且也无贵华夏、贱夷狄之意，并表示对归服夷狄“善抚绥之”。

明太祖还有很多讲“武”的话，如说：“帝王创业之际，用武以安天下，守成之时，讲武以威天下。”[6] 又说：“国家治兵，以备不虞。自古贤君，皆安不忘危，治不忘乱。今重兵之镇，唯在北边……古人有以兵屯田者，无事则耕，有事则战，兵得所养而民力不劳，此长治久安之道。”[7]这些都是朱元璋在明朝建立之后讲的话。这些话，显然都在强调守成时期“讲武”以守御天下，即在守成时期，坚持以军事守御为主方针。

综上所述，明朝建立后，对北方残元势力的“备御”，对其他边疆地区各民族的“抚绥”以使王朝达到“长治久安”，构成了明朝前期总的安边思想。

3. 明朝对土鲁番政策的实质

土鲁番“强盛”“骄悍”“奸黠”，并曾“三绝”明属哈密国。但明朝统治阶级在具体对待土鲁番时，却似乎采取了退让与姑息的态度。那么，这种明显矛盾的现象，究竟反映了明朝对土鲁番政策怎样的实质呢？

---

① 朱元璋：《谕边将敕》，《全明文》卷21，第1册，上海古籍出版社1992年版，第410页。
② 朱元璋：《谕元宗室部落臣民诏》，《太祖实录》卷53，洪武三年六月丁丑条。
③ 《明史》卷331《西域传三·朵甘》。
④ 朱元璋：《赐赏竺监藏等官诰》，《全明文》卷21，第1册，第417页。
⑤ 宋濂：《洪武圣政记·右申禁令》，《借月山房汇钞》第5集。
⑥ 朱元璋：《谕边将敕》，《全明文》卷21，第1册，第410页。
⑦ 朱元璋：《谕平章李伯昇敕》，《全明文》卷34，第1册，第815页。

在明朝前期的百年左右时间内，“土鲁番酋，志吞哈密，并为一国，遂霸西戎”，[①] 但其对嘉峪关之内明朝直辖疆域并未攻占，亦未构成严重威胁，所以，明朝统治阶级对土鲁番采取“亦不罪”之的态度。这种情况无疑透露出了明朝统治阶级对土鲁番政策的思想倾向。

明朝众多大臣曾提出过不少带有政策性的主张，有些还直接与土鲁番有关。这些主张对我们认识明朝对土鲁番政策是很有帮助的。于谦曾指出：“中国之驭夷狄，固当振之以兵威，尤当抚之以恩信，所以折其强而结其心。”[②] 朱纨说：“攘外斯可安内，治近斯可服远，古称夷狄不可以中国之治治之，入贡则怀之以恩，入寇则震之以威。”[③] 王恕也说：对夷狄“驭之以道则归服，驭之失策则背叛，故祖宗时，因其慕义向化，臣服中国，是以待之以诚信，抚之以恩义”。[④] 严从简也指出：诸夷畏土鲁番虽“如蹈水火”，但对土鲁番“势难强逼”，若“使其可强而归（服），则必外附强番，又如昔日大为边患”。[⑤] 以上是明朝大臣针对边疆各民族提出的具有普遍适用特点的一些政策性主张。这些主张较为一致的倾向是，如果边疆各民族不寇边，来入贡，慕义向化，臣服明朝，均可“待之以诚信，抚之以恩义”，“折其强而结其心”。因此，《明史·西域传》的作者指出：明朝“时大臣专务姑息，致遐方小丑无顾忌”，不断来贡。正因如此，所以，曾经三次攻灭明属哈密国的土鲁番，熟“知中国易与（容易交往），不奉命（未得到明朝允准），复遣使来贡”。[⑥]

如果再联系明朝对北部边疆严加备御、对所归服各族皆予“抚绥”以使王朝达到“长治久安”的安边思想，以及明朝对土鲁番的“姑息”态度、诸大臣的政策性主张，使我们确信，明朝对土鲁番政策的实质无疑在于“羁縻”，也就是明王朝对土鲁番及其首领，在政治上推行具有牵制与笼络特点的政策。

原载《中国边疆史地研究》2005 年第 4 期，
本文刊发时作者为西北师范大学文学院教授。

① 霍韬:《哈密疏》,《明经世文编》卷 186，第 3 册，第 1912—1913 页。
② 于谦:《擒获达贼疏》,《明经世文编》卷 34，第 1 册，第 251 页。
③ 朱纨:《议处夷贼以明典刑以消祸患事》,《明经世文编》卷 205，第 3 册，第 2159 页。
④ 王恕:《参提夺占南甸田地军职奏状》,《明经世文编》卷 39，第 1 册，第 300—301 页。
⑤ 严从简:《殊域周咨录》卷 14，第 468 页。
⑥《明史》卷 329《西域传一·土鲁番》。

明清时期河西走廊的寄住民族、寄住城堡与寄住政策*

闫天灵

边疆民族及地方政权持续内迁寄住是明清西北边疆史上的一大突出现象。明代关西八卫除阿端、安定、曲先三卫遭河套蒙古亦不剌部袭破，部众被胁裹入青海外，其余哈密、沙州、赤斤蒙古、罕东、罕东左等五卫都有过向河西走廊内迁寄住的历史，其中哈密、赤斤蒙古、罕东、罕东左四卫卫制终结于河西走廊。① 清代继有土鲁番十七城畏兀儿全族东迁肃州威虏堡和安西瓜州五堡。从时间跨度和内迁人数看，从明宣德十年（1435）开始到清乾隆二十一年（1756）结束，其间大的内迁就有十次，内迁人口累计逾二万五千人。为安置络绎而来的寄住民族，寄住城堡在河西走廊上经久不衰，形成一道独特的风景线。在中国历史上，零散的边疆民族人口内迁寄住屡见不鲜，但边疆民族连同地方政权这样长时间、高频率地内迁寄住情况却很少出现。这一空前漫长的内迁寄住期，深刻反映了自明代北疆内缩以来西北边防的持续高压态势和中央王朝对其治边政策的积极调整，是研究明清西北边疆史的一个重要切入点。

关于明清时期关外民族内迁活动，前人在有关明清哈密、土鲁番历史和关西各卫内迁与裕固族形成的论著中多有涉及，并有这方面的专题研究成果，但多是从民

* 本文为 2005 年国家社科基金资助项目“明清以来河西走廊—祁连山地区民族关系研究”（批准号 05BMZ028）中期成果。

① 嘉峪关外各卫通常以“关西七卫”相称，是因未将罕东左卫包括在内。实际上，关西七卫前后构成是有变化的。最初为七卫，正统十一年（1446）沙州卫内徙而亡后减为六卫，成化十二年（1476）罕东卫分出罕东左卫后复变成七卫。沙州、赤斤、罕东、罕东左等四卫皆地处河西走廊，对它们来说，内迁是在走廊内部进行的，故谓在河西走廊内迁。

族迁移和政策得失的角度进行研究，[1] 从类型学的角度将跨越三百余年的关外民族及政权内迁运动作为一个整体，对其性质、历程及中央王朝治边政策等进行系统研究的还很少。本文就此专题做一尝试研究。

一、寄住民族的基本概念

“寄住”一词明确见于《明实录》《明史》及明人奏议等史籍，基本含义就是在异地暂时居住。经粗略统计，《明实录》中与河西走廊相关的“寄住”一词出现了二十二次。在使用语境上，都是针对关外及西域民族人口东来暂住而言的，具体所指分两类：第一类是指零星寄住的人口，如停留在河西走廊的西域贡使、回回商人及关外零星逃荒避难者等。[2] 明朝对他们或是依照惯例安置到各地夷馆，或是临时指地安插，均不存在集中安置的问题。另一类是指随边疆民族地方政权集体迁入的人口，由官府修建城堡或指定牧区予以暂时安置。[3] 从移民学的角度来看，前者属于一般性的人口流动或自发移民；而后者则是政府边防计划的一部分，带有明显的组织移民性质。本文的“寄住民族”是专门针对后一类型而提出的。

寄住民族是指为躲避战乱，边疆民族连同地方政权在中央政府部署安排下的一种内迁暂住现象。同其他民族内迁形式相比，它主要包括以下四个内涵：

第一，内迁的民族人口来自中央王朝管辖下的边疆地区，寄住行动由中央政府安排实施。自汉武帝开河西四郡后，地处丝绸之路孔道的河西走廊就成了历代中央王朝就近处置西北少数民族事务的前沿阵地。从历代河西走廊接受的民族人口看，域外民族占有很大比重，如汉代大批南来的匈奴人、唐代大量东来的中亚粟特人和明初不断内附的北元蒙古族等。这些民族人口都来源于当时的中央王朝直接管辖区以外，中央王朝安置的目的要么是将其变为永久性属民（对于内附人口），要么就不

---

① 这方面的代表性成果有施新荣《明代及清初哈密卫部众演进考述》(《新疆社会科学》2007年第5期)、侯丕勋《哈密国“三立三绝”与明朝对土鲁番的政策》(《中国边疆史地研究》2005年第4期)、高自厚《明代的关西七卫及其东迁》(《兰州大学学报》1986年第1期)和《撒里畏兀儿东迁和裕固族的形成》(《西北民族研究》1986年试刊号)等。王希隆《清代西北屯田研究》(兰州大学出版社1988年版)列专节论述了清朝前期土鲁番畏兀儿内迁瓜州及开展屯田的过程。

② 如“甘州寄住撒马儿罕回回马黑木等来朝贡马”(《明英宗实录》卷65，正统五年三月癸丑条)；“盘获出甘州寄住回回千户火者、马黑蛮及土哈三等私贩纻丝文锦”(《明英宗实录》卷28，正统二年三月壬寅条)等。

③ 《明实录》“寄住”一词多数指这一类。如“肃州寄住夷人畏兀儿、哈剌灰”“苦峪寄住哈密都督罕慎”“哈密之寄住苦峪者”“哈密之寄住赤斤都督奄克孛剌”等。

进行专门安置（对于域外各族客商），总之都不存在由中央政府出面先负责内迁后再安排返回的问题。明代以前，元代高昌畏兀儿内迁是寄住民族现象的一个典型。为躲避海都、笃哇叛乱，高昌亦都护火赤哈儿之子纽林的斤率其部迁居河西走廊的永昌府（今武威市治以北三十里的永昌堡）。①高昌畏兀儿亦都护是元朝中央政府下辖的一级民族地方政权，其东迁属于国内迁移的性质，与域外来人不同。明代的关西八卫都是明朝中央政府封官授敕管辖的地区。土鲁番在清康熙末归附后也变成中央政府管辖区。这类民族人口在内迁之前均已效忠于中央王朝。他们内迁避难有的系自行前来，有的由中央政府安排部署，最后都由中央政府进行集中安置，目的在于帮助其渡过眼前困难后重返故土，重新担负起为朝廷守卫边疆的责任。

第二，寄住者不单纯是一批人，是人与政权的整体性内迁寄住，体现了中央王朝的治边政策。这是寄住民族区别于一般性边民内迁的一个重要条件。寄住民族原属中央王朝管辖下的羁縻政权，担负有保卫边疆的军政职能。中央王朝安排其内迁，并不是以此取消了这项职能，而是要继续保有和最终还原这项职能。因此，寄住民族不同于一般意义的边疆难民流动，它是作为一个政治单位进行的。这种单位可以是整个羁縻政权，如明代举族内迁的赤斤蒙古卫、罕东卫、罕东左卫和清代举族内迁的土鲁番十七城；也可以是羁縻政权中最忠实于中央王朝的那部分，如明代哈密卫的畏兀儿和哈剌灰两部。内迁时，都是由中央政府封官赐敕的各部首领（如王、都督等）率领，成建制地进行驻地转移。内迁安置后，原来的管理机构仍得以保持或重建，各头领原来的官秩封赏也照旧延续。可以说，寄住民族除居住地点和生存环境发生改变外，其他制度均保持不变。

必须明确，内迁寄住的整体性强调的是政治单元的完整性，而政治单元与民族单元多不重合。因此寄住民族并不代表一个民族的全体，在外延上具体指一个民族经历过寄住活动的那部分成员。

第三，内迁寄住是边疆民族在边疆危局下的忠诚内向行为，因此不包括中央王朝强制下的内迁行动。遭遇外族入侵是边疆民族内迁寄住的主要原因。边疆民族不愿服属外族统治但又不能在当地立足，遂主动要求内迁避住。明清时期关外民族内迁绝大多数都属于这种自愿行为。但也有中央政府强制实行内迁的，如明代沙

① 参见田卫疆《高昌回鹘史稿》，新疆人民出版社 2006 年版，第 100 页。

州卫的内迁入关。明正统十一年（1446），因沙州卫都督签事喃哥“阴有叛附瓦剌之异志，恐构成边患”，朝廷令甘肃总兵官任礼等“相机收逋回甘州居住，善加抚恤，毋致失所”。[1]这年九月前后，任礼率大军将其全部收入关内，共计二百零五户一千二百三十余人。为杜绝后患，这批沙州人在甘州南山短暂住牧后即被远徙山东平山、东昌二卫及青平、博平二县，卫制被取消。可见，强制性内迁实质上是一种防变制裁措施，内迁后不复以原有体制相待，并阻断其返回故土的道路。这与以最终送返为目的的寄住是不同的。

第四，寄住民族的安置地不一定是中央王朝直接管辖的地区，也包括防御条件相对较好的羁縻管辖区。明代的寄住民族安置区一开始被严格限制在嘉峪关外（嘉峪关是直辖卫所与羁縻卫所的分界点），直到正德朝关外局势彻底恶化后才转移到关内安置。清代的土鲁番畏兀儿内迁也不是一举插入河西走廊的核心区，而是安置在荒无人烟的关外地区。寄住活动与关西地区军政建设是同步前进的。

概括起来，国内迁移、人与政权同步内迁及忠诚内向行为是寄住民族的三大基本特点，也是区别于其他各种民族迁移形式的主要标志。寄住民族是边疆民族内向而边陲不靖的形势下产生的一类特殊民族内迁现象，是民族人口迁移与国家治边政策相结合的结果。

二、哈密人四寄苦峪城与终居肃州东关厢

哈密卫是明朝在关外设置距离最远的一个卫，受朝廷正规军的保护最弱而受瓦剌、土鲁番强敌的威胁最大，因而也是明代关西七卫中政权最不稳固、内迁寄住最频繁的一个卫。明人所说的哈密卫“三立三绝”就是在此形势下出现的。哈密每次被残破后，都有大批官民涌入河西走廊，形成寄住民族现象。以正德八年（1513）为界，哈密人内迁寄住可分成以苦峪城为中心的关外寄住和以肃州东关厢为中心的关内寄住两个阶段。

1. 哈密人四寄苦峪城

明代的苦峪城位于今瓜州县桥子乡境内，这里的锁阳城废墟乃其遗址。苦峪城

① 《明英宗实录》卷143，正统十一年七月甲申条。

一带本为一块著名的灌溉绿洲，唐代的瓜州州治就设在这里。在明成化以前，疏勒河出山后，其干流不是走今天先北后西的大拐弯河道，而是由大坝冲积扇西缘经苦峪城径直西流，取直道。[①]充足的灌溉水源支撑起苦峪城长时期的繁荣兴旺。在明成化以前苦峪城虽水源减少，但前代城郭犹存而居民稀少，仍不失为安置哈密东来避难者的理想地点。

在哈密人寄住以前，苦峪城一度是沙州卫的避难地。宣德十年（1435），沙州卫都督困即来为躲避哈密、瓦剌袭击，曾率部众二百余帐走附塞下，最后被安置到苦峪，“自是不还沙州，但遥领其众而已”。[②]因此，沙州卫人实际上是苦峪城的第一批寄民，同时也是整个明清时期河西走廊出现的第一批寄住民族。正统七年（1442）八月，鉴于哈密有引诱瓦剌来犯沙州卫的图谋，明朝曾遣官军对苦峪城进行首次修缮。正统十一年（1446），沙州卫部众被全部收入关内，整修后的苦峪城遂成了长期用来安置哈密流离人口的重地。

明人所说的哈密卫“三立三绝”只是针对成化以来土鲁番的攻袭而言的。此前的天顺四年（1460），哈密卫曾被瓦剌袭破过一次。因此，从天顺四年到正德八年（1513），哈密卫实际上是“四破四立”。四次被袭破后，均有大批哈密难民入寄苦峪。

第一次是天顺四年（1460）到成化二年（1466），历时六年。天顺四年，哈密忠顺王卜列革死后无嗣，居住哈密北山的瓦剌野乜克力部乩加思兰“乘隙袭破其城，大肆杀掠，王母（指弩温失里答刺）率亲属部落走苦峪，犹数遣使朝贡”。[③]这批哈密人一直住到成化二年才返回哈密。

第二次是成化九年（1473）到成化十八年（1482），历时九年。成化九年正月，摄行哈密国王事把塔木儿卒无后嗣，土鲁番速檀阿里乘机袭破其城，执王母，夺金印，据守其地。为安置纷纷东来的哈密难民，明廷指定苦峪城为暂住地，要求流入关内的人口也向苦峪集中，令哈密都督罕慎统一掌管。朝廷发给布匹、口粮、种子，帮助其渡过难关和恢复生产。这次前来的人口数量很大，以至于“哈密夷众流亡之

① 关于唐代疏勒河干流经锁阳城西流，参见冯绳武《疏勒河水系的变迁》，《兰州大学学报》（自然科学版）1981年第4期。关于疏勒河干流在成化以前绕开苦峪城而改道北行的问题，笔者将另文讨论。

② 《明史》卷330《西域二》。

③ 《明史》卷329《西域一》。

余，存者无几”。[①]最后甚至发生了苦峪“城小难容”的问题。成化十三年（1477）十月，明朝对苦峪城进行第二次整修加固，在此重建哈密卫，将苦峪作为兴复哈密的基地。成化十八年四月，罕慎联合赤斤、罕东二卫人马夜袭哈密取得成功，罕慎还归哈密，哈密人第二次寄住苦峪结束。但寄住苦峪的人口未全部返回哈密。据弘治六年（1493）四月朝廷颁给侍郎张海等的敕文，“随罕慎内附者处之苦峪，既无复返，今又来奔”。[②]“既无复返”就是指成化九年寄住苦峪的哈密人未全部返回。

第三次是弘治元年（1488）到弘治四年（1491），历时三年。罕慎还居哈密五年后，弘治元年为土鲁番速檀阿黑麻所杀，哈密城第三次被夺。哈密人不得不回奔苦峪，有的流散到沙州及关内地区。[③]弘治二年（1489），明廷对苦峪城进行第三次整修，将流入关内的哈密寄民遣入苦峪城集中安置。弘治四年，在明廷薄其赐赉、却其贡物的压力下，土鲁番将哈密城印献还，苦峪寄民返回。但同前一次一样，也不是全部返回。

第四次是弘治六年（1493）到正德八年（1513），历时二十年，是历次寄住苦峪时间最长的一次。弘治六年四月，土鲁番速檀阿黑麻率兵夜袭哈密城，执新立忠顺王陕巴而去。哈密失守，难民东来。明廷仍指定苦峪城为集中安置点，并对苦峪城进行第四次整修。弘治七年（1494）底，苦峪的寄民人数已达两千多人。[④]寄住者中，回回、畏兀儿和哈剌灰三个族属的都有。为加强管理，朝廷命令“回回都督签事写亦虎仙及失伯颜答管回回，委兀儿知院阿难答及指挥使苦木管委兀儿，哈剌灰千户拜迭力迷失、平章革失铁木儿及舍人迭力迷失虎力管哈剌灰”。[⑤]在上统由哈密卫都督奄克孛剌掌管。弘治八年（1495）左右，苦峪城发生大火，房舍被烧，哈密寄民被全部转移到苦峪以东的赤斤城安置。

弘治九年（1496），甘肃副总兵彭清率精兵四千人夜袭哈密取得成功，土鲁番守将牙木兰遁归。但武力攻克后，因哈密屡被袭破，“诸人自以穷窘难守，尽焚室庐，走肃州求济”。[⑥]对于新的哈密难民，明廷仍指定苦峪城及瓜、沙二州为安置点，

① 《明宪宗实录》卷 156，成化十二年八月甲午条。
② 《明孝宗实录》卷 74，弘治六年四月己酉条。
③ 参见《明孝宗实录》卷 44，弘治三年十月辛酉条；《明孝宗实录》卷 26，弘治二年五月丁丑条。
④ 参见《明孝宗实录》卷 95，弘治七年十二月丁卯条。
⑤ 《明孝宗实录》卷 93，弘治七年十月甲申条。
⑥ 《明史》卷 329《西域一》。

要求先前转移至赤斤城的难民也返回苦峪。到弘治十三年（1500），寄住苦峪的哈密遗众已达三千人左右，为历次寄住人数的最高值。①

弘治十一年（1498）以后，哈密屡遭变故。先是该年阿黑麻悔罪，陕巴得以还位哈密，接着又于弘治十七年（1504）被迫出走苦峪，最后在都督奄克孛剌及百户董杰的辅佐下回还哈密。弘治十八年（1505）陕巴卒，其子拜牙即继任忠顺王，不料于正德八年（1513）叛逃土鲁番。这之后，土鲁番一方面一再许愿归还哈密，同时又三次向关内武力进犯。明朝内部在经过很长一段时间的“弃守哈密”之争后，最终于嘉靖八年（1529）宣布放弃哈密，“自是置哈密不问，土鲁番许之通贡，西陲藉以息肩”。② 在这长达三十余年的扰攘变局中，第四次寄住苦峪和瓜、沙二州的许多哈密难民未能返回。正德八年前后，由于拜牙即叛国和土鲁番发起武力进犯，这些寄住者连同从哈密城新来的难民陆续向嘉峪关内的肃州转移，哈密人的寄住生活开始了一个新的阶段。

2. 哈密寄民终居肃州东关厢

由掌印都督奄克孛剌率领，哈密寄民东迁肃州，全部被安置在东关厢。从族属上看，最后寄住肃州东关厢的主要是畏吾儿和哈剌灰两种，回回不多。“曩查速坛并牙郎（即）去国，奄克孛剌奔肃，其畏吾儿、哈剌灰二种夷人，已竭族避难而来，其在哈密者止有回回一种耳。”③ 哈剌灰分旧哈剌灰和新哈剌灰两种。都督奄克孛剌带来的是旧哈剌灰，该支原住哈密卫剌述城、哈剌哈儿畏等堡。新哈剌灰本为哈密迤北他失力巴城之蒙古，系嘉靖初东迁肃州。“以其后归肃州，故以先来者为旧哈剌灰，而后来者为新哈剌灰。”④ 据嘉靖七年（1528）甘肃地方官查报，寄住肃州的畏兀儿部下男妇共三百七十人，哈剌灰部下男妇共五百一十人，合计八百八十人。⑤ 这之后，仍不断有新的哈密寄民加入。嘉靖三十八年（1559），就有哈密属民虎尔的等六十四人入居肃州东关厢。⑥ 奄克孛剌死后，其子乩吉卜剌袭授都督职，管束新旧哈剌灰，畏兀儿则由哈密净修国师拜言不剌掌管。万历后期，把都哱啰袭都督职，

---

① 参见《明孝宗实录》卷131，弘治十年十一月庚子条；《明孝宗实录》卷169，弘治十三年十二月癸巳条。

② 《明史》卷329《西域一》。

③ （明）杨一清著，唐景绅等点校：《杨一清集》，中华书局2001年版，第676页。

④ （明）李应魁著，高启安等点校：《肃镇华夷志》，甘肃人民出版社2006年版，第281页。

⑤ 参见（明）严从简著，余思黎点校《殊域周咨录》，中华书局1993年版，第427页。

⑥ 参见《明世宗实录》卷478，嘉靖三十八年十一月己卯条。

管束新旧哈剌灰，把的卜剌袭国师职，掌管畏兀儿。[1] 这说明，哈密卫制此时仍在，卫制结束是这以后的事。

三、赤斤、罕东、罕东左三卫寄住金塔、威虏等堡

到正德八年（1513），“关西八卫”凋零得只剩下赤斤蒙古、罕东（亦称罕东右卫）、罕东左等三卫。赤斤蒙古住牧关外东端的大草滩、骟马城、柴城儿、赤斤城、苦峪城、王子庄、川边一带，罕东左卫住牧关外西端的瓜沙地区，罕东卫则住牧赤斤蒙古以南的祁连山北麓。自正德八年开始，在土鲁番速檀满速儿发动的攻明战争中，地处进兵要道的赤斤、罕东等三卫首当其冲，不堪其害，“尽徙内地”。[2]

三卫部众大体上是分两批入关的。第一批集中在正德十一（1516）、十二（1517）两年，正值土鲁番第一次进犯关内时期。赤斤蒙古卫各部在都督赏不达儿的带领下，至正德十一年已全部移入关内。正德十一年左右，罕东左卫都督乞台率领直属部落移入。正德十二年，罕东卫都指挥总牙率部移入。[3] 这批寄民被安置在肃州以北金塔寺（今金塔县县治）、威虏堡（今金塔县古城乡）等远堡和上古城、下古城、四坝堡、老鹳窝堡等近堡。[4]

第二批是嘉靖七年（1528）罕东左卫头目帖木哥、土巴率该卫主体部众内迁。此前，帖木哥、土巴仍居沙州，服属土鲁番，岁输妇女、牛品，充当其进攻肃州的马前卒。嘉靖七年六月，在土鲁番第三次发兵攻打肃州前，部将牙木兰（原为曲先卫人，被土鲁番俘获而降）因久攻肃州不克，引起满速儿的怀疑。牙木兰遂偕帖木哥、土巴拥帐三千、部下男女五千四百一十八人，到肃州求降，获朝廷允准。[5] 在这五千四百余人中，属于牙木兰的不多，主要是罕东左卫部众。

这批部众因系久与明廷为敌的牙木兰带领而来，朝廷以边情重大为由，令新任三边总督王琼亲诣甘肃抚处。对于安置方案，王琼除对牙木兰本人提议遣送内地或

① 参见《肃镇华夷志》，第 281 页。

② 《明武宗实录》卷 164，正德十三年七月己亥条。

③ 参见《明史》卷 330《西域二》；（明）张雨《边政考》卷 9《西羌族口》，见徐丽华主编《中国少数民族古籍集成》（汉文版）第 10 册，四川民族出版社 2002 年版。

④ 杨一清认为三卫第一批寄民全部被安置在金塔寺一地（参见《杨一清集》，第 670—671 页），此说不确。今据《边政考》《殊域周咨录》考订。

⑤ 参见《明世宗实录》卷 89，嘉靖七年六月壬寅条；《殊域周咨录》，第 471、478 页。

其他边方外（牙木兰最后被远徙湖广鄂州），对整个部众则同意按原甘肃巡抚唐泽的建议执行，即“于肃州迤北境外威虏旧城及天仓墩、毛目城等地散处其众”。[①]但帖木哥等又提出“欲分一半白城（指白城山，今高台县以南的榆木山）住牧，一半仍照原拟威虏住牧”。[②]此议亦获王琼同意。这样，罕东左卫帖木哥、土巴部众便分往两地安插下来，一部分住白城山，一部分住威虏等堡。明廷命令前后到来的罕东左卫寄众统由罕东左卫都督日羔剌管辖。赏不达儿死后，其子袭赤斤都督，管辖赤斤卫各部。

以上两批寄民的数量，据《边政考》《肃镇华夷志》所载各部落人口数合计为一万零八百五十七人，反映的是嘉靖二十七、二十八年（1548、1549）左右的情况。若将正德十一年（1516）之前移民入肃州南山的哈剌秃、逃军族等部包括在内，总数至少在一万三千人以上。

安置赤斤、罕东寄民的城堡均系多年旧堡。由于城防不修，频遭当时活跃的河套、西海蒙古之劫掠。在这种情况下，赤斤、罕东各部遂纷纷弃城而逃，跑到防守力量较强的肃州关厢和近郊避住。到嘉靖二十八年（1549），原先的安置格局已面目全非。“肃州边外属夷总牙、日羔剌等……苦虏夷侵掠，乃相率环附肃州杂居”。[③]寄民与军民杂处，难于管理，流弊重重。“以致郊关之外，蜂屯蚁聚，不可胜数。指大如股，宾多于主，睚眦之忿，动见戕杀，男女之风，因而混乱。肃人有言：‘不但牲畜为番人伙养，虽子女亦暂为番人鞠育。’番人有言：‘若等所住者，我等地方。有时见索，必须还我。’”为杜绝纷争，甘肃巡抚杨博提出将寄民重新安置境外。杨博令副使王仪、参将刘勋“急乘草枯马弱之时，结营境外，次第兴工”。从嘉靖二十八年三月十五日起到五月初五日止，共修葺威虏并金塔寺、添设白烟墩等城堡凡七座，修筑墩台十二座，安插各族帐房七百零六顶，男女三千四百五十四名口，将赤斤、罕东寄众重新安置到肃州境外。[④]

这次安置后，为防止故态复萌，杨博还对寄民的活动范围和进城时间进行限制。“遂与为期约，自后惟朔望许入城市易，凡一应番汉人等不许非时交通出入。违者加

---

① 《明世宗实录》卷89，嘉靖七年六月壬寅条。
② 《殊域周咨录》，第479页。
③ 《明世宗实录》卷351，嘉靖二十八年八月庚申条。
④ 参见（明）杨博《安插属夷以靖地方疏》，《明经世文编》卷273。

之重辟。”[①] 但到隆庆五年（1571），二次安置的赤斤、罕东寄民又移回肃州近郊。时任陕西总督的史戴才复提出离城安置的方案。不过这次不是境外安插，而改在肃州以北近边的“谭家等处空堡安插，分立界石，籍名约束”。[②] 这一方案较前次切合实际，使防守条件和生活环境都有了改善，寄民才算是安心居住下来。表 1 大致反映了嘉靖、隆庆两次重新安置后赤斤、罕东寄民住地的变化情况。

从表 1 可看出，赤斤、罕东寄民的居住地有一个明显的由肃州以北远堡向肃州近城及肃州南山各堡转移的过程。这大体就是明代赤斤、罕东二卫内迁部众的最后定格。到万历后期，日羔剌之孙羽章卜袭都督职，表明罕东左卫卫制尚在。赤斤卫印信敕书虽由赏不达尔后人收执，但已不见袭封迹象，表明赤斤卫制已先罕东左卫而结束。罕东卫在都指挥一职在总牙作恶为乱，被羁留夷厂病死后即不见袭封，是三卫内迁后最早被取消卫制的。[③]

表 1　嘉靖至万历年间赤斤、罕东寄民住地对比 [④]

卫名	部落名	头目名	嘉靖二十八年（1549）安置地	万历四十四年（1616）住地
赤斤卫	赤斤都督	锁南束	金塔寺	磁窑口、卯来泉
	赤斤城	革力各失及其弟可洛纵	威虏堡、八里墩堡	卯来泉山口
	柴城儿	卜木尔吉		
	苦峪族	朵儿只	白烟墩南空堡 王子庄墩堡	暖泉庄 老鹳窝庄
	川边族	察黑包		
	大草滩族	把郎	石关儿口	黄草坝
	骟马城	牙兰	兔儿坝	平川
罕东卫	都指挥直属部落	总牙	威虏、察黑包二城	柳树二墩、三墩
罕东左卫	都督直属部落	日羔剌	金塔寺	中渠、乱古堆、小泉庄

资料来源：《肃镇华夷志》卷 1。

① 《明世宗实录》卷 351，嘉靖二十八年八月庚申条。

② （明）杨博：《复陕西总督都御史戴才议处番夷疏》，《明经世文编》卷 277。

③ 参见《肃镇华夷志》，第 284—286 页。

④ 关于嘉靖二十八年赤斤都督锁南束的安插地，《肃镇华夷志》记为“肃州迤北川边”，今据《殊域周咨录》修正为金塔寺。另，万历四十四年取《肃镇华夷志》成书之年。

四、土鲁番畏兀儿寄住威虏堡和瓜州五堡

清朝前期，中央王朝与关外土鲁番的关系又重演了明代的一幕，不过这时候土鲁番成了受害者。当时统治天山南北的是强大的准噶尔蒙古政权。哈密、土鲁番两地的畏兀儿均服属于准噶尔，岁有输纳，备受其苦。随着清朝平准战争的节节胜利，哈密、土鲁番畏兀儿也转身内向，情愿归顺清廷。但土鲁番畏兀儿归附之初，清军尚不能就地提供有效保护，不得不内迁避难，由此形成了有清一代河西走廊的两批畏兀儿寄民。①

第一批移来的是土鲁番鲁谷庆、皮占两部畏兀儿，寄住于威虏堡。《重修肃州新志》载："雍正初，大学士将军富宁安既撤兵，回族请内附，安插于金塔寺西卫虏堡有两族，一为鲁谷庆户，一为皮占户。其头目则有伯克拖克拖马母特……共一百四十四户，其回目伯克等给肥田五百亩，所管部落一百四十三户，每一户肥田一顷。每一亩下籽种一斗，各给农具一付。"② 据《敦煌杂钞》，这批土鲁番畏兀儿安插于雍正四年（1726），总计六百余人。③ 这支土鲁番畏兀儿人在威虏堡寄住了二十年时间，于乾隆十三年（1748）返回。但他们没有返回土鲁番，而是在哈密住留下来，成了哈密畏兀儿的一部分。④

第二批移来的是土鲁番畏兀儿主体部分，寄住于瓜州五堡。康熙五十九年（1720），西路清军一度攻取齐克塔木、皮禅、土鲁番三城。第二年在土鲁番兴办兵屯，就地生产军粮。对于清军屯兵门户的威胁，准噶尔一直伺机反夺。从雍正九年（1731）开始，噶尔丹策零集结兵力，先后四次围攻土鲁番诸城，迫使清军撤退。为防止准噶尔报复，清军建议土鲁番畏兀儿内迁。⑤ 雍正十年（1732），在提督颜清如带兵护送下，额敏和卓率土鲁番十七城畏兀儿一万余人倾城东迁，到达哈密塔尔纳沁时为九千二百七十三人，中途因伤病减员，第二年抵达安西时为八千零一十三人，

---

① 在土鲁番畏兀儿寄住之前，哈密头目额贝都拉派其子郭帕伯克率五十户哈密人寄住肃州东关外。这种寄住实际上是"质其子于朝"以取得清廷的更大信任，与避难寄住不同，故不在寄住民族的讨论之列。

② 《重修肃州新志》，第324页。

③ 参见（清）常钧《敦煌杂钞》卷下，1937年禹贡学会铅印本，第11页。

④ 参见《辛卯侍行记》卷6。

⑤ 参见王希隆《清代西北屯田研究》，第202—203页。

是历次寄住人口最多的一批。[①]

对于土鲁番畏兀儿竭族而来，清廷极为重视。安西地方官府在镇城西南专门修建了五座城堡以供居住。五堡依次取名头堡、二堡、三堡、四堡和五堡，俗称“回民五堡”或“瓜州五堡”。官府无偿拨给大片土地和农具、耕畜等生产资料，铁锅、水桶等生活必需品也由官府供给。清代安西疏勒河上最大的两道干渠——南渠和北渠——就是为灌溉畏兀儿寄民田地而修建的。当时，东至小湾、西至瓜州三十里井子、南至踏实堡的安西绿洲，绝大部分属于畏兀儿寄民垦种，总计达八千石籽种地之多。[②]土鲁番畏兀儿寄住瓜州期间，所纳粮草及一应差徭都被蠲免。这样的优待在整个清代都是少见的。[③]在土鲁番畏兀儿寄住瓜州期间，清廷封额敏和卓为辅国公，颁给扎萨克印信，为土鲁番畏兀儿建立起新的管辖制度。乾隆二十年（1755），清军彻底平定准噶尔割据政权，天山南北形势安定下来。第二年九月，额敏和卓率众返回土鲁番，结束了在瓜州长达二十三年的寄住生活。土鲁番畏兀儿返回后，他们垦熟的数万亩土地，改由地方官府招民屯垦，变成西北民屯的一部分。

瓜州畏兀儿寄民返回后，自明宣德十年（1435）沙州卫寄住苦峪城以来断续相延逾三百年的河西走廊寄住民族史终告结束。综合各种史料统计，累计内迁人口总数在二万五千人以上。

五、寄住城堡的功能发挥与弃置过程

从明清时期河西走廊历次寄住民族的安置方式来看，以城堡集中安置是其共同特点。无论是对旧城堡的改造利用还是新建城堡以资安排，都体现了这一原则。寄住民族多为游牧民族，原本不适应城居生活。明清两朝之所以要以城郭安置，主要有两个方面的原因：

其一，单独管理和加强控制的需要。前文已指出，中央王朝将藩属民族迁入内地，只是为了让其渡过暂时困境，没有改变其原有制度的目的。因此，在安置办法上，朝廷一再强调要单独安置，以维护其组织系统和生活方式的独立性。另外，设

① 参见《清世宗实录》卷107，雍正十一年八月戊辰条。

② 参见（清）常钧《敦煌随笔》卷上，1937年禹贡学会铅印本，第8页。

③ 参见王希隆《清代西北屯田研究》，第205页。

立单独居住区也有利于减少矛盾和冲突。明嘉靖前期寄住各族“环附肃州杂居”所带来的种种弊端就说明了分隔居住的必要性。这是积极方面。从消极方面说，中国古代向来讲求“夷夏之防”，在边疆与内地之间遵循“外而不内，疏而不戚”的“春秋大义”，对关内寄住各族当然更要严守此义。[①]寄住民族原来与中央王朝联系较为松散，加之有的还曾有过背弃或敌对中央王朝的旧事，内迁后中央王朝在向其提供救助的同时，始终保持警惕和戒备，无意让其自由行动。河西走廊往来的西域使商很多，有的就是敌方的间谍和暗探。明代土鲁番几次攻打肃、甘二州，都发现有内应配合。因此，明朝对寄住民族一再强调以肃州远堡安置，目的就是要阻断内外勾结的渠道。

除单独安置外，还有一些配套措施。一是对寄民进入州城的时间进行限制，以减少与外界联系的机会。二是在寄住城堡之内或附近设立“夷厂”（专门管理寄住民族人口的机构）等机构进行管理。明代哈密寄民刚来时，“各街杂居，违法多端，被兵备副使天津张愚笞背游街，虽肖畏服，实非心格也”；“后筑夷厂，以静地方”，[②]才使形势趋于好转。清朝在瓜州五堡之外添筑瓜州城，“有参将统领员弁兵丁以资弹压并移驻安西同知于此，管理民回屯田水利一切事务”；理藩院还派出部郎一员、笔帖式一员“驻瓜州照看，新旧交替二年更换”。[③]为管理威虏堡寄民，清廷在王子庄设肃州州同一员，除主管水利外，还负有“弹压威虏堡安插回民”之责。[④]

其二，防御蒙古骑兵往来袭扰的形势所需。有明一代和清朝前期，蒙古族对于河西走廊的威胁一直处于高压状态，鲜有歇息。从明代宣德年间的昝卜父子及阿台、朵儿只伯活跃期到正统年间的瓦剌也先活跃期再到正德以后的西海蒙古活跃期，都一再对河西地区进行袭掠。到明末清初，又有青海和硕特蒙古和漠西准噶尔蒙古的南北进逼，由此形成一个漫长的战时环境。与这一漫长的战时体制相对应，千里河西走廊长期大军云集、营堡相望、关栅密布，呈现出浓厚的军事防御氛围。不仅军政驻地深沟高垒、重重设防，民居也普遍堡寨化，以防备随时可能到来的势若风雨之蒙古骑兵。直到民国年间，河西走廊的民居仍在沿袭墩堡旧风。“居民多各自为

① 参见（明）杨博《复陕西总督都御史戴才议处番夷疏》，《明经世文编》卷277。
② 《肃镇华夷志》，第133页。
③ 《敦煌杂钞》卷上，第2页。
④ 《重修肃州新志》，第38页。

堡，聚族而居，建碉堡瞭望，以为防御。盖明代备北虏之遗规，今犹存也。”[①] 在哈密等部内迁后，实行城堡化安置自然也成为当务之急。兵部尚书胡世宁曾说：“若无城卫，虏来势难坚守，不无又为彼掠，以为寇助，合无仍咨各官查照原敕事理，于彼各夷新分地土牛具种子，量为措给，城堡沟池，量为修筑，以安彼生命，以便彼防守。”[②]

对于寄住城堡的选择，明清两朝都是以优先利用旧城旧堡为主，不得已时才另建新堡。苦峪城、威虏堡、金塔寺、肃州东关厢、谭家堡等都系旧堡，并多次重复使用，主要目的是节省开支。朝廷当时在这些旧堡多数已不驻军，现成的城防条件恰好为寄住民族所利用。反过来，寄住民族的入住，也使这些旧堡陈墩重现生机。与入城定居的“居国”安置方式相适应，城居寄民普遍以农耕或农牧兼营为主要生业方式，实行堡外生产、堡内居住的办法。明清两朝在寄民安置时一再强调发给籽种、牛具，道理就在这里。为了缩短居住地与耕牧地的距离，清代在瓜州还采取了分建城堡的办法。“因聚居则耕种遥远，故分建筑五堡。”[③]

从各寄住城堡的最后结局来看，明清两代有所不同。清代的寄住城堡基本上与寄住民族相始终，随着寄住民族的迁出返回而自然终结。明代除关外的苦峪、赤斤等城与寄住民族相始终外，关内的各大寄住城堡都在寄住期间解体了。究其原因，与寄住时间的长短和生产习惯有关。清代寄住民族的寄住时间普遍较短，长则二十余年，短则十来年，能够保持较强的故土观念。另外当时的畏兀儿已能够完全适应农业生活，加上社会环境相对稳定，有利于在堡内安居乐业。而明代除在关外寄住期间有相似情景外，转至关内后诸多因素都不利于安心定居。

寄住城堡被遗弃的原因主要有三：一是蒙古族的攻掠。这是寄住城堡遭遗弃的主要外因。二是寄住民族的内生离乱直接破坏了划地而居的初旨。如赤斤卫王子庄部落头目川哥儿，善于骑射击，甘肃兵备副使陈九畴曾给他置盖房舍，赏给粮食。后因川哥儿嗜酒无厌，将牛马羊并妻子变卖尽绝，“部落见其不能为头目，遂四散不服”，余众俱归苦峪城头目朵儿只，[④] 原住城堡遂遭遗弃。三是寄住民族不习惯住

① 李德贻：《北草地旅行记》，与《西北考察日记》等四种合册出版，总书名《西北考察日记》，甘肃人民出版社 2002 年版，第 39 页。

② 《殊域周咨录》，第 480 页。

③ 《甘肃通志稿》卷 23《民族三・族姓三》。

④ 参见《肃镇华夷志》，第 286 页。

城务农，不断向祁连山中逃跑。牧业是关外民族的传统生业方式，内迁之前，除哈密畏兀儿人、哈剌灰人有一些农业基础外，其他大部分都是纯游牧者。[①]因此内迁后，除哈密寄民能较好地适应农耕生活外，其他各部对于城居耕作普遍是有困难的。在这种情况下，人畜少的部落尚可勉强在近城放牧，人众畜多的则不顾禁令，直接闯入祁连山区继续其游牧生活。嘉靖二十八年罕东左卫都督日羔剌被重新安插到金塔寺后，仍没有被约束住。“日羔剌知其不便任意住牧，乃曰：‘我，白城山之属番也。’遂佯领部落以往高台白城山地方去讫。”[②]而帖木哥、土巴所领罕东左卫大众，从一开始就在水草丰美的白城山插帐住牧，未改变其传统生活方式。

六、寄住政策的范型意义与效果分异

寄住民族和寄住城堡共同体现了明清王朝怀柔远人、保护藩篱的治边理念和政策。从中国历代治边政策来看，明清两朝的寄住政策属于一种中间形态。它既不同于国力强盛时对边疆的强力控制（如汉唐强盛时对西域地区的控制），也不同于国家大乱时对边地的骤然丢弃（如唐朝安史之乱后放弃西北大片疆土），而是在国家大局稳定、朝廷实力不济但仍有一定实力的情形下对边防进退有序的调整。明朝的关西诸卫内迁和清初土鲁番十七城内迁，均实现了边民和边疆政权的同时转移，保存了边疆有生力量，这与仓促间将边疆地区连同人口一并放弃是截然不同的。从这一比较中可以看出，寄住政策是中国古代治边政策的一个单独范型。当然，这一范型之所以成立，并不完全是基于相比较而来的特点，更重要的是因为它形成了非常明确的决策思路和坚实具体的制度安排，具备了可供效法和借鉴的意义。

其一，在决策思路上，寄住政策以坚持“守在四夷”的治边理想为依归，将维护和扶持边疆民族的自治放在首位，使边疆民族管理体制的连续性和稳定性不因内迁寄住而改变。

明朝人把建卫立藩视为其治边政策的最高典范，对此倍加推崇。王琼说过：“我朝鉴前代之弊，建卫授官，各因其地，姑示羁縻，不与俸粮，贻谋宏远，万世所当

① 参见杨建新主编《古西行记选注》，宁夏人民出版社 1987 年版，第 294、263 页。

② 《肃镇华夷志》，第 283—284 页。

遵守者也。”[①]建卫立藩正是传统“守在四夷”治边思想的具体体现。“守在四夷”的基本方略是中央王朝对边疆民族原有的政教制度采取承认态度，厚加抚慰，勤为救助，以此赢得边疆民族的忠诚与拥戴，在平时自固藩篱，在战时守卫边疆，构筑起主要依靠边疆民族力量的边疆防御体系。[②]明朝在嘉峪关外和辽东地区建藩立卫，目的就是“在东、西两翼筑起屏藩，以制约蒙古鞑靼和瓦剌的南下”。[③]清初对哈密、土鲁番畏兀儿编设旗佐、倍加优遇的政策，目的也在于构筑经略西北边疆的坚强堡垒。因此，明清王朝都将“守在四夷”奉为国家根本之策，竭全力加以经营和维护。

从明代寄住政策的实施过程来看，经历了一个由关外安置走向关内安置的逐步调整过程。在正德八年（1513）土鲁番武力进犯之前，哈密寄民一直以苦峪为集中安置点。尽管哈密人不时要求关内寄住，但一再被遣返回苦峪。正德十一年（1516）以前，赤斤、罕东等卫也有过移入关内的要求，但除少数几支流入肃州南山外，概不准整体内迁。在哈密频遭变乱之时，明廷把赤斤、罕东三卫视作保卫关外地面最为主要的依靠力量。哈密历次被土鲁番攻破后，明廷都要降敕赤斤、罕东三卫，要求其一方面固守藩篱，另一方面与哈密相互应援，以图兴复。明廷为此除多次以彩缎梭布进行赏赐“以结其心”外，还不断为之加固城防，仅苦峪城就整修过四次。直到正德三年（1508），明廷还为罕东左卫“补修阿丹旧城，广沙州城各令居之”。[④]

明朝之所以一再坚持在关外进行救济和安置，就是想通过就近救助和安置使边卫尽快恢复自治状态，不愿在万不得已之前对边政格局进行大的调整。此时明朝对关外局势还心存乐观，认为有兴复哈密的可能。直到正德八年满速儿控制哈密，紧接着分掠苦峪、沙州，使哈密遗众及罕东、赤斤三卫无法在关外立足的情况下，明朝才考虑转向关内安置。这时的内迁寄住不仅有保边民以图将来的意义，还有阴断敌援而助我力、截断敌道而济我防的关键作用。明兵部尚书胡世宁说：“况今哈密以至嘉峪关一带千五百余里，其地先有罕东、赤斤等卫原我属番，被彼驱胁供馈接应者，今皆移徙中国，彼来所经空地千里，供馈无资，盖其入寇比前益难。”[⑤]

① （明）王琼：《为赈抚番达保固藩篱等事》，《明经世文编》卷110。

② 参见刘逖《我国古代传统治边思想初探》，马大正主编《中国古代边疆政策研究》，中国社会科学出版社1990年版。

③ 杨绍猷：《明朝的边疆政策及其得失》，马大正主编：《中国古代边疆政策研究》，第286页。

④ 《明武宗实录》卷36，正德三年三月丙寅条。

⑤ 《殊域周咨录》，第474页。

需要强调的是，明清两代的历次内迁寄住，内迁不论距离远近，都不将原来的政权拆散和制度推倒。内撤藩篱是为了最终重建藩篱，而不是藩篱坍塌。这正是实行寄住政策的基本思路。嘉靖七年（1528），王琼在论说对寄住民族继续实行原有羁縻制度的必要性时说："各卫所夷人自相保勘，照例起送赴京袭职，中间贫难不能赴京者，该道查无违碍，许令各夷顺赍保结公文，代领敕谕，回日送行都司交与承袭。如此使各种番夷悉得承继祖职，一则不忘祖宗羁縻成法，一则便于今日控驭，外侮可御，边境可宁。"[①]边卫内迁后，朝廷仍将其作为一级边疆机构看待，使其继续发挥保边御敌的作用。寄住各族时常听从调遣，四出征战，杀敌立功，继续为朝廷效力。这说明，寄住政策实际上是一项以退为进的积极边防政策，是对"守在四夷"思想的灵活运用和重要发展。

其二，寄住政策形成了一整套救济、安置、管理和遣返寄住民族的制度安排，能够与"守在四夷"的终极目标顺畅对接，达到了很高的成熟度。

明清两朝对于寄住民族如何救济、如何安置、如何管理、最终做何处置都有明确计划和具体安排。这些筹划和措施的中心思想很明确，就是要在寄住期间最大限度地维护原有组织制度和基本力量，以保证日后能够迁返和复原。因此，除前面详列的建城安置、单独管理等有利于保护旧有制度的措施外，还将原来的袭官封授、降印颁敕、贡赐关系等各种羁縻制度一一继续实行，使边疆藩卫不因驻地改变而消散。最为典型的是，清代土鲁番畏兀儿的扎萨克制度就是在寄住瓜州期间确立的。在贡赐制度方面，哈密人寄住苦峪及肃州东关厢期间一再遣使入贡。[②]罕东左卫都督日羔剌寄住肃州后，朝廷规定其"五年一贡，人马俱不得过三十，其三十人内，以十七人留边，十三人赴京领赏"。[③]此外，朝廷还保留原有的佛教国师名号，在寄住区建寺立庙，延续其宗教羁縻政策。哈密净修国师拜言不剌沿袭的就是原来其叔父必牙剌失力的名号。拜言不剌在肃州东关厢修建的归华寺（一说系奉敕而建）就是哈密寄民最重要的宗教活动场所。这都充分说明，寄住政策在坚守"守在四夷"之道的过程中已形成一个完整的体系，因此是一项成熟的、可资效法借鉴的治边政策和民族政策范型。

---

① 《殊域周咨录》，第468—469页。

② 参见《明孝宗实录》卷193，弘治十五年十一月丙戌条；《明世宗实录》卷143，嘉靖十一年十月辛丑条。

③ 《明世宗实录》卷518，嘉靖四十二年二月庚辰条。

其三，明清两朝的寄住政策尽管同属一型，但在具体实施程度和最后结果上却出现明显分异。

首先，安置政策的松紧程度不同。明朝的安置政策偏紧偏急。明朝一开始就将安插寄住界定为“一时权宜”。①王琼在安插帖木哥、土巴带来的罕东左卫大部时明确相告：“近因土鲁番侵犯杀害，尔等离失故土，镇巡官悯尔等遭难，从权赈济，不为常例。今土鲁番贼声言复来沙州，姑容尔等附近安插，尔等宜各自为生理，不可专倚官粮过活……待土鲁番远遁，尔等各回旧土安住。”②在此态度下，对赈粮、土地、房屋的划拨皆仅足敷用。哈密头目多次要求增拨土地都被拒绝。直到嘉靖十二年（1533），才“以肃州卫钵和寺境外闲地一十六顷有奇给寄住哈密卫都督乩吉孛剌等部落耕种”。③相比之下，清朝的安置政策则要宽松得多，官府给畏兀儿寄民宽给土地及各种生产生活用品，备修房屋河渠等各项设施，做好了让其长期寄住的准备。

其次，实行政策的结果不同。明朝未能实现迁返边卫的目标，寄住民族全部走向本土化。尽管明朝盼望形势好转后迁返寄民，但事与愿违，关外局势终明一代而未见丝毫转机。随着时间推移和代际更替，寄住民族势不可阻地转向定居化和本土化。到清乾隆初，明正德以来寄住肃州附近的哈密、赤斤、罕东等族，早已成为编户齐民的一部分。“迄今本朝德化涵濡，渐摩愈久，并多褫毡裘而袭冠带，俗同编户，与内地人民一体纳粮当差，以供赋役，可谓盛矣。”④从《重修肃州新志》所载可清晰地看出当时环附肃州的“临城八族”正是哈密、赤斤、罕东等族寄民长期融和与繁衍扩散的结果。⑤这时，他们已拥有一个新的共同族称“黄番”（即今天的裕固族）。黄泥堡裕固族就属“临城八族”之一。寄住在肃州、高台以南的祁连山北麓各族寄民则成为其他裕固族部落和“东乐克”藏族的直接来源。⑥因此，明代的寄住政策只执行到寄住阶段为止，未能前行到返回阶段，因而是不彻底的。与明朝寄住民族和寄住政策的结局不同，清代土鲁番寄民迁至瓜州不出二十年，天山南北就被

① 《明世宗实录》卷81，嘉靖六年十月辛亥条。

② （明）王琼：《为赈抚番达保固藩篱等事》，《明经世文编》卷110。

③ 《明世宗实录》卷164，嘉靖十三年六月己亥条。

④ 《重修肃州新志》，第78页。

⑤ 参见《重修肃州新志》，第318—320页。

⑥ 参见甘肃省图书馆编印《西北民族宗教史料文摘》（甘肃分册），1984年印，第275页。

清军彻底平定。因此土鲁番畏兀儿寄住不出一代人时间，还未来得及本土化就返回了故土，从而顺利完成了重建藩篱的目标。

由明清两朝的对比可以看出，寄住政策虽然在范型上提供了一条以退为进、最终保全边疆的可行之路，但要真正完成这项政策的所有步骤、完全实现内撤藩篱以重建藩篱的最终目标，还必须有相应的国力、军力相配合。内撤藩篱实际上是国家在困顿之时采取的缓兵之策，用意在为国力提振留后步。清朝初期正处在崛起和上升时代，能够以足够的信心和实力将寄住政策运用充分并执行彻底。随着清军很快底定天山南北，土鲁番寄民水到渠成地实现了圆满回归。还应看到，清朝走盛的意义尚不止于成功地送还了一批土鲁番寄民。清朝重新实现蒙古高原和天山南北的统一，建立起巩固的北疆边防后，还改写了明代以来西北边防长期被动的历史，终结了一个长达三百余年的寄住民族期。这一变化是十分深刻的，进一步凸显了清代大统一的深远意义。

与清朝蒸蒸日上的情形不同，明朝自土木堡之变后，就开始走下坡路，到嘉靖年间在关内安置寄住民族时，国力减退，边储捉襟见肘，自用尚且不保，遑论对寄民的切实投入。嘉靖七年（1528）具体负责哈密寄民安置事务的甘肃兵备副使赵载就说："诸夷失国内附，暂留我边，朝廷待之已厚。今我军贫困，仓廪空虚，自救不赡，而彼辄求田土。与之额内屯田则不可，置之威虏远地则不欲。宜使人告谕诸夷，宣国厚恩，责以兴复哈密大义。既不能存留，量给衣食，不得妄有陈乞。"①国家无力为寄住者提供充裕的救济，更无力挫败威胁他们的土鲁番和瓦剌势力。

尽管明朝未能将寄住政策执行彻底，但不能就此断言明朝的寄住政策是失败的。明朝的寄住政策在保护边民安全、减少边民损失、减轻边防压力方面达到了预期目的。前人在批评明朝弃关外而不守时多忽略了明朝内撤藩篱的一片苦心，这是应当予以纠正的。另外，明代关外寄住民族的本土化在河西走廊和祁连山北麓增添了新的民族文化成分，这对于丰富我国多民族大家庭的内涵也起到了积极作用。②因此，从历史作用看，明清两代在河西走廊实行的寄住政策都取得了积极效果，都是值得充分肯定的。

① 《明世宗实录》卷81，嘉靖六年十月辛亥条。

② 畏兀儿和裕固族都源于回鹘，但后来却走上了不同的信仰道路，一个信仰了伊斯兰教，一个继续信仰佛教。这一宗教分野的产生，与明代关西各卫的内迁寄住有着直接关系。

寄住民族和寄住城堡现象虽已湮没在历史的尘埃之中，但留下的历史痕迹仍历历可辨。除了寄民的后裔仍活跃在当今舞台上外，河西走廊的许多历史地名也闪现着当年寄住民族的身影。因名从主人的缘故，寄住城堡当时就以所住部落头目的名字命名。威虏堡附近的哥力哥失营墩和察黑包营墩就是这样。哥力哥失营墩，“因先年安插西番族，故名”；察黑包营墩，“先年有西番住牧，故名”。[1]寄住者退出后，这些富有寄住民族特征的地名却延续了下来，为后世史书所收录。威虏堡有一条叫回民坝的水渠，系因灌溉土鲁番畏兀儿寄民田地而得名。[2]另外，近代安西县的“回民五堡”“回民南渠”“回民北渠”等地名也均因寄住民族的缘故而得名。

原载《中国边疆史地研究》2009年第4期，

本文刊发时作者为历史学博士，中南民族大学民族学与社会学学院教授。

① 《重修肃州新志》，第225页。

② 《重修肃州新志》，第78页。

康乾盛世下清廷蒙古司法治理政策研究

柳岳武

在康乾时期，清廷加强了对内藩的司法统治。康乾盛世，清廷要么通过具体的立法，要么通过改进司法治理等措施来达到强化对蒙古的统治、加强内藩管理之目的。本文主要通过对康乾盛世三代清廷的蒙古司法治理政策的研究来达到两个目的：第一，进一步证明清廷的天下秩序的内外分化是其务实地进行“前近代”中国建设的重要体现；第二，进一步研究康乾时期清廷的蒙古司法治理政策运行情况，为今天的民族政策提供借鉴。

一、康熙朝对蒙古各部的司法治理政策

康熙朝对蒙古司法治理政策的出台是清廷与蒙古关系演变后清廷加强国家统一的必然结果，它虽在语境表达上打上了当时的帝王怀柔“天下”的历史烙印，但是，该历史烙印的背后却是加强中国统一的事实。康熙朝对蒙古的司法政策是与清廷对蒙古的总体政策相一致的，而且是清廷蒙古政策中的重要内容。

康熙二十二年（1683）之前，清廷对漠北的喀尔喀、漠西的厄鲁特蒙古持一种“均衡”政策，即康熙帝不想让以噶尔丹为首的厄鲁特势力过于膨胀强大，也不想让喀尔喀势力向外扩张。但到了康熙二十二年，清廷已经看出了外蒙古各部之间的矛盾以及外蒙古内部实力的巨大变化。清廷决定转变以前的角色，由以前的“劝和”身份转变为“参与者”，对西北外蒙古各部间的战争冲突采取积极参与政策。康熙二十二年，清廷移文噶尔丹，要求他尽快收服和罗理，如果他无力收取，清方则收取之。然后清廷又因与噶尔丹在朝贡贸易上产生矛盾，从此对与准噶尔人贸易做出

了严格的限制规定，每次限以二百人，并要求有准噶尔的印文，才准许进入内地。

康熙二十七年（1688），喀尔喀外蒙古各部的溃败来归，改变了清廷在西北部的统治局面，自此清廷加强了对四喀尔喀的管理，以期进一步巩固清朝对蒙古各部的统治，其治理政策之代表体现就是对蒙古的司法治理政策。

早在康熙二十五年（1686），青海的和罗理归顺清朝之后，清廷就开始了加强对漠西、漠北蒙古的治理，并制定了法令：蒙古杀边民论死，盗牧畜夺食物者鞭之，私入边游牧者，台吉、宰桑各罚牲畜有差，所属犯科一次，罚济农牲畜以五九。[①]康熙二十七年当喀尔喀归服时，清廷派科尔沁亲王沙津等前往示以内地法度。谕旨称："朕因尔等为厄鲁特所掠，怜而纳之。今观尔等并无法制约束部曲，恐劫夺不已，离析愈多，爰命增置扎萨克，分掌旗队，禁盗贼，各谋生业。"[②]康熙三十年（1691）清廷在战胜噶尔丹的军队后，决定对来归的外蒙古喀尔喀部加以安置。[③]清廷改诸部济农、诺颜旧号，封王公、贝勒等爵，各授扎萨克，编佐领，照清朝旧有四十九旗之例加以改编。从此蒙古各归顺首领去台吉、济农旧号而被封为郡王、贝勒、贝子、公等名号。这次清廷将喀尔喀部共编为三十旗（原为七旗，平定噶尔丹后，喀尔喀部被改编为五十五旗）。[④]同时，清廷在对喀尔喀进行分旗建制时，又一次强调了清廷的"法度"。谕旨称："又因尔等互相偷夺，故于各处添设管辖札萨克，以便稽查。且念尔等素无法纪，故颁示定例，令各遵守"，并要求"若违法妄行，则尔等生计既坏，且国法具在，凡事必依所犯之法治罪"。[⑤]此次清廷向喀尔喀所颁布的定例，除了此前清廷理藩院所制定的蒙古律例外，主要是康熙二十六年（1687）所订律令。其主要内容如下：（1）凡食俸之蒙古王、贝勒、贝子、公、台吉官员犯有私罪，应罚取马匹牲畜者照常罚取。若犯公罪，律应罚马匹牲畜者，皆视所犯之罪罚其俸币，无俸者，仍罚马匹牲畜。（2）两造不得私和。（3）凡首告人罪，不令出首之人设誓，令被告设誓。（4）凡不招承应死重罪，又无证据，概为疑狱，令设誓完结。（5）凡蒙古人殴人至死应拟绞者，遇赦免罪，于免罪之人，追罚三九牲畜，给死者亲属。（6）主动坦白从宽。（7）收赎之规定。（8）盗罪定罪的法定年龄之规定等。[⑥]

---

① 参见包文汉整理《清朝藩部要略稿本》，黑龙江教育出版社1997年版，第138页。
② 包文汉整理：《清朝藩部要略稿本》，第48—49页。
③ 参见包文汉整理《清朝藩部要略稿本》，第52页。
④ 参见（清）魏源《圣武记》，台北文海出版社1967年版，第104页。
⑤ （清）蒋良骐撰，林树惠、傅贵九校点：《东华录》，中华书局1980年版，卷47。
⑥ 参见《清会典事例》，中华书局1991年版，第1255—1256页。

随着噶尔丹的病逝、外喀尔喀归顺时间的延长，清廷进一步加大了对外蒙古各部的司法治理，即防止蒙古内部盗窃案件的发生。康熙三十六年（1697），清廷在谕大学士时，进一步强调加强对蒙古司法治理的重要性。谕旨称："蒙古等渐至窘迫者，由其牲畜被盗，不敢夜牧故耳。朕……曾著原任郎中李学圣往翁牛特，员外郎喇都浑往策妄扎卜，主事耆冷往敦多布多尔济等处教育之。此三处盗贼屏息，渐得生理。"有鉴于此，清廷决定加派人员到蒙古各部中去教育蒙古各部，并对任职人员进行鼓励，因而一度出现了鼓励革职之人或平民去从事这一工作之现象，其目的就是派他们去"教育各蒙古"，"消弭盗贼"，"若遇彼处盗案，即与该旗王等会同审理"。[①] 随后，清廷又命令内阁学士等教养蒙古，"严禁盗贼，如拿获系该旗下者，尔等即同取供情实，立刻正法示惩。又必加意鞠讯，勿得枉杀无辜"。[②]

康熙朝对蒙古实施司法治理的意义在于：它不仅巩固了清廷在漠北蒙古、内蒙古地区的统治地位，而且进一步加强了对归顺的喀尔喀蒙古的司法治理，初步改变了喀尔喀四部旧有的草原司法自理的状态，较为成功地完成了对喀尔喀各部由遵循草原法向遵循大清司法的过渡。从此草原法不再是喀尔喀蒙古的最高法律，大清司法在已归顺蒙古各部中得到了认同。但是，康熙朝对蒙古的司法治理也存在不足。首先，准噶尔还处于康熙王朝的统治之外，所以在蒙古草原，草原法在部分地区和部落内还照样通行。其次，青海和西藏的统一也有待进行，喇嘛教的教规和青海蒙古部落的地方法仍然独立于清朝的司法体系之外。这一切都有待雍正、乾隆朝的继续努力。

二、雍正朝对蒙古各部的行政、司法治理政策

雍正朝对蒙古各部的司法治理首先体现在对青海蒙古的行政立法方面，主要表现为对青海和西藏等蒙古地区行政法律条文的制订上。清廷虽然于康熙朝收复了外喀尔喀蒙古各部，瓦解了噶尔丹政权，暂时阻止了准噶尔的大蒙古汗国计划，在西藏实行了"驱准保藏"工作，但是清廷对蒙古事务的处理仍有两大棘手之处。其一

---

① （清）章梫纂，褚家伟等校注：《康熙政要》，中共中央党校出版社 1994 年版，第 433 页。
② 《康熙圣训》，文海出版社（出版日期不详），第 434 页。

是准噶尔部在策妄阿喇布坦的领导下日益壮大以致强大到与清朝实力不相上下的地步，使得康熙末年雍正初年清廷对准噶尔部只得采取怀柔政策，双方进行了多次议和尝试。其二是青海的蒙古各部，因其“原属卫拉特之一部，每为伊犁准噶尔汗国之手足”，[①]此时势力也日益强大，积极参与西藏的黄教事务，在册封与护送达赖喇嘛一事中，旗帜鲜明地表达了自己的态度。

雍正元年至二年（1723—1724），青海蒙古发动叛乱，清廷马上派川陕总督年羹尧为抚远大将军、四川提督岳钟琪为奋威将军出师讨伐罗卜藏丹津之乱。清廷的军队对参与这次叛乱的青海喇嘛进行了残酷的镇压，岳钟琪攻“党贼喇嘛”于西宁东北的郭隆寺时，“夺其三领，沿途焚其十七寨，庐舍七千余，斩馘六千……”[②]此次平乱，清廷俘罗卜藏丹津之母、妻、弟、妹、逆目，斩馘八万，降数万，掳获无算，往返两月。[③]

叛乱平定后，清廷加强了对青海地区的治理，出台了一系列法律。年羹尧首先向清廷上了“善后事宜十三条”，其重点：（1）青海王、台吉等应论功罪，定赏罚。（2）游牧地令各分界，如内扎萨克例，百户置佐领一，不及百户者为半佐领，以扎萨克领之，设协理台吉及协领，副协领，参领各一，每参领设佐领骁骑校各一。（3）虽会盟，令奏告盟长，勿私推。（4）喀尔喀居青海者，勿复隶和硕特旗，令别设扎萨克。土尔扈特及准噶尔、辉特如之。（5）西宁番部众，应从蒙古部内分离出来，另设土司千百户加以管理。（6）对各喇嘛寺庙加以管理，要求“喇嘛选老成者三百给印照，嗣后岁察二次，庙舍不得过二百，喇嘛多者三百，少者十余”。并要求“不得私聚议事”。（7）发直隶、山西、山东、河南、陕西五省遣犯，开发青海西宁土地。[④]同时年羹尧还向清廷上奏了“禁约青海十二事”，其中重要的有：（1）不准自称盟长。（2）喀尔喀、辉特图尔吉特部落不许将青海占为属下。（3）编设佐领，不可抗违。（4）内外贸易，定地限时。（5）恪守封地，不许强占。（6）父没不许娶继母及强娶兄弟之妇。[⑤]

雍正朝对蒙古的司法治理，除了制定具体的章程外，还体现在对蒙古各部的惩

① ［日］稻叶君山著，但焘译：《清朝全史》，中华书局民国三年（1914）印行，第117页。

② （清）魏源：《圣武记》，第140页。

③ 参见（清）王之春撰，赵春晨点校：《清朝柔远记》，中华书局1989年版，第57—58页。

④ 参见《清世宗实录》卷20。

⑤ 参见《清世宗实录》卷20。

罚制度上。清雍正皇帝向来以严峻治国著称，他在治理已经归顺的蒙古各部时，不仅施以怀柔与恩赉，更重要的是施以威猛。雍正六年（1728），清廷因车臣汗车布登班珠尔"暗弱"而削其爵。[①]雍正一朝内蒙古因罪而被削罢的王公有四人，因调兵不堪用而降级的王公有三人，因病罢免的有一人；外蒙古各部中因罪削罢的有九人，病罢的有八人，老罢的有九人，降级的有二人，因不称职、溺职、旷职、酗酒而削罢的有五人，外蒙古各部被削罢的总人数为三十三人。而康熙朝外蒙古各部被削罢的总人数仅为二人。与康熙朝相比，雍正朝统治重点明显地由内蒙古各部转向外蒙古各部了，因此雍正帝对外蒙古的司法统治日益加强了。

为了加强内藩的内化，雍正帝在司法治理方面还做出了其他努力。首先，加强了庄头管理制度。雍正六年（1728）一月，他敕令直隶巡抚李维钧："畿甸之内，旗民杂处，旗人横暴多苦小民。尔当整饬，不必避忌旗、汉形迹，畏惧王公勋戚。"[②]其次，清廷加强了对旗民案件的审办。清廷规定：张家口、河间、天津的旗民案件，由张家口和天津的同知审办：旗人犯罪，汉官可以杖责。再者，缩小了旗、民处刑上的差异。雍正四年（1726）以前，汉人流徙罪照律充发，旗人则可以改为枷号、杖责结案。雍正四年，雍正帝命大学士议：可否将旗人改折法取消，一体依律。虽然最后只议定将汉军流徙罪与汉人罪犯一体照例发遣，但它毕竟也扩大了清朝法律在蒙古各部中的适用范围。[③]

三、乾隆朝对蒙古的司法治理政策

乾隆朝在收复蒙古上取得了重大的成就，它不仅进一步加强了对青海蒙古、外喀尔喀蒙古、西藏地方蒙古、内蒙古的治理，而且还最终征服了准噶尔蒙古，收复了伊犁。另外乾隆三十五年（1770），远在俄罗斯伏尔加河流域的土尔扈特蒙古部落在其首领渥巴锡的领导下返回了中国。[④]在此情况下，清廷进一步加强了对蒙古各部的统一治理工作，其中强化对蒙古各部的司法治理是其政策的重点。

---

① 参见包文汉整理《清朝藩部要略稿本》，第73页。

② 赵尔巽等撰:《清史稿·世祖本纪》，中华书局1977年版。

③ 参见张晋藩《中国法制通史》，法律出版社1999年，第552页。

④ 参见马汝珩、马大正著《漂落异域的民族——17至18世纪的土尔扈特蒙古》，中国社会科学出版社1991年版，第69—181页。

清政权在入关之前就针对蒙古各部制定了律令。这些律令中既有一般性的人命刑事判决之规定，又有具体执行的办法。到了康熙、雍正两朝，清廷加强了对各蒙古的司法治理，同时也制定了针对蒙古各部的司法条文。它们既包括一般的“违禁采捕”，也包括重大的“人命”“失火”“犯奸”等律例。通过这些律例，清廷还制定了针对蒙古的“罪罚牲畜”制度、“罚俸”制度、首告制度、收赎制度、自首制度、宣誓制度等。乾隆朝在继承前朝的法治蒙古的基础上进一步加强了中央对蒙古的法治措施。乾隆六年（1741），清廷议准，此后蒙古各部应拟绞监候之人送“八沟理事同知”“多伦诺尔理事同知”“归化城理事同知”等处监禁，并实行该各处同知会同各旗会审制度。乾隆八年（1743）清廷又规定，如果蒙古地方案件，无民人涉及的，则由该旗总管会同该处同知审理，如有民人涉及的则由该总管委官会同该处同知、通判审理。但是到了乾隆二十八年（1763），清廷却停止了各扎萨克派员会审的做法，要求归化城同知、通判承办蒙古命盗等案，蒙古民人交涉命盗事件由该厅等呈报绥远城将军就近会同土默特参领等官办理。①随后又停止了外喀尔喀各蒙古会审的权力。从此各蒙古的司法审判权归属清廷。

此时，除了在审判运作上加强了中央对各蒙古的司法权力外，清廷还从法律条文上加强了对各蒙古的法治。乾隆二十四年（1759），刑部议准加重蒙古偷盗牲畜之罪，凡偷十四以上，首犯拟绞监候，秋审时入于情实。②

乾隆三十九年（1774）十一月，清廷命令修订旗人“问拟流徙律例”，要求“嗣后除京城之满洲、蒙古、汉军及外省驻防食粮当差的旗人，如犯流徙等罪仍照旧鞭责发落外，其余住居庄屯旗人及各处庄头，并驻防之无差事者，其流徙罪名仍照民人一例实遣”。③即在刑罚的适用原则上，乾隆帝进一步缩小了满、汉之间的某些差别。一些民人之例扩大到适用于旗人罪犯。如旗人犯死罪，非常赦所不原而家无以次成丁者或亲老丁单者，均照民人之例准其留养；④又如八旗另记档人为匪者，亦照民人例发遣办理。⑤

乾隆朝，清廷不仅对蒙古各部施以恩赉以达到怀柔众蒙古的目的，同时清

① 参见《清会典事例》卷997，第1286—1288页。

② 参见中国人民大学清史研究所编《清史编年》第五卷，中国人民大学出版社1985年版，第649页。

③ 中国人民大学清史研究所编《清史编年》第六卷，乾隆朝下，中国人民大学出版社1985年版，第217页。

④ 参见《清高宗实录》卷69，乾隆三年五月己卯，卷72，乾隆三年七月甲寅。

⑤ 参见《清高宗实录》卷437，乾隆十八年四月己酉。

廷也通过“恩威并重”政策对蒙古各部加以司法统治。如外蒙古土谢图汗的车布登就是很好的一例。他于康熙四十五年（1706）袭扎萨克镇国公，雍正元年（1723）晋多罗贝勒，雍正十年（1732）晋郡王，雍正十一年（1733）因罪降为贝勒，乾隆十九年（1754）降为贝子，乾隆二十年（1755）又复为贝勒，乾隆二十一年（1756）又因附叛青衮咱卜之罪而削罢，乾隆二十二年（1757）赐为公品级，乾隆三十年（1765）清廷仍袭其子为扎萨克辅国公爵。[①] 即清廷视各蒙古王公对清朝的忠顺与否，以及各自的功过而加以升迁或降级。这样的例子在蒙古各部中是非常多的。如乾隆十八年（1753）十二月，乾隆帝因喀尔喀左副将军成衮扎布等防边不力，让玛木特随意出入边内而下旨谴责。其谕旨称：“从前康熙年间，众喀尔喀等困于准噶尔噶尔丹，我圣祖因伊投降，殄灭噶尔丹，将伊等照旧安插，设兵驻防，保护周至。今玛木特，带兵出入边卡，该将军大臣及众喀尔喀，并未擒击贼匪一名……乃故意逡巡，乃云玛木特畏惧退回，果谁欺乎。”[②] 而后清廷又将成衮扎布革去贝勒，仍给公爵，格勒克巴木丕勒罚俸三年。乾隆二十二年（1757），乾隆帝又以成衮扎布师久无功，将参赞大臣舒赫德革职，令为兵丁，效力赎罪，同时成衮扎布也受到了清廷的谴责。[③] 乾隆朝清廷不仅对蒙古部分王公施加“威猛”以便治理，而且对整个蒙古都实行严格的管理。对部分蒙古王公有罪的削罢，有病的病罢，不称职的罢免，并且派出官员对各旗事务加强管理。乾隆十八年（1753），清廷诏授土尔扈特罗卜藏达尔扎为扎萨克，领其众，但后以其“不更事”而由清廷派官代管。[④] 乾隆二十一年（1756），清廷又以喀尔喀车臣汗部嘛呢巴达喇“年幼不更事，今既染疾”为由而派副都统济福管其众部，同“郡王德木楚克，协同办理”。[⑤] 乾隆二十八年（1763），清廷又以内扎萨克蒙古与同知通判等地方官办事“彼此袒护所属之人，办理公事不无掣肘”为由，而要求此后由清廷各派遣司官一员，驻扎翁牛特旗乌兰哈达和土默特旗三座塔地方，以便管理蒙古与民人交涉事务。[⑥] 清廷又将土默特蒙古世袭的归化城都统缺裁，而将其管理蒙古各部权力统归归化城绥远将军，又在绥远与归化各城设立副都统各一

① 参见包文汉整理《清朝藩部要略稿本》，第 383 页。

② 《清高宗实录》卷 453，乾隆十八年十二月戊申。

③ 参见中国人民大学清史研究所编《清史编年》第五卷，第 601 页。

④ 参见包文汉整理《清朝藩部要略稿本》，第 194 页。

⑤ 参见包文汉整理《清朝藩部要略稿本》，第 104 页。

⑥ 参见《清会典事例》，第 1101 页。

人，归将军管辖，以强化中央对蒙古事务的管理权。到了乾隆三十一年（1766），清廷又将绥远城副都统缺裁，自此大小司法事务都归将军管理。①

不仅如此，清廷对各蒙古王公的违例、不称职以及叛逆等行为给予处罚的力度也加大了。康、雍、乾三朝对蒙古王公的削罢比较见下表：

康、雍、乾三朝清廷对内外蒙古王公的削罢比较表

削罢类别	内蒙古（人数）			外蒙古（人数）		
	康熙朝	雍正朝	乾隆朝	康熙朝	雍正朝	乾隆朝
因罪削罢	8	4	11	0	9	19
病罢	1	1	6	1	8	8
老罢	0	0	0	0	9	9
降级	0	3	0	1	2	2
旷职削罢	1	0	2	0	5	5
总计	10	8	19	2	33	43

表中数据根据《清朝藩部要略稿本》统计而成。

乾隆朝通过加强对蒙古各部的司法管理，一方面加强了清廷对蒙古各部的统治，使各蒙古更加效忠于清廷；另一方面也是清廷为了加强各蒙古内部统治效率的需要。清廷罢免这些老病王公，而让更具有精力和才能的王公管理各旗事务更有利于蒙古各旗的生计。

四、康乾盛世下清廷对蒙古各部司法治理所取得的成就

清廷以上的治理措施在当时的确收到了成效。

一方面，司法治理政策的实行，有利于蒙古地区经济发展、生活安定。正是由于清廷对各蒙古地区推行较为积极的司法治理政策，从而出现了“昔时龙沙雁碛之区，今则筑场纳稼，烟火相望”②的局面，同时蒙古地区也出现了“大都京城之米，自口外来者甚多”③的局面。而且，口外的蒙古等地区还出现了“禾苗有高七尺，穗

① 参见《清会典事例》，第1102页。

② （清）和珅等修：《热河志》卷75“荒田诗序”，台北文海出版社1966年版。

③ 《清圣祖实录》卷240。

长一尺五寸者”，“且内地之田所收止一二石，若边外之田所获更倍之”[1]的壮观景象。而哲里木盟所辖昌图地区，“未开垦之前，不过为一游牧场”；招民开垦后，“遂变为产粮最盛之区，年产额以百余万石计，自给而外，尚可运输出口”。康熙三十年（1691）七月，康熙帝在巡幸外蒙古时则称“农业非蒙古本业，今承平日久，所至多依山为田，即播种后则四出放牧，秋获乃归”。[2]而且到了康熙四十六年（1707）十月时，蒙古各王公向清廷进贡时的奏折内容更加有力地证明了清廷对蒙古各部的司法治理所取得的成就。该年蒙古各部的王公、贝勒等向清廷进献驼马，上疏时称：“……逮及臣等遭噶尔丹之变，父母、兄弟、妻子俱不能相保，蒙我皇上轸念，特遣大臣官员，将离散之人收养。又颁赏银米、布帛、牲畜等物，使永立生业，教之播种。比年以来，马匹藩滋，衣食丰足，高厚之恩，万难仰报。”[3]

另一方面，康乾盛世时期，清廷对蒙古地区司法治理的加强所带来的安定局面也导致了蒙、汉之间的融合和交流。正是这一安定有序的环境使大量汉人自然流入蒙古，从事开垦、经商等活动。这一蒙、汉融合的趋势不仅体现在经济上，而且也体现在生活起居等方面。自康熙朝后，汉人流入蒙古地区实不在少数，从而在蒙古地区出现了“依蒙族，习蒙语，行蒙俗，入蒙籍，娶蒙妇”[4]的现象。康熙四十六年（1707），康熙帝在巡幸边外时也发现“各处皆山东人，或行或商，或力田，至数十万人之多”。[5]乾隆年间，内地汉人与蒙古人之间的融合与交流日益增强的诸多事例，也同样体现出康乾盛世时期清廷强化蒙古各部的司法治理政策所取得的成就。乾隆年间的汉人梁依栋不仅在哲里木盟郭尔罗斯台吉济木巴处放债、酿酒、占河捕鱼，而且聘娶台吉之女。该台吉因“欠银两不能偿还”而诬陷盟长。清廷在查实这一情况后，做出的判决是：“嗣后所居住蒙古地方民人不得滋生事端，欺压蒙古，蒙古人等亦须加意约束，务使蒙古、民人互相和睦。”而对于梁依栋违例聘娶台吉之女，清廷也以“两厢情愿”“并非强娶”而加以认可。[6]以上案例表明：此阶段在清廷强化对蒙古司法治理政策的影响下，内地汉人与蒙古人的融合趋势是在不断加强的。这些交

① 齐木德道尔吉、巴根那编：《清朝太祖太宗世祖朝实录蒙古史史料抄》，内蒙古大学出版社 2001 年版，第 1015 页。

② （清）和珅等修：《热河志》卷 75“荒田诗序”。

③ 齐木德道尔吉、巴根那编：《清朝太祖太宗世祖朝实录蒙古史史料抄》，第 10147 页。

④ 沈鸣诗纂，周铁铮修：《朝阳县志》卷 26“种族”。

⑤ 《清圣祖实录》，康熙四十六年七月戊寅。

⑥ 参见《清高宗实录》卷 1045。

流与融合的加强进一步加强了蒙、汉民族之间的往来与了解，活跃了各方的经济。[①]

五、小结

稻叶君山在《清朝全史》中比较康熙帝与雍正帝政治理想的差别时称："父皇康熙实践其藏富于四海，民足则君足之理想，帝（雍正）则渴望府库之充盈，父皇欲继统尧、舜，忘其为外国之君，帝则明白承认爱新觉罗之地位。"[②] 此言虽指出了康熙、雍正执政之不同，即从天下观到中国观的转变，但是未能将康乾盛世时期清廷追求中国统一的伟业这一务实精神揭示出来。正如郭成康教授所称："尽管顺治以至康熙中期的四十年间，清朝还在步步推进着对明朝治下的'中国的统一'事业，但他们对整个国家主权和领土完整有着坚定的原则立场。"[③]

康乾盛世是清代的重要时期，一方面推动、促进了清代宗藩体制的巩固和发展；另一方面在清代内外藩属的治理上又发生了明显的分化，即"理藩"与"治属"分明，虽然有对属国体制上的放任性，但是在治理内藩方面，尤其是加强中国统一、完成"前近代"中国的构建上，功不可没。严格说，康乾盛世的"天下"不再注重广泛意义上的"天下"，与其说其强调天下一统，不如说更关注中国的统一。[④] 康乾盛世时期，清廷对蒙古等内藩的司法治理，一方面促进了各民族的交流、中国边疆地区的经济繁荣和稳定；另一方面康乾盛世下清廷对蒙古各部的司法治理措施也促进了中华民族的大融合，促进了草原文明和农耕文明的共存。康乾盛世下清廷对蒙古民族的草原文明、生活方式的司法保护，在一定程度上推翻了著名的中国边疆史学家拉铁摩尔的"中国社会与草原社会融合的失败"[⑤] 之定论。

原载《中国边疆史地研究》2008年第2期，

本文刊发时作者为河南大学中国古代史研究中心、近代中国研究所讲师。

---

① 参见张穆撰《蒙古游牧记》，商务印书馆1938年印行，第300页。

② ［日］稻叶君山著，但焘译：《清朝全史》，第56页。

③ 郭成康：《清朝皇帝的中国观》，《清史研究》第2005年第4期。

④ 参见J. K. Fairbank And S. Y. Teng. On The Ch'ing Tributary System, *Harvard Journal of Asiatic Studies*, Vol.6, No.2(1941), p.158。费正清在他的著作中指出清廷对"中亚"政策的彻底转变，以及藩部政策与明代的传统政策的不同，都有力地证明了上述论点。

⑤ ［美］拉铁摩尔著，唐晓峰译：《中国的亚洲内陆边疆》，江苏人民出版社2005年版，第328页。

清政府对蒙古、东北封禁政策的变化

赵云田

鸦片战争以后，清政府逐渐改变了对蒙古、东北的封禁政策，允许汉族人民前往垦荒种植；《辛丑条约》签订后，封禁政策全面废止，汉族人民进入蒙古、东北等地出现高潮，这些地区的社会经济生活发生了很大变化。清政府改变对蒙古、东北封禁政策的原因是什么？其大致过程怎样？说明了哪些问题？本文拟在以往研究的基础上，做进一步探讨。

一、清代前期清政府对蒙古、东北实行的封禁政策

清初，对蒙古、东北并没有实行封禁政策。当时，由于内地连年战争，社会经济受到破坏，大量在内地无法生存的破产农民，便纷纷出塞，来到内蒙古沿边一带开荒种地。在东北，针对战乱之后土地荒芜、百姓流亡的情况，从“以农立国”的政策出发，清政府要求各地官员劝农开垦。顺治八年（1651），顺治帝谕示：“民人愿出关者，令山海关道造册报部，分地居住。”① 顺治十年（1653），清政府颁布了《辽东招民开垦授官例》，鼓励关内汉族百姓到关外垦荒，规定了招民额数和相应的授官品级②。与此同时，清政府还把遣戍罪犯等安插到东北地区。康熙七年（1668），鉴于吏部认为招民授官有碍官吏考成，致使名器徒轻③，以及招民垦荒成效不著，还产生很多弊病④，清政府决定废除《辽东招民开垦授官例》。这样，关内汉民仍以自

① 《皇朝文献通考》，卷 1。
② 《盛京通志》，卷 35，户口。
③ 《皇朝经典类纂》，卷 13。
④ 《大清会典事例》，卷 76。

发的形式流往内蒙古和东北。为了防止流民生事，加强治安管理，清政府规定出塞出关的汉民要到有关衙署领取印票，记档验放[①]。到康熙朝中后期，在塞外和关外行商力田的汉民已有数十万之多[②]，清政府先后设立一些府、厅、州县等行政建置，加强管理，以稳定封建统治秩序。

从乾隆朝初年起，清政府开始对蒙古、东北实行封禁政策，实行封禁政策的原因，内蒙古和东北地区不同。在内蒙古，为的是阻止蒙汉族人民的接触。由于清朝入关前内蒙古就已经归附了满族贵族，入关时蒙古王公又建有功绩，所以清朝入关后相当长的时间内，实行的是满族贵族和蒙古王公政治上的联盟。满族贵族把蒙古地区作为统治全国的稳定后方，并借助蒙古骑兵加强对全国的统治。清政府把蒙古地区称为落部，和统治中原内地的形式不同，一般也不允许汉族官吏染指。鉴于内地民人到蒙古地区垦殖的越来越多，清政府害怕危及其封建统治秩序的稳定，便开始实行封禁政策，防止蒙古地区受汉族影响。乾隆十四年（1749），乾隆帝谕示蒙古王公："蒙古旧俗，择水草地游牧，以孳牲畜，非若内地民人，倚赖种地。""特派大臣，将蒙古典民人地亩查明，分别年限赎回，徐令民人归赴原处，盖怜惜蒙古使复旧业。"[③]后来，清政府进一步禁止内地民人进入蒙古地区，声称"不准多垦一亩，增居一户"[④]。对蒙古人，清政府则不许他们建造房屋演听戏曲，不许取汉人字义命名，不准延请内地书吏教读，不可任令学习汉字，公文呈词等不得擅用汉文[⑤]。

在东北地区，清政府实行封禁政策的主要原因是维护旗民生计，保持满族旧俗。从雍正朝末年开始，清政府就考虑怎样改变闲居京师地区八旗人口的生计问题。经过王大臣会议多次讨论，清政府决定，将闲散京师的八旗移驻东北，这样，"不惟京城劲旅无单弱之虞，而根本重地更添强壮之卒，事属两便"[⑥]。然而这样做的结果，在移驻东北的旗民和流往东北的汉民之间，必然会产生矛盾。无论是从民族利益考虑，还是从阶级利益考虑，清政府都要保护旗民，限制汉民。乾隆帝说："盛京为满洲根本之地，所关甚重，今彼处聚集民人甚多，悉将地亩占据。""与其徒令伊等占种，

---

① 杨宾：《柳边纪略》，卷1；《清圣祖实录》，卷269，康熙五十五年六月癸未。
② 《清圣祖实录》，卷230，康熙四十六年七月戊寅。
③ 《清高宗实录》，卷348，乾隆十四年九月丁未。
④ 《清仁宗实录》，卷164，嘉庆十一年七月己丑。
⑤ 参阅《清代边政通考》（边疆政教制度研究会编印，1934年版），第19章，禁令。
⑥ 《八旗文经》，卷27，"舒赫德八旗开垦边地疏"。

孰若令旗人耕种乎？即旗人不行耕种，将地亩空闲，以备操兵围猎，亦无不可。”[①]除了维护旗民权益外，还要保持满族旧有骑射习俗，以为固国之本。乾隆帝所说“盛京、吉林为本朝龙兴之地，若听流民杂处，殊与满洲风俗攸关”[②]，反映的正是这种情况。乾隆五年（1740）四月，兵部侍郎舒赫德奉命前往盛京办事，行前他表示：“奉天地方为满洲根本，所关实属紧要，理合肃清，不容群黎杂处，使地方利益悉归旗人。”[③]到盛京以后，经过和盛京将军额尔图详议，舒赫德上奏八款，主要内容包括：汉民不得携眷出关；在盛京地区清查户口，不愿入档的无籍流民驱逐回原籍；奉天空闲土地悉归旗人，禁止汉民开垦[④]。此后，清政府在奉天沿海地方“多拨兵役稽查，不许内地人民私自出口，山海关、喜峰口及九边门，亦令一体严禁”[⑤]。为了保证封禁政策贯彻执行，乾隆六年（1741），奉天府尹制定了《清查奉天流民事宜》十条具体措施。对出产人参、东珠的吉林地方水陆交通，清政府也加强查禁，不准汉民行走。

然而，清政府封禁蒙古、东北的政策在现实生活中未能很好地贯彻执行。这其中的主要原因，是关内北方各省经常发生自然灾害，灾民们为了求得生存，便不顾一切违禁出关出塞。而清政府为了稳定社会秩序，防止民变发生，巩固统治地位，也只好采取明禁暗弛态度。乾隆八年（1743），天津、河间两府发生旱灾，大批流民纷纷经喜峰口、古北口、山海关到内蒙古、东北地区谋生，乾隆帝谕示群臣：“本年天津、河间等处较旱，闻得两府所属失业流民，闻知口外雨水调匀，均各前往就食。出喜峰口、古北口、山海关者较多，各口官弁等，若仍照例拦阻，不准出口，伊等既在原籍失业离家，边口又不准放出，恐贫苦小民，愈致狼狈。著行文密谕边口官弁等，如有贫民出口者，门上不必拦阻，即行放出。”[⑥]乾隆五十七年（1792）六月，直隶、山东等地发生严重旱灾，灾民或云集京师，或逃往口外，乾隆帝针对这一情况，密谕直隶总督，令各地方官遇有贫民，详细晓谕，今年关外盛京等地均属丰收，尔等何不赴丰稔地方，佣工觅食[⑦]。乾隆帝还就有关官员准备在山海关分别

---

① 《清高宗实录》，卷115，乾隆五年四月甲午。
② 《吉林通志》，卷1。
③ 《清高宗实录》，卷115，乾隆五年四月甲午。
④ 《清高宗实录》，卷115，乾隆五年四月甲午。
⑤ 《清高宗实录》，卷115，乾隆五年四月甲午。
⑥ 《清高宗实录》，卷195，乾隆八年六月丁丑。
⑦ 《清高宗实录》，卷1408，乾隆五十七年七月辛丑。

查验、逐一放行的情况，大加申斥说：“贫民携眷出关者，自可藉资口食，即人数渐多，断不致滋生事端，又何必查验禁止耶？”[①]在这种情况下，内地汉民流往关外不断，仅乾隆朝中后期，东北就有汉民164800余户，961300余口，比雍正朝增加三倍。嘉庆年间，尽管清政府仍然强调内地汉民“携眷出口之户，概行禁止”[②]，实际上还是不得不明禁暗弛。结果，嘉庆前期，内蒙古郭尔罗斯地方增至七千余口[③]，东北一些地方增出数千户[④]。道光初年，科尔沁达尔汉王等二旗有汉民二百余户，垦成熟地两千余垧[⑤]。清政府封禁蒙古、东北地区，实际上则是明禁暗弛的情况，一直延续到鸦片战争爆发以后。

二、鸦片战争以后清政府对蒙古、东北封禁政策的变化

道光二十年（1840）鸦片战争爆发后，蒙古、东北的情况发生了较大变化。首先，是资本帝国主义列强势力的侵入。英、法、俄、美等国通过和清政府签订《天津条约》和《北京条约》，割占了中国领土，攫取了一系列在华特权。俄国扩大了恰克图至北京的陆路贸易，控制了蒙古地区的驿站交通。俄国商人在蒙古享有免税和自由贸易权。俄国在库伦设有领事馆，享有领事裁判权。英国和美国等西方列强，也打开了对蒙古进行经济侵略的通道，一方面掠夺蒙古地区的原料，一方面在这里大量倾销商品。营口开港和资本帝国主义列强相继设立领事馆，为外国资本主义势力侵入东北打开了海上的大门，使东北地区开始卷入世界资本主义市场。西方传教士的宗教侵略活动，给蒙古、东北地区也造成了明显的危害。

其次，是蒙古、东北地区阶级矛盾和民族矛盾日益尖锐，社会秩序极不稳定。在蒙古，哲里木盟科左后旗爆发的汉族农民抗租斗争，延续六年之久。卓索图盟土默特右旗发生的“八枝箭”人民反抗封建压迫的斗争，长达十年之久。土默特左旗发生的“老头会”反抗斗争，伊克昭盟“独贵龙”运动，昭乌达盟敖汉旗白凌阿起义，以及昭乌达、卓索图盟一带汉族民间秘密会社金丹道暴动等，都反映了在鸦片

① 《清高宗实录》，卷1417，乾隆五十七年十一月辛丑。
② 参阅孔经纬主编《清代东北地区经济史》，黑龙江人民出版社，1990年版，第156页。
③ 《清仁宗实录》，卷164，嘉庆十一年七月己丑。
④ 《清仁宗实录》，卷236，嘉庆十五年十一月壬子。
⑤ 《清宣宗实录》，卷38，道光二年七月庚辰。

战争之后，蒙古地区再也不是清政府统治全国安静的后方了。在东北，咸丰十年（1860）的义州暴动，以及连续不断的朝阳起义，昌图梨树等地的起义，王起、马振隆起义等[①]，使清朝在东北的许多地方机构陷于瘫痪。

再次，是蒙古王公在清政府中的作用日渐降低。鸦片战争以后，太平天国农民革命曾给清政府以沉重打击，而在镇压太平天国运动中起了主要作用的，却不是蒙古王公，而是以曾国藩为代表的汉族官僚地主集团。汉族官僚地主阶级中的洋务派，在清朝国家的政治生活中，在一段时间内曾经起过重要作用。因此，在晚清时期，在统治阶级内部，满族贵族和蒙古王公的政治联盟，早已被满族贵族和汉族地主阶级的联合专政所代替。

最后，是汉民流入蒙古、东北地区的情况并未有所改变。到同治六年（1867），内蒙古郭尔罗斯公属台吉所招越旗种地者已达571户，喀喇沁等私相援引、依亲就食、伙种地亩的，也已有1078户[②]。在东北，自道光三十年（1850）起，平均每年有三十余万人，从山东、河北等关内北方各省移往关外奉天、吉林、黑龙江等地[③]。

清政府为了适应变化了的社会形势，增加国库收入，加强边防，抵御沙俄的进一步侵略，开始改变在蒙古、东北的封禁政策，明令在局部地区实行开禁。

黑龙江呼兰是清政府在东北最早开禁的地区。早在咸丰七年（1857），咸丰帝就曾谕示："呼兰城地方僻远"，开垦"原应预为筹画，以抵俸饷之需。"[④]御史吴焯也奏请开垦该地，提出"所得钱粮，以充俸饷"[⑤]，只是清政府担心于防务有碍，未能进行。咸丰十年（1860），黑龙江将军特普钦几次上疏，强调黑龙江省地处极边，今昔情形已经不同，"前因招垦恐为防务有碍，今因防务转不能不亟筹招垦"。针对私垦之民一时难以驱逐的情况，他明确提出："与其拘泥照前封禁，致有用之地抛弃如遗，而仍不免于偷种，莫若据实陈明，招民试种，得一分租钱，即可裕一分度支，且旷地既有居民，防俄人窥伺，并可藉资抵御，亦免临时周章。"[⑥]特普钦的上奏被清政府谕令准行，于是，呼兰放垦成为事实，到同治七年（1868），招民垦地已达

① 详见杨余练等编著《清代东北史》，辽宁教育出版社1991年版，第208—216页。
② 《清代边政通考》，第5章，户丁。
③ 参阅许道夫《中国近代农业生产及贸易统计资料》，第4页。
④ 《清文宗实录》，卷219，咸丰七年二月甲午。
⑤ 《清文宗实录》，卷219，咸丰七年二月甲午。
⑥ 《黑龙江志稿》，卷8；《呼兰府志》，卷13。

二十余万垧。继呼兰之后，咸丰年间，清政府对黑龙江的绥芬、乌苏里等山场，吉林舒兰、阿勒楚喀等荒原，也陆续解除封禁令，放民开垦。光绪初年，为了抵御俄国势力的进一步扩张，加强防务，东北放垦地区有所扩大。光绪七年（1881），在督办吉林防务的吴大澂主持下，清政府设立垦荒社，图们江流域的建吉、珲春、汪清、和龙、三岔口等地，得到了有效的开发。

在蒙古地区，清政府考虑到内地汉民出塞耕种可以免除冻饿之苦，蒙古王公通过出租土地也可以收取地租，而这些有利于社会秩序的稳定，因而除在汉民垦户集中的地区设置府厅州县加强管理外，在局部地区也实行开禁。咸丰四年（1854），察哈尔地区的马厂允许招民垦种。阿拉善旗境内的哈勒津库察山银矿，翁牛特旗境内的红花沟金矿，喀喇沁境内的罗圈沟银矿等，都允许自行招商开采。同治十二年（1873），清政府不再要求前往蒙古的商人在天津缴纳关税。

清政府在蒙古、东北实行局部放垦后，并没有转变为蒙古、东北整个地区封禁令的解除，尽管从光绪初年起，清政府多次讨论，一些封疆大吏也上书恳奏。光绪六年正月二十一日（1880年3月1日），王大臣会议指出："乌里雅苏台、科布多、库伦地方皆与俄国毗连，北路边防甚关紧要。应饬令内外蒙古联络声势，屏蔽沿边，毋令俄人伺隙蹈瑕，狡焉思逞，以固疆圉。边外转运维艰，刍粮不裕，应及时讲求屯垦，以足兵食。"[①]同年，任山西巡抚的张之洞在《详筹边计折》中强调：应当增强蒙古各盟旗的力量，用以抵御蚕食蒙疆的沙俄。他指出："蒙古强则我之候遮也，蒙古弱则彼之鱼肉也，出入之间，利害不可以道里计矣。"[②]光绪十二年（1886），山西巡抚刚毅就漠南蒙古伊克昭盟所属达拉特、杭锦两旗情况，上奏清政府。他指出：从前这里土本膏腴，渠又顺利，麦谷黍秫，种无不宜，以故山西、直隶无业之民，承佃到此，均能自立生业，只是后来社会变乱，失所既久，土质坚硬，才草木茂然成林。刚毅认为：上述伊克昭盟所属地方，地近塞城，远拱京畿，形势所关，不独为晋省紧要边防，实亦中外吃重关键，诚能及时筹议屯政，无事则固吾边圉，免为逋逃渊薮，有事则防敌伺隙，便于控制事机[③]。光绪十五年（1889），黑龙江将军依克唐阿上奏："通省荒地开禁招垦有利无弊。"御史杨晨也奏请将山东灾民咨送东三

① 《清德宗实录》，卷108，光绪六年正月己丑。
② 《张文襄公全集》，奏议，卷2。
③ 《光绪朝东华录》，第2册，总第2164—2165页。

省垦荒[①]。直至光绪二十三年（1897），任山西巡抚的胡聘之在《屯垦晋边折》中还说："晋边伊克昭、乌兰察布二盟旗地，川原饶沃，迩来互市日增，强邻所逼，形胜所在，亟宜预之为防。"他具体提出了设局、筹费、定租、驻兵等各项措施[②]。然而，上述一切，都未能使清政府付诸行动。

清政府为什么不全部开禁蒙古、东北地区呢？前引依克唐阿、杨晨上奏后清政府的一段谕示很说明问题。该谕令中说：东三省山场荒地，系旗丁游牧畋猎之区，乾隆、嘉庆、道光、同治年间，历奉谕旨严禁流民开垦，深恐有碍旗人生计，圣训周详，用意极为宏远。通省向来封禁之荒地，近年以来，叠据中外臣工奏请招民开垦，均未允行。所有通省荒地，仍遵光绪十年、十三年两次永远封禁之旨，实力奉行，毋任奸民溷入私垦。嗣后该省无论何处，断不可招人垦荒。[③]从谕令中看，遵循祖训，保护旗民生计，是清政府不能全部开放蒙古、东北地区的主要原因。

三、清末新政和蒙古、东北的进一步开禁

清政府完全废除在蒙古、东北等边疆地区的封禁政策，和在全国推行新政有密切关系，是落实新政而采取的具体措施。为了更清楚地说明问题，需要对清末新政的历史背景稍加论述。光绪二十六年十二月初十日（1901年1月29日），清政府颁发新政上谕，其中有"惩前事之失，乃可作后事之师"句。上谕强调："一切政事，尤须切实整顿，以期渐致富强。"谕示中还要求各部大臣、各省督抚，"各就现在情弊，参酌中西政治，举凡朝章、国政、吏治、民生、学校、科举、军制、财政，当因当革，当省当并，如何而国势始兴，如何而人才始盛，如何而度支始裕，如何而武备始精，各举所知，各抒所见"。[④]看来，裕度支、精武备是新政的重要内容。

从清政府的角度来看，实行新政是在严峻的国内外形势下，为了自救而采取的重大举措。清政府颁发新政上谕时，慈禧太后和光绪皇帝还在西安，八国联军已经攻占北京。经过义和团运动之后，帝国主义列强认识到，他们瓜分中国是不可能的，必须扶植清政府，以华治华。帝国主义分子赫德就曾忠告慈禧太后和光绪皇帝："立

① 《光绪朝东华录》，第3册，总第2696页。

② 《光绪政要》，卷33;《清德宗实录》，卷406，光绪二十三年六月癸酉。

③ 《光绪朝东华录》，第3册，总第2696页。

④ 《光绪朝东华录》，第4册，总第4601—4602页。

刻回銮，并且认真改革才是最好办法。”赫德还就清政府“如何而国事可以整顿”的问题，提出了详细的建议，认为“须择其善者留之，不善者去之，所短者增之”。“西国所长，中国所短，均应设法增添”。“尚有应行改革者，即如旧设之衙署，各省之官缺，若实无应办之事，即在可裁可省之列。”帝国主义列强要求清政府改革，是为了使清政府和帝国主义的侵华利益更相适应，赫德的话最明白地表现了这一点，他说：“其外交一端，原无难办之处，只须讲信修睦，诚意相孚，凡属约章若有不妥之处，固应商议改正，惟于未改之前，必须一一谨守原约，毫厘不爽。”①不过，就清政府来说，也已经认识到，只有变革，符合帝国主义列强的要求，才能继续维持存在，才有可能“渐致富强”，“量中华之物力，结与国之欢心”。②新政上谕颁布后，买办官僚盛宣怀曾说：“今两宫一心，已饬议行新政，将来中外必能益加修睦，悉泯前嫌。”“敝国现议实行新法，正期图报各大国之惠于后日。”③这些话，反映了清政府为了维持自身的存在，不得不实行新政以适应帝国主义列强侵略的需要。

还应看到，清政府实行新政，也是当时国内形势所迫，这可从以下几方面看出：一是义和团运动兴起后，其势力很快从山东扩张到直隶，扩张到京城地区。他们抵抗官兵的勇敢行动，对教会势力的冲击，使清政府一度感到极为恐慌，以致对采取剿、抚何种态度犹豫不决，并最终失去了对局势的控制。对义和团运动这种下层民众的力量已无力镇压，所以慈禧太后才说：“现在民心已变，总以顺民心为最要。”④二是资产阶级革命派不断发动反清武装起义，民主革命的潮流已经兴起，推翻清政府的呼声逐渐高涨。光绪二十六年七月（1900年8月），唐才常组织“自立军”准备在湖北、湖南、安徽、江西等省同时起义，后因秦力山所部在大通起义失败，其余各路起义被迫推迟。同年闰八月十五日（10月8日），兴中会郑士良在惠州发动起义。九月六日（10月28日），史坚如响应惠州起义，在广州炸总督衙门。虽然上述起义都受到了挫折，但是给清政府以很大的震动。三是在清朝统治阶级内部，汉族军阀官僚势力经过义和团运动有所增长。光绪二十六年五月二十五日（1900年6月21日），清政府向帝国主义列强宣战以后，两广总督李鸿章，湖广总督张之洞，两江总督刘坤一等，采取了和清政府不同的立场，他们自行和帝国主义列强联系，

① 《帝国主义与中国海关》（九），科学出版社1959年版，第17、47—49页。
② 《义和团档案史料》，中华书局1959年版，第946页。
③ 《义和团档案史料》，第924、931页。
④ 袁昶：《乱中日记残稿》，《中国近代史资料丛刊·义和团》，神州国光社1951年版，第1册，第337页。

承担起保护帝国主义各国利益的责任，为此签订了《东南保护约款》，人称“东南互保”。地方督抚竟敢违背朝廷意志，并在军事、财政等方面和中央政府抗衡，这在以往是很少见的。上述一切，使清政府感到，它的统治力量已经发生根本动摇。怎样维持往昔的统治，既有可供作战的军队，又有可供支用的财富，就成为清政府不得不考虑的问题。

首先是边患。光绪二十年到二十一年（1894—1895）甲午中日战争之后，俄日帝国主义侵略势力进一步深入到蒙古、东北地区。日本的特工人员以学者、商人、游客等身份为掩护，搜集、调查蒙古地区的情报和资料。日本还把一些城镇开辟为商埠，通过自由贸易掠夺蒙古地区的资源。俄国通过修筑铁路和设立银行，加强了对蒙古地区的侵略扩张和经济掠夺。尤其是俄日两个资本帝国主义国家都图谋往东北移民，更给了清政府以极大的刺激。清政府不得不考虑在蒙古、东北的边防问题，何况这也是新政“精武备”内容的一个方面。其次是钱财。中日甲午战争结束后，清政府和日本签订了《马关条约》，其中规定赔偿日本军费库平银二亿两，后经俄、法、德三国干涉还辽，中国补偿“赎辽”费三千万两。光绪二十七年七月（1901年9月），清政府和英、美、俄、德、日等十一个国家的代表签订了《辛丑条约》，规定中国赔款银四亿五千万两。清政府怎样才能获得这么多银两，偿还帝国主义列强，又可实现新政中提出的“裕度支”的目的，是一个需要解决的问题。

其实，《辛丑条约》的具体内容还在酝酿之际，清政府得知帝国主义列强索取四亿五千万两巨款后，就曾谕示军机大臣，表示：“此次偿款，为数过巨，自应分饬各督抚合力通筹。各省库款支绌，朝廷固所深知，然当事处万难，必须竭力筹措，确有指抵之款，庶不致各国借口，侵我自主利权。著各省通盘核计，将一切可省之费，竭力裁节。至地丁漕折盐课厘金等项，更当剔除中饱，涓滴归公。此外应如何设法之处，亦须悉心筹度，不遗余力，以期凑集抵偿。该督抚等受恩深重，其各激发天良，力维大局，不得以无款可筹，稍存诿卸。现在款议渐将就绪，为期甚迫，著即将筹定情形，迅速电奏。”[①] 后来，清政府又要求刘坤一、张之洞等督抚，“各就地方情形，详加体察，应如何设法变通，剔除中饱，严缉漏私，痛革官商一切积弊，并酌量加厘加课之处，悉心筹办，迅速覆奏”[②]。《辛丑条约》正式签字后，户部又将有

① 《光绪朝东华录》，第4册，总第4659页。
② 《光绪朝东华录》，第4册，总第4661页。

关款项摊派各省，并且要求不得短少迟延，否则，唯各省督抚是问。[①]

就是在上述情况下，光绪二十七年四、五、十一月间，山西巡抚岑春煊几次上奏清政府，就筹款问题作出反应。四月初九日（5月26日），岑春煊提出：“晋省本有之利尚多，如煤铁矿物，开垦蒙地诸事，然收效至速亦在数年以后。”他表示：“山西财政此时实无力多筹，即使竭泽而渔，亦且无可罗掘。”[②]四月二十日（6月6日），他提出了开垦蒙地问题，奏折中写道：“近则俄人之势日益强盛，蒙古之众日就贫弱。边臣皆知蒙兵宜练，而苦于无饷，蒙古欲自练其兵，而苦于无力。是则欲练蒙兵，非筹练费不可，欲筹练费，非开蒙地不可。自辛巳俄人换约以来，行走卡伦，役使台站，经库伦而达张家口程途两千余里，讥禁毫无。而我边备不修，兵窳器钝，科城七部，乌库四盟，虚若无人，倘出非常，何堪设想。备之之策，莫如开蒙部之地，为民耕之地，而竭蒙地之租，练蒙部之兵，边实兵强，防密盗靖，计无先于此者。”[③]五月二十四日（7月9日），岑春煊就筹款问题，再次表示：“此次偿款关系大局，臣具有天良，亟思多筹巨款，上以纾宵旰之忧，下以济绥柔之用。无如晋本贫瘠，所筹之款固无多，而在晋已不遗余力。至于开垦蒙地，筹办矿路，非无利源开浚，要惟得人为难，且缓不济急，未能供目前偿款之需。”[④]十一月十七日（12月27日），岑春煊再次上奏，表现出对筹款问题感到难办，他说：“即竭泽而渔，亦难筹此巨款，实无可搜括。”[⑤]

从以上所引岑春煊的几次上奏中可以看出，在清政府要求各地方通力筹款偿债时，一些封疆大吏已经想到了北部边防的安危，也想到了开垦蒙古地区的荒地以浚利源。这些显然符合清政府推行新政的精神。只是岑春煊还没有把问题说透，又过于强调“缓不济急，未能供目前偿款之需”，和清政府急于筹款的心情不能适应，因此，岑春煊十一月十七日的上奏，遭到了清政府的斥责。军机处在回文中说：“无论如何为难，各省均必须按照户部派数，每月解足，晋省岂能独自诿卸？此后仍当于万难之中按月凑解，不得以无可筹措为辞，致误偿款，贻人口实。”[⑥]岑春煊走投无

① 《光绪朝东华录》，第4册，总第4726页。

② 《义和团档案史料》，第1150—1151、第1231—1232页。

③ 岑春煊：《跪奏为垦开晋边蒙地屯垦以恤藩属而弭隐患恭折》，光绪二十七年四月二十日。《内蒙古垦务档案资料汇编》上编第1分册，内蒙古档案馆藏。

④ 《义和团档案史料》，第1150—1151、第1231—1232页。

⑤ 《义和团档案史料》，第1341页。

⑥ 《义和团档案史料》，第1341页。

路，不得不再次上奏清政府，明确提出开垦蒙地可以增加财源问题。他在上奏中写道："臣维现在时局艰难，度支竭蹶，兵费赔款之巨，实为历来所未有。查晋边西北乌兰察布、伊克昭二盟蒙古十三旗，地方旷衍，甲于朔陲，若垦十之三四，当可得田数十万顷。光绪二十五年，前黑龙江将军恩泽奏请放扎赉特旗荒地，计荒价一半可得四五十万两。今以鄂尔多斯近晋各旗论之，即放一半亦可三四倍，何可胜言，是利国也。"① 清政府当即谕示军机大臣："岑春煊奏筹议开垦蒙地，请特派八旗大员督办一折。晋边西北乌兰察布、伊克昭二盟，蒙古十三旗荒地甚多，土脉膏腴，自应及时开垦，以实边储，于旗民生计，均有裨益。著派贻谷驰赴晋边，督办垦务，即将应办事宜，会同该将军、巡抚随时筹议具奏。"② 随着贻谷驰赴晋边，放垦蒙地，清政府最终废弃了在蒙古、东北实行的封禁政策。光绪二十八年五月一日（1902 年 6 月 6 日），清政府在归化城设立了"督办蒙旗垦务总局"，八月九日（9 月 10 日），在包头设立了办理乌伊两盟垦务局，在伊盟各旗设立了垦务分局。随着垦务机构的设立，蒙古地区垦荒进入高潮，大批汉民进入蒙古地区。在东北，光绪二十八年六月（1902 年 7 月），黑龙江将军奉旨成立了"总理黑龙江扎赉特等部蒙古蒙务总局"。五个月以后，盛京将军也在科尔沁右翼地区设立行局，制定章程，放垦巴彦昭以北至洮儿河交流河一带地区。到光绪三十四年（1908），仅吉林放荒就达到了三百多万亩③。晚清政府推行新政，彻底废除在蒙古、东北地区的封禁政策，实在是出于无奈。它从一个侧面反映了清朝行将灭亡的历史进程。为了自救而推行新政，为了落实新政内容而废弃在蒙古、东北地区实行的封禁政策，以图裕度支、固边防，这一切最终也未能挽救清政府灭亡的命运。这些，给后人留下了深刻的启示，使人掩卷沉思。

原载《中国边疆史地研究》1994 年第 3 期，
本文刊发时作者为中国社会科学院近代史所副研究员。

---

① 《光绪谕折汇存》，岑春煊奏折，光绪二十七年十一月二十六日（朱批）。
② 《清德宗实录》，卷 490，光绪二十七年十一月戊子。
③ 吉林放荒呈报表，辽宁省档案馆藏东北各官署档甲卷 851。

清前期海疆治策之检讨 *

刘俊珂

疆域治理措施的出台是边疆治理思想的具体实践，不同时期各具特色的边疆政策并不是天马行空的臆想和率意而为的举动，而是客观环境影响下的产物和必然结果。就清朝前期的海疆治策而言，与前代相比，无论从思想主旨抑或实际效果来看，海疆治理水平已达到了前所未有的高度。不断完善的治海措施对维护清政权的稳定和国家疆域的完整具有重要的意义。当然，由于海疆局势的不断变化，清前期的海疆治策也出现了若干失误和为后世所诟病的污点，而且这也成为长期以来清代海疆政策研究中的一个持续热点问题。① 事实上，清前期的海疆治策在制定和推行层面都充满了多样化的态势。对此，学界缺乏应有的关注和较为深入的探讨。所以，本文拟以清前期海疆军事防御体系的构建、禁海和开海之间的纠结、海岛治理得失及海疆治策对海上商业力量的影响等层面为考察对象，以期从不同的侧面去探讨这一时期海疆治理的经验与教训。不妥之处，敬请方家指正。

---

* 本文为 2011 年度国家社会科学基金重大项目“中国的边疆及边疆治理理论研究”（项目批准号：11 & ZD122）的阶段性研究成果。

① 关于清朝海疆政策研究的主要成果有：陈柯云:《论清初的“海禁”》，《北京师院学报》1980 年第 1 期；郭蕴静:《清代对外贸易政策的变化——兼谈清代是否闭关锁国》，《天津社会科学》1982 年第 3 期；陈尚胜:《清朝体制与对西方的被动应战》，《山东社会科学》1990 年第 5 期；张彬村:《明清两朝的海外贸易政策：闭关自守？》，《中国海洋发展史论文集》第 4 辑，“中研院中山人文社会科学研究所”1991 年版；韦庆远:《论康熙时期从禁海到开海的政策演变》，《中国人民大学学报》1989 年第 3 期；陈尚胜:《也论清前期的海外贸易——与黄启臣先生商榷》，《中国经济史研究》1993 年第 4 期；何瑜:《康乾盛世与海疆政策》，《清史研究》1993 年第 1 期；何瑜:《清代海疆政策的思想探源》，《清史研究》1998 年第 2 期；陈尚胜:《明与清前期海外贸易政策比较——从万明〈中国融入世界的步履〉一书谈起》，《历史研究》2003 年第 6 期；范金民:《明清海洋政策对民间海洋事业的阻碍》，《学术月刊》2006 年第 3 期；陈尚胜:《清初“海禁”期间（1646—1683）海外贸易政策考》，《文史》2004 年第 3 期；李德元:《海疆迷失：对中国传统海疆观念的反思》，《厦门大学学报》2006 年第 2 期；庄国土:《论中国海洋史上的两次发展机遇与丧失的原因》，《南洋问题研究》2006 年第 1 期；陈尚胜:《“怀夷”与“抑商”：明代海洋力量兴衰研究》，山东人民出版社 1997 年版；万明:《中国融入世界的步履——明与清前期海外政策比较研究》，社会科学文献出版社 2000 年版；王日根:《明清海疆政策与中国社会发展》，福建人民出版社 2006 年版等。

一、清前期海疆军事体系的嬗变

海疆军事体系的建构是清前期海疆治理政策的重要组成部分，它是在总结明代海防相对弱化的基础上不断进行完善的产物。岛岸一体化防御体系的构建，是清朝在与明郑氏势力的长期对峙和防范海上反清力量及西方商业殖民者的过程中逐渐建立起来的。清朝在完成大陆海疆的统一之后即着手加强海疆防卫体系的建设。顺治八年（1651），清朝开始于沿江沿海各省按陆上营制，设提督、总兵、副将、游击及以下各武职人员并在各省设造船厂修造战船。清统一台湾后，在康雍乾三朝的悉心经营下，前清时期从东北沿海蜿蜒南下到广东沿海的防卫格局逐渐形成。

从整体上来看，清前期的海疆防御主要分为三个层次，最外围是以海岛为依托的外海防线。如康熙时于金州设驻防水师营，雍正时增设二营，兵额一千人，后又增设金州水师营于海岛内，选谙习水性者充之，以增加旅顺口的防御力量。中间为八旗与绿营水师相互拱卫的沿岸防线。如江苏是清朝海防的重点区域之一，而且江海相交，海防任务较重。所以顺治初年置水军都督，后改江南提督，下辖万人，驻防崇明岛和吴淞口。后又增设崇明水师总兵官，调拨江宁、江苏、安徽各省标兵万人，分防吴淞江及崇明诸口。平台之后设福建水师总兵官、下辖水师设三十一营、战船二百余艘、兵额两千七百余人。为了防止反清势力的复燃，清朝又在台湾设总兵官一员，副将两员，兵八千人，并设澎湖副将一员，兵两千人。[①]随着西方商业殖民者的东来，台湾的局势进一步严峻，台澎地区兵额后来增加到一万四千人。[②]最内则是由八旗和绿营驻守的海口要地。如杭州、福州、广州由驻防八旗承担防守任务。杭州将军兼辖乍浦水师，兵额 4205 人；福州将军统辖官兵 2580 人，兼节制沿岸绿营驻军；广州将军下辖官兵 3902 人。[③]其主要职责是监视和控制当地绿营军队。这样，通过点线结合的部署措施，清前期就形成了以海岛为依托的海外防线、以海岸为凭借的近海防线和以沿海险要之地为重点防区的陆上防线。

同时，为了加强海防和提高水师的海上作战能力，清朝还制定了严密的海疆督

① 参见《清朝文献通考》卷 189《兵考》。
② 参见魏源著，孙文良、韩锡铎点校《圣武记》卷 8《嘉靖东南靖海记》，中华书局 1984 年版，第 314 页。
③ 参见《清朝文献通考》卷 189《兵考》。

抚操阅和会哨制度。乾隆初年规定:“闽浙总督莅任一阅;水师提督一岁阅海坛、闽安、烽火门等处,一岁阅金门、南澳、铜山等处。”“凡大臣察阅之年,该省督、抚、提、镇停其察阅。当提督检阅之年,则各镇停其检阅,当督抚检阅之年,则提、镇概停检阅。”① 乾隆时期海上巡哨制度逐渐完善,山东、江苏、福建和广东四省均划分了巡视洋面的范围,实行总巡、分巡和不定期巡视制度。为了加强对巡哨的管理,乾隆十七年(1752),令各省水师,其沿海各省战船,一律制备头巾插花,借助风力,以资巡哨。② 此外,清朝在沿海据点还设有数量不等的墩台、烽台和水寨以备警戒之用。

从清前期的海防部署来看,与明代弃海岛而守海岸的思想不同,通过清初几代统治者的悉心经营,清朝的海防形成了岛、岸、陆一体较为完善的军事架构。这一防御体系的形成有效地保卫了海疆安全,对于海疆完整和抵御海寇侵扰、保护海上贸易直至抵御西方殖民者的东来等方面都有积极的意义。

当然,也正如清朝国运的发展趋势一样,随着时间的推移,乾隆中期以后海疆军事防卫体系逐渐表现出衰疲之势,而且这一时期也恰恰是海疆局势开始出现危机的严峻时刻。其一,海防兵额已严重不足,海疆巡防制度徒成具文。沿海水师各营自乾隆中期以后实际兵额只有额定数的30%左右,且多是市井无赖、乞丐等无业游民,可以说海上战斗力几近于无。水师废弛已可概见,同时早年严格的会哨制度也流于形式,“虽有出巡会哨之文,皆潜泊于近岙内岛无人之地,别遣小舟携公文,往邻界交易而还,其实两省哨船相去数百里,从未谋面也。其船窳漏,断不可以涉大洋”。③ 其二,早期的海疆军备已多有废弛,战船朽败不堪,十不能用其一。鸦片战争前御史杜彦士奏报:“沿海水师设立战船,原为巡哨洋面,捍御海疆之用。闽省战船大小二百六十只,近来水师营务废弛,额设战船,视为无用,风干日炙,敝坏居多,或柁折桅倾,或篷糟缆断,间有稍加修理者,不过涂饰着色,以彩画为工,其实皆损坏堪虞,难以驾驶。”④ 而且连沿海缉盗的基本任务已不能完成,竟然出现了海盗劫掠之后,清军水师竟只有“望寇兴叹”的奇怪景象。所以时人评论说:“方今

① 陈寿祺编:《重纂福建通志》卷83《国朝兵制》,同治七年至十年(1868—1871)正谊书院刊本,第1页。

② 参见《清史稿》卷153《兵六》。

③ 魏源:《圣武记》卷8《嘉靖东南靖海记》。

④《清朝续文献通考》卷224《兵考》。

兵力疲劳之后，强弩之末，难穿鲁缟。”[①]英使马戛尔尼在出使清朝之后就认为：“英国只要动用少许兵船，就能远胜中国帝国整个海军，在不到一个夏季的时间里，破坏中国海岸的整个航运。”[②]其三，战船技术落后。1730 年，到达广州海面的西方商船有荷兰的“多维号”（Dove），载重 400 吨，携带炮位 26；法国的“泰国号”（Thalant），载重 550 吨，携带炮位 28；普鲁士的“阿波罗号”（Apollo），载重 400 吨，携带炮位 28。[③]而在鸦片战争前，广东最大战船米艇的平均长度为 95 尺，阔 20.6 尺，载重量为 2500 石（约合 150 吨），[④]竟远不及清初商船的载重量。可以说，仅从战船的作战能力上看，鸦片战争前中西双方的胜负已经基本确定了。

清朝前期海防体系的蜕变，是在清统一全国之后承平日久的形势下所孕育的必然结果。明郑氏集团的存在、海寇侵扰的压力使清朝的海疆防卫体系开始逐渐完善。但随着安全压力的减轻和陆地边疆的危机出现，清朝的海防实力也开始呈明显下降趋势。值得注意的是，清中期以后海疆局势所发生的深刻变化并未引起清朝应有的警觉。早期东来的葡萄牙人和荷兰人在后起之秀英国人的打压下逐渐退出亚洲海域。挟资产阶级革命之威的英国人的军事实力，是沉浸在天朝大国梦中的清朝远远无法预料的。长期的军备废弛造成了清朝海疆防卫的过度虚弱，迄至鸦片战争前，清朝舰船的作战能力和英军的海上作战能力相差已不啻天壤，鸦片战争爆发后中英海之战使清军海防的不堪暴露无遗。这是自乾隆中期以降长期对海疆轻视所形成的结果，也是昧于世界大势自我陶醉而造成的苦果。

二、彷徨的禁海与开海

禁海与开海是清前期海疆政策的风向标，也是海疆地区治理措施的最核心部分。关于禁海与开海优劣的评判，我们不应胶着于政策措施的出台与当时世界大势是否相适应的层面，而是应该考察政策和措施出台的复杂的时代背景。前清时期海洋开闭的变换是清朝对海疆客观环境变化不断调适的结果。

---

① 程含章:《岭南集》卷 5，道光元年刻本。

② 张之毅:《清代闭关自守问题辨析》,《历史研究》1988 年第 5 期。

③ 参见［美］马士著，区宗华译《东印度公司对华贸易编年史》第 1、2 全卷，中山大学出版社 1991 年版，第 211—212 页。

④ 参见《清朝续文献通考》卷 224《兵考》。

入清以后，郑成功据守台湾和大陆部分沿海岛屿，清朝海疆局势甚为严峻。为坐困郑氏集团、肃清海氛，清政府推行了极端严酷的海禁和迁界政策。顺治十二年（1655）、十三年（1656）和康熙元年（1662）、四年（1665）、十四年（1675）五次下达禁海令，多次重申："今后凡有商民船只私自下海，将粮食货物等项与逆贼贸易者，不论官民，俱奏闻处斩，货物入官，本犯家产尽给告发之人，其该管地方文武不行盘缉，皆革职从重治罪"，[①]并饬沿海疆吏，"把截隘巷"，不许外地海船进口，亦不准本地商船运载米、麦、钉铁等项出口。[②]另外，顺治十八年（1661）、康熙三年（1664）、十八年（1679）三次迁界，更造成了"昔之闾里繁盛者，化而为墟矣，昔之鸠宗聚族者，化而星散矣，户口凋残，典籍失矣，兄弟离散，神主遗之"[③]的惨剧。清初禁海措施是清朝与明郑势力长期对峙的结果，也是清朝当时一种无可奈何的选择。这也可以从平台之后康熙帝立即开放南洋的政策中找到佐证。康熙帝认为："向令开海贸易，谓于闽、粤边海民生有益，若此二者民用充阜，财货流通，各省俱有裨益。且出海贸易，非贫民所能，富商大贾，懋迁有无，薄征其税，不致累民，可充闽粤兵饷，以免腹里省分转输协济之劳。腹里省分钱粮有余，小民又获安养，故令开海贸易。"[④]平台之后，在沿海地区官员的大力呼吁下，清廷开始推行展界复业和解除海禁的措施。康熙二十三年（1684）正式下令取消海禁："今海内一统，寰宇宁谧，满汉人民相同一体，令出洋贸易，以彰富庶之治，得旨开海贸易。"[⑤]次年，宣布江苏的松江、浙江的宁波、福建的泉州、广东的广州为对外贸易的港口，并分别设立江海关、浙海关、闽海关和粤海关，负责管理海外贸易事务。这一政策的实行标志着清政府正式开放海禁。

迁界和禁海是清朝在特殊情况下实行的一种极端措施，这项政策的推行对海疆地区特别是东南沿海地区的社会经济造成了重大损失，但也在很大程度上坐困了郑氏集团，加快了清朝统一台湾的步伐。

海洋的开放很快使沿海贸易繁荣起来，为数众多的商民不断来往于东、西之间。在海上贸易的带动下海外移民不断增多，清廷开始担心外迁商民与海外反清势力合

① 《光绪大清会典事例》卷776《刑部·礼律祭祀》。
② 参见《明清史料》丁编第1本，天津人民出版社1981年版，第186页。
③ 《清漳霞山杨氏族谱》，乾隆五年杨日蕴序。
④ 《清圣祖实录》卷116，康熙二十三年九月甲子朔。
⑤ 《清朝文献通考》卷33《市籴考二》，浙江古籍出版社2000年版，第5155页。

流坐大，于是海疆大门又再次开始封闭。康熙五十五年（1716）十月，康熙帝对臣下表达了自己的忧虑："海防乃今日之要务，昔过苏州时，知每年造船出海贸易者多至千余，回来者不过十之五六，其余悉卖在海外……海外有吕宋、噶喇吧等处，常留汉人，自明代以来有之。此即海贼之薮也。"[①]然而，此时的海洋禁令并不是完全切断了清朝与海外的一切联系，而是有针对性地关闭了通往南洋的大门。即使在这样的情况下，通往安南等中南半岛的商船仍在未禁之列，只是对海疆的管理开始趋于严格，船式、载重、商品、线路、往返时间等内容开始纳入沿海行政管理部门的职责。如雍正元年（1723）对闽浙沿海规定："出海商渔船，自船头起至鹿耳梁头，止大桅上截一半，各照省分油饰。江南用青油漆饰白色钩字，浙江用白油漆饰绿色钩字，福建用绿油漆饰红色钩字，广东用红油漆饰青色钩字，船头两披刊刻某省某州县某字某号字样，沿海汛口及巡哨官弁，凡遇商渔船验系照依各本省油饰刊刻字号者，即系民船当即放行，如无油饰刊刻字号，即系匪船拘留究讯。"[②]乾隆时期，又对出海细则进行了补充和完善，尤其对军需品和大米等粮食实行禁止出口政策，"其有希图厚利，但将米谷偷运出口贩卖，并无接济奸匪情弊者，计算偷运米一百石以上，谷二百石以上，照将铁货潜出海洋货卖一百斤以上例，发边充军；米一百石以下，谷二百石以下，照越渡关津律杖一百，徒三年。至有米不及十石，谷不及二十石者，照违制例杖一百，仍枷号一月警示。为从及船户知情者，各减为首一等。米谷船只照例变价入官"。[③]但从整体上看，清前期的禁航并不同于明朝近于"一刀切"式的禁海措施，而是欲将沿海商民完全纳入政府的严格管理之下，以保证海疆的稳定。即使在最严厉的康熙南洋禁航时期，中国的海上贸易量并不逊于以往，甚至还有不断扩大的趋势。据不完全统计，康熙二十年至道光十九年（1681—1839），东往日本贸易的商船就有 3840 艘。[④]嘉庆二十二年至道光十三年（1817—1833），由广州出口的生丝货值达到 29886709 银元，绸缎货值达到 32595381 银元，茶叶货值达到 193134495 银元。[⑤]可以说，清前期的禁海并不是所谓的锁国与闭关，而是一种稳固政权和保证海疆安全的策略而已。

---

① 《清圣祖实录》卷 270，康熙五十五年十月壬子。
② 《钦定大清会典则例》卷 114《兵部·职方清吏司·海禁》。
③ 卢坤、邓廷桢编，王宏斌校：《广东海防汇览》卷 35《禁奸》，河北人民出版社 2009 年版，第 187 页。
④ 参见［日］木宫泰彦著，陈捷译《中日交通史》（下册），商务印书馆 1931 年版，第 327—334 页。
⑤ 参见姚贤镐编《中国近代对外贸易史资料》第一册，中华书局 1962 年版，第 254—255 页。

16世纪中叶以降，清朝逐步完成了国家统一大业，国内局势渐次稳定。就海疆形势而言，较之明代已有了新的变化。如果说16世纪世界性海洋贸易圈的形成还略显稚嫩的话，那么18世纪则已是名副其实的全球化商业扩张时代。事实上，清王朝所面对的已不是热切“求贡”的藩邦小国，而是已具有疯狂掠夺性的西方早期进行殖民事业的冒险家。18世纪，英国商业殖民势力已进入中国海域，1780—1784年英荷战争使荷兰海上霸权遭到沉重打击，荷兰对华贸易在1781—1782年基本停顿，取得产业革命成功的英国在亚洲海域的贸易地位也随之与日俱增，沿海贸易市场的竞争渐趋激化。1756年洪任辉（James Elint）事件的发生引起了清廷的警惕，1792年英使马戛尔尼访华使清廷已骤然感到西方势力对中国的压力。

从清前期海疆治策的发展轨迹来看，西方势力的东来是清朝海疆治策导向趋变的一个重要因素，也是政策导向逐渐内趋化的主要原因之一。西人东来之后，清朝的海防压力逐渐增大，清廷对海外势力开始关注并充满了警惕。康熙帝已隐约感到了来自西方殖民者的压力，“海外如西洋等国，千百年后，中国恐受其累。此朕逆料之。……国家承平日久，务须安不忘危。”[①] 雍正帝已较其父对西方势力的认识更加深刻：“中国北有俄罗斯是不可轻视的，南有欧西各国，更是要担心的”，“虽现在不必顾虑及此，然苟千万战舰来我海岸，则祸患大矣”。[②]18世纪中叶以后，由于中西贸易冲突与日俱增，清政府海疆治策的主要目标由防内逐步向以防外为主转变。19世纪50年代以后，因西方商船到浙江沿海日益增多，为了保证浙东海疆安全，乾隆帝特颁谕旨：“外番船只陆续到浙，恐定海又成一市集之所，是以令该督抚等酌增税额，俾年利既征自不致纷纷辐辏。”[③] 由此说明清朝已经感到，海洋的开放有可能带来更多的安全问题，特别是西方商业殖民者的侵扰问题，从另外一侧面也折射出清朝海上实力已经与西方海上国家拉开了距离。

中国海域贸易格局的演变加剧了清朝海疆局势的恶化。基于海疆安全的考虑，清廷在开、禁摇摆不定的海疆政策中已逐渐呈收缩态势。诚然，尽管某些局部政策对抵御西方势力起到了一定的作用，但并未从根本上改变海疆局势的发展态势。虽然清朝的海疆政策是以国家最高利益为出发点，服从于国家安全这一大局，但在以

① 李文海主编：《清史编年》第三卷（下），中国人民大学出版社1990年版，第488页。

② 《耶稣会士通信集》第3卷，大象出版社2000年版，第363页。

③ 转引自陈尚胜《明与清前期海外贸易政策比较——从万明〈中国融入世界的步履〉一书谈起》，《历史研究》2003年第6期。

国家实力为后盾的西方殖民商业势力面前，清廷没有采取积极的应对措施，反而加快了关闭海洋的步伐，意欲以此置海外势力于国门之外。然而令清廷没有预料到的是，从本质上来讲海疆治理完全不同于陆疆，它充满了更多的复杂性和不确定性。西人东来以后，清朝完全以驱闭之策意欲拒绝对方的贸易诉求，这是清朝海疆治理的失策之处，也因此使之失去了“睁开眼睛看世界”的机遇。

三、清前期海上岛屿治理的得失

清朝海疆地区防御体系的构筑，使星罗棋布的海上岛屿也纳入了海疆管理范围。海岛是清朝外围海防线的主要依托，所以清朝对于海岛特别是近岸海岛的管辖尤为重视。

在沿海重要的岛屿及其相关地区，如辽东之金州，直隶之天津，山东之登莱，江南之狼山，浙江之黄岩、温州、定海，福建之福宁、厦门、金门、漳州，广东之潮州、碣石、虎门、高廉等地特驻军门，就近统领防御。[①] 军事上的镇辖为岛屿的防卫和开发提供了安全保障，这是清朝在海疆治理层面超越明朝的亮点。在众多的海岛中，地理位置较好、资源丰富的海岛很早就有商民前往居住或经商，并进行农业或渔业生产。今辽东半岛沿海一带的岛屿上，在清中叶已有不少居民迁居于此，并且渐成村落，山东半岛沿海的长岛上已有人口两万余。康熙五十二年（1713），舟山岛及其附近岛屿已有七千余人。清代福建渔民曾在舟山岛上搭盖房楼，捕鱼营生并建有八闽会馆。雷州半岛沿岸的许多岛屿，“渔箔横列，以海为田”。[②] 北部湾一带的沟岛、果子山岛、涠洲岛、斜阳岛、七星岛、山心岛和巫头岛等岛屿，均是沿海渔民的主要捕捞基地。

然而，与清朝军事镇辖海岛相比，其行政管理的步伐则明显滞后。由于海岛在大洋之中，自明代以后，海岛特别是浙闽沿海的舟山、定海、浯屿、兴化、吉口、湄洲、东澳等长期存在海盗活动，广东的南澎、黄冈、放鸡、广澳、钱澳、赤澳、小星、沱泞、伶仃山、旗纛山、九洲山、老万山、大横琴、三灶山等也是海盗经常盘踞之地。清廷平台之后仍然对海岛之民心有余悸，所以频发谕令禁止各省海岛居

① 参见贺长龄编《皇朝经世文编》卷83，国风出版社1963年影印思补楼重校本，第764页。

② 叶廷芳:《电白县志》卷14《艺文》，《中国方志丛书》115，成文出版社1967年版，第127页。

民添建房屋，以防海岛成为匪类的潜居之地。乾隆五十四年（1789），清廷闻“近有搭盖房屋，窝聚匪徒之事”，因此“饬令巡哨镇将，督同弁兵，见有岛内房屋，立即烧毁”。[①] 同时《大清律·兵律》中亦规定：“凡官员、兵民私自出海贸易及迁海岛居住耕种者，均以通贼论处斩。”[②] 直到道光初年，沿海岛屿的封禁政策一直没有放松。

清中期以后海防力量衰落，海岛渐成失控状态，这也恰恰为东来的西方殖民者提供了海上基地。后来英军进犯广东、浙东甚至天津大沽口等地时，沿海岛屿都成了他们的海上补给地。一位美国历史学家曾经指出：“边疆总是人口移入的地区。”[③] 事实证明，任何一个国家边疆的存在和巩固都是以相应的人口存在为前提的。因此，就传统海疆而言，保证海岸或海岛移民一定的人口数量也是海疆稳固和发展的基础。对于沿海岛屿，清朝主要以军事巡视和控制为主，而忽略了民政建设。

值得一提的是，作为中国东南海洋门户的台湾岛和海南岛，清朝在统一之后长期推行限制性的开发政策，延缓了两大海岛地区的发展。清朝的决策者主要从政治安全的角度来制定治理之策，却忽略了海疆地区的健康发展。平台之后，康熙帝曾指示福建督抚：“台湾地方多开田地，多聚人民，不过目前之计而已，将来福建无穷之害俱从此生，尔等会同细商，毋得轻率。”[④] 至乾隆时期，都察院副都御史、兵部右侍郎温汝适甚至还认为海南“得其地不足益国家分毫之赋，得其人不能当一物之用，而立城池、学宫、衙宇、俸食，仓库徒靡朝廷无虑之金钱耳”。[⑤] 此外，台湾地区行政建置的落后、城垣修筑的限制、汉蕃之间的隔离、赴台人员的控制和岛内限制性开发等政策对台湾地区的社会进步有深远的负面影响。

四、清前期海疆治理政策对海上商业力量发展的影响

海上商业是沿海地区经济的重要组成部分，也是一个国家从陆地走向海洋的主要的支撑点。就清前期的情况而言，由于制度保障的缺失，虽然海上商业力量在一定程度上促进了沿海地区社会经济的发展，但传统体制并没有给予其适当的发展空间。

① 《清高宗实录》卷1333，乾隆五十四年六月乙亥。

② 陈梦雷编：《古今图书集成》，《祥刑典·律令部汇考》57，齐鲁书社2006年版，第965页。

③ 转引自何顺果《美国边疆史》，北京大学出版社1992年版，第78页。

④ 中国第一历史档案馆编：《康熙朝汉文硃批奏折汇编》第6册，档案出版社1985年版，第192页。

⑤ 温汝适：《粤东文海》。

海上商业力量日益走向式微的境遇与清朝不可胜数的限制条款和严刑峻法密不可分。

顺治十三年（1656）清廷下达禁海令："海船除给有执照许令出洋外，若官民人等擅造两桅以上大船，将违禁货物出洋贩卖番国，或将大船赁与出洋之人，分取番人货物者，皆交刑部分别治罪。至于单桅小船，准民人领给执照，于沿海附近捕鱼取薪，管汛官兵，不许扰累。"康熙二十三年（1684）开海之后，规定东南沿海各省的"商民人等有欲出洋贸易者，呈明地方官，登记姓名，取具保结，给发执照。将船身烙号刊名，令守口官弁查验，准其出入贸易"，但是只"许令乘载五百石以下船只，往来行走"。雍正时期海洋弛禁，虽然允许商民出海，但仍然抱有很强的防范心理。雍正六年（1728）规定：出洋商船"鸟枪不得过八杆，腰刀不得过十把，弓箭不得过十副，火药不得过二十斤"。[①]而且从雍正初年开始对出洋商船征收"规礼银"，一等商船每船需向地方官员交纳进出口规银千两以上。因陋费过多过繁导致海上贸易日益萧条，以当时主要港口厦门而论："福建之厦门码头，本为内地贩洋商船聚泊之所，后因陋费繁重，屡次禁革，乃愈禁则愈甚，遂致洋行歇业，洋贩不通。"[②]在粤海关要加征货物总值10%的耗银税额，海关解税户部要征收称作"添平银"的附加税。粤海关在乾隆二十六年（1761）以前，每千两关税加缴添平银二十两，以后则改为十五两。上述所有税费最后均由海商负担。直到嘉庆六年（1801），清廷才"覆准闽海关征收二八添平银两，永行革除"。[③]

由于生存空间的逼仄，海上商业力量无法在国家层面找到政治上的支持力量，也可以说，海上商业力量生存空间的狭窄是传统体制的内在运行机制所决定的。长期以来形成的"重陆轻海"意识使清统治者始终将国家的重点放在陆地，而且在以农业为经济基础的社会中也无法形成重视海上商业的观念。鸦片战争前，无论是战船还是民船，吨位和装备都远远无法与同样处于帆船时代的西方相比。乾隆初年，英国来华商船的平均排水量在350吨左右，嘉庆初年，平均每艘商船的排水量在1100余吨，东印度公司的商船排水量多在1300～1400吨，最高的可达1527吨。[④]而清朝用于展示国威的封舟长只有7丈，首尾虚梢3丈，宽2.2丈，舟深为1.3丈，

---

① 《光绪大清会典事例》卷629《刑部》。

② 文庆等纂修：《筹办夷务始末》（道光朝）卷64，上海古籍出版社2008年版，第452页。

③ 《清朝文献通考》卷29《征榷考》。

④ [美]马士著、区宗华译：《东印度公司对华贸易编年史》第1、2全卷，第309—321页。

而且当时福建沿海商船的规制皆大致如此。[①] 从世界造船业发展轨迹来看，民船的修造技术水平是提高战船性能的基础。西方海上强国如荷兰、英国等均有发达的民间造船技术和工艺。特别是英国自1800年以后，在国家的鼓励和推动下，航海和造船业迅速发展起来。而清朝对商船的过多限制遏制了造船业的正常发展，也直接影响到战船修造水平的提高。道光初年，游弋于清朝海疆的几艘英国三桅战舰竟使道光帝夜不能寐，而实事上仅在十几年前，湘人陶澍已提出了集海上商人之力发展海运以解漕运困局的奏疏，但漕运的既得利益者促使甘于守成的道光帝否决了这一议案。鸦片战争开始后，清廷紧急征用民船以加强海上防卫力量，但仅能用于近海航行的民船在先进的英国战舰面前不堪一击。

五、结语

清朝建立之后，在内陆社会治理策略层面，可以说集前代之大成，卓有成效，对于海疆治理却显得捉襟见肘，甚至有力不从心之感。在清朝前期几代统治者的悉心经营之下，从海洋的布防、行政建置的规划、海疆管理等一系列治海措施的出台来看，海疆的治理水平确实达到了前所未有的高度，为海疆社会的发展和国家疆域的稳固奠定了基础。但随着时间的推移，清朝在决策层面也出现了诸多失误。客观而言，这是时代的产物，海洋对清以前历代中国的统治者而言，均是熟悉而又陌生的，也根本不存在系统化的治理方略，所以对清朝而言没有任何前鉴可察。严格来说，中国真正的海疆治理始于清代。清朝海疆治理的失策之处在于落伍于世界大势，背离了日益发展的时代要求，从而使中国与世界特别是西方国家的差距不断拉大。这其中既有清朝自身的因素，也有政治、经济和文化传统的局限。

原载《中国边疆史地研究》2013年第2期，

本文刊发时作者为历史学博士，云南民族大学人文学院讲师。

① 参见李鼎元《使琉球记》卷1，《近代中国史料丛刊》第48辑，文海出版社1973年版，第35页。

文教普及与边疆秩序 *

——清前期对广西府江流域的文教治理

徐 毅

清前期对广西的治理，不仅是对明代治边政策的沿袭，更多的是改弦更张。回顾明代，它对广西的统治是实行流官体制与土官体制相结合的策略。明中叶以后，朝廷对流官地区展开了大规模的清剿行动，之后广设堡寨，置土司，试图将在土司地区的那套军事高压统治推广到流官地区。然而随着明王朝的衰亡，其在流官地区的那套军事高压政策也退出历史舞台。入清之后，作为政治上的治边政策，清王朝对桂西的土司地区进行了大规模的“改土归流”，这成为长期以来广西史研究中的一个热点问题。① 其实，在同时期的流官地区，清王朝积极推行文教治边的诸种政策，使这些地区尤其是前明时期的动乱中心发生了巨大的变化。对此，史界则缺乏应有的关注。所以，笔者选取曾经作为明代动乱中心之一的府江流域为研究对象展开探讨，以期从另一个角度去考量清前期治边政策的得与失。

一、晚明的府江：从地理概念到政治军事概念

“府江”是明代广西文献中出现频率较高的一个词。在明人看来，“粤西三大江，府江居其一”。② 府江主要是指桂林至梧州一段，全长七百余里，亦被称为桂江、漓

* 本文是国家社科基金特别委托项目“教化与稳定——清代治理广西的文教政策研究”的阶段成果之一，项目编号：A080035。

① 有关这一方面的成果很多，其代表性的有：李世愉：《清代土司制度论考》，中国社会科学出版社 1998 年版；钟文典主编：《广西通志》第一卷，第二十七章《清代广西的改土归流》，广西人民出版社 1999 年版，等等。

② 翁汝进：《开辟府江险滩碑文》，康熙《平乐县志》卷 7。

江。正如蒋冕在《府江三城记》中所定义的："漓水自兴安海洋山分流而经桂及昭，会癸水、荔水及他诸水，趋梧州，曰府江。"① 府江当时是明代广西政府到广东贩盐、贸易的重要通道，直接影响着广西的盐税收入，进而又影响着广西的军饷。②

如果仅仅是地理上的概念，不足以使"府江"一词充斥明代广西的文献。更重要的是，在明朝官员和士大夫的眼中，"府江"已转变为一个重要的政治军事概念。明中叶以后，广西各地瑶、壮等族的起事此起彼伏。明弘治八年（1495）四月，总镇两广右都御史闵珪第一次奏报了有关府江的边患，称："（广西）府江东西两岸等处，山巢壮贼久为边患，猖獗滋甚。欲调兵征剿，其该剿地方周遭数百里，道路错出，必布置周匝庶克济事。"③ 嗣后，与府江有关的边患日益严重，"其间负固阻塞，劫掠占据，使一州五县之内，行旅官民，田粮府库，受害有不可胜言者"。④ 可见，在各种记载府江边患的文献中，明朝的官员与士大夫们逐渐根据边患所涉及范围重新定义府江。诸如"府江上接漓水，下达苍梧，为广右咽喉，绵区五百余里，两岸诸猺獞依凭险阻时时出没。东岸连富川、贺县，而北抵恭城，西岸连修仁、荔浦，而南抵永安……"；⑤"府江，上起阳朔，下达昭平，亘三百余里，诸瑶夹江居，怙险剽窃"。⑥ 根据明人的各种记载，府江流域大致涉及桂林府的阳朔县以及整个平乐府。明万历以前的平乐府领永安一个州，平乐、恭城、富川、贺县、荔浦、修仁等六个县。万历大征以后始设昭平县。晚明的平乐府一共下辖七个县。⑦ 随着府江流域成为明代广西的一个动乱中心，明人眼中的"府江"也逐渐演变为一个政治军事概念，以区别于古田、大藤峡、八寨等地的边患。⑧

为了保证广西的军饷供应，从明正德二年（1507）开始，明王朝相继进行了七次大规模的军事征剿行动。其中较大的为明正德二年及明万历元年（1573），出动土、汉官兵多达六万人。⑨ 明万历后府江流域的动乱才有所平息。那么，如何实施善

① （清）汪森：《粤西文载》卷23，广西人民出版社1990年版。

② 据《广西盐法志》载："粤西兵饷，半藉盐运。其法与他处异，官出资本及舟具，岁令郡率一人往东省鬻盐运归，转市楚商，取其利资饷，盖官自为市也。"参见（清）汪森《粤西文载》卷16，第179页。

③ 《明孝宗实录》卷99，弘治八年四月丙辰。

④ 《平府江大功碑》，嘉庆《广西通志》卷199《前事略21》。

⑤ 光绪《昭平县志》卷8。

⑥ 《明史》卷221《郭应聘传》。

⑦ 参见嘉庆《广西通志》卷9《郡县沿革表7》。

⑧ 《平北三大功碑》载："广西之寇，在桂林苍梧，则有古田、府江为最。"参见（清）汪森《粤西文载》卷41。

⑨ 康熙《平乐县志》卷6。

后举措，成为明王朝在万历大征之后巩固战果，以及彻底根除地方动乱的关键。早在明成化年间，曾参与镇压大藤峡瑶壮动乱的官员丘濬就提出过长期驾驭瑶壮的方略：一方面“召酋豪，立土官”，另一方面“慕华风，习礼教”。[①]丘濬这套以文化为主、政治为辅的治乱策略是明朝官员对长期的治乱经验与教训的总结。在过去，明朝官员在治乱中一直主张“改土归流”的策略，即首先要求在政治上一体化，实现流官治理，然后才通过文化机制来达到“教化弭乱”的目的。然而流官既不能威慑瑶壮，也不能公平地对待他们，根本无法担负起“教化弭乱”的重任。为此，丘濬反其道而行之，提出“改流为土，以夷制夷”。在让瑶壮部分自治的前提下，企图通过长期的文化政策，将瑶壮纳入王朝体制之内，使瑶壮与编户齐民在文化上成为一体。[②]

明隆庆年间，都御史郭应聘在平定古田壮乱之后就采取了丘濬的策略：首先设立土巡检司，“世守其地”；其次“拓城兴学，辟荆通道，僮人至遣子就学，而永宁之民始获安枕”。[③]然而万历大征之后，郭应聘在府江并没有坚持这套“文化为主，政治为辅”的善后之策。除了“改设土司”外，郭氏广设营堡，[④]企图借助于军事堡寨，将瑶壮分割包围，达到消除动乱、稳定社会的目的。正所谓“府江三百里，两岸荒山大江，绝无人烟，所赖星罗棋布，惟是哨堡之兵，不独防瑶，而且防盗，不独司取，而且司邮。前贤虑之深、处之当矣。其如边邮宴安”。[⑤]可见，郭氏在府江的善后除了“以夷制夷”之外，主要倚靠军事高压的策略来控制地方社会。明万历年间，恭城贡生俸希贤曾奏准在瑶人聚居的势江源兴办社学，“以化瑶民”。[⑥]这是明代府江地区唯一给瑶人读书的社学，因为当时的军事高压政策并不鼓励类似的文教治边政策。尽管是军事高压，万历大征之后的府江社会并不太平，各州县的民变不断。[⑦]另外，明万历中叶以后，昭平县境内还发生了一场持续了数十年、波及全县的田产纠纷案。这一田产纠纷案主要是在编户齐民与壮人之间展开。[⑧]终明之世，类

① 丘濬:《大学衍义补》,《四库全书》本，卷153。

② 有关丘濬治乱政策的分析详见朱鸿林《丘濬与成化元年大藤峡之役的关系》,《中国文化研究所学报》2007年第47期。

③ 嘉庆《广西通志》卷199《前事略二十一·明十一》。

④ 参见（明）郭应聘《府江善后议》,（清）汪森:《粤西文载》卷8。

⑤ 嘉庆《广西通志》卷190《前事略十二·明二》。

⑥ 光绪《恭城县志》卷2《书院》。

⑦ 参见嘉庆《广西通志》卷200、201、202、203、204。

⑧ 参见麦思杰《开户立籍与田产之争——以明清时期黄姚社会变迁为中心》,《中国农史》2008年第3期。

似于昭平的田产纠纷几乎充斥着整个府江流域。[①] 这些民变与纠纷尽管不能完全归因于文教治边的缺失，但至少是部分原因。

二、清前期的府江：从文教治边思想到文教普及政策

17 世纪中叶，当清王朝取代明王朝入主府江流域时，一些州县再次发生了瑶壮动乱。[②] 当时摆在清王朝面前的只有两种选择：要么继续明朝的军事高压政策，要么改变治边策略。

1. 文教治边思想的形成

平定吴三桂叛乱之后，康熙皇帝深知有必要调整治边的方略，在上谕中申令广西各级官员“推示诚信，化导安辑”，切勿“不善加扶绥”，“因之起衅”。[③] 正是在这种情势下，府江一些有见地的官员敏锐地意识到前明那套军事隔离政策导致瑶壮“不得列于齐民之中，又何怪乎教化之难施而俗尚之难变”，“惟在上者之爱瑶壮无异于爱吾民，则彼相安于耕，凿坏于康衢，将自忘其为瑶为壮，而渐臻于礼义之域”。[④] 这种思想落实到具体的政策上即是大规模裁改前明的堡寨制度。清初府江各州县的裁改之法大致有两种：一种是对“因明末兵乱民散”的堡寨，“田地抛荒，后编入里排供差，立有保甲”。[⑤] 第二种是对留存下来的堡寨，推行“化兵为民”。时任平乐知县的黄大成描述了这一改革的细节：

> 康熙三十一年间（1692）奉文改兵为民，但供差役，不事操守，革去头目小甲名色，设乡约连总，以绕摄之，是耕之田尚仍旧额，而守之兵已非昔制……乃以耕兵悉隶于邑……[⑥]

至此，军事高压统治在府江流域结束。同时，时任广西巡抚萧永藻在恭城县首

① 参见康熙《广西通志》卷 1《图经》。

② 如康熙初年，恭城仲家瑶“盘踞丛木寨，劫掠为害”（光绪《恭城县志》卷 3《宦绩》）。同时，荔浦“南源、大江周、邓、陆三姓蛮，劫掠村庄，掳牛、马、男妇”（民国《荔浦县志》卷 4《列传·宦绩》）。

③ 《清圣祖实录》卷 124，康熙二十五年二月丁未。

④ 康熙《平乐县志》卷 6《猺獞》。

⑤ 民国《荔浦县志》卷 3《武备》。

⑥ 康熙《平乐县志》卷 6《兵防·耕守》。

倡："教化为治术之本，明伦为教化之先，伦纪不明，民不可得而治也，师儒不重，伦不可得而修也。"① 在此基础上，恭城知县田慕芳明确地提出了文教治边的思想，其云：

作边邑有司以何政为先，曰催科也，抚字也，如防奸缉案牍词讼诸庶政皆先务也。余应之曰：否。方今圣天子右文，治具毕张，海内之地风移俗易，而顾令粤西边民猺杂处不沾圣教，即有豪杰秀起之士生于其间，亦将颓然自靡，无以自立于此，而欲风移俗易，庶政毕张，其可得乎！②

当时府江地方官员们还有很多类似的言论。这些都是他们在治边思想上的重大转变，为嗣后展开的文教普及政策奠定了坚实的基础。

2. 文教普及政策的探索与实施

到底该如何具体践行文教治边的思想，府江各州县进行了不同的探索。一般来说，清王朝推广文教的主要方式是增广地方官学中的录取名额。府江流域的荔浦县即采取了这种方式。鉴于当时较为尖锐的民族矛盾，该县于清康熙二年（1663）在七名生员名额之外，专门增设一名瑶童名额，用于招收瑶族子弟入学。但是，至清康熙十年（1671）这个名额就被取消了。③ 清雍正初年，府江各州县也没有成为清王朝增加各学取进文童额数的对象。④ 可见，在学额上做文章显然不是府江这一文教基础落后地区落实文教治边思想的有效方法。在荔浦的西邻永安州则进行着另一种方法的尝试。早在清康熙二十年（1681），知州丁亮工在永安州设立府江流域的第一所义学。⑤ 时任广西布政使的崔维雅在《永安州义学碑记》中详细地阐述了兴办义学的缘由：

士之得就学而肄业者，必再试于郡县，一试于督学，使者咸中选。然后束

① 这一思想是萧永藻在给恭城新修县学撰写的碑文中提出的。详见康熙四十年广西巡抚萧永藻撰《重建文庙碑记》，现存于恭城学宫内。

② 康熙四十年恭城知县田慕芳撰《重建文庙碑记》，现存于恭城学宫内。

③ 参见民国《荔浦县志》卷2《选举》。

④ 有关雍正三年增加学额的州县详见《清世宗实录》卷31，雍正三年四月乙酉。

⑤ 参见嘉庆《广西通志》卷134《建置略九・学校二》。

带趋跄而入桥门。大邑不过十数人，其余选而就家塾，或负笈从师，或由是而废业焉。为民上者，久已念之，义学之设，有自来矣。①

兴办义学主要是“助学校之不及也”，尽可能地吸收读书人和培养人才。他这种方法在当时的条件下就是对文教的普及。在永安州的启示下，这位崔布政使饬令在“各府州县设立义学”，其文教治边的目的也很明确：“不但士子恒为士，可使佣贩之子亦事诗书，瑶蛮桀骜之徒驯归礼仪。”②事实上，教化瑶壮以及工商业者成为府江各州县在乡村普及文教的主要目标。崔氏还为各地兴办义学提出了具体的方略和要求：

择宽闲公所，选取儒学中老成有学，行谊端方之士，立为社师。官给馆谷，以资膳养，约岁费二十余金，正佐捐俸共举，不得派民。其穷荒残邑力有不足者，同各司道府等官，各随力量捐，以助不给。远近寒素子弟愿受业者，咸使教授。或课诵经书，或肄习制义，预须日计功程，勤加讲解。有司时时亲赴查察考验。如社师怠忽失教，却去另选。州县官视生徒应如亲子弟，教之惟恐不至，生徒视社师应如严父兄，率之惟恐不谨。从此日渐月摩，鼓舞劝激。③

此后，广西又饬行各州县“广立社学，使天下无不教之民，四民无不学之夫”。平乐知府担心“社学之师岁有廪饩之给，使出于学租，则夺贫士膏火之资，未免得半而失半”，将饬令“檄行府属州县妥议详报”。没想到各州县却积极响应，“各愿捐俸急公”。④据各种方志的记载，府江各州县都先后兴办了义学和社学，共计二十五所，其中有十五所位于州县城，另外十所分别设在乡、村或埠上。这不仅凸显了义学与社学在文教普及上的意义，更说明了文教普及已成为各州县践行文教治边思想的有效方法。表 1 罗列了顺、康、雍、乾四朝府江各州县义学、社学的发展情况。

① 嘉庆《永安州志》卷 18《艺文》。

② 嘉庆《广西通志》卷 133《建置略八 · 学校一》。

③ 嘉庆《广西通志》卷 133《建置略八 · 学校一》。

④ 其中富川知县韩三善为建社学，捐银二十四两买田一区，以作社学廪饩。对此，平乐知府给予了高度评价：“是以一年之急公，成永远之规模，较于每年捐俸者似属妥当理合。”（雍正《平乐府志》卷 8《学校 · 社学》）

表1　清代顺、康、雍、乾四朝府江义学与社学兴办概况

州县	兴办情况	总数	资料来源
平乐县	康熙四十九年（1710）知县黄大成在道乡书院内建义学一所。另外，康熙年间还在县城西门外塔街、府学左建有社学二所。雍正年间知县吴元轼在沙子埠建社学一所。	4	康熙《平乐县志》卷4《学校》；雍正《平乐府志》卷8《学校・社学》；光绪《平乐县志》卷5《学校》。嘉庆《广西通志》卷134《建置略九・学校二》。
恭城县	康熙年间分别在县明伦堂左建义学一所，势江建社学一所。 雍正年间知县方显建城内社学、黄村社学、常家村社学。	5	雍正《平乐府志》卷8《学校・社学》；光绪《恭城县志》卷2《书院》；嘉庆《广西通志》卷134《建置略九・学校二》;《重修势江社学碑记》，存于恭城势江社学遗址（现势江村电影院内）。
富川县	雍正初年知县韩三善建在城社学。	1	雍正《平乐府志》卷8《学校・社学》；光绪《富川县志》卷6《学校》。
贺县	康熙二十四年（1685）知县赵璧在县城外水东亭子建义学一所。 雍正十三年（1735）知县马世焕在城西北建义馆一所。 雍正年间在城东、信都乡分别建社学两所。	4	雍正《平乐府志》卷8《学校・社学》；民国《贺县志》卷6《文化・学校教育》；嘉庆《广西通志》卷134《建置略九・学校二》。
荔浦县	康熙四十七年（1708）许之豫在城南建义学一所。 雍正年间知县姜济泰建在城社学一所。	2	雍正《平乐府志》卷8《学校・社学》；嘉庆《广西通志》卷134《建置略九・学校二》；民国《荔浦县志》卷2《学校》。
修仁县	雍正年间署理知县姜济泰建在城社学一所。	1	雍正《平乐府志》卷8《学校・社学》。
昭平县	康熙年间知县钱兆沣设立在城社学、黄姚社学和英明社学三所。 雍正朝和乾隆朝建仙回的永静社学、古袍的育才社学、庇江的庐江作人社学三所。	6	雍正《平乐府志》卷8《学校・社学》；民国《昭平县志》卷3《学校・社学义学》。
永安州	康熙二十年（1681）建在城义学一所。	1	嘉庆《永安州志》卷18《艺文》；雍正《平乐府志》卷8《学校・社学》。
阳朔县	雍正二年（1724）建在城义学一所。	1	嘉庆《广西通志》卷134《建置略九・学校二》。

三、文教普及与边疆秩序的重建

如前所述，清王朝通过裁改军事堡寨制度，对明王朝在府江的统治秩序进行了改造，最后促成了文教治边思想。以这一思想为基础的文教普及政策对于清王朝在府江流域重新建立统治秩序亦发挥了不可替代的作用。普及文教是清王朝在府江各州县重建统治秩序的重要举措之一。正如恭城《审照碑记》的描述，清王朝在控制

恭城势江瑶人区之后，重建统治秩序的举措分别有：“令立头目四人，分为八甲，轮流守望，以备不虞；立乡练二人，以办公事；更立社学，以教秀良。”①至于普及文教的政策具体发挥的功效，还得从府江地方社会对这一政策的认同程度来考察。

首先，各州县地方官设立的在城义学或社学，其施教对象“多即为瑶为壮者”，对他们“以诗书导之，以礼乐教以退让之风，消其犷悍之气”。② 这些学校确实对少数民族子弟具有相当大的吸引力，有不少人成为入泮者。对于文教比较发达的恭城县来说，“诸猺……多有读书明理援例报捐者……诸獞咸弃卉服而袭冠裳，挟诗书而讲礼义，游庠食饩，不乏其人”。③ 作为明万历新设的昭平县，清乾隆时期的林作楫在回顾清初以来的文教成就时曾描述：“国朝以来文教覃敷，獞人亦有遣子就学，补弟子员者”。④ 随着新入泮者的增多，各州县整体上的人文水平获得了提升。恭城县“虽十室之邑……士之业诗书取科第者累累有人”。又如文教水平比较落后的永安州和修仁县，为奖励其人文水平提高，清雍正十三年（1735），世宗恩准照奉天府学满字号之例三年一贡。⑤ 随着瑶壮民众对儒家主流文化的日益接受，他们在思想与行为规范上逐步地认同于清王朝的统治。清初府江最为动乱的荔浦县，“鲜知伦常礼法”的壮人在清前期的文教普及过程中已“是在渐而化之”。邻县修仁“民壮杂居”，亦“敦诗礼，向王化”。⑥ 又如昭平汉民与壮人之间旷日持久的田产之争，其关键问题在于壮人既没有户籍，也没有对主流文化的认同。从康熙五十五年（1716）开始，昭平“奉部行文各壮人有粮立户，读书应试，使知王化，免为不轨”。嗣后壮人“服教日深，旧俗日革，民乐耕耘，士勤诵读，学校中已不乏人，百余年来民壮久已相安无事”，田产争端也逐步得以平息。⑦

府江地方社会对文教普及政策认同的另一个体现是当地的精英积极而直接地参与清王朝普及文教的过程。地方精英往往以士绅的名义汇聚成一个社会集团支持州县城内的义学或社学建设。比如荔浦义学的修建，“倡捐者明经潘鸣高、龙图光，生

① 乾隆五十六年《审照碑记》，现存于恭城势江社学建筑遗址的墙壁上。
② 康熙《平乐县志》卷3《营建·义学》。
③ 光绪《恭城县志》卷4《猺獞》。
④ 民国《昭平县志》卷7《夷民部》。
⑤ 参见《清高宗实录》卷9，雍正十三年十二月甲申。
⑥ 雍正《平乐府志》卷4《风俗》。
⑦ 民国《昭平县志》卷7《夷民部》

员徐昌芝、覃绍宗也。襄其事者……时城内外诸弟子也”。[①] 地方精英发挥的作用更为重要的是表现在各乡、村或埠学校的兴办上，因为所有的城外学校都是由官府与不同的地方精英共同兴办的，有的是由官府与科举大族在其家乡共同兴办。在府江地区，一些家族从明代就开始参加科举考试，并且取得过较多的功名，在地方上逐渐成为显赫的科举大族。这些大族自然也就很热心家乡的文教事业。比如恭城周氏家族从明初开始参加科举考试，明永乐十八年（1420）中过一个乡试解元，由此便成为当地显赫的科举家族。[②] 清初周氏家族继续参与拔贡，周一泓有幸被选为康熙十一年（1672）的恭城拔监。[③] 不久，该家族与知县共同兴办了黄土田社学。[④] 第二种类型的城外学校是由官府与土官在瑶壮的聚居地共同兴办的。为了维持地方的社会稳定，便于普及文教，康、雍年间，清王朝仍继续了府江流域的土目和土舍制度。[⑤] 在这些土目或土舍的推动下，各州县在少数民族的聚居地兴办了一批义学、社学，其中最出名的社学即是恭城势江社学。这所明代就已经设立的社学，至清康熙年间，由地方官与当地俸、卢、唐、陶、陈五姓土目共同重新开办。[⑥] 这次新办的社学以势江广福庙为校舍，所以社学的经费除了官府拨款外还有原广福庙的庙田，其经费来源比较稳定。[⑦] 这个社学一直持续办到清末。最后一种类型的社学是由官府与客商在地方商业中心共同兴办。明末清初，随着广东、湖南商人的西来，府江流域兴起了诸如平乐的沙子埠、昭平的黄姚街等一批地方商业中心。来此贸易的客商也设法与官府合作，共同兴办学校，因为商人也是崔氏教化普及的一个重要对象。据笔者调查，平乐的沙子埠社学就是由知县吴元轼与当地商人一起兴办的。可以说，提高在地方社会上的声望和地位成为地方精英们协助官府兴办学校的主要目的，以至于一些地方精英还独自兴办了一些具有普及意义的私塾、蒙学馆等民间学校。以昭平黄姚街望族林氏家族为例，其祖先靠经商起家，大致从康熙朝开始，林廷干不再经商，而是参加童生考试，获取了廪生身份，以后便在乡里兴办教育。[⑧] 乾隆《昭

---

① 参见民国《荔浦县志》卷4《金石·艺文》。

② 参见《恭城县民族成分调查情况报告》（1957年），《恭城瑶学研究》2008年第4辑。

③ 参见康熙《广西通志》卷14《选举》。

④ 参见光绪《恭城县志》卷2《书院》；民国恭城《周氏族谱》，恭城县档案馆藏本。

⑤ 参见雍正《平乐府志》卷9《土舍》。

⑥ 据笔者调查得知，明清两朝恭城势江地区一直由此五姓土目共同管理。清初社学的建立，也由这五姓共同承办。另有《重建社学碑记》可以相互印证，现存于势江社学遗址内。

⑦ 根据笔者在势江的田野调查中对陶水生老人的访谈笔记整理。

⑧ 参见麦思杰《开户立籍与田产之争——以明清时期黄姚社会变迁为中心》，《中国农史》2008年第3期。

平县志》专门对林廷干的兴学事迹进行了记载：

> 林廷干，廪生，宁化里人。博学，能文章，尤工音韵，为诸生试，辄冠军。生平好诱掖后进，时宁文招三里人鲜知学，干振臂疾呼而士之，出其门者皆彬彬有文雅风，旧俗为之一变。穿岩，讲学处也。①

至乾隆二十年（1755）左右，其儿子林作楫更是成为在地方社会上颇有名望的乡绅。乾隆《昭平县志》就是林作楫协助当时的知县陆焞纂修而成的。在重建府江统治秩序的过程中，清王朝将文教普及政策与其他政策相互配合，成效显著。一方面是瑶壮等少数民族普遍地从思想与行为上认同于文教普及政策，并在此基础上缓解了府江流域旧有的民族矛盾。正是由于民族之间冲突的减少和社会的稳定，清人眼中的"府江"概念发生了很大的变化。首先是作为政治军事概念的"府江"从康熙后期开始不再为清代官员所使用，② 其次是作为地理概念的"府江"从乾隆年间开始也逐渐消失了。③ 另一方面不同的地方精英群体都将自身的利益认同于清王朝的文教普及政策之中，藉此来提高自身在地方社会的声望与地位，进而更加巩固了清王朝的统治秩序。上述这些文教普及政策所发挥的社会功效正如当时一些官员所洞悉的："人才于此出，风俗于此成，变乱于此弭，是一举而诸善备焉。"④

四、文教普及的中辍与边疆秩序的动荡

然而府江各州县兴办的义学或社学却好景不长，从乾隆中叶开始就相继停办。由于各义学、社学的停废缺乏完整和准确的记载，所以我们只能从以下三类记载中窥见其一般趋势。

一是嘉庆《广西通志》载有四所学校停废；⑤ 二是据各州县方志记载，停废的

① 乾隆《昭平县志》卷7。

② 比如康熙五十五年广西巡抚陈元龙在一份奏折中仅是沿用了作为地理概念的"府江"："自桂林至梧州七百余里，名曰府江"（广西巡抚陈元龙奏报接署总督印务前赴广东折，康熙五十五年十二月十一日，《康熙朝汉文硃批奏折汇编》第7册，档案出版社1984年版，第571页）。

③ 乾隆以后的《实录》与地方志记载的府江之名越来越少。

④ 嘉庆《广西通志》卷133《建置略八・学校一》。

⑤ 参见嘉庆《广西通志》卷134《建置略九・学校二》；嘉庆《广西通志》卷136《建置略十一・学校四》。

学校大约有八所；[1] 三是建于雍正年间的贺县城东、信都两所社学，在民国《贺县志》上未曾记载，[2] 笔者推断这两所社学也早已停办。将以上三种记载合计起来，共废弃社学、义学十四所。但是，这个数字还是偏低了。各种方志对另外九所学校的记载，大多只有开办情况，并没有其后的运作情况。唯有恭城势江社学和永安在城义学明确记载是维持到了嘉庆、道光年间。[3] 因此，可以肯定乾隆中叶以后实际停办的学校要多于十四所。即使以十四所为考察基点，停办的学校也已经超过了学校总数的 50% 以上。再看看停办学校的分布，最具文教普及意义的城外学校已有四所停办，接近这种学校总数的 50%。以上的两个 50% 足以表明乾隆以后府江各州县已逐步放弃了文教普及的政策。另一个放弃文教普及政策的表现就是乾隆中叶以后各州县也不再增办义学。[4] 以往学界认为乾隆中叶后广西普遍停办义学、社学是由于书院的兴起，并逐步将其取代的结果。[5] 但是，府江流域的书院，无论是规模，还是分布都无法像义学和社学那样承担起文教普及的重任。[6] 那么，风风火火的文教普及政策为何会在府江各州县中辍呢？究其原因大致有二：一是在宏观上受到清王朝对广西的诸项文教政策的影响；[7] 二是大多数义学和社学因膏火不济，最终只能停办。[8]

随着府江各州县对文教普及政策的放弃，最直接的后果就是刚刚有所提升的文教水平出现大幅度下滑。正因为如此，大量外籍考生混入府江流域，假以土著身份参加各类考试。据记载，平乐知县在清乾隆二十四年（1759）一次考试中查出冒籍混考者竟多达四十余人。[9] 难怪当时有官员疾呼："不急为严禁，则土著进取为难，边地文风日坏。"[10] 可见，这种由外籍考生冲击本地考生的"冒籍"问题逐步演变为府

---

① 参见表 1 注释中的各州县方志。

② 参见民国《贺县志》卷 6《文化 · 学校教育》。

③ 目前恭城势江社学遗址内还存有嘉庆、道光朝重修学校的碑刻；永安义学的运作情况详见嘉庆《永安州志》卷 7《义学》。

④ 直到道光十年以后，由于府江各州县频繁的社会动乱，清王朝再次提倡广兴学校，具体内容详见后文。

⑤ 参见杨新益、梁精华、赵纯心编著《广西教育史——从汉代到清末》，广西师范大学出版社 1997 年版，第 211—212 页。

⑥ 据统计，府江各州县在乾隆中叶后维持与新建的书院仅有十所，而且全部集中在各州县城。详见杨新益、梁精华、赵纯心编著：《广西教育史——从汉代到清末》，第 211—212 页。

⑦ 乾隆二十年以后清王朝在广西推行文教政策的重心发生变化。限于篇幅，笔者将另行撰文探讨这一问题。

⑧ 参见民国《昭平县志》卷 4《职官部 · 名宦》。

⑨ 参见乾隆二十五年《严禁冒籍碑》，现存于平乐县学遗址内（今县人民医院内）。

⑩《清高宗实录》卷 616，乾隆二十五年七月甲辰。

江流域的一大社会问题，它直接影响到当地社会的稳定。

从空间分布上看，乾隆中叶以后随着大批义学、社学的停办，府江各州县出现了许多没有学校的空白区域，本文暂且称之为“文教空白区”。这种空白区域的大面积出现从更为深远的层次上影响了府江流域的社会秩序。嘉道以后，在“文教空白区”最多的贺县与富川两县，[①]天地会起义不断，沉重地打击和动摇了清王朝在府江的统治秩序。[②]尽管不能将这些起义爆发的原因完全归咎于清王朝文教的缺失，但是它至少成为这些起义得以发动的条件，因为在“文教空白区”，清王朝的文教普及政策已不再是地方精英获取资源的方式，使得他们堂而皇之地以一种“非法”的方式提高声望，凝聚人心，达到他们获取资源的目的。正如广西巡抚赵慎畛所描述的，天地会的发动者以“或拜弟兄，或拜添弟（天地）……或有会簿腰凭，称为大哥、师傅，传授口号”等方式，“勾引本地愚民”，达到“结伙抢劫”的目的。[③]正是考虑到这种“非法”动员方式的危害性，道光十一年（1831）清王朝严令“各村广设义学，延师训迪”，企图再次凭借普及文教政策稳固民心，使“小民不至流于匪僻”。[④]道光十二年（1832），贺县瑶人盘均华聚众起义，但很快就被清王朝镇压下去了。[⑤]亲历平息起义的平乐府知府唐鉴负责善后事宜处理。针对“文教空白区”问题，他提出两条对策：一是禁止巫师愚惑善良，巫师以及荒诞不经之说是欺骗瑶民肇乱的主要媒介，因此严令禁止；二是振拔秀良，兴办瑶学，挑选瑶民中的俊秀子弟施以教化，并规定“其实属善良，种山几年，即准其入籍考试”，同时“奏请添设瑶学”。[⑥]清王朝很快就采纳了他的建议，谕令地方官首先普及文教，再酌设学额。正如上谕所云：

> 至瑶人性多愚拙，易于煽惑，著就各冲设立义塾，于附近绅衿中择延品端学正之士，以四子等书训课瑶童。各该县随时亲临查察，其颖秀可教者，优为

① 因为贺县的四所义学全部废弃，富川也没有增办过一所义学。参见民国《贺县志》卷6《文化·学校教育》；光绪《富川县志》卷6《学校》；嘉庆《广西通志》卷134《建置略九·学校二》。

② 有关这两个县天地会的情况详见《清仁宗实录》卷284，嘉庆十九年二月乙巳。

③ 《清宣宗实录》卷12，道光元年正月壬戌。

④ 《清宣宗实录》卷191，道光十一年六月己酉。

⑤ 参见《清宣宗实录》卷220，道光十二年九月己未。

⑥ 唐鉴:《唐确慎公集》卷5，四部备要本。

奖励……数年之后，果能读书向义，酌量奏明，设立瑶童学额。[①]

然而，府江流域的地方官员中只有极少数认真执行清王朝这次普及文教的政策，[②]大多数人都将其视为一纸空文。所以，清王朝在府江流域推行的第二次普及文教政策很快就流产了。不久，鸦片战争、太平天国起义相继爆发，府江流域与广西其他地区一样进入了动荡的多事之秋，清朝的历史从此也进入了末期。

综上所述，清王朝曾经对中国边疆的开发和稳定做出过巨大贡献，其经略边疆的各种得与失都值得今人去总结和反思。清前期对广西府江流域的文教治理具有普遍意义。在很大程度上，清王朝实现了明朝官员丘濬的治边理想，并在实践中探索出了一条文教治边的新道路——普及文教。府江各州县文教普及的成功经验与中辍教训都为我们重新思考清前期广西流官地区的长久稳定以及后来的社会动荡提供了视角。另外值得我们注意的是，20世纪为国人提倡的普及文教其实早在18—19世纪清王朝就在广西践行过。可惜的是，这次文教普及受到了当时文教体制、财政实力以及官僚队伍等诸多条件制约，最后只能无疾而终。这对于我们深入认识当今边疆地区加快实现教育普及、提升教育水平具有重要的借鉴意义。

原载《中国边疆史地研究》2010年第3期，
本文刊发时作者为博士，广西师范大学历史文化与旅游学院副教授。

① 《清宣宗实录》卷226，道光十二年十一月辛丑。

② 据记载，道光十三年富川的一位训导兴办了蒙泉义学；平乐署理知府耿省修对瑶区善后义学的兴办也做出一定的贡献。正是考虑到当时官员中响应者极少，所以清王朝才以“升选有差”的方式嘉奖耿省修，希望能起到一种激励其他官员的作用。参见光绪《富川县志》卷6《学校》;《清宣宗实录》卷250，道光十四年三月癸未。

清末边疆省份司法改革的特殊政策述论

欧阳湘

在我国，边疆地区同时也是少数民族聚居区，但边疆并不是一个纯地理或民族的概念，而是与经济、政治、文化的发展水平密切相关的。[①] 以清末而论，边疆地区大致包括东三省、内外蒙古、西藏、新疆、甘肃以及西南的川滇黔桂（就全省而言，四川可不归入）。在此以前，国家针对边疆地区的少数民族采取不同于内地的治理模式，实行特殊的法律与司法制度。且因“边政”考量之故，国家对边疆地区汉人社会的法律控制与内地有明显差异。[②] 同时，边疆省份地广人稀，经济发展水平较低，地方财政有限；文化教育水平低，待遇条件又无法吸引人才。因此，清末边疆地区实行司法改革之际，各项改革难与内地特别是东部省份并驾齐驱。本文拟就清末司法改革进程中针对边疆省份的特殊政策问题进行评述。

一、边疆特殊司法改革政策的产生

1906 年 11 月 6 日，清廷命奕劻等续订“直省官制”，并“著会商各省督抚妥为筹议”。官制编纂馆于前一日通电各省督抚征求意见。官制馆提出的底案均寓司法独立之意：（1）省以下行政单位实行一级三等制，“甲等曰府，乙等曰州，丙等曰县”；每府州县“别设地方审判厅，置审判官，受理诉讼；并画府州县各分数区，每区设谳局一所，置审判官，受理细故诉讼，不服者方准上控于地方审判厅”。（2）省级官制拟有两种办法征求意见。第一种办法与立宪国官制相近。“每省各设

① 参见杜文忠《边疆的概念与边疆的法律》，《中国边疆史地研究》2003 年第 4 期。

② 参见张晋藩等《中国司法制度史》，人民法院出版社 2004 年版，第 440—446 页。

高等审判厅，置省审判官，受理上控案件。行政、司法各有专职。”第二种办法是按现行官制量为变通。“以督抚径管外务、军政，兼监督一切行政、司法”，另设“按察司专管司法上之行政，监督高等审判厅”。①

对此，边疆地区的督抚将军多以“地远才难”为借口进行迂回抗争。复电最早的吉林将军达桂强调说：“惟边隅僻处，开化较迟，国民程度未高，骤语以乡镇自治机关，恐多退谢不敏。”新疆巡抚联魁则称：“惟新疆民族，种类庞杂，程度太低，实无自治之资格。拟俟新制颁行后，再为详察地方情形，将人民选举、地方自治各节略请变通，即可推行尽利。”贵州巡抚庞鸿书说：“至贵州风气，向来朴宠，苗、民杂处，自治之程度更恐未易骤达。”陕甘总督升允称：“甘肃风气较迟，一切新政开办独后，此次改定官制，难与各省争先并举，俟邻省川、鄂行之无弊，再行依照。”广西巡抚林绍年说：“现在人才不足，似宜先改一省，或每省先改一府，或即改一县，照新制试办。”黑龙江巡抚程德全称：该省“事事草创，若省会骤设多司，不特无此多数人才，尤万无此财力”。在各边省督抚中，惟有云贵总督岑春煊没有叫苦喊难，但他当时滞留上海而没有到昆明赴任，电文也只字未提云南省情。②

1907年7月，总司核定官制大臣奕劻、孙家鼐等将地方官制案奏进，清廷予以核准推行。司法独立被确定为地方官制改革的基本原则。但官制改革采分步走的推进策略，“著由东三省先行开办”，直隶、江苏两省风气渐开，也择地先为试办，其余各省则分年分地办理。③边疆省份司法改革的特殊政策，成为中央馆（宪政编查馆）部（法部）与边疆各省督抚之间既有争议又有共识的问题。

二、特殊政策的内容与演变

贯彻司法改革原则，在全国各省建立健全新的法院组织体系，需要人才、经费和财物等各方面资源的大量投入。随着地方司法改革方案的制定与实施，边疆省份

① 《厘定官制大臣致各省督抚通电》（光绪三十二年九月十九日），侯宜杰整理：《清末督抚答复厘定地方官制电稿》，《近代史资料》第76号，中国社会科学出版社1989年版，第51—53页。后因地方督抚反对，省以下行政区划“裁道留府”，即府（直隶州）继续为省与县之间的行政区。至于最低级的法院“谳局”，后定名为“初级审判厅”。

② 各边疆督抚复电，见《清末督抚答复厘定地方官制电稿》，《近代史资料》第76号，第53—72页。

③ 参见《各直省官制先由东三省开办俟有成效逐渐推广谕》，故宫博物院明清档案部编：《清末筹备立宪档案史料》，中华书局1979年版，第510—511页。

的特殊政策问题逐步浮现出来。

（一）普设法院进度较慢

此次官制改革，注重“分设审判各厅以为司法独立之基础”。① 清廷随即着手制定有确定时间表的全国普设法院计划。边疆省份司法改革的特殊政策，首先体现为普设法院的时限较长。

1. 普设法院计划里的安排。考虑到各省特别是边疆地区的困难，清廷逐步推进地方司法改革。在编纂官制大臣载泽等所拟全国普设法院计划中，边疆省份多列在最末的第五期：“京师为首善之区，直隶、江苏交通较便，风气较开；奉天则更新伊始。以上四处宜列为第一期。湖南、湖北、江西、安徽、浙江列为第二期，山东、广东、广西、福建列为第三期，四川、河南、山西为第四期，云南、贵州、新疆、陕西、甘肃、吉林、黑龙江为第五期。至各省之中，有欲提先试办或须展期缓办，均由各省督抚体察情形斟酌办理。即一省之中何处宜先办何处宜缓办，其限期亦由各该省督抚酌定，惟须于十五年期内一律办齐。”②

光绪三十四年（1908）八月预备立宪年限确定为九年，该项时间相应缩短：第三年即 1910 年，“各省省城及商埠等处各级审判厅，限年内一律成立”；第八年即 1915 年，“乡镇初级审判厅一律成立”。③ 宣统二年（1910）十二月，筹备立宪年限缩短为五年，改为要求到宣统四年即 1912 年，“直省府厅州县城治各级审判厅一律成立”。④ 令人遗憾的是，这两份计划都没有对边疆省份普设法院进度给予明确的变通安排。

2. 普设法院实践中的调整。普设法院时间一再提前，实施难度随之加大。仅第一阶段即到 1910 年底完成省城、商埠设立审判厅的任务就足以让督抚们头疼了。边疆省份都只筹设省城审检厅，无暇顾及商埠。例如，云南有腾越、思茅、蒙自和省城南关共四处商埠，却只筹设省城一处，“三埠审检各厅，应俟省城各厅成立后，再行酌量筹办”。⑤ 不仅如此，云贵总督李经羲还提出“变通办法三端”：（1）“暂不设

① 《总核官制大臣庆亲王奕劻等奏改外省官制折附清单》，《东方杂志》第 4 年（1907 年）第 8 期。

② 《编纂官制大臣泽公等原拟行政司法分立办法说帖》，《东方杂志》第 4 年第 8 期。

③ 《宪政编查馆资政院会奏宪法大纲暨议院选举法要领及逐年筹备事宜折》，《清末筹备立宪档案史料》，第 61—67 页。

④ 《宪政编查馆大臣奕劻等拟呈修正宪政逐年筹备事宜折》，《清末筹备立宪档案史料》，第 90—92 页。

⑤ 《云贵总督李经羲奏省城各级审判检察成立推检各员酌量变通委署折并单》，《政治官报》第 1299 号（日刊，创刊于 1907 年 10 月 26 日，主要刊登谕旨、奏折和法令。这是我国历史上第一份中央政府直接创办的机关报，由宪政编查馆政治官报局编印。责任内阁成立后由内阁官报局接办，于 1911 年 8 月 24 日改名《内阁官报》）。

初级，无论轻重案件，均以地方厅或分厅为第一审，少设推检”；(2)府直隶州及商埠各合设地方初级厅一所，“所属州县暂不设厅”；(3)展缓成立期限，“边瘠省份，尤特别延长，并拟补助办法”。[①] 又如广西，当时辟有梧州、南宁和龙州三处商埠，但广西巡抚认为，“南宁、龙州号称商埠，要皆有名无实，商务民居均非蕃庶，讼狱尚简”，要求“其南宁、龙州地方初级各厅，量为展缓”。[②] 对此，中央重申既定时间表，坚持区域虽可变通，可是应仍以已定之制为准，“该抚原拟办法，设地方审判厅仅十有一所，似嫌过少”；所请展缓“期限碍难变通，应仍以清单所定为准”。但实际上往往只能听之任之，各省所请缓办商埠审检厅一概照准，中央甚至主动帮忙“解套”。例如针对广西，“该省属瘠壤穷荒，如无著名繁盛乡镇即可毋庸再议筹办，但就各该府厅州县城治各设初级审判厅一所”。[③]

(二)灵活政策罗致人才

清廷自光绪三十四年(1908)开始实施普设法院计划，需用大批具备新法律知识的专业人才。这对于内地省份来说都是难以负担之重。边疆省份新式教育发展相对落后，加上待遇等条件所限，专业人才容易流失。为此，边疆省份在用人选才方面要求特殊政策，以灵活措施选拔和招揽人才。

1.变通提拔选任程序。即在选拔和任用新政人才方面采取特殊政策和灵活措施，免除提拔和选任属官的某些限制，或为员吏争取较优厚的待遇。其理由是：边疆省份因边防和民族关系复杂需才尤急，但条件较差无法吸引优秀人才。光绪三十二年(1906)十月，广西巡抚林绍年复官制馆的电文称：试办新政必须“听督抚为地择人，不拘文法”。[④] 三十四年(1908)，云贵总督锡良奏请变通补署成例，理由是：“现值举行新政，在在需人，滇省人材本极缺乏，兼之地处边瘠，才猷卓著之员相率视为畏途。间有可用之才，补署又格于成例，是以每遇各项缺出，动有乏才之叹。”故奏请：“凡道府州县各缺两年之内补署，均暂行不拘文法咨选各缺拟请扣留外补，一俟限满再行规复旧制。”结果所请奉旨准行。[⑤] 同年，锡良又奏准变通教杂人员俸满

① 《云南筹办审判厅近事》，《法政杂志》第1年(1911年)第8期。

② 《广西巡抚张鸣岐奏广西第三届筹办宪政情形折》(宣统二年二月二十八日)，《清末筹备立案档案史料》，第775页。

③ 《宪政编查馆议覆升任桂抚奏筹办审判期限区域拟请酌量变通折》，《政治官报》第1313号。

④ 《广西巡抚来电》(十月初七)，《近代史资料》第76号，第59页。

⑤ 《云贵总督锡良奏请变通补署成例折》，《政治官报》第295号。

例验办法，一般教杂人员由该管州县就近申送府州“验看”，免除赴道、赴省程序。[①] 宣统元年（1909），云南又奏准变通补署道府州县章程，同知、通判等缺“统于两年限内补署，俱暂不拘文法”。[②] 同年，广西巡抚奏：“请嗣后本省合例州县在法政学堂毕业，别科考列中等以上、讲习科考列优等以上分别查照定章供差一年，期满考验在平等以上者即归候补班，按班请补。”[③]

2. 吸引留用省外员生。当时，新式教育在中国刚刚起步，司法人才短缺，边疆省份困难尤其严重。例如广西开办法政学堂之初，合格学员不足，“佐杂居十之七八，州县以上仅十之二三，其中年齿已长，难期深造者又居十之八九。大都由于强迫，勉应讲习科以期速成，其热心向学肯入别科者，盖无一焉”。广西巡抚张鸣岐认为，倘不赶紧设法广为造就，届时“无才之困难，将有较无款而更甚者”，乃奏请调取外省员生来桂就读：一是请吏、礼两部“于广东福建湖北湖南云南贵州六省举人及就职之优拔副贡中，凡年在四十以下者，自宣统起按年拣发二百员来桂，考验合格俾入法政学堂肄业”。二是倘考验挑取仍不足额，“并请推广兼收捐纳人员，无论籍何省，候补、候选之员，年在四十以下者，均准自行投考，毕业奏留奖励，悉照拣发人员办理”。[④] 结果，广西的这项要求获批准。次年，四川总督也奏请将法政毕业学员，不分外省、本籍，候补、候选，“均归奏留补用”。[⑤]

此外，边疆省份在要求调人或裁汰冗员时，也常打“边疆牌”，并屡屡奏效。如广西巡抚光绪三十四年催调骆成骧等人的奏折称，“广西地居边徼，吏材素乏。近值厘定官制，举凡司法行政需材尤殷”，并要求“免扣资历俸，不停升转铨选”，俾得专心任事造成法政人才。[⑥] 当然，职官编制要适合地方承受能力。“欲增有用之官以专责成，宜先去无用之官，以节浮费”。为此，广西巡抚多次奏裁减“闲冗”各缺，获宪政编查馆肯定“洵不为无见”。[⑦] 陕甘总督长庚以人浮于事为由，奏请将“捐纳劳绩考职等项应请一概停止分发二年”，以增加督抚用人行政的灵活机动性。[⑧]

① 参见《吏部奏议覆云贵总督奏变通教杂调验事宜折》，《政治官报》第385号。
② 《护理云贵总督沈秉堃奏请将滇省同通等缺变通补署片》，《政治官报》第660号。
③ 《又奏法政学堂毕业州县各员请归候补班叙补片》，《政治官报》第694号。
④ 《广西巡抚张鸣岐奏法政需员拟请援照直隶考选成案并兼收捐纳人员折》，《政治官报》第446号。
⑤ 《四川总督赵尔巽奏请将川省法政毕业学员援案奏留补用折》，《政治官报》第676号。
⑥ 《广西巡抚张鸣岐奏调修撰骆成骧等办理法政学堂片》，《政治官报》第167号。
⑦ 《宪政编查馆会奏桂抚张鸣岐奏议裁撤冗员折》，《政治官报》第648号。
⑧ 《陕甘总督长庚奏甘省人员拥挤援案请停分发折》，《政治官报》第1094号。

（三）法政教育缩短年限

美国法学家博登海默说："法律制度所得到的尊严与威望，在很大程度上取决于该制度的工作人员的认识广度以及他们对其所服务的社会的责任感的性质与强度。"[①] 而新法律知识，非经一定年限的法政专业训练无从获得。但学期过长，难免远水难救近火，所以边疆省份都要求特殊政策。

1. 以速成方式培养法政人才。按学部奏定的学堂章程规定，各省法政学堂应设本科、预科、讲习科、别科四项。但边疆省份由于需才孔急，所办法政学堂集中举办速成科。例如，宣统元年（1909）热河速成法政学堂招考官绅二班，"本拟遵照部章接办完全科，藉资深造。无如头班毕业员数无多，现当举行各项新政，仍属不敷委用，不得不变通办理，再行续开速成一班以应急需等情"，经咨商学部，照章改名"讲习科"。[②] 此前，各项条件相对较好的广西也奏准法政学堂不设立本科、预科，集中举办速成的讲习科和别科。[③] 当然，这种情形恐内地省份也不乏其例。而陕甘总督长庚的奏折则表明，"边疆"牌对于争取特殊政策是有优势的。他的理由是"甘省地处边陬，吏材素乏"，法政学堂学期"东南各省大率定限三年，甘省人材消乏，且需次半系寒员，为期过长，未免望而生阻。拟酌定为三学期，分期毕业"。长庚奏折还称这样做，"虽云因地制宜，实皆惟力是视"。[④] 最极端的是新疆，法政学堂附设审判研究所，招考候补"佐治各员"入所练习一学期卒业，竟然也奏准"照章"分别任用。[⑤]

同理，边疆省份的检验吏学习所也常突破奏定标准之限制。光绪三十四年（1908），东三省总督徐世昌和吉林巡抚联衔奏请举办检验吏学习所，调取各属识字仵作并招考本省二十岁以上聪颖子弟入所学习，定期一年毕业。奉旨议奏的法部认为学期一年毕业为时过促，改为一年半为期，并于宣统元年要求各省普设该类学习所或传习所。[⑥] 这年十一月，护理云贵总督沈秉堃奏准给予云南学期不足的毕业生以同样待遇："滇省此项学堂开办在先，虽名目微有不同，其办法与部

① ［美］E·博登海默著，邓正来译：《法理学：法律哲学与法律方法》，中国政法大学出版社1999年版，第507页。

② 《又奏速成法政学堂遵章改为讲习科片》，《政治官报》第763号。

③ 参见《广西巡抚张鸣岐奏遵章设立法政学堂折》，《政治官报》第643号。

④ 《陕甘总督升允奏遵设法政学堂酌拟办法折》，《政治官报》第400号。

⑤ 参见《开缺新疆巡抚联魁奏新疆第三年第一届筹办宪政情形折》，《清末筹备立宪档案史料》，第779—780页。

⑥ 参见《法部会奏议覆东督奏吉省拟设检验学习所改仵作为检验吏给予出身折》，《政治官报》第496号。

章适相符合。缘滇中天气和淑，并无严寒酷暑，学堂不放年署（暑）各假，原定一年毕业亦与年半之期无甚悬殊，自应遵照将各属件书改为检验吏。”[①] 如果说云南的要求还勉强算“法不溯既往”的话，那么贵州则完全是破例了。贵州巡抚庞鸿书宣统二年（1910）的奏折说：“惟各厅成立在即，此项学习期限不能不暂定速成，以六个月为毕业，分派各厅当差。”对此，清廷批令法部“知道”。[②] 当然是允准了。

2. 降低法官学历门槛。1910 年初，清廷颁行《法院编制法》和《法官考试任用暂行章程》及其施行细则。按规定，有资格参加法官考试的人员有两类：一是《法院编制法》规定的“准予应试人员”，学历须严格达标，“凡在法政法律学堂三年以上毕业领有毕业文凭者，得应第一次考试”；二是《法官考试任用暂行章程》规定的“准暂行一体与试人员”，包括举人及副拔优贡以上出身、文职七品以上和旧充刑幕确系品端学裕者。[③] 这已是针对当时法政教育不发达情况的变通，但仍属标准过严。最初要求放宽法官资格的是浙江。浙江审判研究所招有两班，乙班招考文理优长粗有法政知识者，上年七月开课；甲班专取法政学堂一年半毕业及三年毕业者，当年正月入学，皆限年底一律毕业。浙抚增韫奏请准许他们一体参与法官考试。结果，中央严词驳回了浙江的请求，坚持原定三年学历标准。[④]

就在浙江的要求被驳不久，贵州巡抚庞鸿书致电中央称：法官考试在八月举行，“黔省应考人员合格者无多，将来恐不敷考选”。不过，“本省法政毕业人员有二年以上程度者，又留学日本速成毕业在本省充法政教员三年者”，故要求“通融准其一律与考”。宣统二年（1910）七月二十日，法部与宪法编查馆核议后同意了贵州的请求：“法官考试事属创举，黔省地处偏僻，风气未开，自应暂准该省凡留学外国法政速成毕业，在本省充当法政教员三年以上者，及本省法政二年以上毕业领有优等文凭者，均与第一次考试。仍以此次为限。”奏折还特别规定，“留学不必限于日本，但统言外国以宽其途”。此前，法部拒绝浙江省的类似请求，现“亦准其与第一次考试，他省有似此资格人员亦暂准照此办理”。[⑤]

① 《护理云贵总督沈秉堃奏改件作为检验吏给予出身片》，《政治官报》第 780 号。

② 《贵州巡抚庞鸿书奏筹设检验传习所大概情形折》，《政治官报》第 917 号。

③ 参见政学社编《大清法规大全 · 法律部》（卷四），台北宏业书局 1972 年版，第 1829、1835 页。

④ 参见《法部奏议覆浙抚奏考试法官请将审判研究所毕业学员一体与试折》，《政治官报》第 979 号。

⑤ 《法部奏本届举行法官考试暂拟推广与考资格折》，《政治官报》第 1016 号。

（四）法官考试专设考点

鉴于边疆省份交通不便，应考人员很难到京师参加全国统一的法官考试，法部决定在新疆、甘肃、四川、云南、贵州、广西六个边疆省份专设考场，以所在省督抚为监临官，由法部派出主考官，四川、广西、云南、贵州各为一路，甘肃、新疆共为一路。[①]考试结束后，将录取各员等第、分数、履历名册，及各场试卷咨送法部，由法部核对无误后奏请委派为正七品推事检察官。

各省之中，广西法官考试举办最早，而且先于京师法官考试。原定宣统二年（1910）四月十五日开考，后因报名人数不足，将报名日期延长，改至五月十五日开始进行。当时法部忙于准备京师考试，没有派员监考，改命广西巡抚张鸣岐会同署提学使李翰芬、按察使王芝祥主持，录取最优等、优等和中等生共 32 人。[②]云贵川甘四省由法部派出考官、襄校官各二人，自八月初至九月初陆续进行。其中，法部派往贵州考试官林启、朱汝琛，襄校官吕兴周、何宾笙。应考人员 158 名，扣除未作全卷 1 名，二场不到者 1 名，扣除“越幅”1 名，共取录 42 名。[③]甘肃正考官李擢英、副考官萧丙炎，襄校官万之一、恽福鸿。应考员生 140 名，录取最优等 11 名，优等 8 名，中等 23 名，共 42 名。[④]四川考官法部郎中张丕基、陈棣棠，襄校官法部主事铭廉、吕慰曾。应考员生 382 名，取录最优等 5 名，优等 40 名，中等 85 名，共取 130 名。[⑤]云南考官何奏篪等，与考人数共 116 名，取录郑溱等 26 名。[⑥]最后进行的新疆考试原定由甘肃考官转往，后改派该省提学使及按察使为考官。[⑦]考生共 35 名，录取 8 员。

虽然没有发现有关于边疆省份法官考试应采用宽松标准的明确规定，但从实际录取的情况看，边疆省份法官考试的通过率是相对较高的。宣统二年（1910）第一次法官考试，专设考场的边疆六省，考试题目和评分标准自然各不相同。在京师

---

① 参见《考核京外衙门第三年第二期筹备宪政成绩》，《法政杂志》第 1 年第 5 期（1911 年 7 月）。这些省份的考生也可在京参加考试，其中，当年在京参考者当中录取云南考生 8 员、甘肃 3 员、四川 37 员、贵州 7 员、广西 70 员。

② 参见张永兵、江伟《近代广西第一次司法官考试研究》，《边疆经济与文化》2007 年第 3 期。

③ 参见《贵州巡抚庞鸿书奏考试法官事竣折》，《政治官报》第 1085 号。

④ 参见《陕甘总督长庚奏考试法官事竣折》，《政治官报》第 1094 号。

⑤ 参见《四川总督赵尔巽奏考试法官事竣折》，《政治官报》第 1101 号。

⑥ 参见《云贵总督李经羲奏法官考试事竣折》，《政治官报》第 1142 号。

⑦ 参见《法部奏新疆法官考试实多窒碍拟请援照成案量予变通折》，《政治官报》第 1025 号。

参加考试的考生也按省“分场分棚”进行，采用不同的试卷。[①] 因此，法官考试的评分标准也不统一。一般说来，边疆省份考生受新式法政教育的比例偏低，综合素质较东部省份考生为低。从新疆录取的 8 员考生的出身来看，刑幕 6 人、举人 2 人，无一法政毕业生，平均年龄 39.75 岁，40 岁以上者 4 人（见表 1）。[②] 但边疆省份考点的实际录取比例却相对较高。例如，统一在京师参加考试的各省考生约 3500 ~ 3600 名，录取 561 名，通过率大概在 15% ~ 16% 之间。而边疆省份考点，贵州考生 158 名，录取 42 名，通过率 26.58%；甘肃考生 140 名，录取 42 名，通过率为 30%；新疆考生 35 名，录取 8 名，通过率 22.86%；云南考生 116 名，录取 26 名，通过率最低，也达到了 22.41%；至于京外最大的考点四川，考生共 382 名，录取 130 名，通过率高达 34.03%。

表 1　1910 年新疆法官考试录取各员年龄、籍贯、履历、等第、分数一览表

等第	姓名	年龄	籍贯	学（经）历	平均分	备注
优等 2 人	廖振鸿	34	湖南	陕西、新疆等省刑幕	71.7	
	徐纪先	47	四川	甘肃、四川等省刑幕	71.7	
中等 6 人	方常善	43	安徽	山东刑幕	74.7	均因主要科目不满 60 分，降为中等
	魏承耀	29	甘肃	举人	74.4	
	余培森	37	安徽	举人，新疆知县	69	
	万鹏飞	39	湖南	新疆刑幕	66.3	
	李毓昆	45	湖南	甘肃、新疆等省刑幕	64.6	
	郭祖雍	44	四川	四川、河南等省刑幕	62.4	

要求最为宽松的是新疆。该省此次法官考试录取 8 员，加上有免试资格者 4 名，共 12 名；而“新省商埠三处共六厅应需推检 24 员”，省城三级审检厅还不在内，显然是无人可派，非另筹“变通办法”不可。新疆巡抚袁大化最后奏请从“本省候补人员中选取品秩相当或专门法政学校毕业并曾任正印或历充刑幕各员酌量派用，

① 关于此次法官考试学术界近年已有不少成果。如程燎原《清末法政人的世界》（法律出版社 2003 年版）、李启成《晚清各级审判厅研究》第 4 章（北京大学出版社 2004 年版）和李超《清末民初的审判独立研究——以法院设置与法官选任为中心》（中国政法大学 2004 年博士论文）。尤以李启成博士的研究最为系统且较深入。但因资料所限，其中对边疆六省考试情形的论述则不够详实，如新疆考试办法一再变通，怀疑“新疆的法官考试没有举行”；又如云南，“不能确定是两次考试还是在不同地方举行的同一次考试”（《晚清各级审判厅研究》，第 99、112 页）。

② 参见《法部奏甘新滇三省考试法官授职任用折》，《政治官报》第 1208 号。

并令先在省城各厅试验数月再行发往各该处开办”。法部认为“所请各节本与现制不符，顾念新省地居边徼，荒穷万里，人多裹足不前，若不略予变通，则各厅成立无期，贻误实非浅鲜”，同意“如该抚所请准其暂时变通办理”。[①]这样，连法官任用须经考试之程序也免了。

（五）区别对待不同边疆地区

1906—1907年地方官制改革启动时，未建行省地方并不在列，但后来筹备宪政过程中逐步形成对不同边疆地区区别对待的政策。综合而论，针对清末不同边疆地区具体情况，在推行司法改革时亦有所区别。

第一类如蒙、藏等边疆地区，司法改革取向主要是逐步“内地化”。此类地方或系地广人稀，或政教合一，清末以前尚无专门司法机关，但到清末，原有的纠纷解决机制逐渐不能适应社会管理的需要。例如蒙古的库伦因商务开辟、民众出入增多，原有“办理商民事务章京多半未谙律例，每核案件不免参差；而印房满蒙汉章京等又系兼理庶务，于刑事亦非所素习”。同时，办理商民事务章京衙门只有禁房向无监狱。库伦办事大臣延祉奏准依照“热河都统衙门办法，添设理刑司员一员”。[②]但库伦监狱和习艺所则因“款项奇绌”无法修建。宣统三年（1911）四月，库伦办事大臣三多奏请裁撤理刑司员，拟在库伦和恰克图成立审检厅，也未实际成立。至于科布多，“控驭蒙旗，幅员辽阔”，该管办事大臣“以防戍而兼地方之责，遇有命盗各案，向归审理”。后来因通商而案件增多。清廷认为“举办秋审及设立习艺所诸事均应次第仿行”。[③]宣统元年十二月，科布多也奉旨成立“宪政筹备处”并悬挂筹备宪政之上谕。[④]至于西藏，清末时开辟亚东、江孜、噶大克等商埠，并设立或拟设商务委员、会审局、裁判局等机构，管理商埠裁判事宜，但“始终没有脱离传统的行政兼理司法的体制”。[⑤]总的说来，蒙古和西藏等地司法改革取向是明确的：“蒙藏回番，风气未辟，惟有因机利导，不计近功，以冀徐收实效。”[⑥]

---

① 《又奏新疆开办各厅请暂行变通任用法官折》，《政治官报》第1219号。

② 《库伦办事大臣延祉等奏刑案日多拟请添设理刑司员折》，《政治官报》第510号，第13页；《法部会奏库伦添设理刑司员依照热河变通章程办理折》，《政治官报》第567号。

③ 《法部奏遵议科布多办理命盗案件酌拟章程片》，《政治官报》第661号。

④ 参见《科布多参赞大臣溥润奏遵旨设立宪政筹备处并恭悬上谕折》，《政治官报》第1099号。关于清末外蒙司法改革，可参见樊明方《清末外蒙新政》，《西域研究》2005年第1期。

⑤ 参见孙镇平《清末西藏治外法权的确立初探》，《北京建筑工程学院学报》2004年增刊。

⑥ 《理藩部奏筹备藩属宪政第四届已办事宜》，《政治官报》第1073号。

第二类即边疆各行省，司法改革与内地看齐，甚至走到前列。从清朝中央政府的要求和司法改革的进度来看，边疆各省与内地差别不大。居上游的有辽宁、吉林和广西。东北系清末新建省份的地区，没有旧体制的包袱，改革的阻力较内地行省为小，在官制改革中被确定为先行“试点”地区。吉林省由于商埠较多，1911 年审判厅和检察厅的数量高居全国之首。广西则率先举行了司法官考试。甘肃、新疆、四川、云南、贵州等省，司法改革进度大致在全国中下游。当然，由于清末司法改革特别是审判厅和检察厅的筹办，只推进到省城和商埠这一层级，所以边疆地区与内地省份的差距尚未浮现出来（如表 2）。①

表 2　1911 年二十二省省城、商埠各级审判厅统计表

省份	高等厅	高等分厅	地方厅	地方分厅	初级厅	小计	省份	高等厅	高等分厅	地方厅	地方分厅	初级厅	小计
总计	22	2	56	5	70	155							
吉林	1	0	8	0	15	24	江苏	1	0	4	0	0	5
奉天	1	0	6	1	9	17	湖南	1	0	1	0	2	4
直隶	1	2	3	1	7	14	贵州	1	0	1	0	2	4
广东	1	0	4	2	7	14	黑龙江	1	0	1	0	1	3
新疆	1	0	4	0	4	9	安徽	1	0	2	0	0	3
浙江	1	0	3	0	5	9	山东	1	0	2	0	0	3
湖北	1	0	4	0	4	9	云南	1	0	1	0	1	3
福建	1	0	2	1	4	8	山西	1	0	1	0	0	2
江西	1	0	2	0	3	6	河南	1	0	1	0	0	2
四川	1	0	2	0	3	6	陕西	1	0	1	0	0	2
广西	1	0	2	0	3	6	甘肃	1	0	1	0	0	2

此外，设立大理院分院也是清末对边疆省份的一项变通政策。较早出台的改革方案并无大理分院设置。1911 年 3 月，大理院正卿定成拟订大理院设置办法：“第川、藏、秦、陇，地偪西陲；桂、粤、滇、黔，远睽南服，如概责令奔赴京师，诚恐阊阖九重，呼吁无闻之感，而湮灭证据，拖累无辜，皆势所必至。是分院之经划，实难稍缓须臾。臣等公同商酌，拟请于甘肃省设一分院，以陕西、新疆属之。四川省设一分

① 根据《政治官报》第 1155 号（1911）“法部表”编制，表中“高等分厅”二所均在直隶，即热河、天津。

院，而驻藏大臣辖境属之。此外云贵合设一分院，两广合设一分院。”而且各地大理分院均对应设置总检察分厅。① 不过辛亥革命旋即爆发，各大理分院无一组织成立。

三、特殊政策的检讨与分析

以上所述特殊政策，对于推进边疆省份的司法改革是有积极作用的，但还存在不少的问题。其中的成败得失，对于今日西部欠发达地区特别是边疆少数民族地区的法制建设具有一定的借鉴意义。

（一）特殊政策及形成过程的检讨

首先，特殊政策形成的过程与程序存在种种不足。边疆省份司法改革特殊政策的形成，体现了中央馆部与边疆省份的互动，而中央居于主导地位。除光绪三十二年（1906）官制改革启动时未建行省的蒙藏等地方明确不在改革之列，以及次年载泽所拟十五年全国普设法院计划将边疆省份列在最末期外，中央政府都很少在制定司法改革方案时就明确对边疆省份施行特殊政策。地方司法改革方案的制定，除最初的官制改革曾吸收地方督抚参与并征求意见外，其他多系中央馆部包办出台。因此，针对西部特别是边疆地区的特别政策，多半是各督抚将军主动争取，而中央馆部认同其实际困难时做出让步的结果。中央对边疆大吏的变通请求或准或驳，并没有一个明确而普遍适用的标准，缺乏可预见性和稳定性，甚至还有反复。例如，未建行省的热河照章只能开办高等分厅，热河都统廷杰所请按省城办法筹设高等厅和提法司被法部驳回。但后来廷杰调任法部尚书，继任热河都统诚勋的类似请求获法部批准。②

其次，特殊政策的范围和强度不足以解决边疆省份的困难。中央馆部最终设计整齐划一的改革方案有脱离现实国情之弊，使得地方当局面临极大压力。特别是对于边疆省份，地广人稀，每一厅县设一地方审判厅，在人力和财力方面没有可能，在事实上则毫无必要。边疆省份仅区分为已建行省和未建行省两类，将内地与边疆、东部与西部各省一视同仁，常致进退两难。而中央政府所定的改革方案允许边疆省

---

① 《大理院正卿定成等奏请提前筹议大理分院事宜折》（宣统三年三月初七日），《清末筹备立宪档案史料》，第889—890页。

② 参见《法部议奏热河改设高等审判检察厅等折》，《政治官报》第1251号。

区变通的依据，主要考虑到地远、才难和财力有限等经济和社会发展落后等困难，还没有充分考虑到少数民族地区生产、生活方式的特点；特殊政策的适用区域以省为单位，也显得过于粗糙。不过，由于清末司法改革只进行到省城、商埠层级，这里经济社会发展水平和居民结构的省际差距比较小，而集全省之力专注于省城一处的改革，尚可勉为其难。但随着司法改革推进到基层州县，改革方案的理想化和规范化与民族结构和社会发展水平之间的矛盾，就会完全浮现出来。

在此，新疆可能是比较典型的例子。“新省地方面积四百余万里，而人民不满二百万。其间山川戈壁辽旷散布，府厅州县辖境有远至一二千里者。”辖区内游牧民族根本不定居，“无所谓镇，无所谓乡”，要建设法院，“求一宅中建设之区而不可得”。因此袁大化建议法院只设在省城、商埠，其他地方复设“伯克”制度负责审判事务。“城治设总伯克一人，或回乡各设总伯克一人，仍由地方官监察，以杜前日横恣之弊。”袁大化明确告诫：“美善之政，以急迫抢攘行之，窃恐贫瘠之区，公私交困，民心一涣散，边局可危。”[①]显然，这不仅仅是财力、人力和物力无法支持，而且和当地民族习惯也根本冲突，甚至有动摇社会稳定之虞。显然，边疆民族地区何时推行司法改革，以及推行到何种层级和哪些区域，都是值得斟酌的。而“拔苗助长”式特殊政策也不足取。如清末新疆省城、商埠审检厅勉强成立，辛亥革命期间各厅关闭，民国成立后无一复办，终北洋军阀政府时期，新疆都没有新式法院。

（二）几组关系处理的经验与教训

1. 对变通与划一的把握。边疆民族地区法制建设与国家法制的统一，是一个既现实又敏感的问题，必须审慎把握。一方面，边疆民族地区要遵守、贯彻国家法律，并逐步将当地的社会生活纳入法制轨道；另一方面，边疆民族地区的法制建设必须充分考虑各民族对法制的要求以及边疆地区的承受能力。[②]清末司法改革中，清廷对此并没有很好把握。中央馆部赋予边疆省份司法改革以特殊政策，又要求“合于现行司法制度及与新颁法令并历次奏案不相抵触者，应以馆部咨行办法为准，以为提纲挈领之计而收整齐划一之功”。[③]关于法院员额编制，清廷坚持“明定整齐划一之方，未可各为风气。即隐寓撙节制裁之意，要非自狭规模”。[④]宪政编查馆认为，广

① 转引自李超《清末民初的审判独立研究》，中国政法大学2004年博士论文，第86—87页。

② 参见耿明《民族地区法制建设与国家法制的统一》，《江西社会科学》1996年第5期。

③《又奏司法行政分权遇有疑义咨询馆部核定办法片》，《政治官报》第1256号。

④《法部奏酌定直省省城商埠审判检察厅厅数员额分别列表折》，《政治官报》第1155号。

西巡抚张鸣岐"所拟变通区域之处，按诸钦定司法区域分划章程，又复不符国家法令，甫见施行猝议更张，何能统一"，乃予以明确驳回。至于打"边疆牌"意图偷工减料和消极怠工，中央馆部则予驳斥。"广西虽系边省，然款绌才难之病，各省皆同。"①

2. 对特例与推广的拿捏。中央馆部在驳回边疆省份的变通请求时，例必通行各省一律遵照执行。但允准变通请求时，则分别情形，或许援例推广，或"只此一家"，"下不为例"。例如，鉴于新疆"地远才难"，法部允许在法官资格条件和任用程序方面给予特别变通。法部同时也特别宣示："此项办法系专为新省地远才难、与内地各省迥乎不同，不得不于十分困难之中筹一暂时变通之策。此外无论何省，均不得援以为例。"②当然，更多的是在批准某一省份的变通办法后，允许类似省份乃至全国推广。例如，光绪三十四年（1908），云贵总督奏请"变通教杂调验事宜"，中央吏部在批准的同时指出："至他省所属各州县虽不至如滇省之穹远，但教杂瘠苦情事，亦多相同，应俟此案奉旨后，由臣部通行各省一律办理。"③宣统二年（1910），贵州巡抚奏准降低第一次法官考试与考资格。法部认为"合格应考人员为数无多，恐不独黔省为然……现既拟准推广办法，自未便限于黔省一隅"，故许各省一体推广。④

3. 速度与质量的兼顾。清末对于边疆地区的特殊政策不外乎三个方面，一是速度，即允许边疆省份改革进度稍晚于内地省份；二是编制，即允许边疆省份设置较少的法院和配备较少的司法人员；三是资质，即允许司法人员的资质条件较内地为低。这是一组相互联系且须综合考虑的变量，都有一个度的问题。如果边疆省份的改革安排晚得太多，又要顾及内地省份的攀比，所以中央不愿轻易开口子。如果在速度上无法展缓，势必在法院编制和法官资质等方面降低要求。但考虑到社会发展与司法实践的需要，降低要求也必须把握好一个度，还应该有一个逐步提高的规划和机制。

原载《中国边疆史地研究》2009年第3期，

本文刊发时作者为历史学博士，广州市委党史研究室副处长、副研究员。

① 《宪政编查馆奉议覆桂抚奏筹办审判期限区域拟请酌量变通折》，《政治官报》第1313号。

② 《又奏新疆开办各厅请暂行变通任用法官折》，《政治官报》第1219号。

③ 《吏部奏议覆云贵总督奏变通教杂调验事宜折》，《政治官报》第385号。

④ 《法部奏本届举行法官考试暂拟推广与考资格折》，《政治官报》第1016号。

清朝末期达赖、班禅关系与治藏政策研究

孙宏年

作为藏传佛教格鲁派的两大转世活佛，1904年前的数百年间历世达赖喇嘛、班禅额尔德尼互为师徒，相互礼让，关系密切，有九位达赖拜五位班禅为师，有四位班禅拜四位达赖为师。[①]此后，受种种因素影响，两大系统之间的关系发生变化，矛盾冲突时有发生，甚至相互对立，对当时和以后的西藏局势乃至西南边疆的形势、中央政府的治藏政策都产生了很大影响。对于达赖、班禅的关系，20世纪20年代以来中外人士都有所记载，学术界也有一定成果，但较少关注清末双方关系与治藏政策、驻藏大臣的相互作用。[②]本文拟依据档案、文献，以驻藏大臣的作用为中心，探讨清末达赖、班禅关系发展的状况，试析中央政府针对双方关系制定的治藏政策、措施及其得失，恳请方家指正。

① 参见张云《漂泊中的佛爷——九世班禅内地活动的前前后后》，中国藏学出版社2002年版，第18页。

② 就笔者所见，相关记载有：朱绣《西藏六十年大事记》（1925年铅印本），陈健夫《西藏问题》（商务印书馆1937年版），英国人柏尔（Charles Bell）《西藏的过去和现在》（*Tibet, Past and Present*, Oxford, 1924）、《十三世达赖喇嘛传》（*Portrait of Dalai Lama*, London, 1946），麦克唐纳（David Macdonald）《旅藏二十年》（*Twenty Years in Tibet*, London, 1932）等。这些著作介绍了相关事实，大多是叙述见闻，难以称为学术上的深入研究。1950年至今相关研究有：李有义《记达赖与班禅》（《历史教学》第2卷第1期，1951年7月），高长柱《西藏概况》（台北1953年版），芈一之《九世、十世班禅与西藏问题》（《藏学研究论丛》第2辑，西藏人民出版社1990年版），金雷《九世班禅与十三世达赖失和原因探析》（《西藏民族学院学报》2006年第3期），黄玉生等著《西藏地方与中央政府关系史》（西藏人民出版社1995版），牙含章《达赖喇嘛传》（人民出版社1984年版）、《班禅额尔德尼传》（华文出版社2000年版），吴丰培、曾国庆著《清代驻藏大臣传略》（西藏人民出版社1988年版）、《清朝驻藏大臣制度的建立与沿革》（中国藏学出版社1989年版），张云《漂泊中的佛爷——九世班禅内地活动的前前后后》等，都对此有所研究。西文著作中，对此较多涉及的是加拿大学者谭·戈伦夫（A. Tom Grunfeld）的《现代西藏的诞生》（伍昆明译，中国藏学出版社1990年版），其中第四章根据麦克唐纳的记载简要论及达赖与班禅的关系。

一

入清以后，达赖喇嘛、班禅额尔德尼都由中央政府册封，两大系统之间总体上相处融洽，相安无事。而且清朝中央政府在西藏逐步确立了以达赖系统为主导的西藏政教合一制度，1793年颁布《钦定藏内善后章程二十九条》，规定达赖和班禅同为"黄教教主"，"互为师弟"，转世时通过金瓶掣签制度确认。[①]这对于维护西南边疆的稳定产生了积极影响。从18世纪起，随着帝国主义对中国西藏侵略的不断加深，特别是鸦片战争后英、俄两国对西藏的争夺日益加剧，再加上清政府的对外妥协，西藏僧俗上层内部对英、俄两国的态度出现差异，与清朝中央政府、驻藏官员的关系也发生了变化。与此同时，达赖、班禅两大活佛系统之间的关系也发生微妙变化，逐步出现了裂痕，驻藏大臣已经介入其中。

班禅、达赖两大系统的矛盾至少产生在八世班禅时期（1855—1882）。学术界已经注意到，1875年八世班禅受戒，此后因他热心修习萨迦派教义引起西藏各界的争论，1882年十三世达赖受戒，噶厦（即西藏地方政府）未按旧例邀请八世班禅参加。[②]同年，八世班禅圆寂。对于相关事件，英印政府所派间谍达斯（Sarat Chandra Das）记载，当时西藏有人就把八世班禅的圆寂"归罪于他的人民对他不忠，他因此郁闷不乐而死；另有人说他的去世由于达赖喇嘛对他不礼貌，灌顶时没有邀请他参加"；到1887年，因为接待了英印政府所派的间谍达斯，班禅系统的第四世生钦活佛被噶厦处死。[③]这些在当时导致了达赖、班禅两大系统之间的矛盾。有学者认为生钦被处死一事是"达赖、班禅这两大黄教系统之间有史以来的第一次公开的裂痕"，也是长时期以来"英印侵略势力蓄意制造西藏内部矛盾的一个结果"。[④]

在达赖、班禅系统发生这一冲突的过程中，当时担任驻藏大臣的松溎、文硕等

---

① 参见《钦定藏内善后章程二十九条》，中国藏学研究中心、中国第一历史档案馆等合编：《元以来西藏地方与中央政府关系档案史料汇编》，中国藏学出版社1994年版，第825—826页。

② 参见金雷《九世班禅与十三世达赖失和原因探析》；牙含章《达赖喇嘛传》《班禅额尔德尼传》。按：牙含章先生认为八世班禅未被邀请给十三世达赖受戒是因为他当时患病，"不能前来拉萨"（见《达赖喇嘛传》第98页，《班禅额尔德尼传》第198页）。

③ ［印］萨拉特·钱德拉·达斯、［美］W.W.罗克希尔编，陈观胜、李培茱译：《拉萨及西藏中部旅行记》，中国藏学出版社2004年版，第203页，附房建昌文《达斯、罗克希尔与生钦活佛和仲孜寺》。

④ 藏族简史编写组：《藏族简史》，西藏人民出版社1985年版，第298—299页。

人发挥了什么作用呢？八世班禅“惑习红教”事件发生时，松溎为驻藏大臣，桂丰为帮办大臣，他们对此颇为关注。1876 年 12 月，松溎奏称：“西藏向遵黄教，奉经念佛，惟后藏之西萨迦呼图克图本系红教，并皆养妻生子，迥异黄教”，不料班禅“被人愚惑兼习红教，遂致两藏物议沸腾，众心不服”。他感到“体制攸关，诚恐滋事”，他巡视到后藏时多次会见班禅，进行劝说，提醒他：清朝皇帝“特派大臣保卫阖藏，振兴黄教”，应该“上体大皇帝二百余年护持之恩，下慰前后藏数万众生皈依之念，正己教人，表率一方”，怎么能“妄习别教而舍正经，以致人心惶惶，浮言四起”呢？以后应当仍然“确遵黄戒，虔心唪经”，不得“任性妄为，旁习外道，以期仰副圣主保卫全藏、护持黄教之深恩”，如果“执迷不悟，妄知痛改，立即严参，从重惩办”。经过松溎的劝告，班禅“闻听之下，俯首无言”，并按照要求“具结存案”。松溎还表示，他会“随时密察，笞其痛改前习，则阖藏人心自定”，就不再追究，如果“阳奉阴违，始终不悛，自当再行据实严参，请旨办理，并将随侍之扎萨克喇嘛一并惩办”。对此，清廷也非常关心，并肯定了松溎的做法。光绪帝在 1877 年 1 月谕令，驻藏办事大臣松溎奏“班禅额尔德尼惑习红教，现令具结改悔”，“著随时察看，妥慎办理”。① 很显然，1876 年前后，松溎和清廷希望班禅改变“妄习别教而舍正经”的做法，目的是维护黄教内部和西藏僧俗上层的团结，以免激起班禅与西藏僧俗上层的矛盾，避免“人心惶惶，浮言四起”的情况发生，从而稳定西南边疆。至于生钦活佛被处死一事，由于英国侵略西藏，清廷有意妥协，西藏僧俗民众又要求抵抗，驻藏大臣文硕忙于在清廷、西藏地方之间协调立场，似乎无暇顾及，目前笔者所见的文硕奏牍中并未提及此事，《清实录》中未予记载。

1888 年，英国发动第一次侵略西藏的战争，达赖、班禅两大系统团结抗英，双方矛盾暂时缓和，此后由于英、俄两国的挑拨和清政府的无能，达赖、班禅两大系统在如何处置与英、俄两国的关系，如何对待清政府的治藏方略以及维护西藏地方利益方面出现分歧。1896 年，四川总督鹿传霖在一份密折中奏称，英国侵略西藏时“俄人乘间藉游历为名，取道后藏而来，甘言厚币，以诱藏番”，因“语言文字不能相通，特予密函三件，约令遇有急难，将函驰送俄境，即可电达，助兵援应”，达赖方面“欣然信从，结好而去，秘之未敢宣露”。可是，“后藏班禅素与达赖不睦，而

① 松溎：《班禅惑习红教现令改悔片》，吴丰培编：《清代藏事奏牍》，中国藏学出版社 1994 年版，第 422 页；《清德宗实录》卷 45，光绪二年十二月壬寅。

附于英”，泄露了这件事，升泰驻藏期间“闻知查究，追出原函存案，惜未及时销毁”，待到升泰离任，达赖方面乘机“贿通司文案者，仍将三函盗去”。鹿传霖还说，此后没再听说达赖方面与沙俄往来的情况，主要因为俄国与西藏远隔万里，“夏秋水潦不能通行，且必道经后藏，若有勾结，则班禅必为泄之，英亦防之甚严”。这些都使达赖方面“遽难通俄”，否则“以达赖之藐抗顽梗，如其能通，不待我驱之，早已外向矣”。[①] 此事因沙俄原函被盗走已查无实据，但至少表明：在英、俄两国加紧争夺中国西藏，都企图在西藏培植自己的代理人的情况下，西藏地方开始出现了某些上层人士或“附于英”，或“结好”沙俄的传言。这一说法出自四川总督之口，四川又是西藏治理的后方基地，表明清朝一些地方官员已对班禅、达赖之间的矛盾有所了解，对他们都有猜忌，并对英、俄在西藏寻找代理人的行动非常警惕。到 1902 年，双方矛盾逐渐公开化，有汉文文献记载，这年春九世班禅到拉萨“往朝达赖，由布达拉宫前击鼓而过”，十三世达赖颇为不快，认为“班禅过师门而击鼓，妄自尊大”，罚银一千五百两，“自此左右互相谗构，嫌隙日深”。[②] 此事反映了在错综复杂的形势下，两大系统矛盾明显加深，“击鼓事件”仅仅是一个导火索罢了。

二

1904 年，英国发动第二次侵藏战争，侵入拉萨，十三世达赖被迫逃离拉萨到内地避难，随后被清政府革除名号。翌年，英国又诱骗九世班禅赴印度；而达赖滞留库伦，其亲信德尔智秘密前往圣彼得堡会晤沙皇，沙俄驻华公使到库伦“看望”达赖。此后，西藏的内外形势急转直下，达赖、班禅两大活佛系统的关系也发生了显著的变化。1906 年，中、英两国签订《续订藏印条约》，同年清政府派张荫棠以五品京堂候补的身份前往西藏查办藏事。1907 年，英、俄两国签订协议，从各自全球战略出发，对中国西藏的争夺有所缓和，而此时张荫棠建议清政府在西藏推行新政，强化在西藏的统治。在这种情况下，达赖、班禅对清政府和英、俄的态度都出现明显差异，达赖方面对清政府无力保护西藏地方利益感到失望，与某些驻藏官员矛盾加剧，希望借助沙俄抵制英国的扩张。但沙俄在日俄战争之后无力顾及西藏，与英

① 鹿传霖:《瞻对收复请撤回番官并陈英俄窥藏情形疏》，吴丰培编:《清代藏事奏牍》，第 1015—1017 页。

② 朱绣:《西藏六十年大事记》，1925 年铅印本，第 10 页。

国达成协议后又更多地考虑争霸世界的整体战略，只停留于敷衍和一贯的拉拢政策。英国开始希望拉拢、控制班禅，企图把他作为英国在西藏的代理人，但1905年班禅的立场和表现，特别是对清政府的拥护，让它大失所望。此时，达赖和班禅的政治立场已经出现分歧，双方关系也发生显著变化。

面对形势的急剧变化，一些驻藏官员和清政府已注意到处理好达赖、班禅两大系统关系的重要性，力图通过平衡双方与中央政府的关系，保持西藏的稳定，强化对西藏的管理。这也成为1904年以后清政府治藏政策的重要组成部分。1904年十三世达赖逃离拉萨后，驻藏大臣有泰对英国侵略者妥协投降，又致电清政府，指责达赖是中英战事的“罪魁，背旨丧师，拂谏违众”，英军逼近后又“不思挽回”“遁迹远扬”，责斥他“天威在所不知，人言亦所不恤，骄奢淫佚，暴戾恣睢”，“种种劣迹，民怨沸腾”，建议清政府褫革其名号。[①]清政府听信有泰的一面之词，8月26日下令“暂行革去”达赖名号，让班禅“暂摄”达赖职权。[②]清政府让班禅代行达赖职权，主要考虑班禅与达赖同为有影响力的格鲁派大活佛，希望他在极度混乱的局势下稳定西藏人心，巩固西南边陲。但是，革除达赖名号本身就是一个错误，已引起西藏和国内其他地方藏传佛教信徒的不满，再让班禅代行达赖职务，无疑会使班禅成为矛盾的焦点，在达赖、班禅之间人为地制造了矛盾。况且，西藏地方政府长期由达赖方面控制，历世班禅主要关注宗教事务，九世班禅本人对于能否控制拉萨局势也有所顾虑，他一再谢绝这一任命。1905年4月，有泰只得表示“后藏地方紧要”，恳请清政府让九世班禅仍然留在后藏，“以资镇摄”。[③]

1905年10月，英帝国主义者又把班禅诱骗至印度，会见英王储，意在拉拢班禅以控制西藏、排斥达赖，让他在政治上取代达赖在西藏的地位，成为英国在西藏殖民统治的代理人。[④]对于此次英国让班禅赴印，清政府和驻藏官员都认为居心叵测，力图阻止班禅赴印，在阻拦未成的情况下又多次与英印政府交涉。1905年10月，张荫棠在印度得知此事后感到事态严重，立即致电清政府外务部，表示听说英印政

① 有泰:《致外务部电达赖潜逃乞代奏请旨褫革其名号电》《达赖喇嘛兵败潜逃声名狼藉据实纠参折》，吴丰培编:《清代藏事奏牍》，第1190—1194页。

② 《清德宗实录》卷533，光绪三十年七月壬辰。

③ 《清德宗实录》卷543，光绪三十一年三月丙戌。

④ 有关班禅赴印的问题，有关论著如牙含章的《达赖喇嘛传》《班禅额尔德尼传》都有所论述，一般认为是英人武力胁迫班禅赴印，近年有学者根据英国档案提出新的认识，参见伍昆明《英印政府分裂中国西藏的阴谋与九世班禅赴印》，《民族研究》1999年第1期。

府“乘达赖喇嘛未回，已遣人入藏诱班禅”到印度，借迎接英王储为名，实际上是“密谋废达赖图藏”，要求中央政府致电有泰加以阻止。[1] 接到电报后，有泰派人阻拦班禅赴印，并表示：达赖、班禅“虽系同掌黄教，然番人崇奉达赖实胜于班禅”，西藏的“一切事权，均由达赖主持，班禅从不预闻”，认为“英如废去达赖，欲以班禅号令番民，则人心必不服从。英虽强盛，恐彼亦难施其计”，而“达赖、班禅归我所属，似彼国家亦不得越俎代谋”。[2] 这表明，虽然有泰一向采取对外妥协的策略，也尝试过请班禅取代达赖，并且认为英国想以班禅取代达赖控制西藏同样难以成功，但是他也觉得“达赖、班禅归我所属”，事关国家主权，英国“不得越俎代谋”。

在印度期间，尽管英印政府对班禅“以最优相待”，甚至在张荫棠住所“对门盛设行馆，英储预备答拜”，有关舆论又宣传班禅此行“非专迎英储，别有关系”[3]，但班禅始终不卑不亢，与英王储会见时英方“欲使班禅跪拜，班禅不从，与之抗礼”，与英王储、英印总督“问答之词，均系酬应，未尝一语提及藏事”，致使“英人无机可乘，其谋不遂”。[4] 清政府为此也多次同英国交涉，明确告诉英国，班禅对“藏中政治概不预闻，现因英储赴印，前往致贺”，倘若“擅行约定事件”，中国政府“概不承认”。1906 年 1 月，英印当局不得不把班禅送回西藏。对于班禅回藏后的地位，班禅方面也有所顾虑，回国前通过张荫棠致电清政府，强调班禅此次到印度，“并无与英员私商事件”，只是“未经奏准出境，恐干严谴”，请求免予处分。鉴于班禅在印度的表现，清政府又考虑稳定西藏大局的需要，明确表示班禅虽然此次“并未奏准，擅行出境，实有不合”，但已经启程回国，“念其情词恭顺，尚属出于至诚”，因此回国后“照旧恪供职守”。[5]

清政府让九世班禅“暂摄”职权和英印方面的拉拢，这两件事性质虽然不同，但都是班禅可能取代达赖的两次机会，但在处理这两件事时，九世班禅一直注意对外维护国家主权，对内与达赖方面搞好关系，努力维护西藏地方上层的内部团结。当然，在复杂的内外形势下，班禅的一些部属与他有不同的看法。1906 年，张荫棠

---

① 参见张荫棠《致外务部电英诱班禅请电有大臣阻止》，吴丰培编:《清代藏事奏牍》，第 1298 页。

② 有泰:《外务部阻止班禅赴印电》《英员强逼班禅额尔德尼赴印阻止不从折》，吴丰培编《清代藏事奏牍》，第 1217—1219 页。

③ 张荫棠:《致外部电陈印政府优待班禅并舆论》，吴丰培编:《清代藏事奏牍》，第 1301 页。

④ 有泰:《班禅额尔德尼赴印详情川》，吴丰培编:《清代藏事奏牍》，第 1229—1230 页。

⑤ 张荫棠:《外部来电倘班禅擅定条约概不承认请密探班禅举动》《旨准班禅照旧供职电》《致外部电奏班禅由印回藏恳免处分》，吴丰培编:《清代藏事奏牍》，第 1301—1305 页。

奉命查办藏事，11 月在江孜会见了班禅派来的扎萨克喇嘛，这位喇嘛在谈话中“微露班禅有欲代理达赖之意”。这一意向显然与 1905 年 4 月前班禅的做法相背，但出自他派来的扎萨克喇嘛之口，至少部分地反映他的一部分部属的想法。张荫棠为此让扎萨克喇嘛劝班禅呈请入京觐见，同时又在拉萨把这一情况“告知藏王”，这使噶厦的噶伦们“颇为惊惶，以为班禅来京后达赖必致失位”，情急之下也要求张荫棠转请清廷让达赖入京觐见。[①] 因此，无论是清政府谕令代管藏事，抑或是班禅部属中流露出的某些意向，还是英帝国主义企图利用班禅控制西藏，都让达赖方面感到了很大的压力。张荫棠有意把班禅部属的某些意向直接透露噶厦官员，让他们更加明确地感到了班禅方面对他们既得地位、利益的“威胁”，埋下了双方不和的种子。

对于班禅、达赖同时要求觐见，清廷采取了平等对待的立场，1907 年 2 月发布谕令，指出班禅“吁请陛见”，“具见悃忱”，但须待“藏务大定”后“再行来京陛见”；达赖“现在留驻西宁”，也“暂缓来京”，并让张荫棠“体察情形”，考虑“究竟达赖、班禅等来京是否相宜”。[②] 此后，针对他们的觐见要求，又一再谕令暂缓觐见，1908 年达赖才被首先批准进京入觐。作为曾经驻藏的官员，时任外务部右丞的张荫棠呈递条陈，建议清帝接见时要注意到达赖与班禅的关系问题。他建议清廷在达赖“提及班禅无论何事”时，要明确告诉他，达赖与班禅“同是黄教，宜同心以御外务，勿分畛域，诸事可由驻藏大臣奏明办理”。他还强调“如提及一切政务”，应告诉达赖“汝是出家人，以清静为主，应遵守历辈达赖宗教，专理黄教事务，凡内政、外交一切事宜，有驻藏大臣自能妥慎筹办。现下藏内大局已定，英兵亦已撤退，可以无虑，汝其勉之”。[③] 同年，达赖进京朝觐，慈禧太后与光绪帝予以接见，加封他为“诚顺赞化西天大善自在佛”，谕令按年赏赐廪饩银一万两，同时要求他回藏后“所有事务依例报明驻藏大臣，随时转奏，恭候定夺”，以期“疆域永保治安，僧俗悉除畛域，以无负朝廷护持黄教、绥靖边陲之至意”。[④]

张荫棠的建议有两个重点，在清政府的谕令中都有所反映：一是要求达赖协调与班禅的关系，“同心以御外务，勿分畛域”，而清政府强调“僧俗悉除畛域”，也

① 参见张荫棠《上外部条陈招待达赖事宜说帖》，吴丰培编:《清代藏事奏牍》，第 1444—1445 页。

② 《清德宗实录》卷 568，光绪三十二年十二月壬辰。

③ 张荫棠:《上外部条陈招待达赖事宜说帖》《上外部请预筹达赖提议赡事及优加赏赉说帖》，吴丰培编:《清代藏事奏牍》，第 1444—1445 页。

④ 《清德宗实录》卷 597，光绪三十四年十月壬戌。

部分地包含了这层意思。二是改变1793年《钦定藏内善后章程二十九条》中的有关规定，剥夺达赖喇嘛管理西藏政务的权力，让他与班禅一样“专理黄教事务，凡内政、外交一切事宜”，由驻藏大臣全权管理。这与张荫棠过去的治藏建议有相同之处。1907年2月，他致电外务部电陈奏治藏规划，主张“收回政权”，实行新政，涉及行政管理体制变革、练兵、开矿、办学、外交、经济等多项内容，其中主张“优渥达赖、班禅，恢复藏王体制，以汉官监之”；“特简亲贵为西藏行部大臣”，其“体制事权，一如（英属）印（度总）督用王礼”。[①]清政府只是部分接受了他的建议，又结合以往的惯例，要求达赖依照旧制经驻藏大臣转奏政事，限制达赖参与政务的权力，树立驻藏大臣的权威，保障中央在西藏的施政。

张荫棠的新政建议在驻藏大臣联豫任职期间得到了部分的实现。联豫驻藏期间特别是1907年后大力推行新政，包括创办《西藏白话报》、印书局和兴办学堂，设立督练公所和巡警总局，在曲水、哈拉乌苏等地设委员等。[②]这些措施触动了西藏部分上层人士的利益，与达赖为代表的僧俗封建主发生严重冲突。达赖1909年回到拉萨，不久就与联豫产生矛盾，1910年初川军入藏又让他惊恐，再次离开拉萨，尔后逃亡印度。联豫为此奏报清廷，指责达赖“气象矜张，言词傲慢”，“日夜密谋，赶造枪支子弹，分别调兵”，私设铸币厂、私铸银钱等等。[③]根据联豫的奏报，清廷在1910年2月下旨，指出达赖“骄奢淫佚，暴戾恣睢”，“跋扈妄为，擅违朝命，虐用藏众，轻启衅端”，革除其名号，“嗣后无论逃往何处及是否回藏，都视与齐民无异”，又下令另选灵童，作为十二世达赖的“真正呼毕勒罕”。[④]

十三世达赖再次被革除名号，达赖系统与驻藏官员的矛盾也再次激化。此后，联豫加紧在西藏推行新政，力图让驻藏大臣衙门接管各项政务，同时又主张让班禅到前藏“暂掌教务”，以稳定局势。作为回应，班禅勉强在拉萨待了几个月，尔后婉言谢绝这一任命，同时还“为已革达赖乞恩”，希望清廷能为十三世达赖开复名号。清廷为此发布上谕，询问联豫：班禅既然为达赖乞恩，“达赖是否确系悔过安分自愿

---

① 张荫棠:《致外部电陈治藏刍议》，吴丰培编:《清代藏事奏牍》，第1328—1330页。

② 联豫任职期间的西藏新政，可参见马汝珩、马大正主编《清代的边疆政策》，中国社会科学出版社1994年版；苏发祥《清代治藏政策研究》，民族出版社2001年版；马菁林《清末川边藏区改土归流考》，巴蜀书社2004年版；赵云田《清末新政研究——20世纪初的中国边疆》，黑龙江教育出版社2004年版等。

③ 联豫:《详陈已革达赖私逃情形并请惩番官折》，吴丰培编:《清代藏事奏牍》，第1537—1538页。

④《宣统政纪》卷30，宣统二年正月丁巳。

回藏”？如果留班禅在前藏暂掌教务，已革达赖所属的噶伦等人“是否悦服，彼此可以相安”？清廷还表示：“如班禅与达赖消除从前意见，为彼求复职掌”，倒可以“酌量筹商”，但达赖的权限必须明确为“只准管理教务，不准丝毫干预政权”。①

九世班禅之所以拒绝“暂掌教务”，并请求清政府开复达赖名号，正如他在事后所解释的：他知道清政府“想教他夺取达赖的位置，这是实在的事情”，但他已经“婉辞谢绝”；他到达拉萨后，与驻藏大臣“办理交涉时，确曾在达赖的宝座上”，这是因为“当时没有预备别的住处，所以他只好在那儿处理一切”。他甚至表示，他到拉萨“完全是被要挟，他宁愿牺牲性命，也不愿对达赖喇嘛有不利地方”。②这表明，在复杂的局势下，班禅努力与达赖方面搞好关系，维护西藏地方上层的内部团结。即使如此，达赖方面仍不放心，据柏尔记述，1910 年后流亡印度的达赖及其部属“一直监视着班禅喇嘛的行为。中国当局支持班禅喇嘛，希望加深他和达赖之间的不和，以便更易于维护自己对西藏的控制。这两位高级活佛在各方面都存在着利害冲突，他们的不和几乎不可避免”。③对此，当时在驻藏新军中任职的谢国梁也认为：“达赖出奔大吉岭，驻藏大臣联豫奏请褫夺达赖徽号，尊班禅为教主。班禅出任调停，仍请达赖回藏。协商未妥，联豫接班禅来拉萨，尊礼甚优，达赖愈怀猜忌，致生恶感。”④因此，达赖流亡印度和被褫革名号后，清政府再次要求班禅“暂掌教务”，的确使达赖、班禅关系严重恶化。

直到 1911 年秋，十三世达赖一直流亡印度，回藏的问题迟迟得不到解决。流亡印度期间，由于英帝国主义的拉拢和亲英分子的煽动，曾意图联俄抗英的达赖转向了亲英，对清政府及其驻藏官员颇为敌视。这期间，柏尔始终与达赖方面保持密切联系，他就此指出：“达赖喇嘛亲英亲俄，但反华”，他的噶伦们“清一色地亲英”，基巧堪布“既亲英又亲俄”，而“班禅喇嘛亲英，但反对拉萨”。⑤英帝国主义者因此趁机介入，力求借调和达赖、班禅矛盾之机，控制西藏的两大活佛系统，实现把西藏从中国分裂出去的阴谋。时任英国驻亚东商务委员的麦克唐纳（David

① 《宣统政纪》卷 48，宣统三年正月丁巳。

② ［英］麦克唐纳（David Macdonald）著，孙梅生、黄次书译：《旅藏二十年》，商务印书馆 1936 年版，第 84 页。

③ ［英］柏尔（Charles Bell）著，冯其友等译：《十三世达赖喇嘛传》，西藏社会科学院西藏学汉文文献编辑室 1985 年编印，第 116 页。

④ 谢国梁：《班禅被逼出走后规划西藏条陈》，张双志辑：《民国筹藏刍荛集》，收入张羽新、张双志编纂《民国藏事史料汇编》第 14 册，学苑出版社 2005 年版，第 68—70 页。

⑤ ［英］柏尔著，冯其友等译：《十三世达赖喇嘛传》，第 115 页。

Macdonald）称，1910年达赖逃往印度后，“扎什伦布和拉萨两地大喇嘛中间，失掉些许感情”，班禅方面派人到亚东请麦克唐纳进行调解，“向达赖喇嘛解释误会，免得日后两方情感日趋恶化，发生战争”。达赖就此向麦克唐纳表示：他对“师兄班禅绝无芥蒂”，但双方的部属“不免稍有衔恨”。尔后，在英国人的联络下，达赖、班禅在拉兰举行会谈。可是双方在会议后矛盾非但没有化解，反而加深，达赖的部属之所以反感乃至反对班禅及其部属，原因包括：其一，达赖逃亡后，班禅被清政府请到拉萨“占据达赖的位置”。达赖方面认为这“形同篡窃”，尽管班禅拒绝清政府的“暂掌教务”任命，但“班禅走近拉萨，政治上已铸成大错”，因为班禅前往拉萨给他们的印象就是班禅对清政府的任命“定有采纳的倾向”。其二，班禅方面的重要官员“有倾向中国心理”。其三，1904年英军侵藏时班禅方面不帮助西藏地方政府。其四，1904年以来班禅辖区就拖欠西藏地方政府税银数十万卢比。[①] 达赖方面的这四条“理由”都是1904年以后产生，很显然第一条是最主要的，因为达赖部属最担心班禅在中央政府支持下取代达赖，他们会因此丧失既得的权势；第二条则是达赖部属中的亲英、亲俄分子所害怕的；第三、四条都是借口，第四条尤其站不住脚，因为班禅辖区的赋税自清前期始就由班禅方面支配。

三

从19世纪70年代起，达赖、班禅两大系统开始出现明显的矛盾，清朝中央政府和驻藏大臣又从对达赖、班禅都有所猜忌到公开支持班禅系统、压制达赖系统，使两大系统的矛盾不断激化，达赖方面与清政府、驻藏官员的矛盾也不断加深。这些都对20世纪上半期四十多年的西藏治理产生了明显的消极影响。

第一，清政府的治藏政策和驻藏大臣的治藏措施使当时两大系统的矛盾更为尖锐。对于达赖、班禅两大系统从和好演变为冲突、对立的原因，从20世纪20年代起就有人加以论述，达赖、班禅本人的差异及其部属之间的冲突是关注的重点。如被称为“西藏通”的英国人柏尔曾在英属印度任职多年，与达赖、班禅两大系统都有交往，他说“拉萨与扎什伦布之间妒忌甚深”，西藏人认为两大活佛自己“毫无

---

① 参见［英］麦克唐纳著，孙梅生、黄次书译：《旅藏二十年》，第76—83页。

敌意，惟其部下互相倾轧”。尽管东方人有“凡事有过，则归咎于臣而不归咎于君”的习惯，但他个人也认为，两大活佛“濡染宗教既深，当能超脱于妒忌之情”，而“其部下之敌视，诚较其主更为激烈”。[①]柏尔还指出，达赖、班禅性格差异很大，“达赖专横傲慢，而班禅却忍让谦恭”，“假如达赖的性格与班禅的性格一样，他就不可能在管束西藏那些难以驾驭的人方面获得他已经获得的地功”；达赖、班禅“个人似乎关系很好，但在他们的下属之间却总是存在着嫉妒情绪”，达赖每次与他谈起班禅“语气总是友好的”，而达赖的心腹极力“反对班禅”。[②]

近年来，学术界对此有了更深入的研究，有学者指出历史上形成的达赖、班禅活佛具有不同特点，特别是他们对政治、宗教关注程度也不同，而且在19世纪末20世纪初又发生了多次的误解和冲突，包括升泰任职期间查获达赖与沙俄往来信件、1902年班禅在布达拉宫门前击鼓事件、1903年英军从班禅所辖的岗巴退出后从噶厦所辖的亚东入侵、1910年达赖逃亡后班禅到拉萨代理政务、1911年西藏变乱后班禅系统的“亲汉”举动等。而英国的拉拢、离间是“导致达赖班禅两大活佛关系破裂的罪魁祸首”，清末驻藏大臣的错误施政加深了达赖、班禅的矛盾，达赖、班禅手下的“相互谗构”又使本已不睦的达赖、班禅关系火上浇油。[③]笔者赞同这些分析，并认为：英、俄等国为侵略西藏扶植代理人而对达赖、班禅实行拉拢、挑拨，始终是近代以来达赖、班禅关系不和的首要因素和最主要的外因，帝国主义扶植的分裂势力的作用则是最主要的内因；而双方政治立场上的分歧、清政府的治藏政策和驻藏大臣的施政，也都是导致两大系统矛盾、冲突的重要原因。

就政治立场而言，19世纪末至20世纪初，英、俄两国加紧争夺西藏，争相拉拢达赖、班禅，又由于清政府对外妥协和某些驻藏官员的处置不当，两大系统的政治立场也逐渐发生变化。最初是拥护中央政府、同心协力抗击侵略者，然而在抗击英国第一次侵藏战争后西藏上层逐渐分化，逐步形成了亲英、亲俄势力。这两种势力的影响力在达赖系统中最为强大，甚至有时左右了达赖的言行。班禅系统虽然与英印方面有一定联系，1905年甚至被诱骗赴印，但是该系统的政治立场始终是热爱祖国、反对分裂、维护西藏内部团结和国家统一。1904年以后达赖系统中亲帝分裂

① ［英］柏尔著，宫廷璋译：《西藏之过去与现在》，商务印书馆1930年版，第54—58页。
② ［英］柏尔著，冯其友等译：《十三世达赖喇嘛传》，第130、315页。
③ 参见张云《漂泊中的佛爷——九世班禅内地活动的前前后后》，第16—27、36—38页。

势力长期压迫班禅系统，即使是班禅方面的合理、忍让举动也被视为有所图谋，当十世班禅两度拒绝中央让他代管西藏政务的要求时，他们仍无端指责。他们多次无理指责、无端挑衅，激起西藏爱国上层和民众的愤怒，以班禅系统为代表的爱国力量与他们进行了长期斗争，这就使双方的矛盾、冲突超出了两大系统本身，其性质发生了根本变化，成为分裂与反分裂、卖国求荣与爱国爱藏的政治斗争。

从清政府的治藏政策来看，为治理西藏、巩固西南边疆，清政府一直力图协调达赖、班禅两大系统的关系，以取得让双方都效忠清廷以统治西藏的效果；但是，在不同阶段对两大系统的矛盾采取了不同的处理方式，使双方矛盾或缓或急，却始终未能使双方和好。1904 年以前，虽然鹿传霖等四川、西藏的地方官员对达赖、班禅两方面都有所猜忌，但清中央政府在政策上更多的是维护西藏地方上层的内部团结，维持清前期确立的以达赖系统为主导的西藏政教合一制度。对于八世班禅“惑习红教”的处置就表明这一立场。不过，虽然有关官员报告了班禅“附于英”、达赖“结好”沙俄的有关情况，清政府得知英、俄对西藏上层拉拢、分化的动向，但由于国势日衰和推行对外妥协的苟安政策，并未采取有效措施阻止这一趋向，致使英、俄两国得以有恃无恐地实施培植代理人、控制西藏的阴谋。这就使达赖、班禅两大系统的矛盾日益恶化，特别是英国发动第一次侵藏战争后，加剧了西藏上层的分化：僧俗上层总体上对清政府能否维护西藏各族利益缺乏信任感，在维护统一和维护西藏本地利益上，爱国反帝力量的周围环境日益窘迫；亲帝分子加紧活动，利用西藏民众爱国守土、维护自身利益和反对清政府对外妥协的心理，煽动寻求英国或者沙俄的“保护”，再加上英、俄的拉拢，自然就出现达赖、班禅的部属甚至他们本人是“亲俄”还是“亲英”的种种说法。

1904 至 1911 年间，面对英军侵入拉萨后西藏的严重形势，清政府采取了利用双方矛盾相互牵制的政策。作为这一政策的执行者，这一时期的驻藏大臣或多或少地采取相关措施，力图取得“以班禅制达赖”、维护平衡的效果。达赖出逃后，有泰、联豫都建议清廷由班禅暂摄或代管藏事；张荫棠是被当时和后世所称道的治藏“贤臣”，但他得知班禅有“代理达赖之意”后竟又把这一情况“告知藏王”，让噶厦的噶伦们极为惊慌，“以为班禅来京后达赖必致失位”。在当时统治者看来，这种做法可以收到牵制双方，使其共同效忠的效果，但实际上却事与愿违：一是由于历世班禅主要关心宗教，较少介入西藏政务，又一直拥护中央政府，希望与达赖团结一致对抗外国侵略，这种政策使九世班禅被迫放弃重宗教、轻世俗的传统，又背上与达赖争夺名利的心理包袱，他本人及其大部分部属因此承受了巨大的政治和心理压力。1910年，九世班禅到拉萨后表示自己“完全是被要挟，他宁愿牺牲性命，也不愿对达赖喇嘛有不利地方”，并非毫无依据。二是加剧了双方的矛盾，使两大系统对清廷都有疑虑甚至是不满，尤其是达赖两度被革除名号，与清廷、驻藏官员矛盾日益加深，该系统又握有实权、影响很大，再加上英、俄两国趁机挑拨，显然不利于清政府在西藏地方的施政，更不利于团结一致、反对侵略、维护统一、稳固边疆。

第二，由于清末实施利用班禅系统压制达赖系统的政策，两大系统的矛盾在辛亥革命后总爆发，此后数十年间两大系统纠葛不断，矛盾不断加剧，使西南边疆危机不断。

1911年11月，辛亥革命的消息传到西藏后，驻藏川军发动反清起义，由于英帝国主义的挑拨和亲英势力的煽动以及川军内部的派系斗争，出现川军内讧、川军与藏军对抗的局面，并波及川边地区。1912年1月中华民国成立，中央政府6月命令四川、云南两省派军西征，到9月基本恢复川边辖地，这年年底驻藏官员、军队又被迫全部撤离西藏。在这一过程中，达赖、班禅两大系统对驻藏新军及中央政府的态度明显不同，又加深了已有的矛盾。九世班禅在1913年给中央政府的一份电文中就表示自己“久仰中朝，实沾德惠”，藏乱期间“凡在我属汉边军民等，无不力加保护，借饷筹食，无微不至”，已引起达赖系统的不满，西藏地方政府见其“向汉心切，意图他举”。[①] 柏尔的记载也证实了这一点，他说：“中国戍兵哗变”后西藏形势混乱，“达赖间谍复煽动之”，致使川军处于极为不利的境地，而“西藏政府之行动大受党派猜忌之阻碍”，“班禅之政府暗与中国人勾结，不援助其拉萨同胞”。[②]

达赖、班禅两大系统在这场变乱中的不同表现，主要是双方的政治立场、与中央政府关系的差别造成的，特别是达赖方面对清政府极为不满，对执行这一政策的驻藏官员、军队颇为敌视，在英帝国主义的挑拨、支持和亲英分子的煽动下，力图打着维护西藏政教利益的旗号，把清政府在西藏的军政势力驱逐出去。两大系统的不同立场和表现又反过来激化了双方的矛盾，十三世达赖返回西藏后，控制了西藏

① 中国第二历史档案馆藏蒙藏院档案《国务院秘书厅奉发班禅倾心内向电致蒙藏事务局公函》（民国二年三月二十九日），《元以来西藏地方与中央政府关系档案史料汇编》，第2371—2372页。

② ［英］柏尔著，宫廷璋译：《西藏之过去与现在》，第79—80页。

地方政权，更以强大的军政优势压制班禅方面，导致双方的矛盾进一步加深。在此情况下，北京民国政府及时调整了对两大系统的政策：其一，在1912年10月28日恢复十三世达赖“诚顺赞化西天大善自在佛”的名号，1913年4月又加封九世班禅“致忠阐化”的名号。其二，同时嘉奖达赖、班禅两大系统的上层人士，如1913年8月24日民国政府表彰、嘉奖西藏旅京代表江赞桑布、阿旺根敦、阿旺曲扎等人，其中既有前藏人士，也有后藏的阿旺曲扎。其三，在第一届国会议员选举中，西藏地方共选出四十名众、参两院正式和候补议员，前藏（达赖系统）、后藏（班禅系统）名额相同。这些不仅表明中央政府在政治上平等对待达赖、班禅两大系统的立场，而且从法律上保障了西藏地区人民参与国家管理的权利，有利于中央政府恢复、加强与西藏地方的政治联系。①

对于中央政府与西藏地方政治联系的加强，英帝国主义及其扶持的西藏分裂势力极力阻挠、破坏：先在西姆拉会议上炮制分裂祖国的方案和非法的“草约”，接着利用十三世达赖推行新政之机，削弱西藏地方与中央政府的联系，又挑拨达赖、班禅两大系统关系，致使1923年九世班禅被迫离开西藏；极力阻挠九世班禅返藏，以致这位爱国活佛在1937年底抱憾圆寂于玉树，此后至1949年间又长期干扰其转世灵童的寻访、十世班禅的确认，使两大系统的矛盾更加尖锐。双方的矛盾无疑对中国边疆的稳固产生了消极影响：西藏上层的内部冲突、西藏地方与历届中央政府矛盾的长期存在和不时激化，中央政府不得不忙于协调达赖、班禅关系和恢复、巩固在西藏主权；英帝国主义则利用这种矛盾炮制非法的“麦克马洪线”，蚕食鲸吞中国西南地区的领土，至今影响着西南边疆的稳定和中印关系的正常发展。

原载《中国边疆史地研究》2009年第1期，

本文刊发时作者为历史学博士，中国社会科学院中国边疆史地研究中心副研究员。

① 详见孙宏年《蒙藏事务局与民国初年的边疆治理论析》，《中国边疆史地研究》2004年第1期。

试论晚清边疆、内地一体化政策

苏　德

本文所讲的“一体化”，是相对于“因俗而治”和“分而治之”政策而言的。在统一边疆的过程中，清朝对新疆、蒙古和西藏等边疆民族地区实行“因俗而治”“分而治之”政策，建立了以伯克制度、盟旗制度和政教合一制度为主的多元化管理体制。正是由于这些制度的建立和与之相适应的政策的实施，清朝在广阔的西、北边疆地区保持了长期稳定而有效的统治。但是，进入近代以后，由于国际和国内形势的剧烈变动，清政府为了确保在边疆地区的统治，抵御外来势力的入侵，不得不改变“因俗而治”的传统政策。就西、北部边疆而言，一体化就是改变新疆、蒙古和西藏等地区多元化的行政管理体制，逐步建立行省体制，以达到“治同内地”的目标。其主要途径是，以移民开垦为先导，广设州县，进而建立行省。19 世纪 60 年代以后，清政府开始放弃和放松对东北、蒙古地区的“封禁”，逐步解除各种“边禁”，鼓励内地汉民移居关外，开垦土地；19 世纪 80 年代在新疆、台湾相继建省；清末“新政”期间，将东北三将军辖区改建行省。随之，在蒙古和西藏也实行“改制”并开始筹划设省。这些措施标志着清朝传统的治边政策已发生根本转变。这一转变对上述边疆地区历史的发展、演变产生了重大影响。

一、推行一体化政策的历史原因

（一）帝国主义入侵造成的边疆危机是清朝政府放弃“因俗而治”“分而治之”政策，推行一体化政策的首要原因。

清廷与蒙古、西藏和回部（即新疆南部维吾尔族地区）的政治隶属关系是在清朝统一全国的过程中逐渐建立起来的。清兵入关，清朝确立对中原的统治之后，在西、北边疆地区，除漠南蒙古已纳入清朝的统治范围外，其他边疆民族政权尚未与清朝建立隶属关系。当时在中国的西、北边疆地区有以下边疆民族政权：北部的喀尔喀三汗部；西北地区的卫拉特—准噶尔汗国，叶尔羌汗国；青藏地区的蒙藏联合政权——和硕特汗廷。这些民族政权，占据着自漠北喀尔喀，经天山南北路至青藏高原的广大地区，统治着蒙、维、藏等民族。在 17 世纪中叶至 18 世纪末的百余年时间里，清朝经过康、雍、乾三朝的不懈努力，最后完成了西、北边疆的统一大业，把蒙、藏、回各部置于清朝中央政府的统治之下。

在统一过程中，清朝对西、北各民族的政策主要遵循了以下两个基本方针：一是“因俗而治”，即所谓的“因其教不易其俗，齐其政不易其宜”。二是“分而治之”，即“众建而分其力”。清朝统治者在承认民族地区特殊性，同时又防止对自己产生不利因素的基本原则下，在蒙古、西藏和回部分别建立盟旗制度、政教合一制度和伯克制度等不同类型的行政管理制度，从而确立了中央政府的有效管辖权。

嘉、道以后，清朝国势日趋衰落，在边疆地区的统治也日益松弛。1840 年爆发的鸦片战争和西方资本主义势力的入侵，更给中国社会各个方面造成猛烈的冲击，使中国进入了一个剧烈动荡的时代。严重的内忧外患，使清朝政府深深地陷进了统治危机。它再也无法像往常一样维持与边疆民族上层之间的传统关系了。

在 19 世纪的最后几十年内，随着东西列强的不断侵略，中国边疆地区出现了普遍危机。远离内地、清朝统治相对薄弱的蒙古、新疆和西藏等边疆地区日益成为俄、日、英等帝国主义的主要侵略目标。于是，清代前期形成的“因俗而治”“分而治之”的治边政策已经不能抵御帝国主义的入侵，不能确保边疆的安定和国家领土完整。随着边疆危机的不断加深，国防压力的日益加重，清朝统治者逐渐意识到，只有大量移民于边疆，并全面建立起州县体制，将边疆与内地一体化，才能巩固边防、稳定边疆，保住在全国的统治。清政府终于不得不改变“因俗而治”“分而治之”的传统治边观念，开始推行边疆、内地一体化政策。

（二）国内人民的反抗斗争与统治阶层内部关系的嬗变也是促成清政府改变传统治边政策的重要原因。

内因是事物变化的根据，外因是事物变化的条件，外因必须通过内因而起作用。无疑，列强入侵造成严重的边疆危机，是清朝边疆政策转变的主要原因之一。但是，清朝传统治边政策的转变还有深刻的内因。对此，可以从几个方面分析：

第一，国内反抗斗争与清政府在边疆地区的统治危机。1851年爆发的太平天国运动的迅猛发展，不仅沉重打击了清朝在内地的统治基础，而且对边疆地区各族人民的反封建斗争的发展也产生了重大影响。陕甘回民起义是在太平天国和北方捻军起义的直接影响下掀起的，是当时全国反清运动的一部分。1864年陕甘回民起义的战火波及新疆，爆发了规模空前的反清起义，清朝在新疆大部分地区的统治已被推翻。但是，由于新疆地区特定的宗教和民族结构，起义领导权落入了宗教、民族上层之手，使起义的性质迅速复杂化，形成地方割据势力。这些割据势力，称王称汗，为扩大地盘，相互攻杀，严重破坏了新疆的社会安定，为外部势力的入侵提供了可乘之机。

陕甘回民起义爆发后，清政府为了彻底镇压回民起义，命令内外蒙古所有十个盟全部出兵“剿回”。受到回民军直接进攻的西部盟旗出兵“剿回”自不必说，相隔数千里的内蒙古东三盟和外蒙古各盟也被迫派出兵马，卷入战争。这是准噶尔平定以来，清政府在全蒙古范围内进行的第一次大规模的军事调动。战争的破坏和频繁的军事征调严重地影响了蒙古地区的社会生产，加重了人民的负担，导致阶级矛盾、民族矛盾的日益加剧。回民起义期间，在伊克昭盟地区爆发了旨在反对封建压迫和剥削的“独贵龙”运动；内蒙古东部地区爆发了白凌阿、弥勒僧格等人领导的大规模的反清起义。从此，蒙古地区便进入了更加动荡不安的时代。回民军起义和清政府“剿回”战争的硝烟，终于打破了蒙古高原百余年的平静。蒙古地区再也不是清王朝稳定的后方了。

第二，湘淮军的兴起与“满蒙联盟”的逐渐解体。咸、同以后，湘淮军等汉族地方武装集团逐渐成为清朝政府的主要倚重力量，清廷与蒙、藏等藩部上层在清前期建立的密切关系逐渐松弛乃至趋于解体。其中最为显著的是，支撑清朝政权的重要支柱之一的“满蒙联盟”被满族贵族与汉族军事官僚集团的联合专政所取代。

满族贵族同蒙古贵族之间的联盟关系早在后金时期就开始形成。入关以后，清廷使联姻、封爵、朝贡以及尊崇喇嘛教等政策制度化、系统化，从而进一步巩固和扩大了满蒙联盟。然而，无论这种盟友关系如何亲密，对于控制着一个庞大的王朝而又高度中央集权的清廷来说，这种关系的存在与否完全以王朝的利益需要为转移。

1840年鸦片战争以后，西方列强接踵而至，国内人民的反抗斗争风起云涌，清王朝面临着严重的统治危机。清政府曾寄希望于蒙古王公及其骑兵。内蒙古哲里木盟科尔沁左翼后旗扎萨克亲王僧格林沁率领的蒙古骑兵，曾先后参与镇压太平天国北伐军、抵抗英法联军侵略，围剿捻军起义等战争。但是，蒙古骑兵毕竟不能抵挡西方列强的洋枪洋炮，也无力平息国内人民的起义。1865 年僧格林沁与其蒙古骑兵一同覆灭后，清政府终于不得不依靠曾国藩、李鸿章等汉族地方武装来镇压国内人民起义，以维护其摇摇欲坠的统治。于是，以湘、淮军为主体的汉族地方武装便成为支撑清朝统治的新兴武装力量。至此，满蒙贵族联盟实际已为满族贵族与汉族军事官僚集团的联合专政所取代。从此，汉族官吏在政治上日渐活跃，并且越来越多地参与到边疆政策的决策中，纷纷主张改变藩部的原有政治制度，以广设州县，建立行省。

第三，晚清时期统治阶层内部关系的演变中，还有一个问题须纳入视野，这就是蒙藏宗教上层与清廷关系的疏远。有人说："清朝利用喇嘛教政策形成以后，至鸦片战争前，随着清朝政治利益的需要，这一政策也有个曲折变化的过程。从清政府方面说，可分利用、抑制、疏远等几个阶段。"① 这是符合实际情况的。清政府对喇嘛教政策的转变，是从乾隆朝前半期开始的。这种"演变的主要关键，则以准噶尔势力的消长而定。方准噶尔势力正强，清廷为与准噶尔争取喀尔喀，对于喇嘛教笼络多于抑制。迨准噶尔势衰，清廷对于喇嘛教即抑制多于笼络"。② 清朝统治者当初极力推崇喇嘛教不是因为他们信奉喇嘛教，而是为了"安众蒙古"。现在清朝既然已经把蒙古各部置于其统治之下，无需再利用喇嘛教来绥服蒙古，于是决定将喇嘛教完全控制起来，以防尾大不掉，对其统治产生不利影响。1792 年清廷正式实行金瓶（奔巴）掣签制度，控制了蒙藏地区呼图克图呼毕勒罕的转世制度。清政府通过金瓶掣签制度，把确定蒙藏地区宗教领袖的权力完全掌握在自己手中，从而也就完全控制了喇嘛教。此后，清朝对喇嘛教逐渐采取疏远的政策。嘉、道以后，对喇嘛教的态度更是日渐冷漠。1840 年以后，哲布尊丹巴从未受到清帝的召见。③ 至于西藏的达赖喇嘛则直到 1908 年，从未入京朝觐。可见，喇嘛教的利用价值的确大不如前了。

---

① 赵云田：《清代蒙古政教制度》，中华书局 1989 年版，第 240 页。

② 李毓澍：《蒙事论丛》，台北 1968 年印行，第 5 页。

③ 参见《蒙古及蒙古人》第 1 卷，内蒙古人民出版社 1989 年版，第 604 页。

综合上述，回民起义引发的激烈动荡严重动摇了清朝在整个西北边疆地区的统治，传统的治边政策已经无法满足清政府维持统治、渡过危机的政治需要了。与此同时，清朝统治集团内部满汉权力格局的嬗变，清廷与蒙古王公、喇嘛教上层关系的松弛和疏远，使原先制定边疆政策的机制与信息来源发生了重要改变。这便是清政府逐渐放弃传统的"因俗而治""分而治之"政策，开始推行一体化政策的深刻内因。

（三）推行一体化政策的历史前提——内地化。

所谓内地化，是边疆地区各个民族区域在政治、经济和文化诸方面出现的与内地汉族地区逐渐趋同和接近的趋势。内地化与一体化有密切的联系，内地化是一体化的重要前提，而一体化是内地化的必然结果。清朝统一全国后，由于出现了大一统的政治局面，西、北边疆地区割据状态结束了。大一统的政治形势，为各民族相互交往和经济、文化交流创造了有利的客观条件。经过清代二百余年的发展，在经济上，广大边疆地区发生了很大变化。内外蒙古以及天山北路等原先以游牧为主的地区变成了既有牧业，又有农业、商业和手工业的多种经济并存的地区；以农业为主兼有畜牧、狩猎和渔猎等各种经济成分的东北、西北和西南民族地区，与内地建立起更加紧密的经济联系，从而有力地促进了本地区的发展，进一步缩小了同内地的差距。

自清初以来，经汉族自发移民和清廷招民屯垦、放垦等计划移民，边疆地区人口结构发生了巨大改变。比如，东北三省由清初几万人、十多万人增到清末几百万人到一千多万人，当然是汉族人口大量迁徙的结果。① 据估算，清中叶内蒙古地区蒙古族人口总数在一百三十万左右，② 而当时汉族移民人数至少在百万以上。③ 西北、西南等边疆地区的移民人数亦在不断增加。只有高山阻隔、气候寒冷的西藏，除随驻藏大臣进驻西藏的少量官兵外，尚未有内地汉族移居。

汉族人口聚居区的日益扩大，引起边疆地区原有人口结构和政治制度的变化，为清廷将内地州县制推广到边疆地区创造了条件。继西南民族地区改土归流之后，清廷设置州县较集中的边疆地区是东北和天山北路。在内蒙古东、南部的汉族聚居

① 参见赵文林、谢淑君《中国人口史》，人民出版社1988年版，第477页。

② 参见王龙耿、沈斌华《蒙古族历史人口初探（17世纪中叶～20世纪中叶）》，《内蒙古大学学报》1997年第2期；另见乌云毕力格、成崇德、张永江撰写《蒙古民族通史》，第4卷，内蒙古大学出版社1993年版，第329页。

③ 参见马汝珩、马大正主编《清代边疆开发研究》，中国社会科学出版社1990年版，第40页。

区和蒙汉杂居区也设立了厅、县。至清中叶，东北地区除黑龙江将军辖区外，各地都有了府、厅、州、县建置，尤其盛京将军辖区已是州县遍布，形同内地。内蒙古东三盟、察哈尔八旗和归化城土默特的部分地区也设立了厅。上述设厅的蒙旗地方，一般由东北三将军及沿边各省派官治理或受理诉讼。从政治和经济关系上看，这些设厅的蒙旗地方，分别成为东北三将军辖区和直隶、山西等省的延伸部分。新疆北疆的厅和州县则成为甘肃布政司的辖区。府厅州县的设立和不断增加，冲击了上述民族地区传统社会结构和管理体制，加快了这些地区行政建置的内地化。这便是晚清边疆、内地政治一体化的历史前提。

二、推行一体化的不同结局

就西、北边疆地区而言，“一体化”的核心是改变蒙、藏、维各族地区多元化的管理体制，使之与内地行省一体化，以达到“治同内地”的目的。蒙古、西藏和新疆虽同处边疆，但不同的地域、不同的民族及不同的历史背景造成了各种不同的复杂局面，一体化的推行也出现了不同的结局。

进入 19 世纪以后，新疆多次发生变乱，最后经过同治年间的大动乱，清朝在新疆的统治秩序几乎“荡然无存”。伊犁将军所统辖的军政系统，伯克与扎萨克两种民政制度，受到严重的冲击和破坏，已无法满足当时的政治需要。清政府只有建立一个更集中、严密的统治体制，才能保证新疆的长期稳定，才能维护国家领土主权的完整。对当时的清政府而言，达到这一目标的最现实的办法就是，将中央集权式的行省体制移植过来，使新疆在政治制度上与内地一体化。1884 年，清政府在新疆正式建省。

新疆建省后，军政管理体制与旧的军府制比较，发生了很大的变化。归纳起来，主要有以下几个方面：

第一，改变原有的以军府制为主体的多元化的行政管理体制，推广单一的州县制。在南疆普遍设立道、府、州、县，在行政建置上，使之基本与内地一体化。同时改变哈密、乌鲁木齐等地属驻兰州的陕甘总督管辖的不合理现象，将上述地区划归新疆巡抚管理，结束了把新疆人为地划分为两部分进行管辖的状况。从此，新疆便有了完整的行政建置，军政大权统归于巡抚。

第二，伊犁将军不再有统辖全疆军政事务的职责。伊犁将军虽保留下来，但只管八旗军事，不干预地方民政。其下“设副督统二员，以改照驻防制”，原先伊犁将军统辖的各城驻扎大臣一律裁撤。建省后的新疆驻军制度，与内地各省驻军制度基本一致。这样，新疆便结束了长期以来由武官统辖的历史，开始了文官治理的新时期。这是重大改革和进步。

第三，取消伯克制度，为新体制的建立消除了日后可能造成的隐患，并促进了维吾尔族中长期存在的农奴制的瓦解。伯克制度取消后，其原来占有的土地变为国家所有，也增加了清政府的税收，在一定程度上减少了新疆财政对内地的依赖。

第四，在基层广泛确立起以汉官为主体的统治，打破西、北边疆事务不准汉员涉足的定制，改变了长期实行的民族间分而治之的隔离制度。随着新疆各城的收复，汉族军官与幕僚都参与了善后局的工作，事实上掌握着新疆各地的统治权。建省时，这些人大部分改任道、府、厅、州、县的官吏。

新疆改设行省，无论从理论上还是实践上都证明清朝政府已经开始放弃“因俗而治”“分而治之”的传统治边政策，采取将边疆民族地区与内地一体化的政策。通过建省，清政府最终成功地实现了新疆与内地的政治一体化，将19世纪初以来因发生多次变乱而一直处于动荡不安的新疆首先纳入行省体制，从而达到了重建秩序、稳定局势、强化统治的目的。从当时西、北边疆地区的内外形势来看，新疆建省，对于维护国家统一，巩固国防，以及开发、建设西、北边疆，无疑具有重要意义。

清政府在蒙古地区推行一体化政策是实行以放垦蒙地为先导，遍设州县，进而建立行省的一套变革措施。由于一体化政策关系到蒙古社会各阶层的切身利益，加上传统的“因俗而治”的深远影响，这项政策的实施并不顺利，在一些地区引起了上自王公贵族下至平民百姓的抵制和反抗。

首先，下层牧民群众反对放垦蒙地，出现了普遍而激烈的反抗。招民放垦对于广大下层蒙民来说，除丧失牧场、土地而外并无任何其他意义。因此，清末放垦蒙地从一开始就遭到蒙古族群众的反对。此外，清政府放垦蒙地还有一个更具体、更现实的目的，那就是通过放垦蒙地来搜刮大量押荒银，以筹措战争赔款。清政府恰好在与列强签订《辛丑条约》决定交纳庚子赔款之后，才批准山西巡抚岑春煊的奏请，开始推行放垦蒙地，便是明证。所以放垦蒙地自然就有了强制性和掠夺性。随着放垦蒙地的规模越来越扩大，内蒙古东西部各盟旗群众的反垦情绪越来越高涨，逐渐形成了武装抗垦的潮流。

其次，清政府在蒙古地区增设州县、筹划设省的举措引起了蒙古王公上层的疑虑和普遍抵制。蒙古王公抵制置县设省的目的，是维护以扎萨克分封制为基本特征的传统的自主体制——盟旗制度。盟旗制度是清前期“因俗而治”“分而治之”治边政策的产物，也是蒙古各部归附清朝的政治基础，这一制度的建立对于我国广阔的北部边疆地区保持长期的平静和稳定发挥过重要作用。但到近代以后，由于西方列强的不断侵略和清朝国力日益衰萎，蒙古地区同其他边疆地区一样出现了严重的危机。因此，在清政府内外，不断有人主张废除扎萨克分封制，进而将州县制度推广到整个蒙古地区。如姚锡光所言：扎萨克与郡县不能并存，因为“势分力薄，不相统一，不足捍御外侮，势不能其久存。自非易封建，而郡县不能为治”，而改为郡县制度则“非收回扎萨克人民、土地之权不可”。① 这种思想也逐渐为清朝最高统治者所接受，并积极采纳地方督抚及将军、都统等的意见，在盟旗辖区内增设了一大批新州县，并且开始筹划建省。它预示着建立在蒙古游牧封建制社会基础上的盟旗制度将被内地行省制度所取代，这自然引起蒙古王公上层的惶恐和反对。

清政府在当时的形势下，实行移垦设治，筹划设省，不能说没有巩固边疆、维护国家主权的主观动机。但是，清政府放弃“因俗而治”的合理因素，试图将蒙古与内地完全划一，全面改设行省的想法却是脱离实际的。蒙古王公对新政产生疑虑、恐惧的根本原因在于蒙古地区内地化基础薄弱，在经济、文化以及生活方式等各个方面，都与内地存在很大差异。广大的牧区仍然处于封建领主制社会，较之回部的伯克，蒙古王公上层的统治较为稳定。他们通过传统的人身依附关系，牢牢地控制着各自的属民。造成这种局面的原因除了上述地区与内地经济文化类型不同等客观因素以外，清朝长期推行的“封禁”和“隔离”政策是重要的原因。正如理藩院所指出：“虽由各蒙风气未开，亦缘平日抚绥无术，往往新例未行而流弊已见，朝廷纵有体恤蒙艰、改良藩政，而该藩等转不胜其惊恐”，② 难以达到预期的效果。在当时的历史条件下，全面废除蒙古王公扎萨克的传统自主权，是不现实的，在内地化基础极薄弱的广大牧区推行郡县制，更是行不通的。

与新疆、蒙古相比，在西藏推行的一体化政策无论从深度、广度上来说，都远

① 姚锡光:《筹蒙刍议》上，“实边条议”。

② 《宣统政纪》卷 61。

远不够。张荫棠和联豫在西藏经营数载，颇有作为。然而，清末新政期间西藏地区的一体化政策仅仅触动了一下传统的西藏社会，并没有真正引起西藏社会的变革。

如果说西藏也出现了行政体制一体化的苗头，那么与新疆的行政体制改革相比，还是有很大的不同。西藏的行政与内地一体化，尤其是建置方面，原无任何基础。这注定了它的这一过程是缓慢而曲折的。

联豫对藏政的改革，在一定程度上加强了驻藏大臣的主事权力，对于恢复驻藏大臣的统辖权，改变往日“大权旁落”的局面，产生了积极的影响。正如联豫自己所说：驻藏办事大臣衙门的事务日益繁忙，“几与边小省无异”。①

但是，联豫所推行的改革，也存在着很多弊端。就体制改革而言，即有单纯模仿内地和试图将藏官完全排挤出西藏地方政府决策层的倾向。西藏不同于内地，即使与新疆、蒙古等边疆地区相比也有很大的差别，它有延续数百年之久的政教合一的政治权力结构，生产力水平和社会发展程度与内地相去甚远。若无视这种差距，将清政府在内地实行的新政措施照搬到西藏，企图“以行省之实治之”，显然是行不通的。再则，进行改革，首先应争取西藏地方上层的理解与支持，而不应采取以武力“镇慑”的手段。但联豫不采取缓和的政策，不重视疏导以求得妥善解决，而极力主张派兵入藏“镇慑”，他说：“要之西藏之事，不用压力，则一事均不能办”；“一日无兵，则一日受侮，一处无兵，则一处梗化。”② 当时英、俄日益觊觎西藏，而西藏上层内部已经出现分离倾向，清政府派兵入藏，以维护国家主权的统一，是完全有必要的，是无可非议的。但联豫请兵入藏的主要意图并不在于防英、俄，而在于“收回”西藏地方上层的权力。他在奏文中明确地提出：“藏中之事，惟有徐徐布置，设官驻兵，借防英、俄为名，而渐收其权力。”③ 此外，为摆脱西藏地方政府的牵制，达到“事权归一”的目的，联豫很少吸收西藏地方上层人士参与新政。西藏地方上层人士感觉到不能从新政中获得任何好处，反而面临着失去固有权力的威胁，于是他们对新政采取消极抵制的不合作态度，甚至以武力抵抗。通过强制手段“收回政权”，不能不说是清末治藏新政的一大失误。

综上所述，新疆、蒙古和西藏虽同处边疆地区，但由于地域、民族特点各异，

① 《联豫驻藏奏稿》，西藏人民出版社 1979 年版，第 168—169 页。
② 《联豫驻藏奏稿》，第 168—169 页。
③ 《清末川滇边务档案史料》（上），中华书局 1989 年版，第 71 页。

清前期的内地化程度不同，所以推行一体化的结局也不尽相同。新疆改革、设省，一体化最为成功；蒙古与内地相接的局部地区实现了行政建置的一体化；西藏推行新政，试图改革，但一体化远不及新疆和蒙古。这表明，边疆民族地区与内地的政治一体化是一个长期的历史过程，有其自身的发展规律，不可强求一律，否则必将适得其反。

三、一体化政策的历史思考

边疆民族地区与内地的一体化是一个复杂的历史过程，本文只是探讨了政治制度的一体化问题。实际上，一体化不仅仅是一个纯粹政治发展进程，还包含着经济的、社会的和文化的多种成分。在晚清政府推行一体化的过程中，正是在这种多种因素的交织作用下，出现了复杂的后果。为了进一步认识和理解推行一体化过程中出现的问题，下面主要在经济和文化两个层面上，对一体化政策作一些分析。

经济上，由“厚往薄来”转向“开浚利源”是推行一体化的内在驱动力。

根据儒家传统观点，帝王是天下的共主，“溥天之下，莫非王土；率土之滨，莫非王臣”。所以抚绥“四夷”是“天子”的神圣职责。而“四夷宾服，万国来朝”也常常是人们评价一位“真命天子”的标准。清朝实现大一统后，严格来讲，国内各少数民族已经不属于“夷”的范畴，但清朝统治者仍然继承了历代中央王朝的抚夷思想。所以无论对少数民族部落还是属国，都积极地布“德”来展示自己的形象，从而使藩属悦服，使其积极主动地归附“天子”。而布“德”的主要方式之一是“厚往薄来”，即少数民族部落或属邦来朝，给他们一定的经济实惠，以便让他们看到“天朝”的富有，并体察到“天子”的博大胸怀。被视为天朝“屏藩”的蒙古、西藏和回部等各边疆民族部落在与清廷的交往中基本上都享受着“厚往薄来”的特殊优待。在清代前期，朝廷的这种“恩赐”，对于加强藩部对清廷的向心力、保证皇权的至高无上产生了极为重要的作用。

进入19世纪以后，由于“天朝”的日益衰败和藩属体制的彻底崩溃，清朝再也没有以“天朝”的名分与周边国家保持君臣关系的实力了。即使对于国内诸民族部落，也因财政竭蹶而难以继续其“厚往薄来”的优待政策。经过了咸、同时期大规模农民起义之后，清政府的财政困难更是有增无减，于是用于藩部的正常开支都无法保证了。比如，西藏番官应领俸缎自咸丰三年至光绪十三年拖欠三十余年之久；青海蒙古王公俸银也自同治十年起至光绪五年止，欠发 81900 两之多。类似的现象在内外蒙古亦屡见不鲜。[①]

另一方面，由于列强的步步侵逼，边疆地区的安全日益受到严重威胁。然而藏、维、蒙等民族所居住的西、北边疆地区皆人烟稀少，财力、物力严重匮乏，仅仅依靠他们自身的力量，难以抵御帝国主义列强的侵略。于是，改变边疆地区人烟稀少、边备空虚的现状，便成为清政府必须加以考虑的问题。

在这种情况下，清廷不得不改变只注重边局稳定而不重视边地开发的传统观念，开始考虑“移垦设治”“开浚利源”的问题。19 世纪六七十年代以后，清政府逐渐废弃和放松对东北和蒙古的“封禁”，允许并鼓励内地汉民到关外从事农耕，以图“开浚利源”，增加财政收入。边禁的废止，官府的倡导，使移民垦殖活动展现出前所未有的发展态势。在 19 世纪末至 20 世纪初的短短几十年内，由于垦殖事业的迅猛发展，边疆地区尤其是内蒙古东、南部和新疆北部、川滇边区等民族地区的社会面貌发生了很大的变化。在局部地区，原先的单一游牧经济区域变成了半农半牧区，而半农半牧区则过渡到了纯农业区。边疆地区农业的迅速发展，刺激了工矿、交通各业的兴起，内外蒙古、新疆纷纷开办金矿、银矿、铁矿和煤矿等。

农业经济的长足发展，工商业的兴起，人口的聚集定居，“使原来十分荒芜的土地兴起了许多新的城镇，商业贸易随之发展兴旺起来。边疆地区行政建制发生很大变化，府、厅、州、县的设置，既有利于开发建设，又便利于内地和边疆地区人口进一步流动，及经济、文化的交流，成为抵御外敌入侵，维护国家统一更深厚持久的内在力量”。[②] 与此同时，内地与边疆地区经济联系的进一步加强，对抵制列强的经济侵略，促进国内统一的民族经济和民族市场的建立也产生了积极的影响。

但是，在以垦殖为主的开发活动中也出现了一系列问题。当时由官府组织进行的垦殖活动，主要意图是移民实边和扩大清政府的财政收入，因此此类垦殖活动并不同于纯粹经济学意义上的开发，其中存在着明显的局限性。以内蒙古为例，放垦活动主要是以侵占牧地的方式开展的。“首先它是以牺牲这些地区的传统畜牧业为代

① 《光绪朝硃批奏折》第 116 辑，第 333 页有“文硕、昆冈奏为藏属番官应领俸缎积欠至三十年之久不得不酌拟章程分别清理恭折”，光绪十三年五月二十二日；同上，第 113 辑，第 791 页有：“喜昌奏为青海蒙古王公恳求领积年俸银情词哀切理合恳请饬不核议另由就近省分筹拨以济困苦折”，光绪五年四月。

② 马汝珩、马大正主编：《清代的边疆政策》，中国社会科学出版社 1994 年版，第 126 页。

价的。放垦的地区，基本上是内蒙古各蒙旗水草丰美、地势平缓的沿河流域，而这些地区本来是蒙古族经营畜牧业的优良牧场。清政府强垦这些丰美的草场以后，蒙古族牧民赶着牲畜被迫迁往山陵、沙漠、碱滩等贫困地区，极大地破坏了传统畜牧业。其次，由于清政府在放垦过程中只顾征敛押荒银而不重视垦种、生产的管理，再加上垦务官员和地商等包揽垦务，营私舞弊，从中肥私，实际上也存在着放而不垦的现象，没有完全达到发展农业的目的。”①

强行和盲目开垦，对边疆地区社会和自然环境均带来了严重后果。在内蒙古东、西部各地，以及川边康区，抗垦斗争此起彼伏，造成边疆局势的动荡和族际关系的紧张。在不少地区，由于无组织、无计划，垦殖活动失去控制，造成草原沙化、水土流失，使生态环境受到严重破坏。

19 世纪末，边禁的废止，官府对垦殖活动的大力提倡，的确不失为缓解内地人口压力，促进边疆开发的有效途径。但是，清政府以“开浚利源”为目的，单纯追求短期效益的垦殖活动是值得深入分析的。当时人们认识和掌握自然规律的能力低下，固然是导致垦殖活动失去控制和无序发展的重要原因，然而清朝官僚头脑中的“天下大利必归于农”的农本主义思想也是一个重要的导因。例如，一贯主张放垦蒙地的黑龙江将军恩泽曾说过：“天下大利，首在兴农，边塞要区，允宜开土，盖土开则民聚，民聚则势强，此实边之要道，兴利之良法。”当时对蒙、藏问题颇有见地的姚锡光也曾预言：“诚使国家，奖励有法，提倡得人，不出五年，漠南诸部，凡可垦之地，可全数放垦。”② 内阁中章启槐亦指出：“大漠南北，虽素称荒凉之区，而东部辽河滨岸，恰克图以南之地，皆膏腴可耕。徒以土人专事游牧，不讲稼穑，故荒地甚多，殊可惜也。似应广招内地农民，前往开垦。”③

垦殖不是所有地区都适合的，若无视自然环境的差异，强行推广垦殖，不仅会大量浪费人力、物力，而且会破坏生态平衡，结果是非但农业不能够发展，反而破坏了其他经济类型的进步、发展。

总体上讲，近代以前的边疆开发，或者说清代前期的农业发展，基本上是以自然的、渐进的方式发展起来的。但近代以后，特别是到了清末情况发生了变化，由

① 郝维民主编：《内蒙古近代简史》，内蒙古大学出版社 1990 年版，第 32—33 页。

② 姚锡光：《筹蒙刍议》上，“实边条议”。

③ 《东三省蒙务公牍汇编》卷 5，“内阁代奏中书章启槐请整顿内外蒙古折”。

于移民人数的急剧增加和政策的导向作用，边疆地区农业开发中盲目性和掠夺性的一面不断增长，造成自然资源的浪费、破坏，甚至在局部范围内造成了灾难性的后果。此外，在边疆地区的开发中，由于开发者基本上是内地汉族移民，因此在开发者与被开发地区居民之间必然形成错综复杂的利害关系。倘若统治者能够公正而有效地协调有关方面的利益要求，那么不仅能够有力地推动边疆地区的开发进程，而且能够促进各民族之间的团结、互助与共同发展；如果开发政策失当或不能够恰当地协调有关方面的利益要求，那就会播下民族关系不和的种子，甚至直接触发族际冲突。清政府在这一点上是犯过严重错误的。

文化上，由“从俗从宜”转向“启发民智”也是推行一体化的重要推动力。

清朝入主中原以后，出于不同的政治需要，对国内各民族采取了不同的文化政策。满族贵族在完全没有儒生官僚辅佐的情况之下对中原地区实施统治是不可能的。清统治者始终以儒家的伦理道德作为指导满汉人民行为的中枢指向，从而使满族各阶层的价值观与儒家文化趋于一致，导致满族传统文化的变异，为满、汉人民达到高度的文化共识，进而实现真正融合奠定了意识基础。入关之初，满族统治者也曾想把旧俗保留下来，但最终不得不放弃，以适应新的社会环境。

满族贵族尽管崇尚、提倡儒家文化，但并没有想把它推广到边疆民族地区。对于经济文化类型与中原内地截然不同的蒙古、西藏和新疆等边疆地区，清统治者采取了“从俗从宜，各安其俗”①的政策，即让上述地区的民族保持各自的文化传统和宗教信仰。为了让各民族保持其“旧俗”，清政府不主张国内各民族之间进行文化交流，而且还制定严格的民族文化隔离制度，以限制或阻止各民族之间尤其汉民族与边疆少数民族间的文化交流。例如，蒙古人不得学习汉族文化，蒙古王公不得请内地书吏，违者治罪等。在新疆，采取了将清朝驻军与维吾尔族居民隔离、汉族百姓与维吾尔族百姓隔离的政策。甚至对内地汉族商人进入天山南北维吾尔地区也规定了种种限制。

在清前期，与“因俗而治”相辅相成的“从俗从宜”的文化政策，对加强边疆民族地方对中央政权的向心力，维护多民族国家主权的统一和完整产生了积极的影响，同时对保持各民族文化的独特性并使其按照自身规律发展也起到了促进作用。

---

① 《乾隆会典则例》卷80《理藩院·理刑清吏司》。

但是，“从俗从宜”尤其是统治者的文化隔离政策，也有消极的一面。其突出的表现是，阻碍了边疆民族与内地汉族之间的文化交流，延缓了边疆地区文化落后局面的改变和社会的进步。

到了晚清，随着边疆与内地经济往来的加强，特别是大量汉族移民的到来，边疆地区开始具有了儒家文化生根发芽的土壤，为儒家文化圈向四周伸展提供了必要的条件。另一方面，边疆与内地政治、经济一体化进程的加快，对于打破各民族之间的文化壁垒，使民族超逾各自狭隘的族群的限制，实现相互间的社会、文化的渐次整合提供了必要的前提。在时势的迫使下，清政府也逐渐认识到，边疆地区封闭落后的状态并不利于其统治，于是放弃以民族隔离为目的“从俗从宜”政策，开始考虑“开启民智”的问题。“开启民智”首先由兴办教育开始。

清政府对边疆地区教育的关注，较之政治制度的改革要迟缓一些。随着新政在边疆地区全面推行，并取得显著成效，各路将军、都统、大臣等逐渐认识到“非广兴教育不足以绥边，非变通旧例不足以兴学”，遂纷纷倡导废除旧有的各种禁令，兴办学堂，以发展教育。查办西藏事件的张荫棠曾表示：“本大臣奉命来藏查办事件，首以启发民智，日进富强为唯一之目的。”①姚锡光在《筹蒙刍议》中亦称：“所以启智慧而疗愚蒙者，自以学堂为急。”东三省总督锡良奏称：“蒙古接壤东三省，屏蔽东北，利害攸关，闭塞既深，强邻日逼，非浚其智识，无以救亡图存”，“民智日开，边圉日固”。②

这表明清廷逐渐废止原先各种文化隔离政策，鼓励边疆地区兴办教育，以期“启发民智”。于是在废除科举制度、倡办新式学堂的热潮中，蒙、藏和新疆等地相继出现了第一批新式学堂。

从“从俗从宜”到“启发民智”，是清朝治边政策发生转变的一个表象，实际上，这也是一体化政策的重要组成部分。因此，如同政治制度的一体化一样，由“从俗从宜”向“启发民智”转化的过程中也出现了许多问题。其中，最突出的是，清政府及其驻边将军、大臣等片面强调汉族传统文化、伦理道德的优越性，并以此来开启“边民”的“智慧”，从而引起了各少数民族人民的误解乃至反感和抵制。

新疆收复后，左宗棠曾奏称：“将欲化彼殊俗，同我华风，非分建义塾，令回

---

① 《清季筹藏奏牍·张荫棠奏牍》卷2，第39页。

② 《宣统政纪》卷24，第2页。

童读书识字，通晓语言不可。”[①]他还饬令各局员防营，设立义塾，并刊发《千字文》《三字经》《百家姓》《孝经》《小学》，令回童诵读。刘锦棠后来奏称：“‘缠头’语言文字本与满汉不同，遇有讼狱征收各事件，官民隔阂不通，阿奇木伯克、通事人等，得以从中舞弊，是非被以文教，无由除彼锢习。自全疆勘定以来，各城分设义塾。……所有原设各塾，应由各厅、州、县延师训课”，[②]并招收回童，授以《千字文》《百家姓》等。很显然，清政府在新疆建立义塾的目的主要是灌输汉族封建正统文化和伦理道德。正由于存在强迫同化的倾向，刘锦棠等人在新疆建立义塾的举措，未能取得预期的效果。“‘缠民’闻招入学，则皆避匿不往，富者或佣人以代。”即使入学者，对于《千字文》《百家姓》等“茫然不知所谓，逾益厌苦之”，故“开学二十年，所造者‘毛拉’而已”。[③]

随着新政在边疆地区的推行，清政府在民族语言文化政策上逐渐走向了另一个极端。例如，从严令禁止蒙古人学习汉文汉语一变而将蒙古语文从国家政治生活中排斥出去。在推行宪政、设立地方咨议局时，清廷明确规定蒙旗人士只有“能通汉语”者才能有选举和被选举权。当有的省请示在蒙旗很难找到通汉语文的人，能否酌情变通时，清朝宪政编查馆虽允许个别变通，但强调下不为例，并称“仅识满蒙文者仍以不识文义论”。[④]这种不承认少数民族语言文字的做法，显然是一种民族压迫和歧视，所以引起了少数民族的反感和抵制。

实现边疆民族地区与内地的一体化，是晚清边疆民族政策的历史性转折。应该说，这一政策的制定和实施，既是现实政治形势的需要，也在一定程度上反映着历史发展的必然趋势。在清朝统一多民族国家这一政治前提下，二百余年来，边疆和内地各民族，以各种形式突破了清朝隔离、限制政策的束缚，在人员往来、经济交换和文化交流诸方面都取得了历史上前所未有的进展。边疆民族地区星罗棋布的城镇，纵横交错的商路，络绎不绝的商旅和驼队，无不展示着内地与边疆经济交流的繁盛。对于蒙古、新疆和西藏地区而言，内地的茶叶已成为“养命之源”，丝绸布匹等已成为生活中必需之物；反过来，边疆地区的皮毛、药材等珍稀物品也长期维持着宫廷乃至权贵官员的奢侈生活。边疆和内地在国家经济体系中扮演的角色不同，

① 《左文襄公全集·奏稿》卷56。
② 《刘襄勤公全集·奏稿》卷3。
③ 《新疆图志》卷38。“毛拉”指识字者。
④ 参见《内蒙古近代简史》，第29—30页。

但却同等重要。游牧经济区比以往任何时候都更加需要内地的人员、技术和产品；内地也更需要边疆吸纳多余的劳动力，缓解人口压力。双方的互补性越来越强。这一趋势是晚清一体化政策的前提和基础。当然，由于民族地区各自复杂的自然环境和社会历史条件，经济和政治发展呈现出不平衡，这些都制约着清朝一体化政策的执行及其效果。必须看到，清朝的一体化政策是在遭遇到全面边疆危机、旧的统治体系难以维持的紧急形势下仓促出台的，明显地带有强制性和僵硬性。因此，在结果上有成功，有失败，成败参半，也就是必然的了。

原载《中国边疆史地研究》2001 年第 3 期，
本文刊发时作者为历史学博士，内蒙古大学蒙古学学院副研究员。

后记

《中国历代治边政策研究》辑录了《中国边疆史地研究》已经刊发的28篇论文，选择的标准有二：一是主题为“中国历代治边政策”；二是有一定的引用率和下载量。文稿的编辑尽量保持刊出时的原样，只是对个别表述方式和明显的错误做些订正，同时为了格式统一删节了内容提要、关键词。感谢文稿作者多年来对《中国边疆史地研究》的大力支持和对中国边疆研究学科发展做出的贡献！

文集的编辑得到了中国边疆研究所所长邢广程研究员、党委书记刘晖春研究员及国家社会科学基金办公室相关领导的大力支持，主要工作则由主编李大龙编审和编辑部副主任刘清涛副编审完成。我们是2001年之后开始参与编辑《中国边疆史地研究》的，摘编的2001年之前刊发的论文则是前任主编邢玉林先生领导的编辑团队辛勤努力的结果，在此由衷表示感谢！

文集的出版得到了华夏出版社的大力支持，责任编辑杜晓宇、董秀娟、王敏、吕方等为文集的出版付出了辛苦劳动，在此深表感谢！

编者　李大龙　刘清涛

2021年8月30日